dtv

Fünfunddreißig Jahre lang hat die Orientalistin Annemarie Schimmel den indischen Subkontinent bereist, von den Bergen des Karakorum über Wüsten und Steppen bis hinunter in die Welt der südindischen Reiche. Zwischen ihren Vorträgen und den Zusammenkünften mit den Mächtigen wie Indira Gandhi, Zia ul-Haqq oder Benazir Bhutto fand sie viel Zeit, die grandiosen Landschaften und deren Metropolen mitsamt ihren vielfältigen Zeugnissen zu erkunden: auf dem Rücken von Kamelen ebenso wie im Geländewagen oder im Hubschrauber. Ihr besonderes Augenmerk richtete sie dabei auf Sufiheiligtümer, Mausoleen, Burgen und Schlösser.
In dieser Rückschau auf ihre zahlreichen Reisen nach Pakistan und Indien läßt Annemarie Schimmel vor den Augen ihrer Leser einen bunten Bilderbogen aus literarischen, historischen, kunstgeschichtlichen und religionskritischen Passagen entstehen. Und nicht zuletzt lernen wir auch die Menschen kennen, an deren Seite sie diese von ihr so geliebten Länder erkundete. Es ist gerade diese Mischung aus profunder Sachkenntnis und der Liebe zu fremden Kulturen die den Charme ihrer Darstellung ausmacht. „Man merkt ihrem atemlosen Erzählstil die Liebe zum Gegenstand ihrer Betrachtungen an. Das macht die Wissenschaftlerin so menschlich und ihr Buch so lesenswert." (Petra Steinberger in der ‚Süddeutschen Zeitung')

Anemarie Schimmel, geboren 1922, hat in Orientalistik und Religionswissenschaft promoviert und lehrte zuletzt als Professorin für Indo-Muslimische Kultur in Harvard und Bonn. Für ihre wissenschaftliche Tätigkeit bekam sie zahlreiche Auszeichnungen und Ehrendoktorate, unter anderem den höchsten Zivilorden Pakistans. Ihre Publikationsliste umfaßt etwa hundert selbständige Veröffentlichungen, meist über islamwissenschaftliche Themen.

Annemarie Schimmel

Berge, Wüsten, Heiligtümer

Meine Reisen in Pakistan und Indien

Mit 7 Karten

Deutscher Taschenbuch Verlag

Mit 7 Karten, die freundlicherweise von Dirk Langer
(Archäologie Consulting Aachen) erstellt wurden.

Ungekürzte Ausgabe
Oktober 1997
Deutscher Taschenbuch Verlag GmbH & Co. KG, München

ISBN 3-406-38293-2
Umschlagkonzept: Balk & Brumshagen
Umschlagfoto: Dieter Brumshagen
Satz: Fotosatz Janß, Pfungstadt
Gesamtherstellung: C. H. Beck'sche Buchdruckerei, Nördlingen
Gedruckt auf säurefreiem, chlorfrei gebleichtem Papier
Printed in Germany · ISBN 3-423-30639-4

Inhalt

VII. Heiligengräber in Nordindien

VIII. Wanderungen im Dekkan

Anhang

Einleitung

Fast dreißig Jahre sind vergangen, seit mein Buch „Pakistan – ein Schloß mit tausend Toren" 1965 in Zürich erschien. Ich hatte es unter dem Eindruck meiner ersten Reisen nach Pakistan, beginnend 1958, geschrieben; denn seit meiner Kindheit hatte mich der indische Islam fasziniert, und schon als Studentin hatte ich mich für Iqbal begeistert, der die Botschaft Goethes einerseits, des großen persischen mystischen Dichters Maulana Rumi andererseits in seinem indischen Heimatland zu einer Synthese verschmolzen hatte. Damals, 1940, als ich die Analyse der „Botschaft des Ostens" las – jener persischen Gedichtsammlung, an deren Höhepunkt er Goethe und Rumi sich im Paradies treffen und den Vorrang der schöpferischen Liebe vor dem rein analytischen Intellekt verkünden läßt – wußte ich freilich noch nicht, daß der gleiche Dichter und Philosoph ein Jahrzehnt zuvor, 1930, erstmals den Gedanken eines eigenen Staates für die Muslime zumindest Nordwest-Indiens ausgesprochen hatte – eines Landes, das sich 1947 dann tatsächlich von Bharat, wie die Indische Union eigentlich genannt werden sollte, löste und (bis auf weiteres) aus zwei, durch 1500 km Luftlinie voneinander getrennten Gebieten bestand. Man nahm damals wenig Notiz von dem neuen Staat; zu sehr war Europa und vor allem Deutschland mit den Kriegsfolgen beschäftigt, zu fremd schien das neue islamische Land, das dem altvertrauten „Indien" nun gegenüberstand.

Nach meinen ersten Reisen ließ der Subkontinent mich nicht mehr los, und ich kam 1966, 1969 und seit 1973 jedes Jahr wieder dorthin – meist nach Pakistan, aber immer häufiger auch nach Indien. Bangla Desh aber, das sich in einem schmerzvollen Prozeß 1971 von Pakistan getrennt hatte, sah ich erst 1986 wieder. In der Regel waren es Vortragsreisen in Zusammenarbeit mit den deutschen Kulturinstituten, die aber in ein fast unübersehbares Programm von Veranstaltungen an Universitäten, Colleges, in Radio- und Fernsehsendungen ausuferten – und in den meist kurzen Pausen versuchte ich nicht nur meine akademischen Pflichten zu erfüllen, sondern auch durchs Land zu fahren: Von den Wüstengebieten Sinds bis zur Seidenstraße, von Kaschmir bis zum Dekkan, dem Süden Indiens, suchte ich nach Spuren der Vergangenheit und wurde überall von der Freundschaft ungezählter Menschen getragen, von denen ich immer Neues lernte.

Vor allem interessierten mich die Heiligengräber und die Wallfahrtsorte; denn die Sufis, die islamischen Mystiker, hatten ja den wichtigsten Beitrag zur Islamisierung des Subkontinents geleistet, wie schon Iqbals Lehrer im College zu Lahore, Sir Thomas Arnold, in seinem 1896 erstmals veröffentlichten Buch „The Preaching of Islam" festgestellt hatte. Die großen und kleinen Heiligtümer in Sind und im Norden Pakistans, in Lahore und Delhi, in Bihar und im Dekkan – sie erzählten die Geschichte des indischen Islam mehr noch als mächtige Festungen und Stadtanlagen, ließen den Besucher einen Blick in die Welt warmer mystischer Frömmigkeit tun, einer emotionalen Frömmigkeit, die oftmals von den Vertretern strenger Gesetzesreligion kritisiert wurde und noch wird, die aber ungezählte Menschen anzog und tröstete. Man durfte weder die zu einem erstaunlichen Synkretismus führenden Einflüsse des volkstümlichen Hinduismus auf den populären Heiligenkult übersehen, noch die wechselseitige Beeinflussung von islamischen Sufi-Idealen und Hindu-*bhakti*-Bewegungen, die sich in einer die beiden Religionen übergreifenden Verwendung gleicher Symbole und Allegorien zeigt; und mit Erstaunen, ja gelegentlich mit Schrecken konnte man die politische Rolle mancher Sufi-Führer beobachten. Auch waren es die in den überall verstreuten Mausoleen begrabenen Gottesfreunde gewesen, die durch kleine, oft kunstlose Verse in den Volksprachen der Gebiete, in denen sie lebten und lehrten, zur Entwicklung eben dieser Volkssprachen zu Medien für höhere Literatur und nicht-religiöse Prosa beitrugen. So hatte ich ein doppeltes Interesse – religionswissenschaftlich und philologisch – an diesen Sufi-Zentren.

Man mag das für weltfremd halten. Sollte man nicht lieber Analysen des politischen Verhaltens aufstellen (und dann vielleicht zu einem Ergebnis gelangen, wie es W. Feldman im Titel seines Pakistan-Buches von 1972, „From Crisis to Crisis", andeutet)? Sollte man nicht besser die wirtschaftliche Struktur eines Sufi-Zentrums, die Probleme der Entstehung oder des Untergangs islamischer Erziehungsstätten untersuchen? Oder die sowohl in Indien wie auch in Pakistan immer bedrohlichere Bevölkerungsexplosion studieren, nach Lösungsvorschlägen dafür suchen? Es gibt noch viele andere höchst wichtige Fragen, mit denen sich der Pakistan-Spezialist oder der am modernen Islam Interessierte befassen kann. Aber da ich weder Politologin noch Soziologin, auch keine Ethnologin oder gar Finanzexpertin bin, habe ich die geliebten Länder von meinem Standpunkt aus betrachtet und versucht, die Werte zu erkennen, die in Geschichte und Kultur des indischen Islam seit Jahrhunderten prägend waren und noch weiter sind. Denn mir scheint, daß man die heutigen Probleme im Subkontinent besser versteht, wenn man die lange und verwikkelte Geschichte und Kulturgeschichte der Muslime zumindest einigermaßen kennt.

Der Leser wird im Text eine Reihe von orientalischen Wörtern finden, die, wie ich glaube, keine genaue Entsprechung im Deutschen haben: Ein *dargāh* zum Beispiel ist kein Derwisch„kloster", da die Derwische nicht im Zölibat zu leben brauchen und der *sajjādaṣāḥib,* „derjenige, der auf dem Gebetsteppich sitzt", d. h. der Leiter des *dargāh,* im allgemeinen mit seiner Familie dort lebt. Auch hat sich die lange britische Herrschaft in der Verwendung zahlreicher englischer Ausdrücke vor allem in der Verwaltung niedergeschlagen, wie überhaupt Anglizismen im modernen Indien und Pakistan ganz gebräuchlich sind. So stehen zum Beispiel der *D. C.* und das *Circuit House* im Text, werden aber, wie alle fremdartigen Begriffe, in einem Glossar erklärt, damit der Fluß der Erzählung nicht zu häufig unterbrochen wird. Eigentlich kann man das wahre Lokalkolorit Pakistans und Indiens aber nur im Englischen – möglichst in jenem etwas eintönig singenden Indo-Englisch – einfangen, kaum aber im Deutschen . . . Aus diesem Grunde habe ich auch die englische Schreibweise von Namen beibehalten.

Dieses Buch schildert meine sehr persönlichen Erfahrungen, wenn es auch versucht, größere Zusammenhänge anzudeuten, gewissermaßen in kleinen Spiegeln einzufangen. Damit ist es ein Buch des Dankes geworden. Gern hätte ich alle die Menschen namentlich genannt, die mich begleitet, mir geholfen haben, doch ihre Zahl ist allzu groß. So bleibt mir nur, meinen Dank summarisch abzufassen: An erster Stelle gilt er unseren deutschen diplomatischen Vertretungen und der pakistanischen Regierung, gleich welcher politischen Richtung sie auch angehörte; sie unterstützten mich in jeder Weise. In den deutschen Kulturinstituten fand ich immer herzliche Aufnahme, und pakistanische und indische Universitäten, Colleges und die verschiedensten kulturellen Zentren bemühten sich, mir den Aufenthalt angenehm zu machen; das taten auch die Pakistan Academy of Letters, der Sindhi Adabi Board und die Iqbal-Academies in vielen Städten. Und wie könnte ich meinen deutschen, pakistanischen und indischen „Familien" genug für ihre immer erneute Treue danken?

Doch es wäre ungerecht, die Piloten der PIA und die vielen Menschen nicht zu nennen, deren Namen ich oftmals gar nicht kenne und die mir – sei es auch nur mit einer Tasse Tee, einem Schluck Wasser, einem selbstgestickten Taschentuch – Freude machten. Die Diener und Dienerinnen, die mir den belebenden Morgentee ans Bett brachten und auch meine reisemüde Kleidung wieder auffrischten, die Fahrer, die freundlich ihre Pflicht und mehr als ihre Pflicht taten, und die Photographen, die unter den kühnsten Verrenkungen sich bemühten, noch ein und noch ein *group photo* zu machen . . . Denn wer wäre nicht dankbar gerührt, wenn er – oder sie – mitten in einer Kleinstadt in Sind unerwartet ein blau-goldenes Photoalbum mit den *group photos* des vorhergehenden Tages erhält, das, wenn man es öffnet, „Für Elise“ spielt?

Bonn, am Vortag eines neuen Aufbruchs nach Pakistan
Oktober 1993

Pakistan

I. Reisen in Sind und den Wüstenlandschaften

Pilgerfahrt nach Hinglaj

„Haben Sie noch irgendeinen Wunsch, den ich Ihnen erfüllen kann?" fragte Präsident Zia ul-Haq nach dem Mittagessen in Islamabad. „Ja", sagte ich, „ich möchte so gerne einmal nach Hinglaj!" Der Präsident sah mich etwas überrascht an: „Hinglaj – wo ist denn das?" Er blickte sich in der Runde der Gäste um, aber alle schüttelten den Kopf: „Nie gehört . . .!" Nur Rabbani, mein offizieller Gastgeber, sagte schließlich: „Ja, das liegt irgendwo in Makran . . .". Und damit schien die Sache erledigt.

Kurz darauf flog ich nach Delhi, hielt dort und in Hyderabad Vorträge, besuchte Vijayanagar und kehrte zum ersten Mal nach 25 Jahren auch nach Bangla Desh zurück, wo ich viele alte Freunde traf, deren Herzlichkeit durch die seit 1971 erfolgte politische Veränderung, die Trennung Ost-Pakistans von West-Pakistan, nicht gelitten hatte. Nach Absolvierung eines randvollen Programms flog ich, drei Wochen nach dem Lunch mit Präsident Zia, von Dacca aus wieder in Karachi ein. Rabbani stand am Flugplatz: „Sie können nach Hinglaj!" sagte er. „Großartig!" rief ich: „Endlich!" – „Ja", fügte er hinzu, und ich sah, wie er sich leicht ins Grünliche verfärbte, „ja, aber . . . wir müssen auf Kamelen reiten!" „Noch besser!" rief ich entzückt und bat ihn, alles Nötige in die Wege zu leiten.

Es gab ein paar intensive Tage in Karachi, unter anderem wurde mein seit zwölf Jahren beim Sindhi Adabi Board schmorendes Buch, „Pearls from the Indus" (eine Sammlung von Aufsätzen zur Kulturgeschichte von Sind), endlich aus der Taufe gehoben: Während einer großen Feier im elegantesten Hotel der Stadt wurde das erste Exemplar aus einer großen Kupferschale voller Rosen gehoben. Die hübsche Geste tröstete mich über den vielen Ärger, den mir der Druck bereitet hatte . . .

Es waren die üblichen Karachi-Tage – Vorträge, Parties, Parties, Vorträge, und natürlich durfte der Ausflug zum Gräberfeld von Makli Hill nicht fehlen. Wir machten einen kleinen Abstecher zum Kinjhar Lake, jenem See, auf dem der Sage nach Fürst Tamachi und seine Geliebte, das Fischermädchen Nuri, sich vergnügt hatten – Nuri, die einzige Heldin der Sindhi-Legenden, deren Liebe nicht erst im Tode Erfüllung findet, sondern die, als Symbol der „Seele im Frieden", ihr

Leben ganz in liebender Hingabe verbringt, immer sinnend, weshalb der mächtige Fürst wohl gerade sie, das arme Fischerkind, erwählt hatte.

Fürst Tamachi lebte im 15. Jahrhundert, und seither dürfte die schöne Legende wohl im Volke lebendig sein. Jetzt aber dient der See zum Teil als Wasserreservoir für Karachi, und an seinem Ufer hat Jasmin Lari, die führende Architektin des Landes, einige reizvolle Häuser, Erholungsstätten für wohlhabende Pakistaner, erbaut.

Dann kam der Tag – es war der 12. November 1986 –, da das Abenteuer Hinglaj beginnen sollte. Warum wollte ich eigentlich dorthin? Seit 25 Jahren hatte ich versucht, den geheimnisvollen Ort zu besuchen, der jahrhunderte-, vielleicht jahrtausendelang eine wichtige Pilgerstätte für die Hindus war und zu dem, wie die Legende behauptet, auch mancher Nicht-Hindu pilgerte. Unter ihnen war auch Shah Abdul Latif, der größte mystische Sänger der Sindhi-Sprache, der, wie es heißt, im frühen 18. Jahrhundert mit einer Gruppe von Yogis dorthin zog. In seiner „Risalo" – einem Gedichtzyklus, der bis heute bei Muslims und Hindus in gleich hohem Ansehen steht – hat er die Yogis besungen, die für ihn Musterbeispiele vollkommener Gottsucher waren. Er sieht sie durch die Welt ziehen, willenlos „wie Kürbisse im Strom", fernhin zum „Dorf der Himmlischen Hügel", wo sich alles Weltliche verliert:

Sie, welche erkennen
das Dorf der Himmlischen Hügel,
Sie lassen Felder und Tennen,
suchend Gott nahe zu sein . . .

Wer einmal den Duft empfing
des Dorfes der Himmlischen Hügel,
der läßt das bunte Gewand,
suchend Gott nahe zu sein . . .

Das Dorf der Himmlischen Hügel –
wer einmal es nur gesichtet,
der hat den Körper vernichtet,
suchend Gott nahe zu sein . . .

Wo Vögel den Pfad nicht mehr finden,
da blitzt ein Feuerschein auf –
Wer könnte es wohl entzünden,
wenn nicht der Derwische Schar?

Seitdem ich Anfang der sechziger Jahre diese Verse gelesen hatte, träumte ich von Hinglaj – und nun sollte dieser Traum Wirklichkeit werden! Karin, meine getreue Reisegefährtin und Freundin langer, langer Jahre, die mir bei fast all meinen Reisen, die ich als Staatsgast in den achtziger Jahren machte, von der Regierung als Ehrendame mitgegeben wurde, kam von Islamabad; dann trug das Flugzeug uns nach Quetta. Vor vielen Jahren hatte ich dort einmal Ostern mit deutschen Bekannten verbracht; diesmal war keine Zeit, durch die Stadt zu schlendern, rot-schwarze Teppiche zu bewundern oder sich an der Fülle herrlichen Obstes zu erfreuen – das Auto wartete, und wir fuhren den Bolan-Paß hinab, jenen Paß, der neben dem Khaybar-Paß als südlicher Übergang vom iranischen Hochland ins Industal oft genug Freund und Feind Einlaß geboten hatte. Direkt neben dem Strom quälte sich die uralte Eisenbahn hinauf. Ungewöhnlich starke Regenfälle hatten ihn in den letzten Wochen auf das Vierfache seines normalen Volumens anschwellen lassen. Die Unwetter hatten Brücken zerstört, auch die Straße hie und da beschädigt, doch ungerührt davon erhoben sich zu beiden Seiten die bizarr geformten Berge.

In Mehergarh machten wir Teepause. Dort, wo die Kacchi-Ebene langsam beginnt, wird die Landschaft weiter; man spürt schon den fernen Atem des Indus, des „Vaters der Ströme", wie ihn die Pathanen nennen.

Mehergarh dürfte eine der ersten Siedlungen im westlichen Subkontinent gewesen sein; die französischen Archäologen, die dort seit Jahren ausgraben, machten und machen noch immer unglaublich scheinende Funde von Häusern, aber auch von faszinierenden Figürchen: Anmutige Damen mit raffinierter Haartracht lassen auf eine hochentwickelte Kultur schließen, die man auf das fünfte Jahrtausend v. Chr. ansetzt; die Siedlung scheint damit ein Vorläufer von Moenjo Daro zu sein – jener gewaltigen Stadt, die sich im dritten vorchristlichen Jahrtausend weiter südlich im Industal entwickelte und bis heute als eines der ganz großen Zeugnisse frühgeschichtlicher Kultur gilt, vor allem als Muster höchst geschickter, ja geradezu moderner Stadtplanung. Wie oft war ich wohl seit 1958 dort gewesen, und wie intensiv hatten wir die Arbeiten des Aachener Vermessungsteams verfolgt, das dann in großartigen Ausstellungen diese seit jeher von den Kräften der Natur – der immer erneuten Verschiebung des Flußlaufes und der Versalzung – gefährdete Welt in Deutschland bekannt machte! Wir wanderten über das weite Feld von Mehergarh – freilich ist es für einen Nicht-Archäologen immer schwierig, in einigen wenigen Steinen oder Ziegeln schon ein ganzes Haus, eine Kochstelle oder ein Grab zu erkennen. Aber die Sonne schien warm, und wir hörten uns

Geschichten an – nicht über die alten Einwohner von Mehergarh, sondern über die neuesten Fehden zwischen den Balochi-Familien der Umgebung – Geschichten, die aus einer uralten Ballade hätten stammen können . . . Dann rollten wir weiter gen Sibi, dem heißesten Ort Pakistans, wo das Thermometer im Sommer auf über 50 Grad ansteigt. Jetzt, im November, waren es angenehme 30 Grad. Wir freuten uns über die gastliche Aufnahme im Hause des D. C. (der D. C., Deputy Commissioner, ist der einflußreiche Verwaltungsbeamte eines größeren Distriktes), sahen uns ein wenig in der Stadt mit ihrer alten Festung um und gingen früh zu Bett; denn am nächsten Morgen um acht Uhr wurden wir auf dem Militärflughafen erwartet.

Leichte Nebelschleier hingen zwischen den Bäumen, und was uns im sanften Licht des lauen Morgens erwartete, war kein Kamel, sondern ein Hubschrauber: keiner der großen lärmigen, sondern eine Alouette, eine kleine „Lerche", die gerade Platz für fünf Personen bot – nicht viel größer als ein VW und vorne ganz aus Plexiglas bestehend, so daß man wie in einer durchsichtigen Halbkugel saß. Karin, Rabbani und der Mechaniker drängten sich eng an eng in der zweiten Reihe, ich aber saß, fest angeschnallt, neben dem Piloten, einem Oberstleutnant, der eigentlich Spezialist für Rettungsflüge im Karakorum war und trotz schwerer Erkältung seinen Dienst für uns übernommen hatte.

Und dann begann das Wunder . . .

Unter uns dehnte sich die weite Indus-Ebene; langsam kamen die Berge immer näher – jene Berge, die von ferne wie vielfach gefältelte graue Seidenstücke aussehen . . . immer höher . . ., dazwischen kleine grüne Fleckchen, sonst nur Einsamkeit. Der Vogel, der uns trug, schwebte in dieses Märchenland, und ich biß mich vor Erstaunen in die Finger, um nicht zu schreien – überwältigt von dieser Landschaft, die so aussah, wie ich sie mir als Kind manchmal erträumt hatte – als Mondlandschaft, Geisterlandschaft, Feenlandschaft . . . War ich vielleicht die Königin von Saba, die auf König Salomos windgetragenem Thron sitzen durfte? War dies der Augenblick, wo die Erfüllung aller Träume gekommen war? Die Alouette schwebte wie auf unsichtbaren Bändern zwischen den Hängen und Bergfalten dahin. Ein einsamer Steinbock wandte sich von seiner Bergeshöhe zur Flucht. Ich wußte, sollten wir hier abstürzen, so würde niemand uns finden – absolute Einsamkeit, absolutes Glück. Das *mysterium tremendum* und das *mysterium fascinans,* unter dem sich das Göttliche zeigt, Gottes Macht-Gewalt und Schönheits-Huld, waren hier, wie es mir auf meinem gläsernen Thron schien, in eins geflossen. Wie sagt Shah Abdul Latif über die Sucher, die sich auf den Pfad begeben?

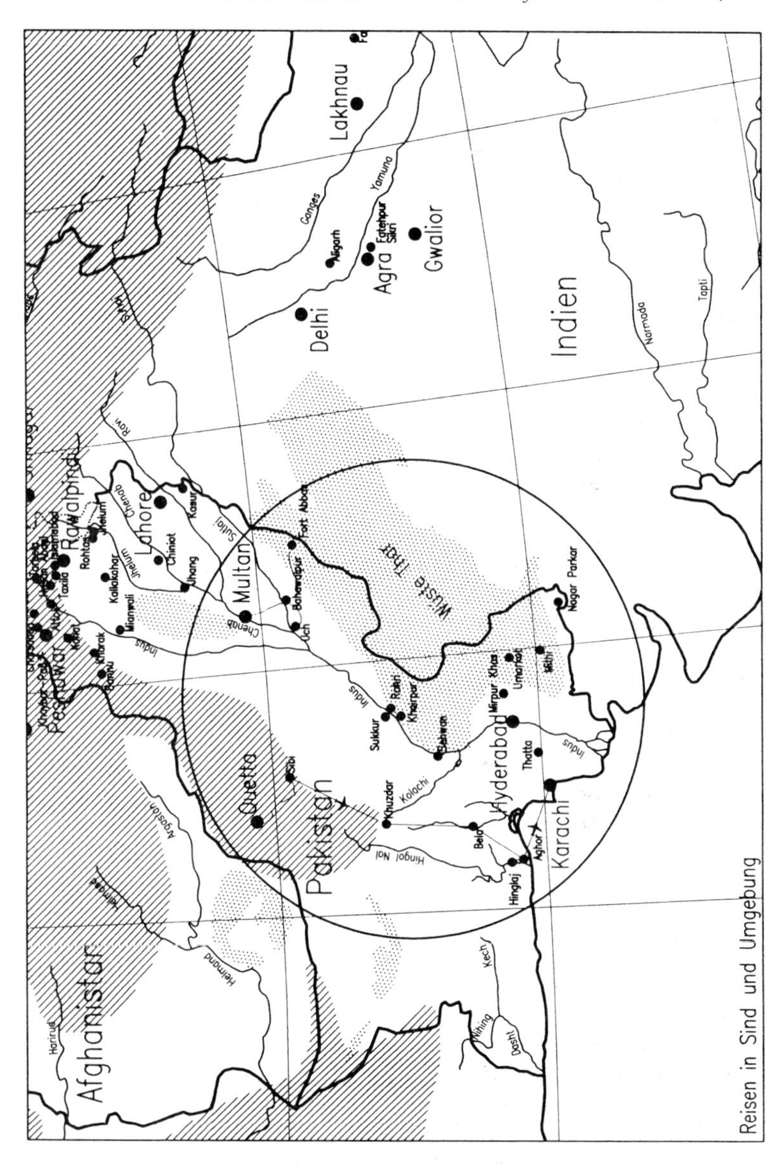
Afghanistan
Pakistan
Indien
Lakhnau
Gwalior
Agra
Delhi
Aligarh
Fatehpur Sikri
Ganges
Yamuna
Narmada
Tapti
Lahore
Multan
Rawalpindi
Peshawar
Quetta
Karachi
Hyderabad
Wüste Thar
Chenab
Jhelum
Sutlej
Ravi
Indus
Kasur
Chiniot
Jhang
Bahawalpur
Fort Abbas
Uch
Mianwali
Kalkakahar
Rohtas
Taxila
Attock
Kohat
Karak
Bannu
Sukkur
Rohri
Khairpur
Sehwan
Sibi
Khuzdar
Kolachi
Hingol Nal
Bela
Hinglaj
Aghor
Thatta
Mirpur Khas
Umarkot
Mithi
Nagar Parkar
Helmand
Kech
Dasht
Harirud
Reisen in Sind und Umgebung

Nicht-Wollen ist ihr Haus,
Nicht-Sein ist ihre Hütte,
Zufriedenheit ihr Reich,
nicht andern Reichtum suchend ...

Nach gut zwei Stunden öffneten sich die Berge; eine Hochebene dehnte sich vor uns, und wir landeten auf einem noch nicht ganz fertiggestellten Flugplatz. Herzlich begrüßt von den Honoratioren, erfuhren wir, daß wir soeben Quzdar erreicht hatten, einen Ort, dessen Name jedem Kenner der orientalischen Literaturen bekannt ist: schließlich hatte hier im 11. Jahrhundert eine Dichterin, Rabi^ca, gelebt, von deren arabischen und persischen Versen noch Fragmente erhalten sind. Das Empfangskomittee war sich dieser historischen Tatsache durchaus bewußt. Wir wollten nur einen Schluck Wasser trinken und auch unsere „Lerche" mit frischer Nahrung versorgen – aber nein, wir mußten das ziemlich entfernt gelegene neue und sehr elegante Gästehaus besuchen, Tee trinken und Neuigkeiten über die politische und wirtschaftliche Lage austauschen. Es schien uns kaum glaublich, daß aus diesen kargen Tälern während der Sommersaison täglich fünfzig Lastwagen mit Granatäpfeln, Trauben, Melonen und anderen Früchten durch die rauhe Landschaft in die Täler hinabrollten ...

Eine einsame tiefrosa Malve blühte vorm Fenster, hob sich von den graublauen Bergen als Farbfleck ab.

Zurück schließlich im Hubschrauber ging es weiter nach Südwesten. Ganz langsam wurden die Berge flacher, ähnelten großen Dünen (in Wirklichkeit sind es tertiäre Ton- und Kalkhöhen, die durch Erosion ihre seltsamen Formen erhalten haben). Der Horizont flimmerte in der höhersteigenden Sonne. Ganz niedrig sausten wir über einer gut asphaltierten Straße dahin, sehr zum Entsetzen des einzigen dort fahrenden Vehikels: über der großen neuen Durchgangsstraße, die Las Bela mit dem Norden Balochistans verbindet. Und nach weiteren zwei Stunden Flug landeten wir in Bela.

Der junge aktive D. C., Ali Raza, begrüßte uns; ein wendiger Mann aus dem Hazara-Gebiet Afghanistans, sprach er neben Englisch auch Pashto, Persisch, Sindhi und Urdu. Er und seine Mannen sorgten dafür, daß wir zunächst in einem Gärtchen Platz nahmen und einen kühlen Trunk erhielten. Ja, und wann könnten wir weiter nach Hinglaj? Ach ... das sei schwierig, es sei ja schon früher Nachmittag ... und der Flug dauere doch ziemlich lange ... und der Hubschrauber dürfe nicht im Dunkeln fliegen ... Wir sollten es uns erst einmal hier gemütlich machen. Morgen früh, inschallah ...

Unser liebenswürdiger Pilot war nicht unglücklich über diese Verzögerung; da er die gefährliche Strecke zum erstenmal flog, war er doch etwas besorgt gewesen.

Kaum hatten wir der Verzögerung zugestimmt, da erschienen aus dem Nichts wild aussehende Gestalten, Männer, Frauen und auch ein Transvestit. Sie begannen, Volkstänze vorzuführen; die Trommeln dröhnten, die Stöcke – man zeigte gerade den besonders bei den Hindus beliebten Stocktanz – klickten gegeneinander; die Frauen, in lange bunte Röcke gekleidet, tanzten leichtfüßig; einer der Tänzer sprang und hüpfte, überschlug sich, war bald hier, bald dort – der damals gerade in den USA aufgekommene *breakdance* war ein sanftes Lämmerhüpfen, verglichen mit dieser Akrobatik. Ich verstand jetzt, warum die dunkelhäutigen Makrani, Nachkommen afrikanischer Sklaven, die hier entlang der Küste des Arabischen Meeres leben, als Musiker und Tänzer berühmt sind und gern zu Hochzeiten geladen werden, um dort ihre Künste vorzuführen.

Ein spätes Mittagessen schmeckte nach all diesen Aufregungen und Anstrengungen (der Tänzer natürlich!) besonders gut.

„Fahren wir doch rasch mal in die Berge!" sagte Ali Raza nach dem Essen, und schon stand sein Auto bereit, das uns in kurzer Zeit in eine Landschaft führte, bei der man wiederum das Gefühl von graubraunem Stoff hatte, der in immer neuen Formen von einem himmlischen Schneider gefaltet worden war; selbst Spitzenstickerei – verwitterte Berggipfel – fehlte nicht. Die geologisch jungen Berge Makrans sind nicht sehr hoch – die höchsten erreichen nur etwa 1500 m –, aber durch ihre bizarren Formen wirken sie bedrohend, unheimlich und doch, für den fremden Gast, bezaubernd. Ich dachte an den Bericht der ersten arabischen Eroberer, die wenige Jahre nach dem Tode des Propheten Muhammad, um 640, versuchten, auf dem Landweg ins Industal zu gelangen, aber in Makran die Hoffnung aufgaben und bei ihrer Rückkehr nach Medina dem Kalifen kurz und bündig erklärten:

> Wasser selten, Obst schlecht, Räuber unverschämt: Wenn das Heer klein ist, ist es wahrscheinlich verloren; wenn es groß ist, kommt es wahrscheinlich durch Hunger und Durst um . . .

Der Weg bog zu einer großen Quelle ab, deren Sinterablagerungen die Felsen mit einer schlagsahneartigen weißen Schicht überzogen hatten. Ein Fähnlein war aufgepflanzt, wie man es bei Heiligengräbern tut; ein paar kleine Grabsteine standen in einer Dornenumzäunung.

„Das ist das Grab von Farhad und Schirin", sagte Ali Raza. Hier also sollten die beiden großen Liebenden der persischen Sage begraben sein . . . Denn der Sinterschaum, der die Felsen bedeckte, erschien dem sagenkundigen Betrachter als der Milchstrom, den der Architekt Farhad einstmals durch die Felsen geleitet hatte, um seine geliebte Schirin zu gewinnen. Die Makrani-Legende ist gnädiger als die persische Fassung, wie wir sie aus Nizamis Epos und dessen ungezählten Nachahmungen in der persisch-türkischen Welt kennen; denn in der klassischen Überlieferung nimmt sich Farhad das Leben, als sein Rivale, der König Khusrau, ihm die falsche Nachricht von Schirins Tod zuspielen läßt, und nur die Felsbilder an dem Berg Bisutun in Iran künden noch von ihm. Hier aber, in diesem verlassenen Winkel Balochistans, ruhen die beiden Liebenden, vereint im Tode – so jedenfalls glaubt es das Volk.

Und das Volk glaubt auch, daß der Fluß, der hin und wieder durch Felsspalten sichtbar wird, in geheimnisvoller Verbindung mit dem Märchensee von Saiful Muluk steht, der hoch in den Schneebergen Kaghans liegt.

Bei der Rückkehr nach Bela besuchten wir noch das einsame Grab eines britischen Offiziers, der dort vor mehr als hundert Jahren gestorben war – Großbritannien hatte ja 1843 Sind und die angrenzenden Gebiete erobert, die als Glacis für die Operationen in Afghanistan dienen konnten.

Inzwischen hatte sich der Hof von Ali Razas Haus gefüllt: Die Hindu-Honoratioren der Stadt waren gekommen, um uns über Hinglaj zu berichten, überaus erfreut, daß zwei deutsche Damen sich für ihre Welt interessierten. Sie sprachen ein kehliges, aber verständliches Sindhi, und wir erfuhren, daß Hinglaj das Heiligtum der großen Göttin Kali war, die einstmals – und hier gab es die verschiedensten Mythen – dort ein Ungeheuer besiegt und zerstückelt hatte. Seit Jahrtausenden kämen die Pilger im Frühjahr aus ganz Indien, um in der Quelle unter dem Heiligtum zu baden; ja, die Göttin sei sehr, sehr mächtig, ihre Macht wirke sogar bis nach Germany ... Karin und ich waren beeindruckt.

Die Besucher, meist wohlhabende Kaufleute, luden uns ein, abends in den Tempel zu kommen, und wir sagten gerne zu. Ich wußte wohl, daß Balochistan, Makran und früher auch Sind Zentren des Shiva-Kultes gewesen waren; davon zeugt der Name von Sehwan, dem alten Shivistan, „Shiva-Platz", wo man noch etwas von der unheimlichen Macht des tanzenden zerstörenden Gottes zu spüren meint. Aber daß man hier in den engen Gassen des Stadtzentrums von Bela noch eine ganze Reihe von größeren und kleineren Tempeln finden würde, war eine Überraschung: Die Makrani-Hindus hatten auch nach der Teilung des Subkontinents nicht nach Indien auswandern wollen; sie fühlten sich in Las Bela heimisch und lebten weiterhin in Harmonie mit ihren muslimischen Mitbürgern.

Im größten Tempel – einer modernen, reizlosen Konstruktion – wurden wir freundlich willkommen geheißen; Coca Cola und ähnlich unmystische Getränke wurden angeboten. Ich traute meinen Augen nicht, als ich bemerkte, daß auf einer Art Altar ein gewaltiges Buch lag, das sofort als 'Adi Granth', das heilige Buch der Sikhs, erkennbar war: Es wurde wie ein Götterbild beräuchert, und man rezitierte daraus! Die enge Verflechtung zwischen einem durchaus als Kali-Kult deklarierten Hinduismus und der Buch-Verehrung des Sikhismus, für den Religionswissenschaftler an sich undenkbar, war hier alltägliche Praxis! Männer, Frauen und die zahlreichen Kinder, die bei der Andacht anwesend waren, sangen ihre religiösen Gesänge, *bhajans,* die ganz ähnlich jenen Weisen klangen, wie sie die Sufis an muslimischen Heiligenstätten singen. Zum Abschluß überreichte man mir eine neue Ausgabe der 'Bhagavadgita' mit Übersetzung und Kommentar – sehr schön, mit Ausnahme der unsagbar kitschigen Bilder, die offenbar ein Kennzeichen moderner Devotionalliteratur in den meisten Ländern sind.

Der D. C. ebenso wie die Polizisten und die Regierungsvertreter, die uns betreuten und daher ständig in unserer Nähe sein mußten, waren sichtlich beeindruckt von ihrem ersten (und wahrscheinlich einzigen) Besuch im Tempel ihrer liebenswürdigen Hindu-Mitbürger.

Nach einem kurzen, tiefen Schlaf im reich ausgestatteten staatlichen Gästehaus waren Karin und ich bereit, ein neues Abenteuer zu wagen. Aber wo waren die von Rabbani so gefürchteten Kamele?

Der Morgen schien ideal für den Flug zur Küste, aber tückische Nebelbänke lagen über dem Land und verhüllten niedrigere Schlammvulkane und alles, was sonst noch über das Küstenniveau emporragte. Wir waren erleichtert, als wir nach einer guten Stunde glücklich den Landeplatz in Aghor erreichten, einer winzigen Siedlung, in der sich einige Soldaten aufhielten, um die Schmuggler aufzuspüren, die hier, am Ufer des Arabischen Meeres, geschickt ihre Waren ins Land einschleusten; andere Banden brachten pakistanische Güter auf mysteriösen Wegen nach Iran oder – über den Landweg – nach Afghanistan. Schließlich war die Küste, die sich bis zur Mündung der großen Ströme Mesopotamiens dehnt, seit unvordenklichen Zeiten die Verbindung zwischen Indusgebiet und Zweistromland gewesen. Dadurch war sie auch seit Jahrhunderten ein blühendes Schmugglerparadies, das noch keine Regierung hatte kontrollieren können.

Ein rascher Schluck Tee; dann erschien, wie aus dem Boden gewachsen, zwar wieder kein Kamel, aber ein kräftiger Landrover, der uns in die Berge bringen sollte. Ein trockenes Flußbett wurde überquert – der Sand war körnig und grellgelb; der Weg wand sich durch Staubwolken, höher und höher bis zu einem alten Rastplatz für Pilger, wo – wiederum aus dem Nichts – Flaschen mit erfrischenden Getränken auftauchten. Dann noch ein Stück höher hinauf durch Gebüsch und hochragende Bäume . . . „Hier geht's nicht mehr weiter!" sagte Ali Raza lachend und stoppte den Landrover.

Wir starrten auf eine kleine offene Fläche: Da standen unter gewaltigen Bäumen die ersehnten Kamele – neunzehn Kamele! Jedes wurde von einem bärtigen Balochen geführt. Ich wurde dem ehrwürdigsten, d. h. langbärtigsten Führer anvertraut, kletterte auf das große Tier und ließ mich selig den engen Bergpfad hinaufschaukeln, im sanften Gleichmaß der Schritte. Allerlei Verse über Kamele gingen mir durch den Sinn, angefangen von Rückerts Gedicht:

> Es ging ein Mann im Syrerland,
> führt' ein Kamel am Halfterband.
> Das Tier mit grimmigen Gebärden
> urplötzlich anfing, wild zu werden . . .

Da diese hübsche Geschichte, die uns seit Kindertagen vertraut ist, auf einer Erzählung des 'Mahabharata' beruht und dann immer wieder von den Dichtern und Denkern der islamischen Welt als Beispiel für den menschlichen Leichtsinn, der doch eigentlich das Leben erst möglich macht, zitiert wird, weil man, in den ausweglosen Brunnen geworfen, doch die dort wachsenden Beeren pflückt, selbst wenn man weiß, daß es nur eine Frage von Tagen oder Stunden ist, ehe das Zweiglein, an dem man sich festklammert, von den Mäusen „Tag" und „Nacht" angeknabbert ist – da diese Geschichte gewissermaßen eine geistige Brücke darstellt, die von der alt-indischen über die islamische Welt ins Abendland führt, schien sie mir für den Augenblick sehr passend. Doch zum Glück machte mein Reittier keine grimmigen Gebärden. Vielleicht, so überlegte ich weiter – vielleicht hatte Maulana Rumi doch recht, wenn er die göttliche Liebe einem Kamel vergleicht, das von einem Huhn eingeladen wird, in seine Wohnung zu kommen: Ein einziger Schritt des riesenhaften Tieres aber zerstört das Hühnerhaus – so, wie die Gottesliebe alles Weltliche im Menschen zerstört . . . Es gab immer neue Metaphern und Anekdoten, an die ich bei diesem friedvollen Ritt denken konnte – aber es kam mir nicht in den Sinn, zu überlegen, warum es eigentlich *neunzehn* Kamele für fünf Personen gab – denn nichts bei dieser Reise war „logisch".

Die großen Tiere setzten vorsichtig ihre Füße zwischen die Steine. Ab und zu schienen Dornbüsche und bizarr geformte Steinblöcke den Weg völlig zu versperren. Steile Felswände ragten empor. Und ringsum war Schweigen, eine so tiefe Stille, daß man selbst die Schritte der Kamele nicht vernahm. Zog unsere kleine Karawane unter dem hin und wieder zwischen den Baumwipfeln aufscheinenden blauen Himmel in ein Land, wo es weder Raum noch Zeit mehr gab?

Nach einer Dreiviertelstunde kamen auch die breiten Füße der Kamele nicht mehr zwischen Steinen und Rinnsalen, Dornbüschen und Bäumen weiter. „Hier", erklärte Ali Raza, als wir abgestiegen waren, „ist die Stelle, wo die Pilger ihre Opfertiere schlachten." Getrocknete dunkle Blutflecken am Felsen zeugten davon, daß hier ungezählte Ziegen im Laufe der Jahrhunderte ihr Leben gelassen hatten. Ein grotesk geformter poröser Felsblock nahe dem Rastplatz wurde als Ganesh erkennbar – als der elefantengestaltige Gott von Reichtum und Glück; er lag halb verborgen in einer Vertiefung, nur dem Wissenden sichtbar.

Noch ein wenig höher ging es, am Flüßchen entlang; wir wunderten uns, wie verhältnismäßig bequem der enge Pfad war, der sich durch Gebüsch und hohes Gras zwischen den Felswänden hinaufwand. Später erfuhren wir, daß Ali Raza ihn zwei Tage zuvor für uns hatte anlegen lassen ...

Und dann sahen wir links im Felsen die Höhle, die das eigentliche Heiligtum darstellte. Vielleicht gab es früher noch umfangreichere Tempelanlagen; jetzt mußte man auf schlüpfrigen Felsbrocken durch den Bach balancieren. Wir wurden feierlich von einem alten Priester begrüßt, der uns ins Innere der niedrigen Höhle führte, die mit ach so scheußlichen modernen Drucken ausgestattet war: mit Darstellungen der Kali und anderer vielarmiger und vielköpfiger Gottheiten. Der Priester murmelte Gebetsformeln, um uns den Segen des Ortes zu vermitteln, und wir hockten andachtsvoll auf den Steinen, gewillt, etwas vom Duft der Heiligkeit aufzunehmen, der dem kleinen Räuchergefäß entstieg. Alle Ingredienzen eines uralten heiligen Platzes waren hier vereint: die Höhle, in der der Mensch Inspiration, ja Offenbarungen empfangen kann, wenn er sich ganz von der Welt zurückgezogen hat; das fließende Wasser, das den Sucher reinigt; die Bäume, Zeichen der lebenden Gotteskraft; und die Bergeinsamkeit, die nur den wahrhaft ernsten Suchern erlaubt, nach langen Anstrengungen sich dem Heiligsten zu nahen – keinen stimmungsvolleren Platz hätten die Frommen alter Zeiten finden können. Aber durch die enge Spalte, die sich über dem unterirdischen Teich öffnete und den Zugang zum reinigenden Bad erlaubte, zwängten wir uns doch lieber nicht ...

Halb ergriffen, doch auch ein klein wenig enttäuscht von der Ausstattung der Höhle und von der nüchtern weiß getünchten äußeren Stützwand des Heiligtums, verließen wir das Ziel unserer Träume. Aber da wartete die nächste Überraschung: Auf dem Felsblock vor der Höhle lag ein großer Teppich ausgebreitet, der sinnreicherweise mit dem Bild eines wütenden Tigers, des Wahrzeichens der Göttin

Kali, geziert war, und während wir uns darauf niederließen, erschienen Diener mit Teetassen – feinstes japanisches Porzellan, nicht Plastik! – und kredenzten uns heißen Tee samt Gebäck. Nun begriff ich, warum es neunzehn Kamele waren – sie mußten ja die Schar der vorher unsichtbaren dienstbaren Geister und die Kisten tragen, aus denen wir verwöhnt wurden, und hatten den Berg erstiegen, während wir im Tempel weilten. Aber: wie war all das in diese Einsamkeit gekommen? Wie hatte Ali Raza in wenigen Stunden diese Karawane organisiert? Hatte er sich vielleicht für einen Augenblick in König Salomo verwandelt, dem alle Geister untertan sind? Wiederum fühlte ich mich ein wenig wie die Königin von Saba.

Es war eines der Wunder pakistanischer Gastfreundschaft und Improvisationskunst, unvergeßlich in seiner Absurdität – und liebenswerter als eine andere absurde Erfahrung, die ich, fast auf den Tag genau zwei Jahre zuvor in Jemen gemacht hatte, als ich im Schlepptau einer Gruppe von höchst wichtigen Managern einer großen deutschen Firma ins Reich eben der geliebten Königin von Saba, zum alten Staudamm von Marib, gefahren war: Dort nämlich war mitten aus dem Nichts, stundenweit von Sanaa entfernt, ein Kühlwagen des 'Intercontinental' aufgetaucht, der zwar im Sande des historischen Staudamms steckenblieb, die Reisenden aber mit Hummer, Lachs und Sekt, ja auch mit Stühlen und Tischen versah. War unser Picknick in Hinglaj nicht wunderbarer und zugleich liebevoller, menschlicher?

Die treuen Kamele trugen uns bergabwärts. Es gibt größere Vergnügen als dasjenige, den langen Hals des Reittieres sich wie eine Rutschbahn nach unten strecken zu sehen und zu versuchen, das labile Gleichgewicht auf dem Kamelrücken zu halten. Die Herren der Schöpfung stiegen auch lieber ab, während ich meine ausgetretenen Schuhe in weitem Bogen abwarf und damit der Kali opferte. Dann wieder der Landrover – und unten am Fluß stand mittlerweile ein bunter Autobus, dem Hindu-Pilger entquollen, die sich dort reinigen und ihre Pilgerkleider anlegen wollten. Noch eine Strecke durch die graue Vulkanasche, in der die Räder des Fahrzeugs halb versanken, und noch ein Hühnerbeinchen in Aghor . . . Dann hob unsere „Lerche" ab. In strahlendem Blau flogen wir die Küste entlang, sahen hin und wieder in die Öffnung eines kleinen blubbernden Schlammvulkans und näherten uns über dem in allen Silbertönen glänzenden Ozean der Stadt Karachi. Der einst so weit vom Zentrum entfernt scheinende Strand Hawkes Bay Beach, wo viele Ausländer ihre Strandhäuser hatten, war nun fast vom Häusermeer erdrückt – ist Karachi doch jetzt zu einer Elf-Millionen-Stadt angeschwollen! Nichts schien mehr daran zu erinnern, daß wir dort einmal vor vielen Jahren in einer mondhellen Oktobernacht die Riesenschildkröten bei der Eiablage beobachtet hatten: Die schwerfälligen Tiere steigen in solchen Nächten an Land, und eine Spur wie von Panzerwagen hinterlassend, graben sie sich in einer kleinen Düne halb ein, um dort ihre Eier abzulegen – tennisballgroße, runde Eier, an langen Schnüren aneinandergehalten. Die von Sand verklebten Gesichter der Tiere sind von der Anstrengung tränenüberströmt – ein rührender Anblick; und die wilden Hunde am Strand warten nur darauf, die Eier oder gar die daraus geschlüpften winzigen Schildkrötenbabies zu fressen . . .

Am Spätnachmittag traf ich wieder bei meiner Sindhi Familie in Karachi ein, um nach Absolvierung einiger überaus unnützer Interviews und ebensolcher Abendessen in der Nacht in die Lufthansa-Maschine zu sinken. Der Riesenvogel trug mich sicher nach Bonn, aber meine Seele blieb noch lange bei der kleinen „Lerche“ und den Freunden in Las Bela, im

> Dorf der himmlischen Hügel . . .
> wo Vögel den Pfad nicht mehr finden . . .

In der Thar-Wüste

Der Regen, der unsere Reise durch das nördliche Indien entlang der Jumna bis zu den alten Heiligengräbern östlich von Lucknow so trist und melancholisch gemacht hatte, war für Sind ein Segen gewesen. Seit fünf Jahren hatte die Thar-Wüste, die Pakistans südöstliche Grenze zum indischen Rajasthan bildet, keinen Tropfen Regen gesehen, und unwillkürlich dachte man immer wieder an die bewegenden Regenlieder, in denen die muslimischen Dichter des Subkontinents den Regen beschworen, die lebenspendende Wolke besungen hatten, wie Shah Abdul Latif es in Sind im 18. Jahrhundert tat:

> Wolke, um Gottes willen, gewähre den Dürstenden Schutz!
> Mach’ billiger das Getreide,
> die trockenen Tümpel fülle,
> das Land lass’ fruchtbar schwellen,
> daß sich der Landmann freut!

Für die Frommen aber war die Regenwolke mehr als nur das Zeichen von Segen und Fruchtbarkeit. Sie wurde zum Symbol des Propheten, der, im Koran als „Barmherzigkeit für die Weltbewohner“ (Sura 21:107) bezeichnet, die verdorrten Herzen ebenso belebt wie die Regenwolke das dürre Land. Deshalb singt Shah Abdul Latif:

Auch heute weht's von Norden,
der Kuckuck singt sein Lied;
Der Bauer spannt den Pflug an,
der Hirte froh die Herden sieht.
Das Kleid der Wolke zieht
heut' mein Geliebter an . . .

Und wie der Sindhi-Dichter des 18. Jahrhunderts in seinem großen Regenlied plötzlich in einen Ausdruck des Vertrauens auf den Propheten ausbricht, der am Gerichtstag für seine Gemeinde Fürsprache einlegen wird, so hatte auch Muhsin Kakorawi, aus dessen Provinz Lucknow ich gerade kam, anderthalb Jahrhunderte nach dem Sindhi-Mystiker in seinem berühmtesten Gedicht die Wolken beschworen, die „von Benares nach Matthura" ziehen, und war dann – nach einer in reinem Hindi und mit ausschließlich hinduistischer Symbolik verfaßten Einleitung – zu einem stets aufs neue variierten Lobgesang auf Muhammad übergegangen, der die ganze Fülle traditioneller Bilder der islamischen Mystik enthält: in der Gewißheit, daß sein kunstreiches Regengedicht ihm am Jüngsten Tag Vergebung sichern würde, wenn er es, der Aufforderung des Erzengels Gabriel folgend, bei der Auferstehung rezitieren würde . . .

Solche Gedanken gingen mir durch den Kopf, als ich, von Delhi einfliegend, am frühen Morgen in Karachi landete. Aber ich war nicht darauf gefaßt, daß meine Sindhi-Familie mich noch auf dem Flughafen mit der Ankündigung überraschen würde: „Schnell umpacken! Wir fahren heute nachmittag nach Mitthi!" Zum Glück waren *shalwar-qamis* ja pflegeleicht und konnten rasch von einer Reisetasche in die nächste verstaut werden; schon saß ich im – leider durch Aircondition in einen Eisschrank verwandelten – Auto Pyar Ali Allanas, der damals Erziehungsminister in Sind war. Ich kannte seine Familie seit Jahren. Sein liebenswerter Vater, lange Bürgermeister von Karachi, war ein enger Mitarbeiter des Aga Khan, und in seinem schönen Hause wurde die Tradition Sinds – die Dichtung in Sindhi und die Musik – seit jeher gepflegt. Und nun sollte ich mit Pyar Ali in die Wüste reisen – eine Reise, die ich mir seit langem gewünscht hatte. Von Karachi aus nach Nord-Osten fahrend, erreichten wir Mirpur Khass, eine damals mittelgroße Stadt. Unsere Gastgeber warteten schon, und wie in alten Zeiten umgab mich die Wärme und der unaufdringliche Reichtum im Hause eines der mächtigen Großgrundbesitzer, der geistiger Führer und Politiker zugleich war – eine Kombination, die in der pakistanischen Geschichte, und hier vor allem in Sind, schon traditionell ist.

Ich kannte die Familie flüchtig, denn die Kinder „meiner" Familie hatten Kinder aus diesem Hause überkreuz geheiratet – der Sohn die Tochter und die Tochter den Sohn unseres Gastgebers. Das geschieht ziemlich häufig, um zwei Familien näher zu verbinden und gleichzeitig den Verlust einer Tochter durch den Gewinn einer Schwiegertochter auszugleichen. Ich hatte einige Tage lang den Hochzeitszeremonien in Karachi beigewohnt – der fröhlichen Henna-Nacht, wenn Hände und Füße der Braut in spitzengleichen dekorativen Mustern mit rotem Henna verschönt werden und die Mädchen – Freundinnen und Verwandte der Braut – sich ebenfalls schmücken und am Ende jubelnd mit der roten klebrigen Paste bewerfen: Henna hat ja apotropäische Wirkung, schützt vor dem bösen Blick und ähnlichen Gefahren vor allem bei den Übergangsriten wie eben einer Hochzeit. Und in das weiße Haar, den weißen Bart der Alten wird Henna getan, um gewissermaßen das Lebensblut zu verstärken . . . Bei jener Doppelhochzeit hatten die Eltern der Braut drei Wochen lang jeden Abend ein Fest für etwa 300 Personen gegeben, Männer und Frauen natürlich strikt getrennt; große Zelte waren aufgestellt, scheinbar niemals endende Speise stand dampfend bereit, Hühner- und anderes Fleisch brutzelte und briet auf Rosten und Feuern, Musik spielte, und im Frauenteil führten die Makrani-Frauen ihre wilden Tänze vor, beteiligten sich auch würdige ältere Damen, mit schweren Juwelen geschmückt, hin und wieder am Tanz. Und am letzten Morgen, da die erschöpfte Braut ins Haus ihres Mannes geführt werden sollte, sah ich sie wieder: mit dem großen Nasenring der verheirateten Frau, die Wimpern so stark schwarz geschminkt, daß sie nichts sehen konnte, kam sie an den Frühstückstisch; die Schwägerinnen halfen ihr, ein paar Bissen zu essen (denn der Nasenring hinderte die „Blinde" ja, den Mund zu finden), und dann wurde sie mit vielen Umarmungen und Küssen von der schluchzenden Familie zum Auto geleitet. So will es das Ritual.

Der Gastgeber, ein großer stattlicher Mann, der durch den weiten *shalwar* noch gewaltiger wirkte, führte mich in mein Zimmer, das die Größe einer kompletten modernen Wohnung hatte. Auf der Schwelle zum Bad saß ein Fröschlein – nach dem Dauerregen der letzten Wochen schien ganz Pakistan voller Frösche zu sein. Sprang nicht einige Tage später ein Prachtexemplar über den festlich gedeckten Abendbrottisch des Malers Raheel in Lahore von einer Tür zur anderen? Das war eine Meisterleistung, olympiareif, die den anwesenden Damen laute Schreie entlockte, wenn auch, so fürchte ich, nicht vor Entzükken . . . Mein Fröschlein in Mirpur Khass war freundlich, und sein Respekt vor mir war beinahe ebenso groß wie meine Sorge, es nachts vielleicht zu treten. Nein, es war kein Angeber-Frosch wie der, von dem das Pashto-Sprichwort sagt: „Der Frosch stieg auf den Kuhfladen und rief: 'Ich habe Kaschmir gesehen!'" Er kannte wohl auch Qadi Qadans alten Sindhi-Vers nicht:

> Wenn die Frösche tief im Teiche
> von dem Lotos wüßten –
> In der Schlammeshöhle drunten
> sie nicht sitzen müßten!

Ein verzauberter Prinz schien es ebenfalls nicht zu sein. Und ich hoffte, daß es auch nicht die Fröschlein-Dame war, die in einem alten Sindhi-Märchen jeden beschimpft, der ihr einen Heiratsantrag macht, ohne sie mit „Edles Fräulein" anzureden, und schnippisch quakt:

> Deine Mutter, deine Schwester mögen Frösche sein!
> Ich bin eine echte Dame, rechte Dame fein,
> und ein reicher Edelmann soll mein Gatte sein!

Denn dieses Fröschlein heiratete am Ende eine Ratte . . .

Am nächsten Morgen ging es früh los, und im letzten Dorf vor der eigentlichen Wüste stärkte uns ein köstliches Frühstück mit frisch gekirnter Butter, eben geschleudertem Honig und süßen Früchten. Dann begann das Abenteuer.

Es begann damit, daß unser Wagen in einer riesigen Pfütze steckenblieb – ein verheißungsvoller Auftakt für eine Fahrt in die Wüste! Aber der Regen hatte die sonst so unbeseelte Wüste völlig verwandelt. Zarte, dünne Grashalme waren aufgesprossen, wenige freilich, aber doch genug, um einen leichten grünen Schimmer über den Sand zu legen. Hin und wieder sah man ein paar Kamele, ab und zu auch ein paar Menschen in der sanft gewellten Landschaft. Gelegentlich kamen wir an kleinen Dörfern vorbei, wo dunkelhäutige Frauen vor runden Hütten saßen, die Arme bis über die Ellenbogen mit Elfenbeinreifen bedeckt; sie wichen uns aus, als wir sie photographieren wollten. Eine Kuh, ein paar Ziegen grasten in dem dornumsäumten Raum um die kegelförmigen Hütten, und ich erfuhr, daß aus dieser Gegend die Schlangenbeschwörer kommen, deren melancholisches Blasinstrument, die *murlī,* so typisch für Sind ist. Es waren Hindus, denn die Grenze zwischen dem indischen und dem pakistanischen Teil der Thar war wenig gesichert, und die Hindus der Thar waren oftmals getreue Anhänger des muslimischen Pirs, in diesem Fall unseres Gastgebers.

Während wir durch die silbergrüne Wüste fuhren, dachte ich daran, daß hier in früheren Zeiten ein Zufluchtsort der Hurr gewesen war, wie H. T. Lambrick es in seinem spannenden, auf Tatsachen beruhenden Buch 'The Terrorist' beschrieben hat. Die Hurr waren eine Sondereinheit von Derwischen, die ihrem Meister, dem Pir von Kingri (allgemein als Pir Pagaro, „der mit dem Turban", bekannt), mit Leib und Leben ergeben waren. Sie erscheinen erstmals in der Geschichte von Sind, als 1827 Sayyid Ahmad von Bareilly und Shah Waliullahs Enkel Ismail Shahid den *jihād,* den Glaubenskrieg, gegen die im Panjab und der nordwestlichen Grenzprovinz herrschenden Sikhs führten. Damals stellte der Pir Pagaro ihnen seine Elitetruppe zur Verfügung. Später nahmen die Hurr, die „Freien", immer wieder an kleineren Unternehmungen gegen die Briten teil, aber ihre größte Aktivität entfalteten sie in den dreißiger Jahren, kurz vor dem und auch während des Zweiten Weltkriegs, als sie zum Beispiel versuchten, die von Hyderabad nach Bombay führende Bahnlinie zu sprengen, und durch Terrorakte nicht nur die Briten, sondern auch politische Gegner in der eigenen Provinz ständig verunsicherten, vor Mord nicht zurückschreckend. Lambrick, der als britischer Offizier an ihrer Verfolgung und den abschließenden Prozessen beteiligt war, hat in seinem Buch ein dramatisches Bild der Entwicklung gegeben, wie es aus den Sindhi-Protokollen und aus der Korrespondenz der Hurr zusammengesetzt werden kann; und bei unserer Fahrt dachte ich an die unvergeßliche Szene, wie ein verirrter Hurr, in der Thar fast verdurstet, von einem jungen Mädchen gerettet wird – eine zarte Zwischenepisode in einem grausamen Krieg.

Die Fahrt hätte nie zu enden brauchen. Im Wagen saß Allan Faqir, der hervorragendste Sänger unter den Sindhi Sufis, und während wir durch die scheinbar pfadlose Wüste fuhren, sang er die alten Lieder von Sehnsucht, von niemals endender Suche in der wegelosen Wüste der Gottheit, wenn er auch Bedils Vers nicht kannte:

> Aus Sehnsucht, dich zu schauen, sieh in der Wüste Brust
> die Wanderdünen pochen wie ein erschöpftes Herz.

Am frühen Nachmittag erreichten wir Mitthi, das Zentrum der Thar, Zentrum auch der Textilherstellung. Vor allem waren es Baumwollstoffe in den verschiedensten Rotschattierungen, die hier gewebt wurden, wobei ein warmes Burgunderrot vorherrschte, das in der grellen Wüstensonne leicht zu erkennen ist. Sie werden mit kleinen Modeln bedruckt und sind nach meiner Erfahrung offenbar unzerstörbar. Wir besuchten einige Webereien und Stoffdruckereien, in denen damals noch mit einfachsten Gerätschaften gearbeitet wurde. Die Erzeugnisse waren kaum vom „modernen" Geschmack berührt; nur die kleinen weiß-schwarzen Müsterchen, die den mir geschenkten Stoff übersäten, schienen eine gewisse Ähnlichkeit mit winzigen Flugzeugen zu haben.

Während der Minister und seine Begleiter sich der Inspektion politischer und wirtschaftlicher Institutionen widmeten, lag ich auf einem riesigen Bett im Rasthaus und wunderte mich, wieso sich der große Riedvorhang, der die ganze Tür bedeckte, so ganz regelmäßig sachte, sachte bewegte, so daß beständig eine linde Brise über mich glitt. Ich befand mich doch nicht auf einem der für Sind typischen Schaukelbetten, denen so viele volkstümliche Lieder gewidmet sind? Nein, als ich aufstand, entdeckte ich eine Zehe, die unter dem Vorhang hervorguckte, und merkte, daß ein armer Diener seit einer Stunde oder länger den Vorhang mit dieser Zehe schaukelte, die mit einer Schnur verbunden war – ohne Pause, ohne Tempowechsel und anscheinend ohne je zu ermüden, tat er seine Pflicht.

Die Sonne sank, und wir tranken vor dem Gästehaus unseren Tee. Allan Faqir, in den typischen Sindhi Ajrak gehüllt – jenes Allzwecktuch, das in immer wechselnden dunkelblauen, dunkelroten, schwarzen und weißen Mustern mit kleinen Modeln aus Lindenholz bedruckt wird und bald als Turban, bald als Schal, bald als Sack, bald als Gebetsteppich dienen kann – Allan Faqir also ergriff sein einfaches Saiteninstrument und sang, führte eine Pantomime vor, in der er sich in ein Dorfmädchen verwandelte und imaginäre Kühe molk, ließ uns heitere Volksweisen und klassische Liebeslieder hören. Und während der Vollmond aufstieg, vernahmen wir sein schönstes Lied, Shah Abdul Latifs ‚Sur Samūndī', ‚Das Lied vom Meer', in dem der wiegende Rhythmus sanfter Wellen und das langsame Verebben aller Sorgen, das Stillerwerden des Herzens widerklingt.

Die Freunde wollten am nächsten Morgen nach Nagar Parkar, direkt an der indischen Grenze am Rann of Cutch, fahren, in eine Gegend, die durch ihre Pfauen berühmt ist. Vielleicht, so dachte ich, würden sie auch noch eine Gazelle sehen oder gar einen Geparden, die beide in früherer Zeit in dieser Wüste häufig anzutreffen waren, . . . oder vielleicht ein paar der flinken Wildesel, die ganz selten noch aus dem indischen Teil der Wüste hierher kamen . . . Wie gerne wäre ich mitgefahren, aber da ich Pflichten – im Zweifelsfall Vorträge – in Hyderabad hatte, mußte ich spät abends zurück nach Mirpur Khass. Wie gern auch hätte ich die märchenhaften Städte Bikaner und Jaisalmer gesehen, die drüben, jenseits der Grenze, lagen und deren Geschichte immer mit dem Leben der Thar verbunden gewesen war!

Aber das waren Träume. Mit dem Sohn unseres Gastgebers ging es im Landrover zurück, zwei bewaffnete Männer hinter uns im Wagen: denn man konnte nie sicher sein, ob es nicht Überfälle geben würde. Freilich, damals war Sind bedeutend sicherer als in den späten achtziger und frühen neunziger Jahren, als die ländlichen Gebiete der Provinz zum Teil völlig unzugänglich wurden, so daß selbst die einheimischen Damen sich nach Einbruch der Dämmerung nicht mehr auf die Straße wagten und Besucher sich nur mit starker Polizei- oder Militäreskorte ins Landesinnere begeben konnten. Ein liebenswürdiger Freund rechnete mir damals vor, wieviel Lösegeld die Banditen wohl fordern würden, falls sie mich kidnappten ...

Die Nachtfahrt in jenem Herbst 1975 war aber eine Traumreise – der Vollmond ließ den Wüstensand wie silbriges Perlmutt glänzen, das zarte Gras schrieb geheimnisvolle Zeichen auf den Boden, und Dornsträucher, schwarz gegen den Horizont stehend, schienen die kunstvollen Anfangsbuchstaben eines Kapitels zu sein. Wir sprachen über die Möglichkeit, ja Notwendigkeit, in Pakistan eine moderne theologische Fakultät einzurichten, ähnlich der Ilâhiyat Fakültesi in Ankara, an der ich fünf Jahre lang – als Frau und Nicht-Muslimin! – Vergleichende Religionsgeschichte gelehrt hatte und wo man die jungen islamischen Theologen mit der westlichen Wissenschaft, mit den verschiedenen Glaubensformen, mit Philosophie und Soziologie ebenso vertraut zu machen suchte wie mit der Auslegung des Korans und dem islamischen Recht. Dann wieder lange Minuten des Schweigens und des Staunens über die durch den Regen verwandelte Wüste. Wäre Allan Faqir mit uns gewesen, hätte er wohl das Lied der Momal angestimmt, deren Geschichte in dieser Gegend spielt und, wie alle Sindhi-Legenden, von Shah Abdul Latif in eine poetische Allegorie der mystischen Suche verwandelt wurde: Die schöne Frau, die durch ihre Torheit den Geliebten verliert, findet ihn schließlich im eigenen Herzen wieder – so wie die Seele am Ende des langen Weges den göttlichen Geliebten in sich selbst, als süßen Gast der Seele, wiederfindet. Leuchtend wie der Mond, erscheint der geliebte Rano vor der beseligt singenden Momal:

Wohin kehr ich das Kamel?
Rings flutet Vollmondes Glanz!
In mir die Kammer von Kaak,
Frühlingshag in mir und Kranz –
wurde der Freund alles ganz,
bleibt nun kein anderer Ruf.

Wohin kehr' ich das Kamel?
Rings flutet Vollmondes Licht.
In mir die Kammer von Kaak,
in mir sein Platz, sein Gesicht.
Liebster und Liebster! Und nicht
gibt's einen andern als ihn!

Auch am nächsten Morgen war Shah Abdul Latifs Poesie noch lebendig, ja geradezu greifbar, denn Pir Sahib und ich fuhren nach Omarkot, der alten Hauptstadt der östlich des Indus liegenden Teile

Sinds. Omarkot – hier wurde der zukünftige Mogul-Kaiser Akbar 1542 geboren, als sein Vater Humayun auf der Flucht vor Brüdern und Gegnern für kurze Zeit Zuflucht in Sind gefunden und die blutjunge Hamida Begum geheiratet hatte. Akbar selbst soll Sindhi-Musik geliebt haben – der Hofchronist Badauni berichtet über den Besuch von Sindhi-Musikern an seinem Hofe, die „herzzerreißende Weisen" sangen. Omarkot aber hat seinem größten Sohn nur eine bescheidene Gedenkstätte gewidmet.

Wir waren in die alte Festung eingeladen, die jedem Sindhi aus der Geschichte von Omar und Marui bekannt ist: Der Fürst Omar von Omarkot entführte die junge Marui beim Wasserholen, um sie zu heiraten; doch das heimwehkranke Mädchen wandte alle Listen und Tricks an, um unattraktiv zu erscheinen und ihn abzuweisen, denn ihr Herz gehörte den Marus, ihren Landsleuten im Dorf. Schließlich schickte der Fürst sie enttäuscht nach Hause. Nach der volkstümlichen Fassung der Legende wurde sie getötet, weil man ihren Beteuerungen, noch unberührt zu sein, keinen Glauben schenkte; in der Version Shah Abdul Latifs bleibt das Ende offen. Aber mehr als in allen anderen Geschichten, die seit Jahrhunderten im Lande erzählt werden, spürt der Hörer hier die Sehnsucht des entführten Mädchens: Sie weint über den Verlust der Heimat so herzzerreißend, wie in Rumis großem persischen 'Mathnawi' die Rohrflöte von ihrem Sehnen nach der verlorenen Heimat spricht:

> Seit man mich aus der Heimat Röhricht schnitt,
> weint alle Welt bei meinen Tönen mit!

Auch Shah Abdul Latif hatte eine Anspielung auf Rumis Gedicht eingefügt, das für die Mystiker der unter persischem Kultureinfluß stehenden Gebiete einen Platz gleich nach dem Koran einnahm. Marui ist jedoch für die Sindhis nicht nur ein Symbol der Seele, die sich nach dem „Ersten Geliebten", nach der urewigen Heimat sehnt, sie ist auch ein Symbol der Heimatliebe, denn – wie ein dem Propheten zugeschriebenes Wort sagt – „Heimatliebe ist Teil des Glaubens". Und wenn Freunde meine Liebe zu dem musikerfüllten unteren Industal ausdrücken wollten, verwandelten sie wohl auch meinen Namen in Anne-Marui.

Hier waren wir also in Omarkot, und die Honoratioren der kleinen Stadt hatten eine neue Überraschung für uns bereit – nicht nur Musik, die ja ohnehin zu jeder Sindhi-Feier gehört, nein, man hatte ein Mahl bereitet, das nur aus solchen Speisen, Kräutern, Beeren und Früchten bestand, die Shah Abdul Latif in seiner 'Risālō' erwähnt hatte. Es war köstlich!

In Cholistan

Aftab Shah reichte mir ein großes Messer. „Bismillah, im Namen Gottes!" sagte er, und ich versuchte, möglichst geschickt eine riesige Torte anzuschneiden. Denn der Sohn des Hauses in Bahawalpur feierte seinen ersten Geburtstag, und was wäre aufregender für die Familie gewesen, als die deutsche Zelebrität dabeizuhaben und ungezählte Meter Film darauf zu verschwenden, wie sie die Geburtstagstorte anschneidet, mit den buntgeschmückten Frauen spricht, ihren Tee trinkt – und dies alles noch im staubigen Reiseanzug (dem üblichen *shalwar qamis*): denn wir waren gerade eben von unserem Tagesausflug in die Cholistan-Wüste zurückgekommen.

Cholistan, das Wüstengebiet, das – nördlich an die Thar anschließend – Pakistan und Indien trennt (oder verbindet), hatte mich immer interessiert; nach einem mehrwöchigen Aufenthalt in Nordpakistan wurde ich wieder einmal ins Flugzeug gesetzt, nachdem ich noch schnell dem Governor des Panjab in Lahore einen Besuch gemacht hatte, ... und war gegen 17 Uhr in Multan gelandet. Daß ich eine Stunde später in der weit draußen gelegenen Bahaᵓuddin Zakariya Universität einen Vortrag halten sollte, erfuhr ich erst bei der Ankunft. Am nächsten Morgen ging es in südöstlicher Richtung nach Bahawalpur, wo wir unser Gepäck im Circuit House ließen – diese elegant ausgestatteten Häuser waren früher in erster Linie für hohe Beamte auf Inspektionsreise bestimmt. Dann machten wir uns in einem komfortablen Landrover auf den Weg ins Abenteuer, in die Wüste von Cholistan.

Bahawalpur, östlich vom Sutlej gelegen, hatte im Laufe der Jahrhunderte die verschiedensten Herrscher gehabt; als eigenständiger Staat erschien es 1748 auf der Landkarte, als die Daudpotras aus dem nördlichen Sind hier ein kleines Reich gründeten; da sie behaupteten, von einem Abbas (der Legende nach dem Oheim des Propheten!) abzustammen, werden sie auch als Abbasi Dynastie bezeichnet. Noch vor der Annektion Sinds 1843 und des Panjab 1849 durch die Briten schlossen die Herrscher 1838 einen Kooperationsvertrag mit den Briten. Und in unserem Jahrhundert gehörte Bahawalpur zu den letzten Fürstentümern, die für den Anschluß an Pakistan stimmten – seit 1955 ist es in Pakistan integriert.

Das Gebiet östlich des Indus und seiner Tributäre, das jetzt die Grenze zur Indischen Republik bildet, ist fast durchgehend Wüste. Etwa in dieser Gegend sahen die antiken Geographen und die mittelalterlichen muslimischen Gelehrten die Grenze zwischen „Sind" und „Hind". „Sind" umfaßte in ihrer Terminologie nicht nur die heutige Provinz gleichen Namens im Süden Pakistans, sondern auch den Panjab, das Land der fünf Ströme, die sich schließlich mit Abasin, dem „Vater der Ströme“ – das ist der Indus – vereinigen. Diesen riesigen Strömen – Chenab, Jhelum, Ravi und Sutlej – verdankt das Panjab seine Fruchtbarkeit; aber sie bedrohen das flache Land auch mit zerstörerischen Überschwemmungen. „Hind“ bzw. „Hindustan“ dagegen war das gesamte Trans-Indusgebiet, das ungefähr dem nördlichen Teil des heutigen Indien entlang Jumna und Ganges entspricht. Der Süden Indiens wurde im übrigen als Dakhan, „Süden“, bezeichnet – daher das heutige „Dekkan“.

Als ich Jahre zuvor durch die Thar gefahren war, hatte sie sich nach heftigen Monsunregen als Traumlandschaft gezeigt; doch jetzt erlebte ich das genaue Gegenteil: Seit zwei Jahren hatte es keinen Tropfen Regen mehr gegeben, so daß der größte Teil der ohnehin spärlichen Bevölkerung sich in die Randgebiete zurückgezogen hatte, wo Kanäle wenigstens einigermaßen das Überleben von Mensch und Tier sicherten – viel Vieh, selbst ein Großteil der ausdauernden Kamele (Kamelzucht ist eine Hauptbeschäftigung der Bewohner), war schon eingegangen. Und wie in Sind und in der Thar gab es auch hier in der einheimischen Poesie lange Gedichte, in denen die Sehnsucht nach dem lebenspendenden Regen bzw. die Dankbarkeit für die Gnade des Wassers in immer neuen Varianten ausgedrückt wird. Wenn man durch Cholistan reist, sollte man es nach Lektüre der Lieder tun, die Khwaja Ghulam Farid, der 1901 verstorbene Dichter der Siraiki-Sprache, über seine geliebte Heimat geschrieben hat – nicht nur die blühenden Gärten der Städte haben ja die Dichter inspiriert, sondern auch die weite, herbe Landschaft der Wüste und Steppe. Und wie in Sind mischt sich auch in Cholistan Sehnsucht nach dem Ende der Wüstenreise mit der Sehnsucht nach dem Ende der Lebensreise, des Pfades, der zu dem einzigen und letzten Geliebten führt:

Am Morgen werden fort wir geh'n,
die Stätten dann verödet steh'n
– Wie Gänse in die Ferne zieh'n –
zwei Tage wir beim Volke steh'n.
Wie fremd, wie fremd ist doch dies Land!
Auf Lug gebaut ein flücht'ges Leh'n,
Kein Freund und keine Freundin hier –
wer hörte wohl mein schmerzvoll Fleh'n?
Auf Erden warf das Schicksal mich –
Wer würd' sich sonst zur Erde dreh'n?
Ich mach' mich auf zur Schönheitsstadt –
Oh Gott, laß bald mein Ziel mich seh'n!

Oh Herrgott, betend bitt' ich Dich:
Vereine bald dem Liebsten mich!

Wir aber hatten den bestmöglichen Führer aus Fleisch und Blut, unseren Gastgeber Aftab Shah, der das *Cholistan Development Project* leitete, das in Bahawalpur seinen Sitz hatte und sich der wirtschaftlichen und kulturellen Entwicklung des Wüstengebietes widmete. So kannte Aftab Shah jeden Baum – meist krumme kleine Tamarisken –, jeden unerwarteten Dünenhügel auf und neben der sandigen Piste, und er unterhielt uns während der Fahrt mit immer neuen Geschichten, belehrte und erheiterte uns zugleich.

Allerdings hatte ich nicht erwartet, als erste Sehenswürdigkeit am Beginn der Wüste einen kleinen Zoo zu besuchen! Immerhin war das neu angelegte Naturschutzgebiet von Lal Suhanro recht attraktiv, und der Park sollte noch weiter ausgebaut werden, sollte als Erholungsstätte für Feriengäste dienen – was natürlich auch eine gewisse Zerstörung des ursprünglichen Habitats bedeutete. Entzückt sahen wir den kleinen Tierbestand, der sich in erster Linie auf die hier in der Wüste beheimateten Tiere beschränkte: Da gab es nicht nur große blaubunte und weiße schönheitsbewußte, sondern auch bezaubernde sandfarbene Pfauen von der Größe eines Fasans, anmutig wie seidene Spielzeugtiere . . . Und da starrte uns ein Wildkater böse an, etwa so groß wie eine Maine-Coone-Katze, mit eindrucksvollen Haarbüscheln an den Ohren, ähnlich einem Luchs. Natürlich hätte ich ihn gern durch das Gitter gestreichelt, doch der Wächter warnte mich: „No, Ma'am, sehr gefährlich, hat grade seine drei lady cats gefressen!" Kopfschüttelnd über so viel Herzlosigkeit gingen wir weiter. Endlich sah ich auch Nilgaus, die ich nur von den Miniaturen der Mogulzeit kannte: Einige der fast kuhgroßen, bläulich-grauen Antilopen mit dem verhältnismäßig kleinen, schmalen Kopf und einem unendlich milden – wie es schien, wissenden – Lächeln um das Maul hatten ein weites Feld für sich und kamen nur zögernd zum Gitter. Ich fütterte sie mit Bananen und verstand nun, warum diese liebenswerten Geschöpfe die Mogulmaler so fasziniert hatten.

Nilgaus hatten früher in größeren Herden in Cholistan gelebt; aber jetzt war die Fauna nicht nur durch die lange Dürre gefährdet, sondern noch mehr durch die – meist arabischen – Besucher, die hier einen idealen Platz für Falkenjagden fanden, und wie in der Thar war auch hier die Zahl seltener Vögel, etwa der Trappen, stark zurückgegangen. Doch die arabischen Jäger brachten ja so viel Geld ins Land . . .

Die Wüste glitzerte silbrig-grau; Dornbüsche unterbrachen die scheinbare Eintönigkeit; die wenigen Siedlungen waren verlassen: Kein Mensch, kein Kamel . . . bis wir zu ein paar schmucken niedrigen Lehmhäusern kamen, wo noch einige Frauen zu sehen waren. Die Wände waren kunstvoll mit geometrischen Mustern bemalt; das einfache Kochgeschirr blinkte, und die Harmonie der wenigen Gerätschaften in den bescheidenen Behausungen war überraschend. Hier mußte früher eine größere Siedlung gestanden haben; man sah noch ein paar moderne niedrige Betonmauerreste, und in einiger Entfernung war ein großes Fort aus Lehm unter einer gewaltigen Düne fast begraben. Ein paar kummergebeugte Bäume standen um einen winzigen Ziehbrunnen, aus dem einige Kamele getränkt wurden: Das salzige Wasser mußte aus großer Tiefe geschöpft werden. Man verstand hier, warum die indo-persischen Dichter des 17. und 18. Jahrhunderts immer wieder von dem *rēg-i rawān,* den Wanderdünen, sprechen, die ihnen den Weg abschneiden und jedes Stückchen Wirklichkeit – was immer das bedeuten möge – ständig neu überfluten und den einsamen Wanderer in wachsender Verwirrung durch die Wüste irren lassen, während die wenigen Brunnen langsam verschüttet werden.

Wir machten Rast auf der hohen Düne, sahen den kleinen Zeichen von Leben eine Weile zu und fuhren auf kaum zu ahnenden Pisten durch die Wüste, deren Silber sich in der sinkenden Sonne langsam in helles Gold, dann gewelltes Rosa und Lavendel verwandelte.

„Hier ist das Heiligtum von Channa Pir!" sagte Aftab Shah, als wir in der Einsamkeit ein kleines Mausoleum sahen: „Es ist das religiöse Zentrum für die Menschen hier – da kommen die Männer und bitten um Kinder, vor allem natürlich um Söhne, und wenn ihr Gebet wirklich erhört wird, kommt der glückliche Vater zur nächsten Jahrzeit *(ᶜurs)* Channa Pirs hierher, als Frau gekleidet, und tanzt zu Ehren des Heiligen."

Es ist zwar bekannt, daß die mystischen Dichter des indischen Islam sich in ihrer Poesie gern mit den Heroinen der Sindhi- und Panjabi-Volkslegenden identifizieren, also als „Frauen" sprechen. Denn die Seele, *nafs,* ist im Arabischen weiblich (was zu ungezählten unerfreulichen Vergleichen der Frau mit der „zum Bösen anstachelnden Seele" [Sura 12:53] geführt hat). Der Mystiker durchläuft die Entwicklung seiner Seele von der „zum Bösen anstachelnden" zur „tadelnden" und schließlich zur „befriedeten" Seele, die endlich zu ihrem geliebten Herrn zurückkehren kann: Alles dies Ausdrücke, die auf dem Koran beruhen, die aber in der Mystik eine ganz eigene Wertigkeit gewonnen haben – und in einer faszinierenden Mischung des islamisch begründeten Gedankens der „Seele" als weiblich mit der indischen Tradition der *virahini,* der sehnenden Liebenden, hat sich diese Symbolik im indischen Islam vor allem in der Volksliteratur entwikkelt. Es gibt durchaus Fälle, daß sich ein führender Mystiker als Frau kleidete und dem geliebten göttlichen Herrn zu Ehren sang und tanzte. Daß dies aber als Akt der Dankbarkeit für das Geschenk eines Sohnes getan wird, war mir neu!

Bald hatten wir die Landstraße erreicht, die uns unerwartet rasch nach Bahawalpur zurückführte, und nachdem ich meine Pflicht als Geburtstagstortenanschneiderin erfüllt hatte, fuhren wir zurück in unsere Nobelherberge, ein ehemaliges Schloß der Fürsten von Bahawalpur. Aber unser Abend war so unruhig, wie die Wüste still gewesen war, da ununterbrochen Besucher einströmten, darunter ein würdiger langbärtiger Sufi-Scheich, den ich – trotz der Mißbilligung meiner Freunde – am Morgen nochmals kurz sah, da mir seine Erörterungen zu einigen Problemen der islamischen Mystik recht interessant erschienen. Daß er mir später dutzende von Seiten lange Briefe mit mystischen Fragen nach Harvard senden würde, war ja nicht vorauszusehen gewesen; ich fand ihn, im Gegensatz zur Meinung meiner Begleiter, eigentlich sehr liebenswert . . . und es gab sicher nicht viele Menschen in der Gegend, mit denen er über theologische Probleme sprechen konnte.

Am nächsten Morgen trug uns der Landrover tiefer und tiefer in die Wüste, diesmal etwas südlicher. Nach gut zwei Stunden Fahrt erhob sich plötzlich ein gewaltiges Fort aus dem Nichts. Die grauschwarzen Mauern des quadratischen Baus waren von starken halbrunden Wehrtürmen flankiert – einer an jeder Ecke, dazwischen zehn an jeder Seite. Es sah bedrohlich aus.

„Das ist Derawar“, sagte Aftab Shah, „aber die Leute sprechen das Dilawar aus.“ – „Es sieht aber ziemlich wenig *dilāwar* aus, was ja ‘reizend, geliebt’ heißt“, meinte ich: „Wie alt mag es sein?“ – „Man weiß es nicht ganz sicher, aber es ist ziemlich wahrscheinlich, daß die Anlage auf die Bhatia Rajputs zurückgeht – wir sind ja hier an der Grenze zu Rajasthan. Dann haben die Abbasi-Fürsten von Bahawalpur die Festung übernommen, ausgebaut, immer wieder umgebaut.“

Hinter dem furchterregenden, beklemmend finsteren Fort standen einige niedrige Häuser, und dahinter erschien eine kleine Moschee aus weißem Marmor, von exquisiter, zierlicher Schönheit; die blauen, reich ornamentierten Fliesen leuchtend – vorbildlich gepflegt (von wem wohl?), stand sie wie eine unschuldige weiße Blüte neben dem Fort. Wer mochte diese Moschee hier, weit entfernt von der verfeinerten städtischen Kultur der großen Dynastien, wohl erbaut haben? Wann war sie gestiftet worden? Vielleicht im frühen 19. Jahrhundert, vielleicht viel später?

Wir gingen in den anmutigen Gebetsraum. Die Gebetsnische hatte hinter einer Ecke eine zunächst unsichtbare kleine Tür, durch die wir auf einen Balkon traten, gerade groß genug für vier Personen. Verwirrt von den Kontrasten, ließen wir uns dort eine Weile im Schatten nieder und stärkten uns mit kühlen Getränken. Unter dem Balkon sah man eine ziemlich enge Gasse; dahinter erhob sich die graue Mauer des Forts.

„Wozu denn eine Tür in der Gebetsnische?“ fragte ich. „Ganz einfach – es soll öfter passiert sein, daß ein Gelehrter oder ein Prinz verfolgt wurde, vielleicht aus politischen Gründen, vielleicht, weil er als Prediger eine Bemerkung gemacht hatte, die den Herrscher beleidigt hatte – es gibt ja immer genug Gründe, wenn man jemanden zu strafen sucht ... Dann umstellte man die Moschee, und der Verfolgte konnte wenigstens versuchen, durch diesen Fluchtweg zu entkommen ...“ Aftab Shah wußte einige der grausamen Geschichten, die über Derawar erzählt wurden, und als wir später durch das Innere der Festung streiften, ahnten wir etwas von den Tragödien, die sich dort abgespielt haben müssen: Fluchtwege gab es, dämmrige unterirdische Zellen (in denen, wie ein Gerücht sagt, die unverheirateten Töchter der Fürsten verborgen wurden), Wehrgänge: Noch im Zerfall erschien der Bau bedrückend, beängstigend – fast noch mehr als das gewaltige Fort in Daulatabad im Dekkan; denn die wasserlose Wüste ringsum machte jeden Fluchtversuch unmöglich. Vielleicht waren diejenigen hier am glücklichsten, die auf dem nahen Friedhof lagen, dessen Grabmäler und kleine Mausoleen mit ihren strahlend blauen Fliesen zwischen den Dornsträuchern etwas Farbe in die beklemmende Landschaft brachten.

Als wir später von einem mit prähistorischen rötlichen Scherben bedeckten Hügel noch einmal auf das Fort blickten, zog eine lange Reihe Kamele vorüber wie eine Geisterkarawane ... Vielleicht waren sie schon in der Proto-Harappa-Zeit, der die Scherben entstammten, d. h. vor fast 6000 Jahren, so vorübergezogen; vielleicht hatte auch damals eine Festung das Land geschützt, das noch nicht Wüste, sondern Agrarland gewesen sein soll. Ja, man nimmt an, daß der Fluß, der zu jener Zeit das Land lebenspendend durchzogen haben soll, noch unterirdisch weiter existiert ...

Die Fahrt durch kleine Dörfer nach Ucch, dem alten Zentrum der islamischen Frömmigkeit, brachte uns auf andere Gedanken, und als wir im kühlen Garten des Panjnad-Rasthauses unter den hohen Bäumen Tee tranken, fühlten wir uns erlöst, sank Derawar langsam in den Schatten des bereits Vergangenen zurück. Hier, am Panjnad, liegt der letzte große Zusammenfluß der Ströme des Panjab – zuerst haben sich weiter im Norden Chenab und Jhelum vereint, in die dann der Ravi fließt, und am Panjnad ergießt sich der Sutlej in den gewaltigen Strom, der sich schließlich etwa 100 km südlich, bei Mithakot mit dem Indus vereint. Ucch war trotz der ständigen Veränderungen der Flußläufe seit dem Altertum ein wichtiger Verkehrsknotenpunkt, und bei einem früheren Besuch wurde uns voll Stolz die Stelle gezeigt, wo die Flotte Alexanders des Großen einstmals Anker geworfen hatte ...

Der heitere Abend verlief allerdings nicht ungestört; denn eine Dame aus Lahore, die sich schon dort an mich ankristallisiert hatte, war uns von Bahawalpur aus ständig gefolgt (ohne daß wir es ahnten) und hatte uns nun auch in unserem friedlichen Rastort entdeckt – wo wir, andererseits, einen geheimnisvollen Vorrat Rotwein entdeckt hatten, von dem wir annahmen, er stamme von Alexander dem Großen, und in dessen Genuß wir uns nicht gern stören lassen wollten – Pakistan ist ja offiziell „trocken". Der Dame wurde beschieden, ich schliefe bereits.

Karin und ich fuhren am nächsten Morgen mit Aftab Shah auf einem Boot ein Stück den gewaltigen Strom hinauf, um die Stelle zu sehen, wo sich Chenab und Sutlej zu einer riesigen Wasserwüste vereinigen, und ich mußte an den Sindhi-Vers Qadi Qadans aus dem 16. Jahrhundert denken:

> Wo manches große Schiff und Boot
> in Wasserwirbeln stranden,
> erreicht doch selbst ein kleines Boot
> den Strand durch Deine Gnade!

Auch unser Boot erreichte sicher den Strand oberhalb der großen Schleuse am Rasthaus, aber dort stand schon die Verfolgerin und versuchte im Wortgefecht meine Ehrengarde zu überzeugen, daß sie mich aus lebenswichtigen Gründen sehen müsse. Der lebenswichtige Grund bestand darin, daß sie für ihren Sohn, einen ziemlich unsympathischen Teenager, unbedingt eine Zulassung für Harvard erpressen wollte: Ich brauchte ihm ja nur ein Gutachten auszustellen, dann wäre er doch schon aufgenommen ... Es war eine hochdramatische Szene, bei der es fast zu Handgreiflichkeiten kam. Freilich war es keineswegs das einzige Mal, daß gute Mütter so etwas versuchten und mir oft alle Schätze Pakistans und Indiens versprachen, falls ich nur ihre Kinder nach Harvard brächte ... Das Schlimmste an der Sache war, daß sie eine Freundin meines bärtigen Sufis in Bahawalpur war, und so leid es mir tat, ihn enttäuschen zu müssen – dieser Dame und ihrem Sohn konnte nicht geholfen werden. Sie verfolgte uns noch bis Multan, doch nachdem ich meine Besprechungen in der Universität erledigt hatte, trug mich das Flugzeug – ohne Verfolgerin! – nach Karachi; der Wüstenausflug endete mit einer Nachtlandung, die ich, hingerissen von der Schönheit eines nächtlich erleuchteten Flugplatzes, vom Cockpit der Boeing 737 beobachten durfte.

Nach einem intensiven Tag in Karachi – Lunch mit dem damaligen Premierminister Junejo, Abendessen für siebzig Personen im Garten meiner Sindhi-Familie – war ich 48 Stunden nach unserem Cholistan-Abenteuer wieder in Bonn – und in meinen Träumen vermischten sich die Bilder: Die Geburtstagstorte wuchs zu einer überdimensionalen Festung, der Wildkater und die resolute Sufi-Dame verflossen in eins, und in dem silbernen Licht der Wüste lächelten die Nilgaus, wissend, daß dies alles nur ein Traum, eine Fata Morgana war.

II. Islamabad und Umgebung

Als ich im späten Januar 1958 erstmals nach Pakistan kam, ahnte noch niemand etwas von Islamabad. Karachi war die Hauptstadt, wo man sich nach der Entstehung des neuen Staates im August 1947 mühsam eingerichtet hatte. Da das von den Briten großzügig als Regierungs- und Verwaltungssitz ausgebaute Delhi an Indien gefallen war – wenn es auch für nahezu acht Jahrhunderte mit nur einer kurzen Unterbrechung das Herz des islamischen Indien gewesen war –, mußte der neue Staat sich mit Baracken, Behelfsbauten, mit durch die Flüchtlinge übervölkerten Notquartieren zufriedengeben. Die Verwaltung, das Bankwesen und viele andere Wirtschaftszweige waren durch den Abzug zahlreicher Hindus zunächst gelähmt gewesen, und ich wunderte mich immer, wie sich das Leben dennoch verhältnismäßig reibungslos abspielte, getragen von der begründeten Hoffnung auf eine glückliche Zukunft. Freilich, die Spannungen zwischen den ansässigen Sindhis und den aus Indien einströmenden muslimischen Flüchtlingen bestanden schon damals, denn die *muhājirs,* die „Fluchtgenossen", wie sie sich mit einem klassischen arabischen Titel bezeichneten, der ursprünglich denjenigen zukam, die im Jahre 622 mit dem Propheten Muhammad von Mekka nach Medina auswanderten – die Muhajirs also stellten einen großen Teil der städtischen Intelligenz und spielten schon bald eine wichtige Rolle in Verwaltung und Erziehung, während die Provinz Sind am unteren Indus vorwiegend von Großgrundbesitzern geprägt war, die nicht selten zur Familie eines von altersher verehrten und einflußreichen muslimischen Heiligen, eines Pirs, gehörten. Außerdem sprachen die Muhajirs Urdu, das zur Landessprache Pakistans erklärt wurde, um den verschiedenen Völkerschaften mit ihren diversen Sprachen eine gewisse Vereinheitlichung zu ermöglichen; denn in den Provinzen findet man die auf indischer Grundlage beruhenden Sprachen Sindhi, Panjabi und das eine Art Übergang zwischen diesen beiden wichtigen Sprachen bildende Siraiki, dazu die iranischen Sprachen Pashto und Balochi sowie das dravidische Brahui, um nur die wichtigsten zu nennen, zu denen in den nördlichen Berggebieten noch eine kaum übersehbare Anzahl kleinerer, philologisch hochinteressanter Idiome kommt. Urdu jedoch (im Westen früher meist Hindustani genannt) war seit dem 18. Jahrhundert die allgemein von Muslims und Hindus benützte Sprache zumindest in Nord-Indien gewesen, ja sie war auch im Dekkan, im Reiche des Nizams von Hyderabad, seit Jahrhunderten als Literatursprache verwendet worden. Gegen die „Überfremdung" der pakistanischen Regionen wehrten sich vor allem die damals noch zu Pakistan gehörigen Bewohner Ost-Bengalens (jetzt Bangla Desh) und die Sindhi, stolz auf ihre außerordentlich reiche Sprache und wunderbare Literatur. Im Rückblick fragt man sich oft, ob Iqbal, als er den Wunsch nach einem muslimischen Mehrheitsgebiet „innerhalb oder außerhalb des Britischen Empires" in seiner Rede vor der All-India Muslim League im Dezember 1930 aussprach, je daran gedacht hatte, daß die nach vielen Verhandlungen und Mißverständnissen 1947 zustandegekommene Teilung des Subkontinents mit so viel Blutvergießen, solchen Massenwanderungen von einem Teil des Gebietes in das Nachbarland, mit so viel Mißtrauen und Mißverständnissen auf beiden Seiten belastet sein würde . . .

Karachi konnte nicht für immer Hauptstadt eines sich rapide entwickelnden Staates bleiben. Mit seinem großen, lebhaften Hafengebiet und dem weitgefächerten Delta des Indus sowie der nach Indien fast offenen Thar-Wüste war es möglichen feindlichen Angriffen gegenüber ziemlich ungeschützt. So wurde unter Ayub Khan geplant, eine von der indischen wie der afghanischen Grenze genügend weit entfernte neue Hauptstadt – im Heimatgebiet des Präsidenten, nahe den Vorbergen des Karakorum – zu errichten. Sie sollte Islamabad heißen, „Islam-Gebiet". Und die Stadt sollte nahe genug an dem von den Briten ausgebauten und als Militärstützpunkt benutzten Rawalpindi liegen, dessen Flughafen noch jetzt der Hauptstadt dient. Wie oft bin ich die schnurgerade Flughafenstraße gefahren – und jedesmal entdeckte man neue Siedlungen, neue Bauten entlang des Weges.

Als ich 1966, via Iran und Afghanistan nach Indien reisend, kurz in Islamabad Station machte, war es eine riesige Baustelle, und ich flüchtete rasch ins geliebte Lahore. Sieben Jahre vergingen, ehe ich die Stadt wiedersah, obgleich ich inzwischen mehrfach im Lande gewesen war – und dann, 1973, erlebte ich die große Überraschung: eine wohlgeplante Stadt, in der die Bäume anfingen, wie richtige Bäume auszusehen, und in der unsere Botschaft durch einen von Jahr zu Jahr schöner blühenden Garten berühmt wurde. Eben hier sollte für die kommenden Jahre mein „Zuhause" in Islamabad sein, verwöhnt von unseren Botschaftern und ihren liebenswerten Frauen.

Islamabad ist eine Reißbrettstadt mit quadratischen Sektoren, deren Seitenlänge jeweils eine Meile (1,6 km) beträgt: Das Zentrum, die staatlichen Gebäude, liegt burgartig geschützt in der Nische, die von den Margalla-Hügeln und einigen Vorgebirgsausläufern des Karakorum gebildet wird; von dort aus laufen schnurgerade Alleen und Straßen. Viele Grünanlagen, stattliche Villen machen die Stadt anzie-

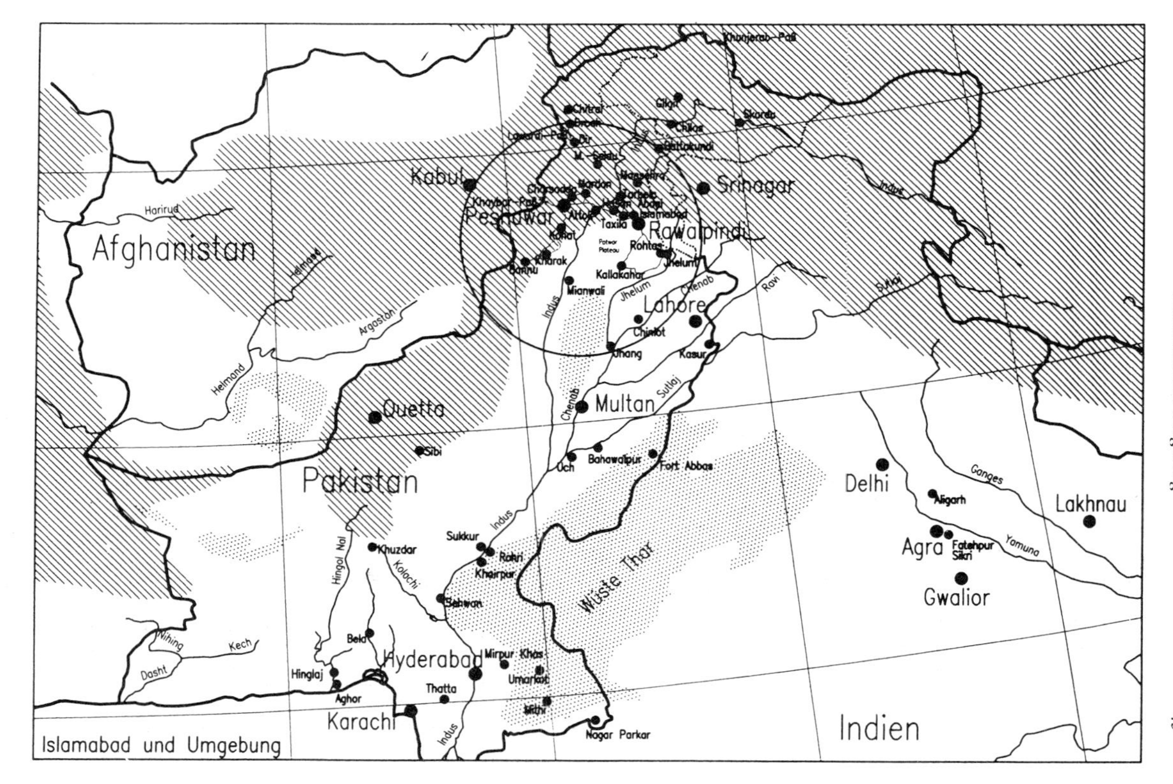
Islamabad und Umgebung
Afghanistan
Pakistan
Indien
Kabul
Peshawar
Rawalpindi
Islamabad
Srinagar
Lahore
Multan
Quetta
Hyderabad
Karachi
Delhi
Agra
Gwalior
Lakhnau
Wüste Thar
Indus
Chenab
Jhelum
Ravi
Sutlej
Ganges
Yamuna
Helmand
Harirud
Argastan
Kolachi
Hingol Nal
Kech
Dasht
Nihing
Khunjerab-Paß
Lowarai-Paß
Khaybar-Paß
Chitral
Drosh
Dir
Gilgit
Chilas
Skardu
Taxila
Attock
Kohat
Mardan
Tarbela
Charsadda
Khurak
Bannu
Rohtas
Jhelum
Potwar Plateau
Kallakahar
Mianwali
Chiniot
Jhang
Kasur
Fort Abbas
Bahawalpur
Uch
Sibi
Sukkur
Rohri
Khairpur
Sehwan
Khuzdar
Mirpur Khas
Umarkot
Mithi
Nagar Parkar
Thatta
Bela
Hinglaj
Aghor
Aligarh
Fatehpur Sikri

hend, vor allem wenn man sie gegen die Kulisse der dunklen Berge betrachtet, vor denen sich jetzt am Endpunkt der zentralen Straße die Faisal Moschee erhebt.

1973 hatte sich die politische Lage seit meinem letzten Kurzbesuch dramatisch geändert. Nach dem unglückseligen Krieg, der zur Abspaltung des kleineren, aber volkreicheren Ost-Pakistan als Bangla Desh führte, hatte Zulfiqar Ali Bhutto die Macht übernommen. Ich kannte ihn schon als aktiven, in Amerika ausgebildeten Außenminister, und da seine attraktive Tochter Benazir Studentin bei uns in Harvard war (wir gehörten sogar dem gleichen „Haus", Eliot House, an) konnte ich ihn bei meinen regelmäßigen Tee-Besuchen in Rawalpindi damit erfreuen, daß ich ihm berichtete, wie sie durch ihr ganzes Auftreten dazu beigetragen hatte, Pakistan als einen modernen, aufstrebenden Staat auch den zahlreichen Akademikern nahezubringen, deren politisches und wirtschaftliches Interesse sich sonst fast ausschließlich auf Indien konzentrierte.

Bei unseren Gesprächen verband uns das gemeinsame Interesse an seiner Heimatprovinz Sind und deren Sprache und Literatur, und er empfahl mir eines Tages ein Buch, das ich sogleich verschlang. Es war der erste Band von Pir Ali Muhammad Rashdis 'Uhē diñh uhē shiñh', „[Wo sind] jene Tage, jene Löwen?". Da ich mit der Familie des Verfassers, deren Ländereien im nördlichen Sind nahe denen der Bhuttos lagen, seit Jahren eng befreundet war, genoß ich die Lektüre dieses glänzend geschriebenen, zum Teil sehr boshaften, aber immer witzigen Werkes sehr, in dem die Situation der Provinz Sind vor dem Zweiten Weltkrieg beschrieben, von den verschiedensten Gesichtswinkeln aus beleuchtet wird. Am schönsten sind wohl jene Passagen, in denen der Verfasser, selbst ein listenreicher Politiker, die Menschen, die einfachen Dörfler, die verschiedenen Typen von Männern und Frauen aller Schichten, aller Klassen schildert – eine Fundgrube für Ethnologen! Aber ich stieß auch auf eine Passage, die mir im Hinblick auf die pakistanische Politik interessant zu sein scheint: Rashdi schildert darin das politische Spiel der Sindhi-Großgrundbesitzer, der *wadērō,* und der *pirs,* der geistigen Führer des Landes, zu der er selbst gehörte:

> Nach der Trennung [Sinds von Bombay 1935] überschatteten sofort die Wadero Sahibs und die Pir Sahibs dank ihrem Reichtum und unter dem Einfluß der Dorfverwaltungsorgane bzw. auf der Basis der *piri muridi* [Meister-Jünger] das politische Leben in Sind. Sie ließen weder unabhängige Parteien entstehen, noch die Achse der Politik auf irgendwelchen ethischen Fundamenten ruhen. Die „Prinzipien", auf denen die politische Aktivität des unabhängigen Sind sich zu bewegen begann, waren kurz die folgenden:

1. Man mußte auf jeden Fall Minister werden, und war man es geworden, so mußte man es unbedingt bleiben. Ferner: Warum sollte man nicht ein paar Parteien wechseln, um dieses Ziel zu erreichen, und warum nicht seine Versprechen und Worte und Prinzipien ein paarmal ändern?
2. Solange man Minister blieb, mußte man sich ausschließlich damit befassen, sich selbst stark und kräftig zu machen.
3. Das Wohlergehen der Sindhi-Bevölkerung war überhaupt kein Problem, denn das, was in der politischen Terminologie „Volk, Masse" genannt wird, wurde nicht als existent wahrgenommen. Nach Meinung dieser Politiker bestanden die Menschen von Sind aus drei Gruppen:
   a) Pirs und Waderos, deren angestammtes Recht es war, Minister zu sein und zu regieren;
   b) Mitarbeiter, deren angestammtes Erbe es war, für die muslimischen Wahllisten zu dienen und, nachdem sie das getan hatten, sich einerseits um weitere Beförderung zu bemühen und anderseits für ihres Leibes Wohl zu sorgen;
   c) die draußenstehenden nackten, hungrigen Hunderttausenden von Dorfbewohnern, für die es genug Seligkeit bedeutete, daß der Schatten des Waderos und Pirs stets und ständig über ihnen war.
4. Man durfte keine politische Partei gründen, denn wäre eine Partei gegründet worden, so hätte sie sich der breiten Masse zugewandt; wenn aber die Masse begonnen hätte, an der Politik teilzunehmen, wären die Fehler des Monopols des Wadero-Systems sichtbar geworden. Deswegen durfte man eine solche giftige Pflanze erst gar nicht entstehen lassen.
5. Entsprechend diesen Prinzipien und um temporären Nutzen zu erzielen, durfte man nicht zögern, diejenigen, die hin und wieder zur Macht aufstiegen, götzendienerisch zu verehren – sei diese Macht nun der Hindu-Kongreß oder die Muslim League oder die momentane Rolle irgendeines Individuums. Kurz, man mußte aus allem Nutzen ziehen, und in wessen Quelle ein Tröpfchen politischen Wassers war, da mußte man seinen Schnabel hineintunken.

Galten diese Regeln wohl nur für Sind?

Islamabad wuchs von Jahr zu Jahr, und entsprechend wuchs die Anzahl der Freunde. Da gab es die Quaid-i Azam University am Rande der Stadt, nahe den Vorgebirgshügeln; zweimal bislang wurde sie sogar von einer Frau geleitet. Unvergeßlich der Tag, da man mir dort einen Ehrendoktor verlieh (ein Jahr nach der gleichen Ehrung in der

University of Sind anläßlich des so gut organisierten, fröhlichen Kongresses für Sindhologie 1975): Alle Blumentöpfe, mit deren Hilfe man versuchte, das Universitätsgelände mit seinen abweisend wirkenden Betonbauten etwas zu begrünen, waren zur Feier leuchtend rot gestrichen, fast so leuchtend rot wie der schwere seidene, sehr photogene Talar, mit dem ich mich in den folgenden Jahren mit Stolz bei den Graduierungsfeiern in Harvard schmückte... Inzwischen gab es auch die Allama Iqbal Open University, die neue Unterrichtsmethoden mit Hilfe von Film und Fernsehen entwickelte und die ich immer gern besuchte, und langsam wuchs die internationale Islamische Universität heran, deren Lehrkörper ebenso wie die Studenten aus den verschiedensten islamischen Ländern stammten; wie so oft bei solchen Institutionen war der ägyptische Anteil im Lehrkörper am höchsten.

Die Islamische Universität lag gleich neben der Faisal Moschee, die nach vielen Jahren der Konstruktion zum Wahrzeichen der Stadt wurde. Von einem türkischen Architekten entworfen, ist sie von einem vierteiligen Zeltdach gekrönt; die vier hohen Minarette sind tief im Fels verankert, um das raffiniert gegliederte Gebäude gegen die in dieser Gegend nicht seltenen Erdbeben zu schützen. Der Besucher, der das weiße Marmorgebäude betritt, verliert sich fast in dem riesigen Betsaal mit seinem hochmodernen (übrigens aus Deutschland stammenden) Kronleuchter. Helle Teppiche, lichtes Fliesenmosaik an den fensterreichen Wänden lassen den Raum noch größer erscheinen; er faßt, unter Einbeziehung des Hofes, 10000 Betende. Der eigentliche Blickfang ist, wie es sich gehört, der *miḥrāb,* die Gebetsnische – nicht bloß, wie in den meisten Moscheen, eine Art nach Mekka weisender Apsis, sondern das riesige Abbild eines aufgeschlagenen Korans, dessen beide „Blätter" aus weißem Marmor bestehen und in ihrer Mitte in einem gespiegelten „Allah" aus Lapislazuli aneinanderstoßen. Auf den beiden „Blättern" aber sind Verse aus dem 55. Kapitel des Korans, der *sūrat ar-Raḥmān,* „Der Erbarmer", in einem mittelalterlichen Stil in Gold geschrieben. Das ist die genialste moderne Lösung eines *miḥrāb,* die ich kenne, und der Künstler, der vielseitige und erfindungsreiche Guljee, zeigte und erklärte mir sein Werk mit berechtigtem Stolz. Versammlungsräume liegen unter dem weiten, marmorgepflasterten Hof, Stufen verbinden die verschiedenen Ebenen; die kühne Konstruktion spiegelt sich im Wasserbecken, so daß die eigenwillige Kuppelform noch deutlicher erkennbar wird. Am Eingang aber sieht man ein kalligraphisches Relief in antikisierenden Lettern mit dem Ausspruch des Propheten: „Das Paradies liegt zu Füßen der Mütter."

Die Moschee hebt sich leuchtend gegen die buschbestandenen

Hügel ab, in die nun an der schönsten Stelle ein Restaurant lockt, von dem man den Rawal-See und die ganze Stadt Islamabad bewundern kann. Neben der Moschee aber liegt seit dem Herbst 1988 Präsident Zia ul-Haq begraben, der im August jenes Jahres bei einem mysteriösen Flugzeugabsturz mit all seinen Getreuen ums Leben kam. Als ich ihn das letzte Mal sah – bei einem Abendessen, das er mir zu Ehren im November 1987 gab –, unterhielten wir uns vor dem Essen lange über die Mystik und Dichtung Jalaluddin Rumis, dessen Gedanken so stark die dynamische Frömmigkeit Muhammad Iqbals prägten – jenes Mannes, den Pakistan als seinen geistigen Vater preist . . .

Wie sehr hatte sich dieses Pakistan in den dreißig Jahren, die seit meinem ersten Besuch verflossen waren, verändert! Die Spannungen zwischen Muhajirs und Sindhis waren gewachsen; die Tragödie Afghanistans hatte Millionen von Flüchtlingen in das ohnehin verhältnismäßig arme Land gebracht, und nach Bhuttos Hinrichtung im April 1979, nach der Einführung von Zia ul-Haqs Militärherrschaft hatten sich die Spannungen im ganzen Land weiter verschärft, hatten die Vertreter eines mehr „fundamentalistischen“ Islam zunächst die Islamisierungspolitik des Präsidenten gepriesen, hatten sich etliche unter meinen Freunden einen äußerlichen oder innerlichen Bart – Zeichen des frommen Muslims – zugelegt, und mehr als einmal dachte ich an Iqbals Gedicht:

Ich war dabei und konnt' den Mund nicht halten,
als Gott befahl: „Ins Paradies den Molla!“
Bescheiden legt' ich dar: „Vergib, o Gott, mir –
Nicht werden Huris ihm und Wein gefallen!
Der Himmel ist kein Platz für Zänkereien,
doch Streit, Disput, die sind ihm eingeboren,
der Völker, Sekten gegenander aufhetzt!
Dort oben gibt's ja Tempel nicht noch Kirche!“

Und schon drei Jahrhunderte vor Iqbal hatte der Mogul-Kronprinz Dara Shikoh in einem persischen Vers geseufzt:

Das Paradies ist, wo kein Molla ist . . .!

Die betonte „Bruderschaft“ der Gläubigen führte aber oft zu übertriebenen Reaktionen *einer* religiösen oder politischen Richtung auf das Programm der anderen, zu wachsenden Spannungen zwischen den lautstarken Vertretern, nicht so sehr des reinen, einfachen Islam, sondern des fanatischen Islamismus und den stilleren Gegnern solcher Bemühungen. Die alten politischen Strukturen brachen immer wieder hervor; neue Parteiengruppierungen etablierten sich, deren Macht im Prozeß der Demokratisierungsbestrebungen immer größer wurde. Muhajirs und Sindhis, Pathanen und Panjabis trafen sich in seltsamen Allianzen, die sich ständig umgruppierten; die *Muslim League,* einst die zur Bildung Pakistans treibende Kraft, erschien wieder und spaltete sich erneut. Nach Zia ul-Haqs Tod ging Benazir Bhutto aus den Wahlen als Siegerin hervor – sie, die in Harvard und Oxford ausgebildet war und von der westlichen Presse als Garantin einer wahren Demokratie jubelnd begrüßt wurde. Doch das waren Wunschträume, und nach kurzer Zeit mußte auch sie ihren Platz räumen, der von Nawaz Sharif übernommen wurde: einem erstmals nicht aus der Wadero- oder Militär-, sondern aus der Kaufmanns- und Industriellenschicht stammenden Politiker, der auch dem politischen Spiel zum Opfer fiel; nun, da ich dies schreibe, ist Benazir wieder an die Macht gekommen.

Für den Besucher – selbst für denjenigen, der jedes Jahr mindestens einmal nach Pakistan kam – war das verschlungene politische Spiel ziemlich undurchsichtig, wenn auch Freunde jeder politischen Richtung sich bemühten, Aufklärungsarbeit zu leisten. Manchen Bekannten, der bei einem Besuch gerade im Gefängnis war, fand man nächstes Mal in führender Stellung wieder – oder umgekehrt, und das Karussell schien sich mit zunehmender Geschwindigkeit zu drehen. Man sah mit Kummer, wie die Gewalt, vor allem in Sind, zunahm, wie im Zusammenhang mit der tragischen Lage in Afghanistan der Waffenschmuggel fast unübersehbare Ausmaße annahm und auch der Drogenschmuggel trotz aller Vorsichtsmaßnahmen, aller Strafandrohungen immer stärker wurde. Ja, Schmuggel wurde zu einer eigenen Wirtschaftsmacht, und Entführungen waren zu Zeiten so häufig, daß sich wohlhabende Familien in Karachi Leibwächter hielten, damit ihre Kinder nicht auf dem Schulweg gekidnappt wurden ...

Und dennoch liebte ich das Volk, das Land, so sehr die politischen Probleme mich erregten, oft erschütterten – die warme Herzlichkeit der Menschen blieb trotz aller politischen Wechselbäder unverändert. So bewegte ich mich oft durch eine geradezu irreale Welt, ferngehalten von den Problemen, deren ich mir durchaus bewußt war. Zeitweise war ich Staatsgast, und Polizeiwagen mit Blaulicht oder Motorrädern begleiteten mich auf all meinen Fahrten. Ich nannte sie ihres Lärmes wegen liebevoll „meine Nachtigallen", und sie waren glücklich, wenn sie sich mit mir auf einem, zwei, drei ... *group photos* verewigen lassen konnten oder wenn sie, wie so viele andere, kleine Autogrammbüchlein hervorzogen, damit sie ihren Kindern meine Unterschrift zeigen konnten: „Please Ma'am, einen guten Rat für meine kleine Tochter!" ... „Bitte einen Vers von Iqbal." ... Gern erfüllte ich diese bescheidenen Wünsche der immer hilfsbereiten Männer.

Islamabad hatte in den letzten Jahren noch einen neuen Anziehungspunkt erhalten, aus einem traurigen Grunde allerdings. Jeden Freitagmorgen gab es den Juma Bazar, den Freitagsmarkt, auf dem nun auch die afghanischen Flüchtlinge Teppiche, Schmuck und all das, was man sich sonst denken kann, anboten – eine Zauberwelt an Teppichen tat sich auf, und selbst wenn man mit den besten Absichten, charakterstark zu bleiben, am frühen Morgen dorthin kam, war es gar nicht zu vermeiden, daß einem ein oh so billiges! Stück in das Köfferchen wanderte – allerdings keiner der neumodischen Teppiche, auf denen Flugzeuge, Panzer, Gewehre und anderes Kriegsmaterial von der harten Realität in dem einst so herrlichen Land jenseits des Khaybarpasses zeugten ...

Man konnte, zumindest in den letzten Jahren, in einem stimmungsvollen kleinen Teegarten am Rawal-See Tee trinken und pakistanischer Musik lauschen; man konnte in das *Lok Virsa* gehen, die Zentrale für Volkskunde, in der man Instrumente, Kostüme, Schmuck, Haushaltsgegenstände aller Art aus den verschiedenen Provinzen des Landes bewunderte und selten ohne ein paar Kassetten mit pakistanischer Volksmusik zurückkehrte. Aber Islamabad war auch ein ideales Zentrum für größere Ausflüge – von Rawalpindi aus fliegt man nach Skardu, Gilgit und Chitral; der schön gelegene Golfplatz von Murree bot auch dem Nicht-Golfer eine herrliche Aussicht auf das Gebirge, während Murree selbst, einst wichtige *Hill-Station* der Briten, nicht mehr allzu reizvoll war. Eindrucksvoller war das hochgelegene Natiagali mit seinen duftenden Wäldern, den gemütlichen Urlauberhütten, wo man abends am Kaminfeuer sitzen konnte. In jüngster Zeit ist dort ein stilvolles Holiday Inn errichtet worden, von dem aus man einen atemberaubenden Blick über die kulissengleich ansteigenden Berge hat, die in der Ferne vom Nanga-Parbat-Massiv gekrönt werden.

Die Saltrange

Der Besucher konnte auch gen Süden fahren und, wie wir es einmal taten, das Fort Rohtas besuchen. Es war eine einigermaßen abenteuerliche Fahrt durch eine Furt des gerade Niedrigwasser führenden Flusses – eines namenlosen, vom Regenwasser abhängigen, tief in die Lößlandschaft eingegrabenen Flußbettes. Erbaut war die das Gebiet von einer mächtigen Anhöhe aus beherrschende Burganlage von Sher Shah Suri während der Jahre, da der Mogulkaiser Humayun auf der Flucht vor ihm war, also um 1540. Sher Shah, der damalige Fürst von Bihar und Bengalen, hatte mit scheinbar grenzenloser Energie nicht nur den *Grand Trunk Road* von der heutigen afghanischen Grenze bis Bihar anlegen lassen, sondern diesen Weg auch mit zahlreichen Burgen geschützt, Reisen durch die Anlage von Stufenbrunnen und Rasthäusern erleichtert. Zu Unrecht sind die Leistungen dieses genialen Organisators nie recht gewürdigt worden, da er meist als Usurpator gesehen wird. Die Festung Rohtas wurde denn auch von den 1555 wieder nach Delhi zurückgekehrten Mogulherrschern verwendet – sie versuchten, von dort aus die oft aufrührerischen Gakkars unter Kontrolle zu halten. Dann verfiel die Burg langsam, aber die prachtvollen Tore, die schlichten, sehr edel geformten Bauten aus dem graubräunlichen Sandstein, die Pavillons waren noch immer beeindrukkend – wie auch der Blick über das Flußtal, über die grünbraune, leicht bewegte Landschaft zu den fernen Vorgebirgshügeln. Wäre dies nicht ein idealer Platz für Konzerte? fragten wir uns, für ein Festival indo-muslimischer Künste, mit Gesang und Dichtung, mit klassischem Tanz und Rezitationen? Aber es würde wohl kaum möglich sein, diesen Traum, den wir auf der Rückfahrt noch ein wenig ausspannen, zu verwirklichen. Im Grunde waren wir erst einmal dankbar dafür, daß unser Auto nicht vom tückischen Fluß hinweggespült worden war und wir die schöne Residenz in Islamabad unversehrt erreichten.

Rohtas lag auf dem Weg in die Saltrange im Potwar-Plateau, jene leicht bergige Gegend, die sich zwischen Indus und Jhelum hinstreckt und, wie es die Geologen sehen, ein unübertreffliches geologisches Freilichtmuseum ist. Wir fuhren über Chakwal in das bewegte Hügelland und erreichten bald ein Gebiet, das für seine nun verlassenen Hindutempel berühmt ist. Sie dürften aus dem 17. oder 18. Jahrhundert stammen. Alte Bauten aus schweren gelbgrauen Steinquadern waren von freundlichen Familien bewohnt, die uns gern Zutritt gestatteten, damit wir besonders interessante Einzelheiten von dieser beachtlichen Architektur aufnehmen konnten. Ein hilfreicher Mann – es war der Lehrer – gab uns ein paar gute Hinweise für unsere weitere Fahrt; er kannte mich aus dem Fernsehen.

Dann hüpfte Karins Volkswagen weiter über Stock und Stein, kletterte tapfer die steilen Hügel hinauf und hinunter, durch vertrocknete Betten von urweltlichen Flüssen, zwischen steilen Felswänden . . .

„Hier, auf dem zerrissenen, graufelsigen Hochplateau, das sich nach Westen erstreckt, hat man jetzt mit erfolgreichen Ölbohrungen angefangen", sagte Karin. „Und wenn wir Zeit hätten, hätten wir von Chakwal aus in westlicher Richtung auf Mianwali zu fahren können. Das ist eine besonders dramatische Szenerie, und gleichzeitig ist es die größte bekannte Fundstätte für Makrofossilien. Da kommen Paläontologen aus aller Welt hin und finden die unglaublichsten Dinge – vor einigen Jahren wurde ein ganzer Elefant entdeckt! Und du kannst Krokodile, Rhinozerosse, Schildkröten finden, meist ziemlich nahe der Oberfläche – wir gehen manchmal dorthin oder in ein anderes nahegelegenes Gebiet, wo du die schönsten Ammoniten sammeln kannst . . ." – „Nächstes Mal, inschallah!" sagte ich – aber noch ist dieses nächste Mal nicht gekommen.

Wir fuhren weiter, durch niedrige Buschgebiete über einen steilen Paß, der uns zum Tagesziel, nach Kallakahar, führte. Hier hatte einstmals Babur seinen Soldaten den Treueschwur abgenommen, ehe er weiter zur Eroberung Nord-Indiens zog, hier hatte er erstmals einen Garten angelegt. Aber die meisten Ausländer und wahrscheinlich auch Pakistaner kennen die Gegend in erster Linie als ideales Jagdgebiet, vor allem für Enten und andere Vögel; für die Frommen schließlich ist Kallakahars Hauptanziehungspunkt das Mausoleum eines Heiligen. Ja, wenn man der Inschrift glauben wollte, waren hier im Jahre 1170 zwei Enkelsöhne des großen Bagdader Heiligen Abdul Qadir Gilani im Kampf gegen die Ungläubigen gefallen. Das kleine Heiligtum lag auf einem Hügel, es war mit modernen hübschen Glasdekorationen geziert; das Wichtigste aber war, daß es von Pfauen „beherrscht" wurde: Hunderte von Pfauen kommen, so sagt man, zur Fütterung in den kleinen Hof des auf einem Hügel liegenden Mausoleums und tanzen dort. Der Frühherbst war keine günstige Zeit für solche Vorführungen, aber schon die Silhouetten einiger anmutiger Vögel, die sich auf dem First des Mausoleumswalls wie Scherenschnitte vom pfirsichfarbenen Abendhimmel abhoben, entzückten uns. Daß Kallakahar mit Recht als trefflicher Ausgangspunkt für Vogeljagden berühmt ist, erfuhren wir am nächsten Morgen, als man uns im Regierungsrasthaus eine riesige Schüssel – zwar nicht mit Pfauen, aber – mit köstlich gerösteten Wachteln zum ersten Frühstück vorsetzte. Ich gebe zu, wir verzehrten eine beachtliche Menge von ihnen – wir wußten ja nicht, ob und wann wir bis zum Abend wieder etwas zu essen finden würden.

Wieder kletterte der Wagen über steile Hänge, bis wir Kewra erreichten. Dort, nahe dem Eingang zu den Salzminen, stand eine winzige Bahn – sie sah aus wie ein Spielzeug –, die uns in den Berg fuhr, wo sich die ältesten Salzlager der Erde befinden. Kewra soll die größte Salzabbaustätte der Welt sein, und wir konnten das leicht glauben, als wir durch die gewaltigen Säle fuhren und gingen, die dort ausgeschachtet waren und in denen hin und wieder das Salzwasser in dunkle kleine Seen tropfte. In dem weitverzweigten Gewirr von Gängen, die sich immer tiefer in den Berg hineinfraßen, öffnete sich plötzlich ein Platz. Dort hatten die Arbeiter eine winzige Moschee errichtet, einen abgegrenzten Raum zur Andacht, dessen Material aus Salzblöcken verschiedenster Farbe bestand, die im Lichte einer schwachen Lampe weiß, rosa, gelb, grünlich und in vielen anderen Farben schimmerten. Der kleinen Gebetsstätte schien nichts Irdisches anzuhaften; sie war gewissermaßen aus dem sprichwörtlichen „Salz der Loyalität" erbaut und leuchtete scheinbar von selbst.

Angerührt von diesem Anblick, fuhren wir weiter durch Hügel und Wälder und hin und wieder eine Ortschaft. Ein strahlend schönes Mausoleum eines vor wenigen Jahrzehnten verstorbenen Heiligen erschien völlig unerwartet zwischen den Lehmhäusern von Jalalpur. Für eine Weile hörten wir uns von einem frommen Wächter die Geschichte des dort Begrabenen an. Wir blickten aus den kühlen Wandelgängen durch die Spitzbogen der Galerie in das Hügelland und waren der heißen staubigen Welt für ein paar Minuten verlorengegangen. Hier in Jalalpur fällt das Potwar Plateau ab, und die weite fruchtbare Ebene des Fünfstromlandes, des Panjab, liegt vor dem Wanderer. Fern im Nordosten ahnt man den Mangla-Damm, der den aus Kaschmir kommenden Jhelum staut. Noch eine Strecke am Strom entlang – und dann erreichten wir wieder die wohlbekannte Landstraße, die uns nach Islamabad zurückführte.

Wendet man sich von der Hauptstadt zur anderen Seite, nach Nordwesten, so ist Taxila nahe den Margalla-Hügeln das liebste Ziel aller Touristen. Hier, wo in den ersten vor- und nachchristlichen Jahrhunderten das Zentrum des Buddhismus lag, wo sich die so reizvolle Mischung von griechischen und indischen Elementen in der Plastik entwickelte, führt ein reiches Museum in diese sogenannte Gandhara-Kunst ein. Schöner noch schien mir der Weg durch die Wiesen und Ruinen, die oft halb überwachsenen Reste der großen buddhistischen Klosteruniversität und der kegelförmigen steinernen Reliquienbehälter, der *Stupas,* und in der stillen klaren Luft ahnte man, welch intensives religiöses Leben hier einstmals geherrscht haben muß. Spuren dieser Kultur finden sich bis weit hinauf im ganzen Swat-Tal, und so durchdrungen ist der Boden von der Präsenz des Buddhismus, daß man beim Umgraben des Gartens in Peshawar oder Umgebung schon einmal einen kleinen Buddhakopf, eine steinerne Hand, ein Gewandfragment finden kann. Daher gibt es auch Raubgrabungen, weil die Einwohner der Dörfer im alten „Garten Ashokas", der Gegend um Takht-i Bahi und Mardan, hoffen, die schönen Funde gewinnbringend an Touristen oder Diplomaten zu verkaufen.

Bevor man von Islamabad nach Taxila kommt, findet man nahe der Hauptstadt ein Sufi-Heiligtum, das ich mehrfach besuchte. Nicht ein seltsamer Ort wie Nurpur, das wenige Schritte von der deutschen Botschaft in der Hauptstadt selber liegt – Nurpur, das, wie so viele Heiligtümer, von Schichten verschiedener Religionen zeugt: Noch sieht man Spuren zoroastrischen Feuerkults; fromme Buddhisten hatten dort meditiert, und nach der Islamisierung des Gebietes waren muslimische Heilige verehrt worden. Im Laufe der Zeit war der Ort zum Zentrum wilder Ekstase geworden, ein Sammelplatz von Prostituierten, die aus ganz Indien zum Heiligenfest kamen – die dichten dunklen Bäume, die verschlungenen Pfade, die in dem leicht hügeligen Gelände zu dem mit Spiegeln gezierten kleinen Heiligtum Sayyid Barris führten, wirkten bedrohlich; ein Besuch war nicht unbedingt ratsam, besonders nicht für Frauen. Aber in den späten siebziger Jahren, als die nüchterne Orthodoxie Aufschwung nahm, wurde auch Nurpur „gereinigt", wurden die Wege asphaltiert, die meisten Bäume abgeschlagen – und nun wirkte der Ort langweilig, ohne jene dunkle mystische Kraft, die man zuvor – wenn auch negativ – dort empfunden hatte.

Das Sufi-Heiligtum aber, zu dem ich ein paarmal in einem westlichen Außenbezirk Islamabads ging, war Golra Sharif, ein verhältnismäßig moderner Komplex, der im Laufe der letzten Jahrzehnte eine wachsende Menge von Gläubigen anzog und mittlerweile zum größten Schrein Pakistans geworden sein soll, zu dem jährlich Hunderttausende von Pilgern strömen. Mich interessierte Golra Sharif besonders, weil der hier begrabene Sufi-Meister Meher Ali Shah und noch mehr sein 1974 verstorbener Sohn Ghulam Muhyiddin (genannt Babujee) große Verehrer Maulana Rumis gewesen waren; Freunde in Konya erzählten noch staunend und beeindruckt, wie Babujee mit einer beachtlichen Schar von Jüngern eines Tages, im vollen Ornat eines Derwisch-Scheichs des Qadiriyya-Ordens, in der anatolischen Stadt aufgetaucht war, um dem großen mystischen Dichter Rumi seine Verehrung zu erweisen. Der schön angelegte Wallfahrtsplatz von Golra wurde geschickt verwaltet; das von den Pilgern eingenommene Geld wird in praktische Dinge, z. B. Omnibusse, investiert. Daneben gibt es ausgedehnte Agrarwirtschaft und Viehzucht, um die Pilger zu speisen, die drei Tage lang ihre Nahrung in guter alter Sufi-Sitte von der offenen Küche des Heiligtums erhalten, danach aber bezahlen müssen. Auch billige Hotels gibt es dort, in denen die Pilger übernachten können.

Ich mochte den weiten Hof mit seinem Wasserbecken unter den ausladenden Bäumen gern, und in den Räumen des Pirs traf man mancherlei interessante Besucher – ich erinnere mich an einen muslimischen Theologen aus Südamerika, der uns in elegantem Arabisch seine religiösen Ideen darlegte. Und ich durfte auch den Raum besuchen, in dem die Reliquien des verstorbenen Meisters aufbewahrt wurden: Kleidungsstücke, seine Brille, sein Gebiß. Ich war gerührt und ein wenig amüsiert – aber schließlich ist ja auch der Zahn des Buddha eine der kostbarsten Reliquien der buddhistischen Welt . . .

Wenn man Taxila hinter sich ließ, konnte man auf einem ruhigen Weg durch eine abwechslungsreiche Landschaft, deren Berge sich bis zu 1500 m erheben, zum Tarbela-Damm fahren und dabei in Sirikot Station machen. Der bescheidene Ort hat ein kleines Heiligengrab, das ganz mit bunten Glasstückchen bedeckt ist. Daneben liegt ein faszinierender Friedhof. Die Grabsteine sind aus dunklem Schiefer, wie er in dieser Gegend gebrochen wird, aber auf den Schieferplatten waren nicht nur die Namen der Verstorbenen eingeritzt, sondern auch die Symbole ihres Berufes (ein Mühlrad, eine Waage und ähnliches) sowie uralte Zeichen, die magische Qualitäten zu haben, vielleicht astrologisch bedeutsam zu sein scheinen. Frauengrabsteine wiesen Zeichnungen von Schmuck auf, ganz ähnlich denen auf den Chaukandi-Gräbern nahe Karachi, in die man prachtvolle Geschmeide aus dem Sandstein gemeißelt hat, um eine würdige Dame zu kennzeichnen. Viele der Steine, deren älteste wohl aus der Mitte des 19. Jahrhunderts stammen, während die jüngsten auf die fünfziger Jahre unseres Jahrhunderts datiert sind, sind umgestürzt, und wir dachten, daß dies ein interessanter Platz für Ethnologen sei, die hier das Fortleben uralter Vorstellungen studieren könnten. Wer kennt noch den Sinn der bald sonnenähnlichen, bald runengleichen Zeichen? Wir konnten uns nur schwer von den suggestiven Ritzungen, den seltsamen Bildern auf dem von Büschen überwachsenen Friedhof trennen. Nur ein paar Ziegen schienen unser Interesse daran zu teilen, und der Wind wirbelte den trockenen Staub auf, spielte mit den dürren Blättern.

Zu sterben, ist, Staub zu werden,
und Staub wird aufgewirbelt –
Ach, selbst auf diesem Wege
gibt's immer neue Ziele . . .!

Die Landschaft weitete sich, und von ferne wurde der türkisblaue Tarbela-Stausee sichtbar, an dem wir eine Weile entlangfuhren, ehe wir an das Rasthaus gelangten, wo Karins Freunde uns herzlich willkommen hießen.

Ich hatte den 1978 eröffneten See, zu dem sich der Indus staut, schon mehrfach vom Flugzeug aus gesehen, wenn die Maschine auf dem Weg nach Peshawar eine große Schleife drehte, aber wie gewaltig er eigentlich war, spürte man erst, wenn man über die 3,2 km lange Staumauer fuhr, die als größter aus Steinen und Erde errichteter Damm in der Welt gilt. 81 km lang, bedeckt der Stausee ein Areal von ca. 254 km^2; er kann bis 13,3 km^3 Wasser fassen, das zu einem Teil Elektrizität generiert, zum anderen Teil aber durch ein kompliziertes Netz von Kanälen zur Bewässerung weiter Gebiete dient. Doch trotz aller weitgespannten Kanalsysteme, die den Indus ein wenig zu zähmen suchen, gilt noch immer der Vers Qadi Qadans aus dem 16. Jahrhundert:

> Führt der Indus hohe Flut,
> überfließen die Kanäle –
> Des Geliebten Liebe auch
> ist zu groß für meine Seele.

Der Weg nach Peshawar

Die Straße von Islamabad gen Westen war mit Erinnerungen an frühere Zeiten gesäumt, Erinnerungen, in denen die gesamte Geschichte der Invasionen aus den rauhen Bergen und Steppen Innerasiens in die fruchtbare Stromebene des Panjab inbegriffen war; und wie das nordwestliche Grenzgebiet des Subkontinents die buddhistische Gandhara-Kultur hervorgebracht hatte, so spielte es auch in der islamischen Geschichte eine entscheidende Rolle: Hier war Mahmud von Ghazna vom Jahre 1000 an bei seinen Eroberungszügen aus Afghanistan in den Subkontinent eingedrungen, soweit er nicht den südlicheren Bolanpaß benutzte; auch die Ghoriden, die Reiter Dschingis-Khans, Timurs und seiner Nachkommen, der Mogulherrscher, waren hier entlanggezogen.

Wenn man, von Islamabad kommend, hinter Taxila nach Nordwesten fährt, erreicht man Hasan Abdal, einst ein wichtiger Pilgerplatz nicht nur für die Muslime, die hier Baba Hasan von Qandahar verehren, sondern noch mehr für die Sikhs: Eine heilige Quelle wird der Einwirkung von Guru Arjun zugeschrieben, und der Abdruck von fünf Fingern Guru Nanaks, des Begründers der Sikh-Gemeinschaft, wird gezeigt.

Von Hasan Abdal hatte früher der direkte Weg nach Srinagar geführt, und die Mogulchroniken berichten, wie die Fürsten in Prunk und Pracht, von Lahore kommend, mit ihren Elefanten, ihren Pferden, ihrem gesamten Hofstaat von diesem Platz aus in das kühle Bergland von Kaschmir zogen, das 1589 dem Mogulreich einverleibt worden war. Doch die Schönheit Kaschmirs hatten persische Dichter schon seit dem 12. Jahrhundert besungen, lange bevor das Land unter der Shahmir-Dynastie im frühen 14. Jahrhundert islamisiert wurde. Der große Heilige des Kubrawi-Ordens, Sayyid Ali Hamadani, hatte sich – angeblich mit 700 *sayyids,* Nachkommen des Propheten – in dem friedlichen Land niedergelassen, als Timur seine Heere nach Ost und West aussandte und die erst anderthalb Jahrhunderte zuvor von den mongolischen Horden verwüstete islamische Welt zwischen

Indien und Anatolien nochmals mit Krieg überzog. Sowohl in den Tagen Dschingis-Khans als auch in Timurs Zeit ergriffen zahlreiche Gelehrte und Fromme die Flucht: Sayyid Ali Hamadani, ursprünglich aus Iran, fand Gehör für seine Predigten in Kaschmir; er verfaßte dort auch ein Werk mit dem Titel 'Ratschlag für Könige', denn die Mystiker fühlten sich oftmals gedrungen, den weltlichen Herrschern Ratschläge für ein gottgefälliges Leben zu erteilen. Vielleicht ist dieses nützliche Werk der Grund dafür, daß Iqbal den Geist Hamadanis, ehrend *Amīr Kabīr,* „der große Fürst", genannt, in seinem visionären Epos, dem 'Javidnama', im Paradies erscheinen läßt.

Ali Hamadani starb 1385 in Swat, aber sein Name ist lebendig geblieben: Wenn man einmal den *ʿurs,* das Fest an seinem Todestag, in Srinagar erlebt hat, spürt man, wie die Menschen noch an ihm hängen – Tausende saßen an dem kühlen Oktobernachmittag 1982 nahe seiner Moschee am Ufer des Jhelum – einer Moschee, die ein feines Beispiel der im Norden Pakistans so verbreiteten Holzarchitektur ist und deren spitz zulaufendes Dach schon ein wenig zentralasiatisch anmutet. Männer und Frauen freuten sich gemeinsam der Musik, und wir zufälligen Besucher wurden mit Süßigkeiten gelabt, die uns die Segenskraft des Heiligen vermitteln sollten. Anhänger des von ihm eingeführten Ordens der Kubrawiyya gibt es, wenn auch in ganz geringer Zahl, sogar in Tibet, wohin sie wohl über Ladakh (einst Teil des Kaschmir-Reiches) gekommen sein dürften.

Der Weg des Jhelum in die Panjab-Ebene ist nun seit der Teilung des Subkontinents und der 1948 gegen den Willen der für Pakistan optierenden Kaschmiri-Muslims (die damals 97% der Bewohner des Landes ausmachten) erfolgten Grenzziehung unterbrochen. Als ich einmal das Grab Baba Rishis (trotz seines hinduistischen Beinamens ein bekannter muslimischer Heiliger des 16. Jahrhunderts) auf 3000 m Höhe in Gulmarg besuchte, mitten im baumbestandenen Bergland nahe Srinagar, schien mir der junge Strom aus den Tränen zu bestehen, die der wundertätige Einsiedler unter den aufragenden Deodarbäumen darüber vergießt, daß die Muslime seiner Provinz nun von ihren Brüdern und Schwestern in Pakistan getrennt sind. Das ist eine Folge der politischen Verwicklungen, die mit der Einsetzung eines Herrschers aus der hinduistischen Dogra-Familie durch die Briten im Jahre 1849 begonnen und schließlich eine Situation herbeigeführt hatten, die schon Iqbal im ungeteilten Indien immer wieder in seinen traurigen und aufbegehrenden Versen angeklagt hatte; denn die Dogra-Herrschaft hatte bereits im späteren 19. Jahrhundert zahlreiche muslimische Familien zur Auswanderung aus dem Kaschmir-Tal ins Panjab gezwungen. Noch freilich bilden die Kaschmiris – berühmt für ihre Schönheit und ihre helle Haut – einen wichtigen Bestandteil der Bevölkerung Lahores. Ist es nicht tragisch – so fragt man sich –, daß sowohl Iqbal, der ein eigenes Heimatland für die Muslime des nordwestlichen Indien ersehnte, als auch der spätere indische Ministerpräsident Pandit Nehru beide aus Kaschmiri-Familien stammen? Und nach immer neuen lokalen Kämpfen an der nie von Pakistan akzeptierten Grenze hat sich die Unterdrückung der Muslime im indischen Teil Kaschmirs in den letzten Jahren weiter verschlimmert, zeugen die Flüchtlingslager in Azad Kaschmir, dem pakistanischen Teil des Landes, von den Tragödien in dem so oft als irdisches Paradies gepriesenen Land.

Jedesmal, wenn wir durch Hasan Abdal fuhren, dachte ich daran, wie auf diesem Wege Kaiser Jahangir seine Maler beauftragt hatte, jedwede seltene Pflanze, jedes auffallende Tier, das seinen Weg kreuzte, zu malen, so daß wir nun in den Miniaturalben des frühen 17. Jahrhunderts einen Reichtum an Bildern besitzen, die Flora und Fauna jenes Gebietes getreulich dokumentieren. Die Tagebücher des wißbegierigen Kaisers zeugen von seinem Interesse an allen Naturerscheinungen und enthalten feine Beobachtungen von wissenschaftlicher Akribie. Eine der schönsten Miniaturen jener Zeit zeigt muntere Eichhörnchen in einer riesigen Platane im goldenen Herbstlaub und fängt den ganzen Reiz des für die Landschaft Kaschmirs so typischen Baumes ein. Haben nicht die persischen Dichter gern die Blätter der Platane mit menschlichen Händen verglichen, die sich entweder zum Gebet emporstrecken, oder aber so aussehen, als wollten sie einen Pokal mit rubinfarbenem Wein ergreifen? Kaschmir war im 17. Jahrhundert auch ein bevorzugter Aufenthaltsort persisch schreibender Hofdichter, in deren Lobgedichten und lyrischen Versen manchmal die Schönheit des Landes und seiner Gärten wenn auch nicht genau beschrieben, so doch angedeutet wird. Aber Kaschmir ist kein idealer Platz im Winter – ich fand schon einige Oktobertage zu kalt, da die lieben Kollegen von der Universität meine Vorträge im unterkühlten Saal genau auf die Stunde gelegt hatten, wo die Mittagssonne etwas mehr Kraft hatte und ich viel lieber die Stadt durchstreift hätte. Der Dichter Kalim (gest. 1651) aber muß es noch stärker empfunden haben, denn einige seiner Verse klagen über den abscheulichen Lehm und Schlamm in seiner Wahlheimat, und die bräunlichen Enten auf dem gefrorenen See scheinen ihm Bildern aus marmoriertem Papier zu gleichen, das damals sowohl im Dekkan wie in Kaschmir in Mode kam.

Auch in der Türkei war damals das Marmorpapier wohlbekannt, doch während die türkischen Künstler meist bunte Farbflecken auf die gallertartige Masse spritzten, die man aus zahlreichen Ingredienzien als „Basis“ zubereitet, diese Flecken mit Kämmen, Nadeln, Pinseln und anderen Geräten zu den gewünschten Mustern auszogen und dann das zu färbende Blatt Papier darauf ausbreiteten und abhoben, zeichneten die indischen Künstler gern figürliche Motive in bräunlich-dunklen Tönen auf die Gallerte und bildeten Menschen, Tiere, ja ganze Szenen ab, die sich dann von dem weißen Papier als klare Bilder abhoben und oft noch ein wenig mit Gold gehöht wurden. So erklären sich Kalims „Enten aus Marmorierpapier" ganz natürlich.

Aber gegen die Kälte, die dem armen Dichter so zusetzte, gibt es ja die kostbaren Schals: Die Produktion von Schals aus feinster Wolle dürfte von dem weisen Sultan Zain al-Abidin Badshah (1420–1470) eingeführt worden sein, der – statt zu versuchen, sein enges Reich durch Eroberungszüge zu erweitern – Gesandte nach Samarkand und Bukhara schickte, damit sie dort die Kunst der Papierherstellung und vor allem der Herstellung von Papiermaché lernten – und welcher Reisende könnte den entzückenden Kunstwerken, Schälchen, Dosen, Tabletts aus dem reich geschmückten leichten Material widerstehen? Da das enge Tal kaum landwirtschaftlich genutzt werden konnte, wurden Papierherstellung und Schal-Weberei zur Grundlage für Kaschmirs Wirtschaft; bis heute bilden Schals, oft mit zartester Stickerei, den wichtigsten Exportartikel der Provinz, während die traditionelle Papierherstellung kaum noch betrieben wird. – Daß der weitblikkende Badshah bereits ein gutes Jahrhundert vor Kaiser Akbar begann, Werke der klassischen Sanskritliteratur ins Persische übertragen zu lassen, wird oft übersehen – und die strenggläubigen Historiker seines Landes haben ihn für solch „heidnisches" Tun ebenso getadelt, wie sie es später im Falle Akbars taten.

Nun ist der kurze Weg von Lahore über Hasan Abdal nach Srinagar verschlossen, und der Besucher, der aus Pakistan kommt, muß den mühseligen Umweg über Delhi wählen. Immerhin: An die glorreiche Vergangenheit dieser Gegend erinnern noch die Gärten von Wah – angeblich so genannt, weil Akbar bei ihrem Anblick den Entzückensschrei „Wāh! Wāh!" ausgestoßen haben soll. Die Anlage der Gärten, deren Restaurierung gerade jetzt, 1993, begonnen worden ist, stammt von Man Singh, der sich als Oberkommandierender des Mogulheeres um 1585 in dieser Gegend aufhielt; doch haben sich Akbar und Jahangir am Ausbau der terrassenförmigen Anlage mit ihren interessanten Bewässerungseinrichtungen verdient gemacht.

Früher reiste man auf der gewundenen Straße von Islamabad bzw. Rawalpindi nach Peshawar, aber seit Jahren ist eine autobahnartige Schnellstraße gebaut, die den Reisenden die Strecke – falls man nicht in Gruppen von Lastwagen oder Militärkonvois feststeckt – rasch und bequem zurücklegen läßt, vorausgesetzt, der Besucher zittert nicht ständig vor Angst vor einem Frontalzusammenstoß mit riesigen Lastwagen, die bis an die Grenzen des Möglichen hoch beladen sind . . .

Früher fuhr man langsam über die alte Eisenbahnbrücke bei Attock, die mit ihren Eisenträgern und Stützen fast wie ein vorsintflutliches Ungeheuer wirkte – jetzt eilt man ein wenig nördlicher auf die Westseite des Stromes. Doch immer noch gibt es das kleine Restaurant, von dessen Gärtchen man den unvergeßlichen Blick auf den Zusammenfluß von Indus und Kabul River hat – dort, wo sich trübes und blaugrün-klares Wasser in seltsamen Wirbeln mischt und der Indus in die Ebenen eintritt, nachdem er sich seinen Weg schon mehr als 2800 km durch das Bergland gebahnt hat. Die gewaltige Festungsanlage von Attock, von Akbar um 1580 errichtet, ist jetzt für Besucher freigegeben, die sich in den Hallen und Bädern, Höfen und Sälen ein Bild von der entschwundenen Pracht der Mogulzeit machen wollen.

Wenn man ein wenig weiter fährt und dann nach Norden abbiegt, erreicht man Charsadda, wo wir einmal an einem strahlenden Septembermorgen Ghani Khan besuchten, den Maler und Dichter, Sohn des als Frontier Gandhi bekannten Abdul Ghaffar Khan und Bruder des Politikers Wali Khan, der eine wichtige Rolle im politischen Mosaikspiel Pakistans gespielt hat und noch spielt. Abdul Ghaffar Khan war eine erstaunliche Gestalt im Freiheitskampf der Muslime. Die von ihm angeführte Bewegung umfaßte schätzungsweise etwa 100000 Mitglieder, die als *Khudai Khidmatgar,* „Gottesdiener", bezeichnet wurden; sie sind auch, nach ihrer Tracht, als *Red Shirts* bekannt. Es war eine ausschließlich auf die Pathanen des nordwestlichen Grenzgebietes beschränkte Bewegung, und es gelang dem charismatischen Abdul Ghaffar, die so kämpferischen Stammeskrieger von ihren traditionellen Wertvorstellungen wie Blutfehde und Blutrache abzubringen und zum friedlichen Widerstand gegen die Briten zu motivieren. Gleich seinem Vorbild Gandhi sah er in Gewaltlosigkeit die beste Waffe, Indien von den Kolonialherren zu befreien. Daß es ihm glückte, eine solche Haltung bei den Pathanen einzuführen, kam für seine Gegner höchst unerwartet. Als sich die Bewegung in den frühen dreißiger Jahren infolge neuer politischer Konstellationen langsam auflöste, spielte Abdul Ghaffar noch jahrzehntelang eine wichtige Rolle in der Hoffnung, ein eigenständiges Pashtunistan, eine Pathanenheimat, im Nordwesten des Subkontinents schaffen zu können; seine Beziehungen zu Indien und Afghanistan hatten ihn lange Zeit zur *persona non grata* in Pakistan gemacht.

Nun saßen wir also im Hause seines Sohnes, dessen kräftige Gestalt fast zu gewaltig für das gemütliche niedrige Lehmhaus erschien. Im Garten graste ein schönes Pferd. Während Ghani Khans schmale Frau, eine Parsin aus Bombay, uns Tee brachte, bewunderten wir einige seiner Gemälde, vor allem ein visionäres Porträt des großen Pathanendichters Rahman Baba, der um 1709 starb und dessen bescheidenes Grab am Stadtrand von Peshawar liegt. Die Männer aber – wir reisten in Begleitung des feurigen Dichters Ahmad Faraz – rezitierten Verse in Pashto und Urdu und ließen die große Vergangenheit der Pathanen aufleben; Ghani Khans Gesicht verwandelte sich dabei in das eines uralten Barden, der die Heldentaten seines Volkes besingt ...

Das eigentliche Ziel jenseits des Indus aber war Peshawar, eine Stadt, die ich erstmals im Februar 1958 beim pakistanischen Historikerkongreß besucht hatte. Damals war die Grenzstadt noch so altertümlich, daß sie wie aus einem alten Reisebericht oder einem Volksmärchen genommen wirkte: mit blinkenden Kupferwaren auf dem Markt, dem Qissakhwani Bazar, wo die Erzähler früher ihre Geschichten und Balladen vorgetragen hatten – traurige Liebesgeschichten und immer neue Beispiele vom Heroismus der Männer (heute sind all diese Geschichten und Lieder auf Kassette erhältlich). Damals glitzerten die goldgestickten Schuhe verführerisch, und in großen Gefäßen wurden die verschiedensten Teesorten angeboten; Spezereien strömten ihre Düfte aus, vielfarbige frische Früchte waren künstlerisch aufgestapelt, und Frauen in langen schwarzen oder hellfarbenen zeltähnlichen *burqas* wanderten durch die Straßen, gewissermaßen unsichtbar und doch selber sehr genau beobachtend.

Nun aber hat sich die Stadt durch den anhaltenden Flüchtlingsstrom aus Afghanistan ganz verändert, ist von Auffanglagern umgeben, deren Menge an Bewohnern die Zahl der eigentlichen Stadtbevölkerung weit übersteigt. Daß alle ausländischen Hilfen an die Flüchtlinge gingen, während die Stadt selbst auch gut eine gewisse Hilfe hätte gebrauchen können, führte zu ziemlicher Verbitterung in der Bevölkerung, und man klagte über Mangel an medizinischer und sonstiger Versorgung durch die ausländischen Hilfsorganisationen – so sehr man das traurige Schicksal der Flüchtlinge bedauerte ... Als ich das letzte Mal in Peshawar war – ich führte im November 1991 eine kleine Gruppe deutscher Experten auf einer Kurzreise, die wirtschaftlichen Projekten gewidmet war –, besichtigten wir eines der Projekte, die die GTZ (Gesellschaft für technische Zusammenarbeit) in Pakistan unterstützt: eine Ausbildungsstätte für junge Pakistaner und Pakistanerinnen, wo sie lernen, mit ganz einfachen Mitteln Prothesen anzufertigen, um den zahlreichen beim Kampf oder durch Tretminen verwundeten oder verstümmelten Menschen zu helfen. Die Hingabe, mit der dieses Projekt von dem jungen pakistanischen Arzt und Handwerksmeister geleitet wurde, und die strahlende Freude der mit solchen neuen Gliedern ausgestatteten Afghanen war unvergeßlich. Hier schienen Entwicklungshilfe und Hilfe zur Selbsthilfe bestens vereinigt.

Für mich war Peshawar vor allem mit der Universität verbunden, von deren Campus aus man die blauen Konturen des Khaybarpasses sehen konnte. Die Verbindung zu ihr, die 1958 begonnen hatte, wurde verstärkt, nachdem mir dort 1978 ein Ehrendoktor verliehen wurde und seither eine weitere schön gearbeitete Silberhülle für die Urkunde meine Wohnung ziert. Besonders interessant an dieser Promotion war im übrigen, daß mein Mitpromovend, ein aktiver Vorkämpfer für islamische Erziehung, in seiner Festrede ausführlich darlegte, daß nun, da die Amerikaner auf dem Mond gelandet waren, keinerlei Zweifel am Wunder der Mondspaltung mehr möglich sei (das, begründet aus Sura 54:1, „es nahte die Stunde, und der Mond ward gespalten", dem Propheten zugeschrieben wird): denn der Mond weise ja noch deutlich eine lange gerade Spur auf, die von diesem Wunder herrühren müsse . . .

Aber Peshawar war ebenso, vielleicht noch mehr wie die anderen Universitäten des Landes, von Studentenunruhen bedroht. Immer wieder protestierten die temperamentvollen Pathanen, und dies nicht nur mit friedlichen Mitteln, so daß hier wie anderswo der Unterricht oft wochenlang ausfallen mußte. Diese Unruhen eskalierten in den späten siebziger und den achtziger Jahren, und die Schwierigkeiten, trotz ständiger Universitätsneugründungen ein funktionierendes Erziehungssystem zu schaffen, wurden von Jahr zu Jahr deutlicher. Das begann bereits und beginnt noch bei der Grundschulausbildung, in der die Frage des muttersprachlichen Unterrichts eine zentrale Rolle spielt. Womit soll ein Kind anfangen, dessen Muttersprache Sindhi oder Pashto ist? Ist es sinnvoll, den gesamten höheren Unterricht in Urdu, das unter Zia ul-Haq besonders gestärkt wurde, durchzuführen und dafür das Englische zu vernachlässigen – was ja nichts anderes bedeutet, als daß dann die Studenten von einem großen Teil der wissenschaftlichen westlichen Literatur abgeschnitten sind und einem Fachvortrag in Englisch nur mit Mühe folgen können? Einige auf Englisch geschriebene Dissertationen, die ich manchmal von pakistanischen Universitäten zur Begutachtung erhalte, wimmelten derart von Fehlern, daß man nicht wußte, ob man über die grotesken Ausdrücke lachen oder weinen sollte. Natürlich können wohlhabende Familien ihre Kinder in private Schulen und Colleges schicken, wo sie dann aber kaum etwas von ihrer eigenen Kultur lernen und sich besser in den Werken von Wordsworth und T. S. Eliot auskennen als in den Literaturen ihrer Heimat. Das heutige Urdu wird mehr und mehr mit englischen Wörtern und Begriffen angefüllt, die natürlich in arabischen Schriftzeichen wiedergegeben werden. Der Besucher kann sagen: „*Nashional Myuzeum mẽñ ek meeting attand karūngā* – I 'll *attend* a *meeting* in the *National Museum*". Und die *Snack Bar* erscheint in dieser

Schrift als *Snake Bar* ... Überdies werden fast alle Aufwendungen für den Erziehungssektor, der ohnehin weniger als magere 3 % des gesamten Budgets darstellt, zunichte gemacht durch den Bevölkerungszuwachs, die immer größere Menge derer, die Schulbildung benötigen, sie aber nicht erhalten können. Ferner: Während die Colleges und Universitäten in erster Linie auf die Ausbildung von Wirtschaftsfachleuten, Ingenieuren und Spezialisten in ähnlichen praktischen Berufen ausgerichtet sind, während Informatik und Computer Science (wie überall in der Welt) ganz hoch im Kurs stehen, werden die klassischen Fächer der islamischen Kultur – Arabisch, Persisch u. ä. – immer seltener gelehrt und gelernt. Dafür werden die „islamischen" Wissenschaften in verstärktem Maße von speziellen theologisch geprägten Schulen der verschiedensten Glaubensrichtungen übernommen, deren Zahl in den achtziger Jahren rapide anstieg. Sogar ein Teil der *zakāt,* der religionsgesetzlich vorgeschriebenen „Almosensteuer", wurde in jenem Jahrzehnt zur Finanzierung solcher Lehranstalten verwendet. Diese Zweiteilung des Erziehungswesens aber führt zu einer zunehmenden Kluft zwischen den „modernen" und den „islamisch geprägten" Teilen der Bevölkerung, statt die so nötige Integrierung der verschiedenen ideologischen Standpunkte zu fördern. Wie kann ein Politiker die historisch gewachsenen Probleme seines Landes wirklich verstehen, wenn er das geschichtliche Erbe des indischen Islam nicht kennt, nicht weiß, welche Probleme die Muslime früherer Jahrhunderte gehabt, wie sie diese Probleme überwunden oder nicht überwunden haben? Der Mangel an echtem Geschichtsbewußtsein, eine Krankheit unserer Zeit, ist gerade für ein Land wie Pakistan äußerst gefährlich.

Aber da diese Fragen ja unlösbar scheinen, wandte ich mich bei meinen Besuchen in Peshawar konkreteren Tätigkeiten zu. War der Schmuckbazar schon immer lockend gewesen, so hatte sich nun auch die staatlich gelenkte Zentralstelle für Edelsteine in der Stadt etabliert (die allerdings nach einiger Zeit wieder geschlossen wurde). Und so, wie der Rubin aus Badakhshan schon in der klassischen Dichtung besungen wurde, findet man auch heute wieder, wenn auch selten, erstklassige Rubine im Gebirge. Auch vorzügliche Smaragde, den kolumbianischen an Reinheit und Leuchtkraft nicht nachstehend, waren in jüngster Zeit im Grenzgebiet gefunden worden. Aber ich schloß die Augen, als ich ihre Preise erfuhr – die Schlange wird ja nach orientalischem Volksglauben von Smaragden geblendet ...

Früher war es geradezu ein Ritual in Peshawar gewesen, zum Khaybarpaß zu fahren; aber seit dem Afghanistankrieg war das unmöglich. Doch grüßte Fort Jamrud, 16 km von der Stadt entfernt, noch überall als Bildmotiv – nämlich auf den Lastwagen, die mit immer neuen

Darstellungen verschönert werden: Die moderne *truck art* bildet ja alles mögliche auf den schweren Last- und Tankwagen ab – von dunkeläugigen Schönheiten bis zum Matterhorn, von Porträts Ayub Khans bis zum wunderbaren Reittier des Propheten, dem *Buraq,* das ihn – geflügelt und mit Frauengesicht und Pfauenschweif – in die unmittelbare Gegenwart Gottes getragen haben soll . . . All diese Bilder und noch manche andere – eingeschlossen der Taj Mahal – zierten die gefährlichen Vehikel und verliehen den staubigen Fernstraßen etwas Farbe. Und an ihren Türen und nahe den Rücklichtern konnte man auch wohl Urdu-Gedichte, Sprichwörter und fromme (oder unfromme) Ausrufe lesen.

Fort Jamrud also war eines der beliebtesten Motive, oft mit einem darüber schwebenden Kampfflugzeug versehen. Wann immer ich es auf einem Gefährt sah, erinnerte ich mich daran, wie ich einmal auf dem Landweg von Peshawar nach Kabul gefahren war: Denn 1974 hatten die Beziehungen zwischen Pakistan und Afghanistan wieder einmal einen Tiefpunkt erreicht, und es gab keine Flugverbindung zwischen den Hauptstädten. Damit ich nach Absolvierung meiner Pflichten in Lahore und Islamabad meinen Vortragspflichten in Kabul nachkommen konnte, gab mir die Provinzregierung einen Dienstwagen. Der Leiter des Goethe-Instituts von Lahore ließ nicht zu, daß seine Schutzbefohlene die Reise allein unternahm, und ich war froh darüber. An der Grenzabfertigung im Niemandsland hatte Karin, damals noch in Peshawar ansässig, uns einem pathanischen Bekannten anbefohlen, der bei der Paß- und Zollkontrolle arbeitete und dessen Dorf nahe dem Khaybar ich einmal vor langen Jahren mit ihr besucht hatte. Über Sarobi und Jalalabad (von trauriger Berühmtheit aus dem britisch-afghanischen Krieg 1879) wand sich der Weg langsam höher, wurde immer steiler, und da wir im Fastenmonat Ramadan waren, fastete unser Fahrer an diesem warmen Oktobertag pflichtgemäß, obgleich er als Reisender den Fasttag zu anderer Zeit hätte nachholen können. Beim Aufstieg durch den steilen, steinigen Tang-i gharu knirschten die Bremsen auch, als hätten sie Durst, und wir waren dankbar, als wir ziemlich spät am Abend das Ziel lebendig erreichten und uns die Freunde von der Botschaft empfingen. Aber ein pakistanisches Regierungsauto im Herzen von Kabul sorgte für einen ziemlichen Menschenauflauf – man wollte doch endlich einmal wieder aus erster Hand hören, wie es da drunten im Lande aussah!

Nach 1978 war der Weg ins geliebte Afghanistan völlig verschlossen; man konnte nur noch träumen von den verfallenen Lehmstädten in Sistan und dem großartigen Taq-i Bust, jenem gewaltigen Torbogen, in dessen Mitte die Sonne am Tag der herbstlichen Tagundnachtgleiche strahlend aufgeht; von den leuchtenden Fliesen im Mausoleum Abdullah-i Ansaris in Gazurgah bei Herat, wo die schlichten persischen Gebete dieses Mystikers aus dem 11. Jahrhundert noch widerzuhallen scheinen; man konnte sich die Majestät der riesigen Buddha-Statuen in Bamyan, das vollkommen reine Saphirblau der Seen von Band-i Amir sehnsüchtig ins Gedächtnis zurückrufen, die Siegestürme von Ghazna mit ihren hoch stilisierten, verschlungenen Kufi-Inschriften immer wieder heraufbeschwören – es gab keinen Weg mehr dorthin.

Im Stammesgebiet (Tribal Areas)

Aber auch auf der pakistanischen Seite des Khaybarpasses gab es noch viel zu erkunden.

Eines Tages, als ich von einer kleinen Reise zurückkam, stand ein halbes Dutzend überaus dekorativer, bärtiger, hochgewachsener Männer im Büro Pareshans Khataks, des damaligen Präsidenten der Academie of Letters, die jahrelang mein offizieller Gastgeber war. Sie luden mich herzlich ein, ihr Stammesgebiet zu besuchen. „Inschallah!" sagte ich, und drei Jahre später war es tatsächlich soweit. Wir fuhren in einer kleinen Autokarawane von Islamabad wiederum auf die Peshawarstraße, bogen aber dann links in Richtung Kohat ab, das – südlich von Peshawar gelegen – das Zentrum der Tribal Areas ist, in der sich Pathanenstämme in einer Art lokaler Selbständigkeit selbst verwalten. Es war der Rabiᶜ al-awwal, der dritte islamische Mondmonat, in dem das Geburtsfest des Propheten fast überall in der islamischen Welt mit großen Freudenbezeigungen gefeiert wird. Die Pathanen aber, wie auch einige andere Gruppen, gedenken am 12. dieses Monats des Todestages der Propheten, der historisch feststeht; das Geburtsdatum, das nicht genau bekannt ist, wurde jenem, einer alten orientalischen Sitte folgend, nur angeglichen und wird erst seit dem frühen Mittelalter gefeiert.

Pareshan, den ich seit Jahrzehnten von seiner Arbeit in der Pashto Academy in Peshawar kannte und der dem Clan des als Dichter und Krieger berühmten Khushhal Khan Khattak angehört, meinte, daß man nun wohl kaum Festlichkeiten zu unseren Ehren veranstalten würde, da ja Trauerzeit sei . . . Wenn das, was wir in den nächsten zweieinhalb Tagen erlebten, keine Festlichkeit war, so weiß ich freilich nicht, was Feste sind!

Wir überquerten den Indus, der zwischen Felsen dahinrauschte und schäumte. Ein Vers Rahman Babas, des Pathanenmystikers, fiel mir ein:

So wie der Indus braust in seinem Flußbett,
so, eilend eilend, ist der Fluß des Lebens ...
Man sollte es gleich Wasserbächen ansehn,
falls man im Herzen zählt das Maß des Lebens.
Ich will mein Haus verlassen nicht, nicht reisen –
geh' ohne Reisen durch den Weg des Lebens ...

Der letzte Vers traf allerdings auf mich nicht zu. – Kaum hatten wir das Stammesgebiet betreten, da wurden wir mit Gewehrsalven begrüßt, und in jedem kleinen Dorf in der grün-braunen Hügellandschaft hieß es zunächst, *a simple tea* zu uns zu nehmen. Was aber ist ein pathanischer *simple tea?* Ein Tisch, der sich unter gebratenen Hühnern, Lämmern, Süßspeisen, Tee, Kuchen, Fladenbrot biegt!

Wir erreichten Kohat am Abend und saßen noch mit ein paar Dichtern zusammen, die uns ihre neuesten Verse in Urdu und Pashto vortrugen, so daß wir recht auf unsere Reise eingestimmt wurden.

Am nächsten Morgen auf der Fahrt nach Bannu, das 1848 von den Briten befestigt worden war, ging es mit vielfachen *simple teas* weiter, Dorf nach Dorf, bis wir gegen 3 Uhr endlich ein „richtiges" Essen erhielten: Die lange Tafel mit allen Arten von Gebratenem, mit Gemüsen, Salaten und Früchten (für rund 200 Personen!) war im ersten Augenblick sehr photogen, leerte sich aber blitzschnell unter dem Ansturm mehr oder minder photogener Gestalten. Dann saßen wir auf einem Hof unter Blütenbäumen mit wunderschöner Aussicht nahe dem Staudamm des Kummar-Flusses, und Kisten und Körbe voller Geschenke wurden uns überreicht – Schals und Stoffe, Decken und was weiß ich noch! Dabei waren unsere Autos ja bereits halbvoll durch die großen Papierherzen, die, mit Goldflitter bestickt und behängt, herzliche Wünsche trugen und uns Damen in jedem, aber auch jedem Dorf umgehängt wurden – am Ende der dreitägigen Reise hatte ich etwa hundert davon!

Nach einer Ruhepause im Gästehaus gab es abends wiederum ein gewaltiges Mahl unter grünen Bäumen – Bannu ist berühmt als grüne Oase in der Pathanenwelt; hier hörten wir später allerlei über die offiziell so liebevolle Beziehung zwischen pakistanischen und afghanischen Pathanen; aber leise wurde doch geflüstert, wie schwierig es sich oft gestalte, mit den Flüchtlingen zusammenzuleben, da diese so geschickt in Handel und Wandel seien, einheimische Mädchen heirateten und sich offenbar auf einen langen, wenn nicht gar immerwährenden Aufenthalt in der Gegend einrichteten. Würde sich das von manchen Politikern seit langem erträumte Pashtunistan zwischen dem pakistanischen Nordwesten und der Gegend von Kabul bis Qandahar vielleicht auf diese Weise verwirklichen?

Morgens ging es weiter; wir sahen von einer großen Bühne aus wilde Reiterspiele in einem riesigen leeren Flußbett, sahen aufregende Tänze der Krieger, die mit ihren Gewehren und Dolchen beängstigende Kunststücke zeigten – und sahen zum ersten und einzigen Mal eine Frau: die tapfere Sozialarbeiterin des Gebietes. Die Frauen sind in den Tribal Areas generell und bei den Pathanen besonders streng abgeschlossen (obgleich sie, wenn sie einmal aus dem Hause gehen, den Männern an Unternehmungsgeist und Tapferkeit nicht nachstehen, ja vorzügliche Organisatorinnen sind). Pareshan hatte uns gewarnt, ja keinem Mann die Hand zu geben, denn nach der Ritualvorschrift erfordert der Hautkontakt zwischen Personen verschiedenen Geschlechts außerhalb der engsten Familie eine rituelle Reinigung vor dem Gebet und der Koranrezitation. Aber was konnte ich tun, wenn sich immer wieder riesige Männerfäuste um meine Hand schlossen?

Nicht nur der Anblick der Sozialarbeiterin, die sich um die Frauen und Kinder in den Dörfern kümmerte, überraschte uns an diesem Tag: In einem Ort war die gesamte Jugend aufmarschiert, alle adrett gekleidet, mit Fähnchen und Girlanden in den Händen; sie riefen, ohne zu ermüden: *„German-Pāk Friendship zindabād!“* („Es lebe die deutsch-pakistanische Freundschaft!“), was unseren Botschafter und seine Frau, die nur an einem Teil der Reise teilnehmen konnten, ebenso rührte wie mich. Und wieder *simple tea* . . . und wieder neue Geschenke aus dem Stammesgebiet . . . neue Goldherzen . . . neue *group photos* . . . neue Fernsehaufnahmen. Erst später begriff ich, weshalb: Es war kurz vor den Wahlen, und jeder Politiker, der auf sich hielt, wollte mit dem Gast aus *Germany* photographiert werden. Und wenn der Botschafter dabei war, war das Bild noch wertvoller. Es war ein ganz neues Gefühl für eine Wissenschaftlerin, als Zugpferd für Provinzwahlen zu dienen!

Auch sonst waren unsere prächtigen Pathanen sehr um mich besorgt. Das merkte ich in Bannu. Ich hatte mir ja seit vielen Jahren für mein künftiges Grab einen bestimmten Platz in Makli Hill bei Thatta in Sind ausgesucht, aber in jenem Herbst hatten einige ultra-orthodoxe Theologen dagegen Einspruch erhoben, daß eine Frau inmitten der großen Heiligen – vor allem nahe Makhdum Muhammad Hashim – begraben sein sollte. Ich hatte zwar wenig Interesse daran, einen 1750 verstorbenen Naqshbandi-Theologen nach seinem und meinem Tode in seiner letzten Ruhe zu stören, aber es gab einiges Gerede. Unter einem prachtvollen Baum in Bannu kam nun ein elefantenleibiger Pathane strahlend auf mich zu (ich glaube, er betrieb eine Hühnerfarm) und sagte mit seinem unwiderstehlichen Lächeln: „Ma'am, wenn diese Sindhis Sie nicht haben wollen – wir in Bannu hätten Sie sehr gern bei uns! Sehen Sie, dies hier wäre ein idealer Grabplatz für

Sie, und ich würde *mujāwir* (Grabhüter) sein und dafür sorgen, daß Sie gut aufgehoben sind!" (Mir schoß sofort die bekannte Geschichte durch den Kopf, in der die Einwohner eines Dorfes just aus dieser Gegend, die es als schmachvollen Mangel empfanden, daß es in ihrem Ort kein segenbringendes Heiligengrab gab, einen frommen *sayyid* aufnahmen, aufs Beste pflegten und ihm dann die Kehle durchschnitten, um sicher zu sein, daß er für immer als ihr Gast das Dorf durch seine Gegenwart heilige . . . Hatte Bannu eigentlich schon ein Mausoleum???) Die sich um uns gruppierenden gewaltigen Männer nickten ernsthaft und meinten, ihr Vorschlag sei doch eine wundervolle Lösung des Problems . . . Das Nachspiel übrigens war, daß wenige Tage später in Karachi jemand, der aus Lahore kam, protestierte: Wegen meiner Liebe zu Iqbal müßte ich doch in Lahore beigesetzt werden!

Es ist schwierig, die Tribal Areas zu beschreiben, denn man findet auf verhältnismäßig engem Raum eine erstaunlich vielfältige Landschaft, flache Weideflächen, rollende Hügel, seltsam gefärbte schroffe Felsen, plötzliche Abhänge, und so war unsere Fahrt – wenn wir einmal nicht Tee tranken – sehr abwechslungsreich. Hier gab es eine Saline, dort eine kleine Lederfabrik, die mit deutscher Hilfe gegründet war und hübsche Taschen und Schuhe herstellte (Lederwaren sind ja ein wichtiges Ausfuhrprodukt Pakistans). Gegen Ende unserer Fahrt sahen wir auch das berühmte Dorf am Kohatpaß, in dem aus jedem Stück Metall, sei es Konservendose, Kochtopf oder Autoteil, Waffen hergestellt werden – vom Mausergewehr bis zur Kalaschnikov, und alles in bester Qualität: Die Geschicklichkeit der Pathanen im Umgang mit Waffen ist von alters her berühmt, und die Leichtigkeit, mit der sie ihre Kalaschnikovs bei Gelegenheit einer unserer *Simple-tea-*Parties vorführten, war beeindruckend. Natürlich mußte ich mich auch mit einer solchen Waffe in der Hand, und zwar züchtig verschleiert, photographieren lassen.

Hier, nahe Kohat, meinte ich, von den Hügeln ein *landay* zu hören, das sind zweizeilige Pashto-Verse aus einer neun- und einer dreizehnsilbigen Zeile, in denen die zartesten und tiefsten Gefühle ausgedrückt werden. Wie singt eine stolze Braut?

> Mein Geliebter ist im Kampf geflohen –
> Nun bereue ich den Kuß, den ich ihm gestern gab!

Denn ein ganz strikter Ehrenkodex regelt das Leben der Pathanen: Gastfreundschaft ist heilig, Feigheit ein Vergehen, und die Gefühle – Loyalität und Ehrgefühl – scheinen maßlos: Die Lieder Khushhal Khan Khattaks, durch dessen Stammesgebiet wir fuhren, spiegeln sein klassisches Wertesystem ebenso wider wie seine Lebenslust, seinen unbeugsamen Mut und seine tiefen Einblicke in das menschliche

Wesen. Seine Klage, die er aus Gwalior schrieb, wohin ihn Kaiser Aurangzeb 1670 verbannt hatte, ist eine der großartigsten Balladen des Pashto, jener Sprache, deren bedeutendster Dichter er war. Wie sehr sehnte er sich aus der „Hölle" von Hindustan zurück in das freie Land seines Stammes! Im heimischen Khattak-Gebiet starb er dann auch 1689 und ist seinem Wunsche gemäß an einer Stelle begraben, wo man das Trappeln der Pferde der Moguln nicht hört. Khushhals Skepsis, Erfahrungen eines langen Lebens, zu dem auch Freude und Kummer über seine Dutzende von Söhnen gehörten (deren einige als Dichter und Übersetzer aus dem Persischen bekannt geworden sind), ist in einem seiner Vierzeiler zusammengefaßt:

Der Körper ist wie eine Honigwabe;
Die Jugend ist darin des Honigs Gabe.
Doch floß der Honig aus, bleibt Wachs nur übrig –
Ist Wachs denn ohne Honig eine Labe?

Die Waffenschmiede am Kohatpaß schwieg bei unserem Besuch; es war Freitag, der offizielle Wochenfeiertag. Wir fuhren langsam durch den rötlichen Dunst der Abenddämmerung nach Peshawar. Das Abendessen fand im Governor's Palace statt, einem eindrucksvollen Gebäude im typischen prunkvollen Kolonialstil, und wir drei Frauen (Karin, meine pakistanische Ehrendame und ich) erschienen in unseren neuen Pathanengewändern, behängt mit schwerem Silberschmuck, und in dem Hotel, das so unwirklich super-amerikanisch wirkte, sehnten wir uns ein bißchen nach dem altmodischen Deans Hotel, wo man früher noch einen Hauch britischer Präsenz in Peshawar gespürt hatte.

Am nächsten Morgen erfuhren wir, daß im Universitätsgelände und in der Stadt wieder einmal mehrere Bomben explodiert und dabei auch Menschen verletzt worden waren; wie so oft war der genaue Grund unklar, waren die Täter unbekannt – ein bedrückender Abschluß einer ungewöhnlichen Reise. Wie sagt Khushhal Khan Khattak?

Ich habe Kinder, Brüder hier gesehen,
Ich habe Freunde, Liebste auch gesehen –
Doch sah ich nirgends einen wahren Menschen –
Ich habe Hunde, Wölfe nur gesehen!

In Islamabad waren wir wieder mit neuen politischen Entwicklungen konfrontiert, und bei jedem Besuch gab es einen Wandel. Ich sah Benazir in der deutschen Botschaft, als sie noch in der Opposition war – Zia ul-Haq erfuhr es natürlich, aber er legte nur lächelnd den Finger auf den Mund und hinderte die Presse an der Verbreitung der

Nachricht. Einige Jahre später sah ich sie wieder als Regierungschefin, ermüdet nach einem Mißtrauensvotum, das sie gerade überstanden hatte; leider hatte sie sich damals mit einigen wenig vertrauenswürdigen Ministern umgeben. Islamabad war eine große Drehscheibe, und man begegnete Menschen aus aller Welt, aus allen Perioden des eigenen Lebens, so sehr auch Lahore das kulturelle Herz des Landes ist, so sehr Karachi trotz der schweren ethnischen Spannungen in Sind und der erschreckenden Kriminalität noch immer als pulsierende Riesenstadt seinen eigenen Reiz hat.

Aber wenn ich an Islamabad denke, steht mir vor allem ein Tag vor Augen, der zu den Höhepunkten meines Lebens gehört: der Tag, da ich den höchsten pakistanischen Zivilorden, den *hilāl-i imtiāz,* „Halbmond der Auszeichnung", erhielt. Als ich von Islamabad am 1. April 1983 nach Harvard zurückkam, schickte ich meinen Freunden einen Rundbrief, um sie an meinem Glück teilnehmen zu lassen. Und da die Art des Programms typisch für viele meiner Reisen war, möchte ich ihn hier mit kleinen Auslassungen zitieren:

„Im Oktober sagte man mir, ich müsse zur Verleihung nach Islamabad kommen, da am Nationalfeiertag, dem 23. März, die Investitur stattfände. Zwar glaubte ich es nicht ganz, aber tatsächlich bekam ich die Einladung und ein Ticket 1. Klasse und flog sodann am Samstag, 19. März, von hier (d. h. Boston) ab – mit großer Verspätung, da PanAm (die schlampigste aller Fluglinien) wegen Regen nicht startete. Doch erreichte ich in New York noch den Anschluß nach Karachi und kam am Montag morgen nach gut islamisch-nichtalkoholischem Flug mit PIA dort an, feierlich vom Protokoll begrüßt – allerdings ohne Koffer! Ich verbrachte den Morgen mit meiner Ehrengarde am Flugplatz, flog dann um Mittag nach Islamabad, wo ich kurz nach 15 Uhr eintraf, wiederum feierlich begrüßt. Der Koffer ‚würde am Dienstag früh da sein', hieß es – und er *war* tatsächlich da! – ein modernes Wunder, denn der Zeitunterschied zwischen den USA und Pakistan beträgt etwa elf Stunden. Ich freute mich, wieder einmal in unserer schönen Botschaft wohnen zu können, wo man mich reizend betreute. Und kaum hatte ich mich etwas erfrischt, ging es schon – im geliehenen Kleid – zu einem Konzert von Sindhi-Musik, das ganz zauberhaft war: Meine Sindhi-Musikanten-Freunde freuten sich mindestens so sehr wie ich; der Verteidigungsminister (damals ein Sindhi) küßte mich wieder mal auf die Wange, und ich war absolut glücklich und fühlte mich wieder ‘zu Hause’. Nach dem kalten und regnerischen Montag schien morgens die Sonne; der Garten strahlte ... Am Nachmittag ging ich mit meinem Ehrenbegleiter zur Generalprobe der Investiturzeremonie, nachdem am Morgen Lily Rashdi und der Commissioner von Sukkur stundenlang mit mir darüber telefoniert hatten, daß ich länger bleiben müsse, um das Seminar über den mystischen Sindhi-Dichter Sachal Sarmast in Khairpur zu eröffnen. Schließlich gab ich nach, unter der Bedingung, daß ich New York am Mittwoch der folgenden Woche erreichen könne. Mein Ehrenbegleiter, Mr. Zaidi, erwies sich als reizend: Zum Glück kannte ich seinen Stammbaum, denn da das von den Mogulkaisern Jahangir und Shah Jahan zusammengestellte kostbare Album von Miniaturen und Kalligraphien, im Metropolitan Museum New York veröffentlicht, auch ein Porträt eines seiner Ahnen, der Bārha *sayyids,* enthält, die in der Geschichte des 17. Jahrhunderts eine wichtige Rolle spielten, war er mir ganz vertraut.

Nach der Generalprobe fuhren wir kurz zu Sadiqain, dem exzentrischen Maler-Kalligraphen, der mir allerlei schöne Kalligraphien schrieb und dann schenkte. Anschließend kam einer der Höhepunkte, nämlich ein Besuch beim Aga Khan, der gerade die von ihm gestiftete Medizinische Fakultät in Karachi eingeweiht hatte. Wegen des schlechten Wetters hatte er die Ismailis in den Bergen von Hunza nicht besuchen können: So hatte ich Gelegenheit, ihn zu sehen. Zu meinem Erstaunen hatte er all die Vorträge gehört, die ich für das Ismaili-Institut in London gehalten hatte und die dort auf Band aufgenommen worden waren. Der Zauber seiner Persönlichkeit war unwahrscheinlich. Hatte ich schon zuvor seine enormen Verdienste um Kultur- und Sozialarbeit bewundert, so war ich jetzt von der persönlichen Begegnung ungemein angetan ... – Vom Gästehaus ging es zum Dinner bei Staatssekretär Masood Nabi Nur, dem guten Geist meiner Reise, den ich seit langem kenne; wieder Begegnung mit vielen alten Bekannten. Der 23. 3. war strahlend schön ... Um 3 Uhr zogen wir zum Aywani Sadr, dem modernen Repräsentativbau nahe unserer Botschaft, schritten an einer dekorativen Ehrenwache entlang, wurden plaziert – ich in der ersten Reihe neben etlichen Generälen, deren einer mir erzählte, daß meine 'Mystical Dimensions of Islam' im Army Bookclub, dem alle Offiziere anzugehören haben, vertrieben wird ... Dann erschien der Präsident; der Aga Khan erhielt den höchsten Orden, Tunku Abdur Rahman von Malaysia den Hijra Award, dann wurde eine lange Reihe von Offizieren ausgezeichnet, und ich führte die Liste der Zivilisten an in einem langen rohseidenen Kleid. Riesiger Beifall – und der Orden sieht fantastisch aus: ein goldener Stern am gelben Halsband und ein riesiger Ansteckstern. Es gab auch Lebensrettungs- und Tapferkeitsmedaillen, und überall war die Freude groß. Anschließend an das Nachmittagsgebet ein Tee-Empfang, in dem wir alle im Glanze unserer Orden wandelten; ungezählte Bekannte und Unbekannte gratulierten mir, und meine Ismaili-Freunde freuten sich sehr. Ich lernte auch die zerbrechliche Begum Aga Khan kennen, die ebenso liebenswürdig wie elegant war – kurz, es war 'ein sehenswerter Tag'. In der Botschaft feierten wir dann noch einmal mit Sekt, und abends war dort eine große Dinnerparty arrangiert . . .

Am Donnerstag (wieder sehr kühl, Schnee in den nahen Bergen) kaufte ich vorsichtshalber noch einen Koffer, in Vorahnung kommender Ereignisse. Ein Mittagessen in den Margalla-Hills, hauptsächlich mit Freunden aus Multan, das groß in der Zeitung herauskam, und am Spätnachmittag ging es nach Lahore. Man hatte mich im Hilton untergebracht, das von einem Schweizer Manager glänzend geführt wurde. Auch hier wieder Verwöhnung – von der Gratulationstorte angefangen. Da Freitag Feiertag war, ging ich mit Zulfi Bokhari in den schönen Parks von Lahore spazieren, wozu ich ja sonst nie komme; beim Lunch mit guten alten Freunden überraschte man mich mit einem Wein, den ein Atomphysiker selbst gebraut hatte und der gut schmeckte. Dann ging's ins Fort, wo ich einige sehr interessante persische Handschriften sah, und in den Shalimar-Garten, durch dichte Menschenmengen, die das Lichterfest für den Sufi-Dichter Madho Lal Husain (gest. 1593) in echter Kirmesstimmung feierten. Abends Festessen bei Javid und Nasira Iqbal, zu dem auch Iqbals Schwiegersohn – jetzt Provinzialminister – erschien und in dessen Verlauf ich Bapsi Sidwa, die Parsee-Autorin, wieder traf. Samstag machte ich dem Bürgermeister einen Besuch, er hatte den ganzen Stadtrat eingeladen, und ich mußte über die Werke Iqbals und über philosophische Fragen diskutieren – und wieder viele *group photos,* selbst der Kaffeekoch, dessen Werk ich gelobt hatte, wollte ein Bild haben. Mittagessen bei den lieben Bokharis . . . und dann ging es nach Karachi, wo mich meine neue Ehrengarde empfing: Mr. Siddiqi hatte mich schon als Student in Hyderabad vor 20 Jahren gehört und war stolz auf sein Amt. Im Interconti war eine ganze Suite für mich bereit – das war gut, denn bald saßen sieben Leute um mich herum . . . Gegen 10 Uhr fielen wir noch bei Allanas ein, die enttäuscht waren, daß ich nicht bei ihnen wohnte – aber als Staatsgast konnte ich ja nicht gut bei der Opposition wohnen!

Am nächsten Morgen ging es nach Makli Hill, um Pir Sahibs Grab zu besuchen . . . Gegen drei waren wir zurück, und nach einem Sandwich eilte ich zur islamischen Buchausstellung, die von Präsident Zia eröffnet wurde. Leider setzte mich Minister Brohi in die erste Reihe; ich hätte mich viel lieber mit den zahlreichen Freunden unterhalten, die ich dort traf; selbst S. A. Ali aus Delhi war da, und der Inhaber des Verlages E. J. Brill freute sich, eine seiner Autorinnen zu sehen. Die Ausstellung hatte einige sehr interessante Handschriften im typisch indischen Bihari-Stil. Und kaum war ich zurück im Hotel, da ging es zu der nicht so streng islamischen Jubiläumsfeier des Holiday Inn, das

Ismaili-Bekannten gehört: Beim Klang von Walzern und anderer Musik traf man die Hochfinanz, und ich mußte wieder klug reden ...

Am Morgen diskutierte ich allerlei Veröffentlichungspläne ... und um 12 Uhr flog ich nach Moenjo Daro, wo der D. C. schon wartete. Nach dem Mittagessen ein rascher Besuch im Museum; eine Gruppe verschleierter Frauen ließ fragen, ob ich, die sie vom Fernsehen kannten, nicht mit ihnen sprechen und mich photographieren lassen wollte. Dann weiter nach Sukkur – erstaunlich die Menge von bunt bemalten Lastwagen, die auf den guten Straßen verkehrten: 1961 gab es hier kaum asphaltierte Wege ... Im Circuit House Sukkur, direkt an dem gewaltigen, 1932 errichteten Staudamm des Indus, war ich in der Präsidentensuite untergebracht, und der Commissioner – ein echter *sayyid* aus Sind, ausgebildet in Harvard – nahm mich bald nach Khairpur zum Dinner, und man beglückte mich mit einem 'kleinen Geschenk', einer enormen handgewebten Seidendecke *(kʾhēs)*. Um zehn fiel ich ins brokatbezogene Bett und war tags drauf um 6.30 Uhr schon auf dem Weg nach Draza, wo Sachal (gest. 1826), der wohl ekstatischste mystische Dichter des Sindhi und Siraiki, begraben ist: in einem bunten Rokoko-Gebäude, sehr stimmungsvoll. Um mein Sindhi-Gewand wurde mir noch ein roter Schleier gewickelt, mit dem Segen des Heiligen, und eine Gruppe von Derwischen sang und spielte. Um neun erreichten wir Khairpur, begleitet von einer sehr redseligen theosophischen Dame, und eröffneten das Seminar; der Commissioner und der Erziehungsminister sprachen in Sindhi, was mir gut einging; ich präsidierte und brachte es fertig, meine Rede mit etlichen Sindhi-Versen zu würzen. Die drei Referate waren sehr gut. Wieder Photos in allen Lebenslagen, inklusive beim Essen, und immer mehr Leute ...; dann im Auto zurück nach Moenjo Daro, wo die Rosen üppig blühten. Der Pilot des Flugzeuges begrüßte den Ehrengast, und gegen sechs erreichte ich Karachi, packte wieder um, und meine Absicht, eine Stunde zu schlafen, wurde durch den Anruf Eijaz Faruqis gestört, der mich vor Jahren einmal bei einer Vortragsreise begleitet hatte: Der Präsident wolle mir einen Sari schenken und wisse nicht, welche Farbe ... Bald waren Faruqi, ein riesiger Major und ein dritter Mann damit beschäftigt, mein Bett mit golddurchwirkten Saris zu bedecken, aus denen ich mir einen in Rosa aussuchte. Und als der, fein eingepackt, gebracht wurde, war es Zeit, zum Abendessen bei meiner Kollegin, der Historikerin Hamida Khuhro, zu fahren, wo es im kleinsten Kreise hochinteressante Gespräche gab – viel Politik aus dem Gesichtswinkel der Opposition. Um 0.30 Uhr war ich zurück, stand zwei Stunden später wieder auf, um vier ging's zum Flugplatz, um sechs saß ich in der Maschine – aber die war kaputt, und erst um 14.30 Uhr flogen wir ab ... Trotzdem erreichte ich Boston rechtzeitig dank der Wendigkeit der PIA, die mich in letzter Minute über London umbuchte."

Daß diese Reise, diese Ehrung gerade zu dem Zeitpunkt stattfand, als sich mein erster Besuch in Pakistan zum 25. Male jährte, machte sie besonders unvergeßlich. Und wenn auch die Reise infolge der Ordensverleihung ihre ganz besondere Bedeutung hatte – ein ähnliches Programm lag eigentlich all meinen Reisen zugrunde.

Wer könnte es einem Kulturattaché unserer Botschaft in Islamabad verdenken, als er nach einer dieser „Schimmel seasons", wie solche Reisen von der pakistanischen Presse genannt wurden, in seinem Bericht nach Bonn bemerkte: „Frau Professor Schimmel ist gestern abgereist. Ich blieb erschöpft, aber bereichert zurück."

III. In den Bergen des Nordens

Skardu (Baltistan)

„Dr. Schimmel, bitte kommen Sie rasch ins Cockpit!"

Nichts tat ich lieber. Die kleine Fokker Friendship, meine Lieblingsmaschine, war früh am Morgen von Rawalpindi zu einem Flug nach Skardu gestartet, einer jener Landschaften im hohen Norden Pakistans (genau nördlich von Srinagar, im jetzt indischen Kaschmir!), die schon zu einer anderen Welt zu gehören scheinen – einer Welt, die kulturell und sprachlich eher dem zentralasiatischen denn dem indo-islamischen Gebiet zuzurechnen ist. Die in Baltistan gesprochene Sprache ist eine altertümliche Form des Tibetischen, und das Gebiet wurde in arabischen und persischen Chroniken des Mittelalters als „Klein-Tibet" bezeichnet. Die Volksüberlieferungen Innerasiens, wie das Keser-Epos, leben hier in verschiedenen Versionen weiter, und die Kollegen, die derartige Traditionen in diesem Gebiet untersuchten, sprachen immer wieder von der Schönheit des weiten Tales, in dessen Mitte Skardu liegt. Seit Jahren hatte ich gehofft, einmal dorthin zu kommen. Aber nie hatte die Zeit für Flüge oder Reisen in die Northern Areas, wie das Gebiet offiziell heißt, gereicht; denn die kleinen Flugzeuge sind wetterabhängig – und wer wußte, ob nicht am nächsten Morgen Nebel den Rückflug unmöglich machen würde. Wenn man aber ein dichtgedrängtes Programm hat, ist der endlos scheinende Weg durch die Berge zurück nach Islamabad zu lang und, vielleicht, auch zu ermüdend.

Karin und ich gingen ins Cockpit, und der Atem stockte mir fast; denn wir überflogen jenes Gebiet, das als Pamirknoten bezeichnet wird – wo die westlichen Ausläufer des Himalaya, der Karakorum und der östliche Hindukusch aneinandergrenzen, ineinander übergehen.

„Sehen Sie mal, da rechts vor uns . . .!" sagte der junge Pilot: Und da war der Nanga Parbat, zum Greifen nahe, in majestätischer Weiße. Wir sahen kaum seinen Gipfel, der hoch über dem Flugzeug in die Bläue ragte. Eine schneestaubende Lawine rollte den nördlichen Abhang hinab, als hätten unsere Hände die Schneemassen berührt und sie gelöst. Mehr noch: Vor uns streckte sich das weite Panorama, die Kette der gleißenden Sieben- und Achttausender, der K 2, der Rakaposhi, der Tirih Mir und viele, viele mehr, die in blendend kristallener

Weiße gegen den leuchtend blauen Himmel standen – ein Licht, das nichts von dieser Welt, ihren Sorgen, ihrem Schmutz, ihren bedrükkenden Nebelschwaden zu wissen schien. Absolute Reinheit, absolutes Glück – ich verstand, warum die Alten die Berge als Sitz der Götter angesehen hatten.

Plötzlich machte das Flugzeug eine Rechtskurve von 90 Grad, und wir waren, unvermutet und unmittelbar, in der tief eingeschnittenen Schlucht des jungen Indus, aus der unberührten seligen Höhe in das Dunkel der Felswände getaucht: dorthin, wo vor Jahrmillionen zwei gewaltige Erdmassen – die indische und die eurasische Platte – zusammengestoßen waren, zwischen denen nun der Indus dahinströmte, ein winziges glitzerndes Band, wie es schien. Rasch sank die Maschine. Ich wollte zu meinem Platz zurückkehren. „Sie können ruhig bleiben!“ sagte der Copilot: „Die Landung wird Ihnen sicher gefallen.“ So schwebten wir in das weit ausladende Tal, in dessen Mitte ein seltsam geformter Bergkegel aufragte, und landeten sicher nahe dem Strom.

Das Empfangskomitee stand bereit, und ein Auto brachte uns durch die langgestreckte Stadt, die etwa 2200 m über dem Meeresspiegel liegt, in ein modernes Hotel mit dem romantischen Namen Shangri La; Bungalows standen in gepflegten Gartenanlagen mit einem Teich. Wir erfrischten uns rasch; und nachdem wir uns auf Anraten unserer Begleiter große Sonnenhüte gekauft hatten, wurden wir sogleich aus dem friedlichen Garten entführt und wieder durch die Stadt gefahren. Im Vorbeifahren konnten wir – allzu kurz! – einige kleine Moscheen mit feinen Holzschnitzereien, kunstvoll gearbeiteten Gittern sehen. Der Weg, der sich zwischen Bäumen und Sträuchern dahinwand, verwandelte sich schließlich in einen Pfad, der nur aus willkürlich am Rande eines Flüßchens hingeworfenen Steinen aller Größe zu bestehen schien. Wohin mochte es gehen?

Es ging zu einem Gletschersee, an dem ein Bootshaus stand, und ehe wir es recht begriffen, saßen wir in einem Boot und wurden, in nahezu 3000 m Höhe und bei strahlender Novembersonne, umhergerudert. Das Wasser war tief türkisblau, und wir fühlten uns jenseits aller Alltagsprobleme. Der See, so sagte unser Begleiter, heiße Satpara Lake, weil er von sieben *(sāt)* Quellen gespeist wird; er bestreite einen Teil der Wasserversorgung der Stadt.

Irgendwann und irgendwo müssen wir wohl auch gegessen haben, aber mir ist nur der Spätnachmittag in Erinnerung geblieben, als es eine intensive Diskussion nach einem Vortrag von mir gab. Darin hatte ich ein Problem erörtert, das in den Tagen einer zunehmenden Islamisierungspolitik, also seit Mitte der achtziger Jahre, überall im Lande besprochen, debattiert, umstritten wurde: Wie vertragen sich islamische Orthodoxie und Orthopraxis mit der Mystik, dem Sufismus, der den Islam vor allem in seinen östlichen Gebieten so tief durchdrungen hat? War die Kritik, die Iqbal – in Pakistan immer die Autorität bei jedem Problem – an den mystischen Ausdrücken und Symbolen der persischen wie der Urdu-Dichtung geübt hatte, berechtigt? Hatte der Sufismus den Lebenswillen, die Aktivität des „reinen arabischen Islam" gebrochen, die Menschen in Passivität erschlaffen lassen? War eine religiöse Haltung, in der die äußeren Pflichten des Muslims scheinbar nicht mehr so zentral waren oder in der man diese Pflichten im besten Falle ganz zu vergeistigen suchte, überall annehmbar? Und wenn ja, wie konnte man mystische Frömmigkeit mit einem aktiven Leben in der Welt verbinden? Für die Männer von Skardu, die mit klaren, ernsten, tiefgefurchten Gesichtern in dem Saal saßen, ging es, wie für so viele Muslime, um die zentrale Frage: Wie kann ich Gott wirklich dienen?

Ich bemühte mich, ihnen klarzumachen, daß der echte Sufismus ja aus der ständigen Meditation des Korans erwachsen war und daß die Haltung der wahren Sufis keineswegs einer Verachtung des Religionsgesetzes gleichkam; daß sie vielmehr danach gestrebt hatten, es zu vertiefen, zu verinnerlichen und so ein wahrhaft gottgefälliges Leben zu führen. Hatte nicht der bedeutendste mittelalterliche Theologe des Islam, al-Ghazzali (gest. 1111) darüber geklagt, daß die Rechtsgelehrten, die auch die kleinsten rituellen Details und kompliziertesten Fragen des Ehe- und Erbrechtes kannten, kaum etwas vom religiösen Sinn und Inhalt der Religion wußten? Es schien mir – so versuchte ich den eifrig fragenden Hörern darzulegen –, daß Iqbal in der Tat seine tiefsten Gedanken aus dem frühen Sufismus geschöpft hatte, nicht aber aus der theosophischen Mystik, die sich im 13. Jahrhundert in Ibn Arabis kompliziertem und überaus dicht gewobenem System kristallisiert hatte, das dann in oberflächlichen Vereinfachungen die gesamte mystische Tradition durchdrang und durch die Sufi-Bruderschaften in alle Gebiete getragen wurde, so sehr die strenge Orthodoxie dagegen ankämpfte. Mißverstandene Interpretationen der Mystik sind ja nicht nur im Islam leicht zu finden, und mystische Versenkung konnte als Deckmantel für Indolenz, als Vorwand für Passivität dienen, während sie doch eigentlich die Kräfte des Herzens wecken sollte. Gewiß, der Mystiker sucht das „Entwerden" in Gott, und manch ein Sucher fand und findet seinen Frieden in der völligen Ablösung von der Welt, der gefährlichen Verführerin, der menschenfressenden Buhlerin. Aber wie viele Beispiele gab es, die belegen, daß gerade die Sufis bei der Verbreitung des Islams mitgewirkt haben! War doch die Islamisierung Indiens zum großen Teil den sufischen Lehrern zu verdanken, die seit dem 11. Jahrhundert im Subkontinent wirkten

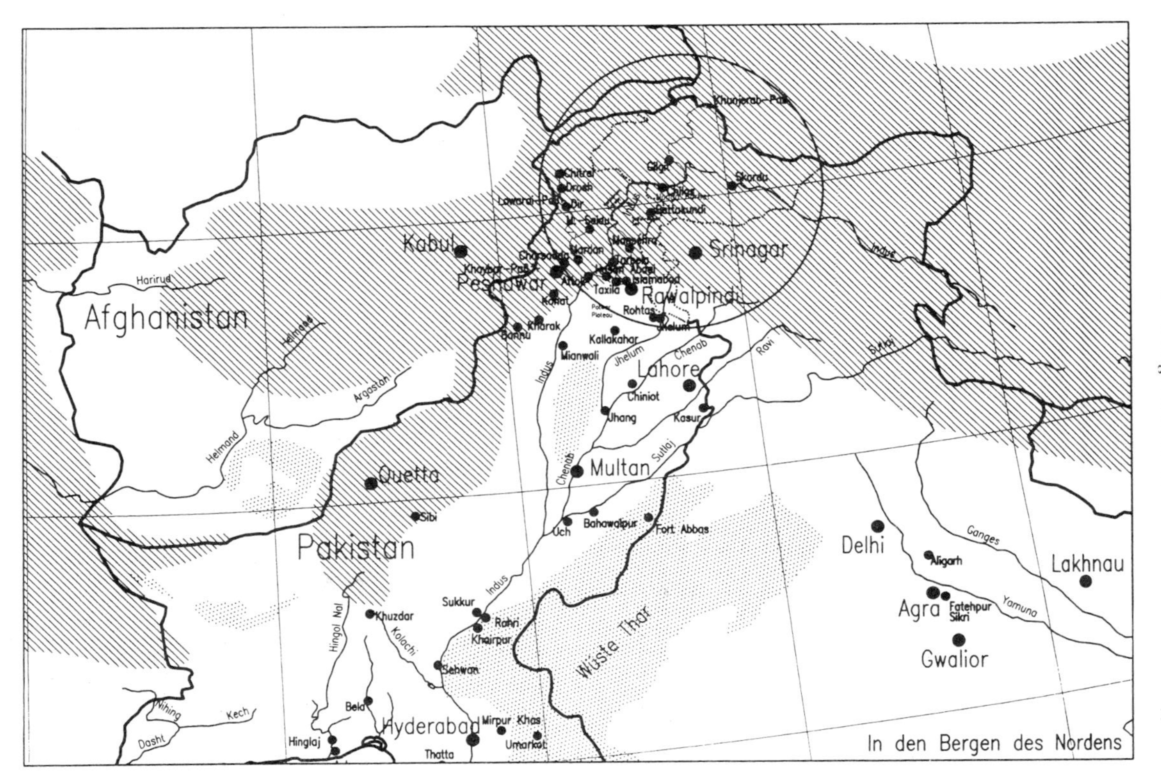

Afghanistan
Pakistan
Kabul
Peshawar
Rawalpindi
Srinagar
Islamabad
Khunjerab-Paß
Khaybar-Paß
Lowarai-Paß
Chitral
Drosh
Dir
Gilgit
Chilas
Skardu
Pattan
Mansehra
Mardan
Charsadda
Tarbela
Hasan Abdal
Attock
Taxila
Kohat
Karak
Bannu
Potwar Plateau
Rohtas
Jhelum
Kallakahar
Mianwali
Lahore
Chiniot
Jhang
Kasur
Multan
Bahawalpur
Uch
Fort Abbas
Quetta
Sibi
Khuzdar
Sukkur
Rohri
Khairpur
Sehwan
Bela
Hinglaj
Hyderabad
Mirpur Khas
Umarkot
Thatta
Wüste Thar
Delhi
Aligarh
Agra
Fatehpur Sikri
Gwalior
Lakhnau
Indus
Jhelum
Chenab
Ravi
Sutlej
Ganges
Yamuna
Harirud
Helmand
Argastan
Hingol Nal
Kolachi
Kech
Nihing
Dasht
In den Bergen des Nordens

und durch ihre einfachen Predigten den Zuhörern die Liebe zu dem Einen Gott, Liebe aber auch zum Propheten, „dem besten der Geschöpfe" und Liebe zu den Mitmenschen, ja zu allen Kreaturen, beibrachten! Auf praktischer Ebene gab die Sitte des *langar*, des „Kessels", das heißt, der für alle Besucher offenen Küche in den Sufi-*dargāhs*, vielen Hindus die Möglichkeit, mit anderen Menschen zu essen, ohne Kastentabus beachten zu müssen. Es ist ja kein Zufall, daß die Fürsten der islamischen Welt den Sufi-Konventen immer wieder kostbare große Kessel gespendet haben!

Ich sprach von der Rolle der Sufis bei der Entwicklung der islamischen Sprachen, in denen sie kleine Lieder dichteten, die auch der einfachste Zuhörer verstehen konnte und die weit entfernt waren von dem gelehrten Arabisch der Theologen und Juristen, aber auch von dem verfeinerten Persisch der Verwaltungsbeamten und der Hofpoeten. Es war ja gerade die schillernde symbolische Sprache der urbanen Dichter, die ständig von Wein, Liebe und der ersehnten, aber unerreichbaren Nähe des geliebten Wesens sprachen, die allzu leicht zu falschen Auslegungen einlud, wenn der Nichteingeweihte sie las: daher Iqbals Warnung vor der liebreizenden, aber gefährlichen Lyrik des Hafiz! Die ersten Keime einer schlichten Volksdichtung jedoch, wie viele Sufis sie zum Besten ihrer einfachen Zuhörer verfaßten, wurden zur Grundlage für die Entwicklung der Literatur in den Regionalsprachen Indiens, in denen nach diesen religiös geprägten Anfängen bald auch weltliche Poesie und ganz zuletzt auch Prosawerke verfaßt wurden. Und nicht zu vergessen war, daß der wahrhaft Fromme die echten Ideale der Religion schließlich auch inmitten des Alltagslebens verwirklichen kann. Sagen die Naqshbandi-Sufis nicht immer *dast be-kār dil be-yār*, „die Hand bei der Arbeit, das Herz beim Freunde"? Und war nicht der Sufismus in seiner besten Ausprägung die Verwirklichung der koranischen Beschreibung der Frommen, die „ständig im Gebete sind" (Sura 70,23), und der „Männer, die weder Handel noch Wandel vom Gottgedenken ablenkt" (Sura 24,37)?

Die Diskussion zog sich lange hin, und ich verstand wohl den Wunsch dieser Männer im einsamen Hochland, sich gegen die allzu rigorose Anwendung der äußeren rituellen Formen einen inneren Freiraum zu bewahren. Daß der Sicherheitsbeamte des Flughafens am nächsten Morgen um 7 Uhr in der strahlenden Frühsonne noch eine halbe Stunde lang eine weitere theologische Diskussion dieser Art mit mir führte, bewirkte zwar eine gewisse Verspätung des Abfluges, aber wir erreichten Rawalpindi – diesmal leider in einer großen Boeing, hoch über den Gipfeln – noch immer früh genug für den nächsten Termin.

Gilgit und Hunza

Der Flug nach Skardu war nicht meine erste Bekanntschaft mit den Bergen gewesen, die mich – einen Tieflandmenschen – immer wieder in Erstaunen und Entzücken versetzten. Wenige Tage zuvor waren wir mit dem Hubschrauber zu dem berühmten See Saiful Muluk in Kaghan geflogen, der von zahlreichen Plakaten der pakistanischen Tourismus-Organisation strahlt: Nach kurzem Flug von Rawalpindi landeten wir in Mansehra, wo uns sozusagen gebratene Hühner in den Mund flogen. Der Blick erfaßte die grünenden Hügel, die sich vom Gebirge zu den Flußtälern langsam ausbreiteten. Hier hatte einst der buddhistische König Ashoka (reg. 273–232 v. Chr.) eines seiner Toleranz-Edikte in den Fels schlagen lassen. Und hier hatte Akbars Hindu-General Man Singh wohl sein Hauptquartier, von dem er – dieser große Mäzen von Architekten und Künstlern – um 1580 zu seinem Kampf gegen die häretische Sekte der Raushaniyya aufbrach. Diese wurde von Bayezid Ansari angeführt und verkündete einen mystischen Islam; wegen ihrer Aktivitäten in dem politisch immer labilen nordwestlichen Grenzgebiet des Subkontinents erschienen sie Kaiser Akbar als drohende Gefahr für sein Reich. Man Singhs Sieg über die Raushaniyya 1587 bewegte selbst den strenggläubigen Muslim Badauni, einen der großen Historiker jener Zeit, zum bewundernden Ausruf: „Ein Hindu schwingt das Schwert des Islams!“ Aber die Kämpfe mit den Nachkommen des mystischen Rebellen, dem das Pashto sein erstes religiöses Werk verdankt, gingen noch ein halbes Jahrhundert weiter, und man zeigt noch heute nahe der Festung Attock die beiden tückischen Felsen im Indus, in die zwei der gefährlichen Nachkommen Bayezids verwandelt worden sein sollen.

Nach erneutem Start schwebte der Hubschrauber an den Berghängen entlang. Man konnte die herbstbunten Blätter der Bäume und Sträucher – so schien es uns – fast berühren, und wir landeten direkt am Ufer des kristallklaren Sees, der, auf 3500 m Höhe, die gewaltigen Gletscher spiegelt. Kleine blaue Blumen blühten an seinem Ufer, und der Duft heilsamer Kräuter, wie sie im Kaghan-Tal und überall im Hochland in der Volksmedizin verwendet werden, wehte durch die kühle Luft. Die alten Märchen vom Prinzen Saiful Muluk und der schönen Fee Badiᶜul-Jamal wurden lebendig, die zu den beliebtesten Märchenthemen im Subkontinent gehören und in immer neuen Varianten in den Sprachen des Landes bis tief nach Südindien auftauchen. Denn das ursprünglich auf die Märchen von ‚Tausendundeiner Nacht‘ zurückgehende Motiv von dem ägyptischen Prinzen, der auf der Suche nach der im Traume erschauten Feenprinzessin die weite

Welt durchzieht und dabei ungezählte Abenteuer erlebt, Dämonen besiegt und schließlich mit ihr vereint wird, ließ sich immer und überall mit neuen Details ausschmücken. In der Umgebung des Sees, der Wiesen und Gletscher verstand man, daß hier eine ideale Heimat für Feen sein muß – Feen, die bis heute eine wichtige, wenn nicht die zentrale Rolle im Volksglauben der Bergbewohner spielen.

Unter goldfarbenen Walnußbäumen aßen wir an einem sprudelndklaren Fluß frische Forellen, die in allen Bergbächen häufig sind, und während unser großer Vogel uns wieder heimwärts trug, erzählten die Offiziere viele Geschichten über Präsident Zia ul-Haq, der darin als eine Art Harun ar-Rashid erschien: Während eines Gewitters z. B. soll er nach einer Notlandung mit seinem Hubschrauber im Hofe eines Bauern in einem der Bergtäler mit dem erstaunten Hausbesitzer das Nachmittagsgebet verrichtet haben; als Dank für seine Gastfreundschaft habe er dem Mann das Geld für eine Pilgerfahrt nach Mekka geschenkt ... Daß er einer Menge Leute die Pilgerfahrt bezahlt hat, ist bekannt; wir hörten noch manche Anekdoten dieser Art, die so gar nicht mit dem Bild des finsteren Fanatikers übereinstimmten, das die westliche Presse so gern von dem Präsidenten zeichnete.

Gewiß, es war ein Schock für die Welt gewesen, daß er seinen Vorgänger Z. A. Bhutto nicht begnadigte, sondern das vom Gericht ausgesprochene Todesurteil tatsächlich ausführen ließ, so sehr alle bedeutenden Persönlichkeiten sich für Bhutto eingesetzt hatten, und es war ein weiterer Schock, vor allem für die westlichen Beobachter, daß – zumindest für eine Weile – scharfe „islamische“ Gesetze eingeführt, harte Strafen verhängt wurden. Doch als ich einmal Javid Iqbal, den Sohn des „geistigen Vaters Pakistans“ und selbst Jurist, fragte, wo man denn im islamischen Recht eine Klausel fände, die das Auspeitschen eines gegen die Regierung arbeitenden Journalisten vorschrieb, meinte er: Wenn es auch die Strafe des Auspeitschens für bestimmte Vergehen (wie z. B. Weingenuß) im islamischen Gesetz gebe, sei die gegen einen Regime-Kritiker verhängte Strafe etwas von den Briten Übernommenes ... Auf jeden Fall zogen die strengeren Islamisierungsbestrebungen in Pakistan dem Präsidenten den Zorn vieler liberaler Muslime und noch mehr des Westens zu. Und doch war dieser Mann von großer persönlicher Offenheit, begierig – wie ich in immer neuen Gesprächen mit ihm erfuhr –, mehr über den kulturellen Hintergrund, über Literatur und Kultur seiner Heimat zu erfahren, die in seiner Offizierslaufbahn bislang zu kurz gekommen waren. Und es wird oft vergessen, daß er seine behinderte kleine Tochter zärtlich liebte und sich aus diesem Grunde auch sehr um soziale und medizinische Probleme kümmerte, Behinderten zu helfen suchte – was besonders auch der Arbeit unserer deutschen Lepra-Fürsorge zugute kam, die die unermüdliche deutsche Ärztin Frau Dr. Pfau in jahrzehntelanger Arbeit von den verlorensten Dörfern im Karakorum bis hin nach Karachi aufgebaut hat. Und so trifft auch für Zia ul-Haq das Wort zu:

> Von der Parteien Gunst und Haß verwirrt,
> schwankt sein Charakterbild in der Geschichte . . .

Mein erster Ausflug in die Höhen war jedoch anderer Art gewesen: Ich durfte am Karakorum-Kongreß teilnehmen, den Professor A. H. Dani 1983 organisierte – dieser pakistanische Gelehrte hatte die Forscher ermutigt, die Felsbilder der Seidenstraße zu untersuchen, und ihm verdankt Pakistan (und die Welt) zahlreiche wegweisende Arbeiten über die Architektur in den verschiedensten Gebieten des Landes, einschließlich des ehemaligen Ostpakistans (Bangla Desh). Gewiß, ich war alles andere als eine Spezialistin für die Sprachen und Kulturen der Northern Areas, die von einem Commissioner in Gilgit verwaltet werden. Aber zu lockend war die Einladung, als daß man sie hätte ausschlagen können – und ich suchte ja nur nach einem Vorwand, um wieder nach Pakistan zu kommen!

Von Rawalpindi aus flog ich nach Gilgit – damals sah ich den Nanga Parbat zum ersten Mal in einiger Entfernung –, und genoß den hinreißenden Blick aus dem Fenster des hübschen Hotels: Jenseits des Hunza-Rivers, der tief unten zwischen steinbedeckten Ufern dahineilte, stand der schöngeformte Rakaposhi (7850 m), und man wurde nicht müde, die ständig wechselnden Spiele von Licht und Schatten, die vielgestaltigen Wolken zu betrachten, dem fernen Rauschen des Flusses zu lauschen.

Das Gebiet von Gilgit stand im Frühmittelalter unter der Herrschaft der Trakhans – hinter diesem Namen verbirgt sich vielleicht das türkische *tarkhan*, denn das Gebiet war, so lange man Zeugnisse hat, die Brücke zwischen Innerasien und dem indischen Land: Die Seidenstraße zeugt ja von den engen Verbindungen zwischen Indien und den weiten Steppengebieten. Im 19. Jahrhundert setzten sich die Briten in diesem strategisch wichtigen Teil des Gebirges fest, wo die Herrscher traditionell eine starke Bindung zu China hatten. Im 20. Jahrhundert wehrten sich die Bewohner Gilgits daher gegen Übergriffe des Maharajas von Kaschmir – Gilgit war ein wichtiger Stein in dem großen politischen Spiel, das ein Jahrhundert lang zwischen England, Rußland und China mit immer wechselnden Konstellationen gespielt wurde.

Am Tag nach meiner Ankunft erschienen die anderen Kongreßteilnehmer, die eine achtzehnstündige Busreise von Rawalpindi hinter sich hatten. Getragen von gemeinsamer Begeisterung fanden wir uns bald freundschaftlich zusammen: Wir, das waren die rund 50 Pakistaner und die etwa 70 Ausländer – Amerikaner und Briten, Holländer und Italiener, Franzosen und Skandinavier sowie ein besonders großes deutsches Team, da seit Jahren unter der Leitung des Heidelberger Professors Karl Jettmar die Erforschung der Felsbilder und -inschriften entlang der alten Seidenstraße einen wichtigen Schwerpunkt deutscher Archäologie und Philologie bildet: Arbeiten, die jetzt in dem von Irmtraud Stellrecht geleiteten interdisziplinären Karakorum-Projekt der Deutschen Forschungsgemeinschaft auf alle wichtigen Lebensbereiche (Botanik, Ethnomedizin u. ä.) ausgedehnt worden sind.

Wir alle genossen die herrliche Landschaft – Gilgit liegt auf ca. 1500 m Höhe inmitten von zwei Dutzend Sechs- und Siebentausendern –, und freuten uns wie die Kinder, wenn wir wieder eine Inschrift, das Bild eines Stupas, eines menschlichen Wesens oder eines Hirsches entdeckten. Hier stand eine gewaltige Buddhastatue in einer Felsnische; dort war eine lange soghdische Inschrift zwischen Bäumen in einer Hauswand verborgen – der Entdeckerfreuden war kein Ende. Unsere Kollegen führten uns durch sehr aufschlußreiche Kurzvorträge in diese Welt ein, und, um es den Gästen ja recht bequem zu machen, hatte man sogar für den Vortragssaal Hunderte von Stühlen mühselig aus dem Tal heraufgefahren . . . Wir lauschten der Musik, den alten Balladen, deren musikalische Struktur und historische Wurzeln eine unserer Kolleginnen kompetent erklärte, und lernten etwas über die komplizierte Geschichte, die wirtschaftlichen Probleme, den Reichtum der Sprachen, von der bunten Vielfalt der Volkskunde. Ein Polospiel auf dem mitten im Ort gelegenen Poloplatz durfte natürlich nicht fehlen, und ich weiß nicht, waren die flinken Reiter eindrucksvoller oder die gewaltigen Schnurrbärte der freundlichen Polizisten . . .

Einen freien Tag benutzte ich, um das landwirtschaftliche Zentrum der Region zu besuchen: Wie viele andere praktische Institutionen war auch dies vom Aga Khan gegründet worden, denn die Gebiete um Hunza sind mehrheitlich von seinen Anhängern, den Ismailis, bewohnt, wenngleich auch Gruppen von Zwölferschiiten (wie im gegenüberliegenden Tal von Nager) zwischen den sonst sunnitischen Bewohnern eingesprengt sind. In dem kleinen Buchladen der Stadt fand ich sogar ein Buch, das ich lange vergeblich gesucht hatte – es war der persische Diwan des Ismaili-Philosophen Nasir-i Khusrau, der in der zweiten Hälfte des 11. Jahrhunderts seine letzten Lebensjahrzehnte in der Verbannung in Badakhshan verbracht hatte. Dort, an der äußersten Nordost-Spitze des jetzigen Afghanistan, hatte er seine wortgewaltigen Gedichte verfaßt, in denen er nicht nur die Schönheit seines Exils, die Blütengärten und die schneebedeckten Berge beschreibt, sondern unermüdlich seine Devise wiederholt: „Mach' einen Schild aus Weisheit!“ Wenn man die Landschaft des Hindukusch ein wenig kennt, bewundert man seine lebendigen Beschreibungen der Berge, die im Frühling gestreifte Seidenkleider zu tragen scheinen, während sie im Winter Lastträgern gleichen, die Packen weißen Leinens auf dem Rücken schleppen; und wenn der rauhe Herbstwind durch die Täler streicht, erinnert ihn sein heiseres Geräusch an einen Greis, der, ziemlich mißtönend, von seiner vergangenen Jugend schwärmt.

Nasir-i Khusraus *Safarnāma*, sein Reisebuch, war der erste persische Text, den ich als junge Studentin las, und noch immer fasziniert die Beschreibung seiner Reise vom östlichen Iran nach Ägypten den aufmerksamen Leser. Für Nasir, den Ismaili, war das fatimidische Ägypten das Ziel seiner Träume; dort herrschten die Fürsten seiner Religionsrichtung, die Siebenerschiiten, deren esoterische Weisheit er nach seiner Rückkehr um 1056 in seiner persischen Heimat zu verkünden begann – so eifrig, daß die streng sunnitische Regierung ihn schließlich ins einsame Badakhshan verbannte, dessen Fürst ebenfalls Ismaili war. Absolute Ehrlichkeit; Haß gegen alle, die der Familie des Propheten (und das bedeutete vor allem seiner Tochter Fatima und ihrem Gatten Ali, dem ersten Imam der Schia) untreu geworden waren; Aversion gegen die scheinheiligen Mitglieder der Regierung, gegen die verlogenen Theologen und Juristen – diese Gedanken durchziehen seine sprachlich bewunderungswürdigen Gedichte, in denen reichlich Spott und Hohn über die religiösen Gegner ausgegossen wird. Nasir singt voll Stolz von seiner dichterischen Kraft, die er nun, nach frivolen Jugendgedichten, nur noch zum Preise Gottes und der Familie des Propheten nutzt – doch immer wieder schreit er auf, klagend, daß der „Skorpion des Exils“ ihn gestochen, daß ihn „die treulose Frau Welt“, die alte Hure, die sie nun einmal ist, völlig seinem Elend überlassen hat. Und doch weiß er, daß er in seiner Einsamkeit so kostbar ist wie ein Rubin aus Badakhshan ... Dem modernen Leser mag dieses Selbstlob übertrieben erscheinen, aber für einen orientalischen Dichter ist es eigentlich recht bescheiden; denn die Kunst, sich am Ende eines Gedichtes zu rühmen, ist Teil des literarischen Erbes. Ob der Poet nun das Kratzen seiner Rohrfeder mit dem Ton der Posaune des Jüngsten Gerichtes vergleicht, die die Toten erweckt, ob er seine Verse als inspiriert erklärt oder seine Vorgänger in der Arena der Poesie lächerlich macht – erlaubt ist das Selbstlob, vorausgesetzt, es fügt sich in die Stil-Ebene des Gedichtes ein: Beim lyrischen Gedicht kann sich der Poet vielleicht als „Nachtigall an Gottes Thron“ bezeichnen oder, wie Hafiz, sicher sein, daß zum Klange seiner Verse, die Venus (Stern der Liebe und Musik) vorträgt, selbst Jesus im Himmel tanzt; beim Lobgedicht werden stärkere Töne angeschlagen – und daß sich ein in den Bergen Badakhshans lebender Dichter als „verborgenen Rubin“ empfindet, ist völlig natürlich.

Vielleicht tragen die Ismailis im pakistanisch-afghanischen Grenzgebirge noch Spuren seiner Gedanken in sich, obgleich historisch nicht geklärt ist, wann und wie sie die Ismaili-Lehren übernommen haben.

– Der große Ausflug des Kongresses sollte uns ins Herz der Ismaili-Gebiete führen. Der Weg wand sich aufwärts; die kleinen Busse kletterten scheinbar mühelos die Straße hinauf, die in jahrelanger Arbeit von Pakistanern und Chinesen gemeinsam erbaut und 1978 eröffnet worden war. Eine kleine, mit bunten Fahnen bezeichnete Grabanlage hob sich farbig von dem schöngeformten weißen Massiv des Rakaposhi ab, den wir nun von seiner Westseite sahen. Vor uns lag das Tal von Hunza mit der alten Burg von Baltit und dem neuen Stadtteil, nach dem jetzigen Aga Khan „Karimabad" genannt. Die Gegend schien ein Aprikosengarten zu sein; zwischen den Bäumen schlängelten sich schmale Wege. Überall sah man die mit unendlichem Fleiß am steilen Berghang angelegten Wasserläufe, durch die winzige Felder bewässert wurden. Sultan Shuaib vom Aga-Khan-Zentrum hatte uns erklärt, wie man sich jetzt um bessere, weniger arbeitsaufwendige Bewässerungsmethoden bemühte; denn wie überall macht sich auch in Hunza unter den harten Lebensbedingungen Landflucht bemerkbar. Und mehr noch: Die jahrhunderte-, vielleicht jahrtausendealten Sitten, die Nahrung, die Getränke – sie alle begannen sich nach dem Bau des Karakorum Highway zu verändern, weil durch ihn die bislang so abgelegenen einsamen Gebiete in die „Zivilisation" eingebunden und damit ihre so lange bewahrten Traditionen gefährdet wurden. Die staunenden Touristen, die in die lockende Hochgebirgslandschaft reisen, tun ein übriges, um diesen Prozeß zu beschleunigen.

Die Busse mußten sich nun mühsam in die Höhe quälen, wo wir in der Fürstenburg vom Mir von Hunza und seiner schönen Fürstin empfangen und gastfreundlich bewirtet wurden. Nach dem Essen wurden wir zu einer pappelumstandenen Wiese geleitet, wo ein Schamane stand, der, den blutenden Kopf einer Ziege in der Hand, in Kontakt mit den Feen zu kommen suchte, die hier als inspirierende und schützende Wesen noch sehr lebendig sind. Es war ein spektakulärer Anblick und ohne Zweifel authentisch, aber wie so oft schmerzte es mich, ein religiöses Ritual zu einer Touristenattraktion erniedrigt zu sehen.

Der Schamane endete seinen Auftritt, und was folgte, schien mir persönlich noch aufregender zu sein: Unser Heidelberger Kollege Hermann Berger hielt nämlich eine freie Rede in fließendem Burushaski, das in Hunza gesprochen wird – eine Sprache, die keiner bekannten Sprachfamilie angehört und deren großer Experte er ist. (Die Hunzakuts – so hörte ich von Kollegen – glaubten tatsächlich, er sei einer der ihren, der irgendwie als Kind entführt und nach Germany gebracht worden sei.)

Die Vielfalt der Sprachen in diesem Winkel der Welt ist erstaunlich; es ist ein typisches Rückzugsgebiet, so daß man hier iranische, dardische und andere Sprachen trifft, die zum Teil nur noch von wenigen hundert Menschen gesprochen werden. Das altertümliche indo-arische Khowar, das iranische Wakhi, das tibetische Balti, das Shina sind nur die bekanntesten von ihnen, und es kann durchaus vorkommen, daß selbst zwei benachbarte Dörfer verschiedene Sprachen haben. In all diesen Sprachen gibt es eine in der Regel nur mündlich überlieferte Literatur, und überall findet man fromme Lieder zum Lobpreis Gottes oder zu Ehren des Propheten, in schiitischen Gebieten auch zu Ehren der Imame. In jüngster Zeit werden allerdings auch durch das Radio moderne Geschichten und Gedichte in den Hauptsprachen, besonders in Shina, verbreitet, ganz zu schweigen von politischen Nachrichten, und so werden, wie es in vielen Gebieten der Welt geschieht, dialektische Varianten abgeschliffen und die Sprache etwas standardisiert. Dabei gewinnt das Urdu, als Pakistans nationale Sprache, zunehmend Einfluß auf die lokalen und regionalen Sprachen. Für den Islamwissenschaftler aber ist es immer ein tröstliches Gefühl, wenn er in einer dieser Sprachen – vor allem in einer mit arabischen Buchstaben gedruckten Gedichtsammlung in dem sonst so absolut unverständlichen Burushaski – wenigstens ein paar religiöse Begriffe entziffern kann . . .

Wir verließen das reizvolle Hunzatal, reich mit getrockneten Aprikosen versehen, denen man die angeblich so gute Gesundheit und Langlebigkeit der Bewohner zuschreibt – eine Spezialität Hunzas, die vor allem in den sechziger und siebziger Jahren immer wieder von Gesundheitsaposteln gepriesen wurde. Waren die Hunzakuts wirklich auf Grund ihrer kärglichen Nahrung und der vielen getrockneten Aprikosen so langlebig und gesund? Oder könnte man die These nicht auch umkehren und sagen, daß nur Menschen, die eine überaus kräftige Konstitution haben, das harte, grausam harte Leben in diesem Gebiet überhaupt durchhalten können?

Der Weg wand sich höher und höher. Manchmal bedeckten lange Moränen die Steilhänge der Berge, dann wieder überquerten wir ein Bächlein, und hin und wieder blühten winzige Blumen am Wegrand. Mir fiel ein Pashto *landay* ein, in dem die Liebende betet:

> Gott mach' dich zur Blume am Ufer,
> daß ich dich rieche, wenn ich sag', ich hole Wasser!

Langsam wurden die Berge etwas flacher; in der Ferne sah man Schneeflecken auf dem bräunlichen Gras und Moos. Dann stand vor uns eine Bergwand, die einem Felsenschloß ähnelte; hochaufragend, mit riesigen Pfeilern, schien sie das enge Hochtal zu schützen, in das wir gegen Abend einfuhren. Hier war unser Tagesziel – Gulmit, ein kleiner Ort mit einer Anzahl einfacher Häuser, Übernachtungsstätten für die langsam ansteigende Zahl der Touristen. Wir wurden in Hütten und Zelte verteilt.

Das Feenschloß leuchtete in der sinkenden Sonne auf; sein Schneemarmor verwandelte sich für einen Moment in Gold.

Schon wartete das Abendessen auf langen Tischen im Freien, und dann begann der heitere Teil: Volkstanz und Pantomimik. Haben wir je so gelacht wie beim Anblick des Kamel-Tanzes, bei dem zwei von braunen Decken umhüllte Männer das Kamel bildeten, dessen Schwanz aus einer Taschenlampe bestand? Mit ihrem akrobatischen Talent hielten die Tänzer uns in Atem, mit wilden Weisen begeisterten uns die Musiker – aber dann fanden sie, nun sollten auch die Gäste etwas tun: „Kommt! Tanzt!" riefen sie; eine berühmte holländische Spezialistin für buddhistische Kunst war die erste, die dem Ruf Folge leistete; ich kam gleich danach; und auch einige hochgelehrte Herren wagten, es uns gleichzutun, wobei italienische Anmut besonders bewundert wurde. Welch herrlicher Irrsinn, auf 2800 m Höhe im Sternenlicht pakistanische Volkstänze zu tanzen, während Sternschnuppen den Platz immer wieder überglänzten!

Es war spät, als wir unsere harten Betten für einen kurzen Schlaf aufsuchten. Am Morgen ging es weiter, vorbei an dem Feenschloß, zu der Grenzbrücke, an der früher die verbotene Zone begann. Ein kleines Ismaili-Dorf lag am Wege. Die Schulkinder – Jungen und Mädchen, hier gemeinsam unterrichtet – begrüßten uns mit einem Liedchen, und die Lehrer sprachen Persisch, denn ihre Muttersprache, Wakhi, ist dem Persischen nahe verwandt. Auf einer hohen Berghalde konnte man die aus weißen Steinen gebildeten Worte lesen: *Aga Khān zinda bād* – „Es lebe der Aga Khan!"

Gestärkt mit herrlichem Obst, fuhren wir dankbar weiter. Die Berge nahmen einen anderen Charakter an; die Schneeflecken wurden ausgedehnter – ganz ähnlich, wie sich in Zentral-Afghanistan die Landschaft zwischen Bamyan und Band-i Amir nach dem Überschreiten der Wasserscheide zwischen Oxus und den zum Indus führenden Wassern verändert. Dann waren wir am Ziel, am Khunjrab Paß, der Grenze zu China. Chinesische Grenzer in grünen Uniformen grüßten uns. Ich machte den ersten und voraussichtlich einzigen chinesischen Schneeball meines Lebens und träumte über die weiten Steppen hinweg . . . bis nach Kaschgar, nach Turkestan, nach Inner-China. Hier, über diesen Paß, waren seit Jahrtausenden Menschen gekommen, auf schmalen Pfaden, selbst für ein Maultier schwer zu gehen, Kaufleute und Pilger ebenso wie bedrohende Heere. Zwischen den Weiten Zentralasiens und den fruchtbaren Flußebenen des Subkontinents hatte eine erstaunlich enge Beziehung bestanden, eine Beziehung, von denen die Felszeichnungen und Inschriften der Seidenstraße Zeugnis ablegen – Beziehungen, die aufgrund der veränderten politischen Lage der neunziger Jahre wieder zu engeren Verbindungen Pakistans mit den jetzt selbständigen innerasiatischen Republiken führen können. Denn nun, seit der Karakorum Highway vollendet ist, läßt sich auch moderner Verkehr, moderner Handel leichter abwikkeln, wenn das ehrgeizige Projekt auch Hunderte von Menschenleben gefordert hat.

Ich fühlte mich leicht wie ein Vogel und genoß die Höhe von fast 5000 m. Die gefürchtete bittere Kälte war zu Ehren der fremden Gäste ausgeblieben. Auch der eisige Steppenwind war kaum zu spüren. Freilich, viele Teilnehmer litten unter der Höhe, und bei der Rückfahrt hing die meiste Zeit eine höhenkranke kleine Japanerin wie eine welke Blume an meiner Schulter, während ich die Landschaft genoß, deren Wildheit man nun, beim Hinunterrollen, besser erkannte als zuvor. Allerdings hatte mein Entzücken gewisse Grenzen, denn ich sah auch, wie übermüdet und hungrig unsere Busfahrer waren!

Ein kurzer Tee-Aufenthalt in Hunza, dann rollten wir weiter bergab – bis unserem Bus das Benzin ausging. Würden wir nun in der Einsamkeit bleiben müssen? Würden gute Berggeister uns magisch schützen oder würden böse Dämonen uns in der Einsamkeit verhungern und verdursten lassen? Welches Tabu hatten wir möglicherweise ahnungslos gebrochen, daß wir auf einer Schotterhalde in der Mitte von Nirgendwo hockten, während die Dämmerung bedrohlich rasch einfiel? Doch plötzlich wurde es klar, daß wir die guten Feen auf unserer Seite hatten – die Fahrer fanden nämlich auf mysteriöse Weise Treibstoff, und als wir gegen 22 Uhr „wider alles Vorausgesicht" (wie es in einer alten Ballade heißt) heil in unserem Rakaposhi Hotel ankamen, waren wir unendlich dankbar.

Noch aber stand uns die Rückfahrt bevor, und niemand, der nicht völlig schwindelfrei ist, sollte diese Fahrt wagen. Wir machten Station in Chilas, wo unser deutsches Karakorum-Team sein Zentrum hatte – und dieser Ort, der in der Luftlinie so nahe Gilgit liegt, kann nur über einen zirka 140 km langen Weg um das Nanga-Parbat-Massiv erreicht werden. Wir ahnten es durch leichte Nebelschleier am Ende eines Tales. Obgleich die Zeit drängte, mußten natürlich noch ein paar neugefundene Felsbilder besichtigt werden. Dann waren wir froh darüber, unsere italienischen Kollegen gesund wiederzufinden, deren Auto fast einem der nicht seltenen Bergrutsche zum Opfer gefallen wäre; wir mußten uns noch an den Schottermassen vorbeiquälen.

Die Straße wand sich schier endlos – eine Mitfahrerin zählte acht Kurven pro Kilometer. Hunderte von Metern unter uns rauschte der Indus, schon recht kräftig geworden, und der Gedanke an einen Schritt vom Wege ... Ich verbrauchte eine ziemliche Anzahl von Stoßgebeten, unter denen ich die Ismaili-Schutzformel *„Yā ᶜAlī madad!* Hilf, Ali!" in einem teilweise von Ismailis bewohnten Gebiet besonders passend (und offenbar auch wirksam) fand. Mit Einfall der Dunkelheit begann es zu regnen, und noch immer war kein Ende des Weges abzusehen. Herrlich duftende Deodar-Wälder ließen uns schließlich erkennen, daß wir in Swat einfuhren, dessen bewaldeter Norden für seine Naturschönheiten berühmt ist. Müde, hungrig und wiederum sehr dankbar erreichten wir das Hotel in Saidu Sharif, der Hauptstadt der Provinz, kurz vor Mitternacht.

Ich erinnerte mich, dort vor langen Jahren einmal eine sehr kalte Aprilnacht zugebracht zu haben. Damals hatte ich bei einem kurzen Ausflug das auf etwa 2000 m Höhe gelegene Marghzar mit seinem kleinen Marmorschlößchen besucht, wo der dreiundachtzigjährige frühere Herrscher, Miangul Gulshahzada, zur Seite des wärmenden Ofens gesessen und der fremden Besucherin ein paar nette Worte gesagt hatte.

Das Land hatte seine moderne politische Struktur zunächst unter dem berühmten Akhund von Swat (1835–1877) erhalten, dessen große, schöne Gedenkmoschee das Zentrum von Saidu Sharif bildet. Es war schon vor 1896, als Dir und Swat von den Briten in *political agencies* verwandelt wurden, daß Edward Lear sein berühmtes Gedicht über den geheimnisvollen Herrscher schrieb –

> Where, why, or which, or what
> is the Akond of Swat?

– ein Gedicht, in dem er mit unglaublicher Virtuosität alle erdenklichen Reimwörter auf *„Swat"* verwendet und sich fragt, ob der seltsame Mann nun auf einem Bett, einem Sofa, einem Teppich oder einem *cot* (einfaches Bettgestell) schliefe, seine Suppe kalt oder *hot* genieße, und schließlich:

> Trinkt sein Bier er vielleicht aus glänzender Schale,
> oder aus Krug, Tasse, Becher, aus dem Silberpokale,
> oder 'nem Pott,
> der Akond von Swat?

Diesmal gab es eine Tee-Einladung beim Wali von Swat in dem schönen Garten der Residenz von Saidu Sharif. Wir bewunderten auch das jüngst eröffnete Museum mit interessanten buddhistischen Funden; aber während die meisten Kollegen am Morgen zu weiteren neuen

Ausgrabungen fuhren – schon seit langem erforschten italienische Wissenschaftler bei Udigram die buddhistische Vergangenheit der Region – begab ich mich mit einigen wenigen Kollegen zu Dörfern, die, an kleinen flinken Bächen gelegen, noch altertümliche Holzmoscheen hatten: Moscheen, deren Pfeiler überaus feine Schnitzereien aufwiesen. Wie breite Flügel, denen des ägyptischen Sonnengottes ähnlich, dehnten sich die hölzernen Kapitelle der schlanken Holzpfeiler aus, und jede der Moscheen, die sich zwischen den niedrigen Steinhäusern fast versteckten, hatte andere Dekorationen, andere Formen der Innenräume. Wir photographierten eifrig, denn die wunderschönen Gebäude waren ziemlich gefährdet, hatten viele von ihnen doch aus klimatischen Gründen einen Sommer- und einen Winterbetsaal – und der letztere ein Öfchen: Wie leicht konnten da Brände entstehen, die Schnitzereien zum Raub der Flammen werden! Und es gab ja auch Händler, die gern ein paar solche Schnitzereien aufkauften und so Geld in die armen Gemeinden brachten . . .

Wir waren hingerissen von dem Reichtum der Dekorationen, aber ach! alle *neuen* Moscheen waren aus häßlichem, wenn auch dauerhaftem Beton erbaut, der hin und wieder mit primitiven Bildern von Mekka, der Kaaba oder dem grün überkuppelten Grab des Propheten in Medina geziert war. Vielleicht leben jetzt, da ich dies schreibe, die kostbaren Schnitzereien nur noch in unseren Photos weiter . . .

Chitral

War das, was ich vom Cockpit aus sah, etwa ein Flugplatz? Denn, was da vor uns lag, schien nicht viel größer als ein Fußballfeld zu sein, und für einen Augenblick dachte ich an den „Flugplatz" in Ishurdi in Ost-Pakistan (jetzt Bangla Desh), wo ich 25 Jahre zuvor auf einer Wiese zwischen erstaunten Kühen gelandet war.

Langsam flogen wir an, setzten auf; die kleine Fokker rollte bis zum äußersten Ende des Rollfeldes, drehte um, rollte noch einmal über das Feld und hielt nach einem eleganten Viertelkreis vor dem winzigen Gebäude, wo uns das Ehrenkomitee feierlich in Empfang nahm – uns, das waren der deutsche Botschafter mit Frau, mein Ehrenbegleiter Rabbani und ich. Wir wurden sogleich in komfortable Jeeps verstaut, und nach einem Blick zurück begriff ich, warum die Landung in Chitral nur bei ganz klarem Wetter möglich ist: Ein Felsmassiv schließt das westlichste der pakistanischen Karakorum-Täler von Süden fast völlig ab, und die Maschine muß sich durch einen engen Korridor zwängen, um den Flughafen zu erreichen.

Unser Gastgeber, der uns mit seinem Stab abgeholt hatte, war

Colonel Murad, der legendäre Kommandeur der Chitral Scouts, einer Art Gebirgsjäger, die im afghanischen Krieg von 1919 auf seiten der Briten gekämpft hatten. Seit Jahren lebte er in dem einsamen Tal; seine Soldaten waren seine Kinder, die ihm dankbar und verehrungsvoll ergeben waren, und die Bewohner der Bergdörfer schienen ihn als eine Art mythischen Helden zu bewundern. Mittelgroß und stämmig, mit einem klaren Gesicht, strahlte er Sicherheit aus, und man wußte, daß man ihm absolut vertrauen konnte.

Wir wurden in die jenseits des Flusses am Bergrand gelegene Offiziersmesse gebracht und sahen vom Garten aus über die starkfarbigen Blumen in das tief eingeschnittene Tal des Kunar, der – Lebensader des Chitral-Tales – weiter südlich in den Kabul River münden würde. Die gegenüberliegenden Berge waren weitgehend abgeholzt; denn wie sollte man den eisigen Winter ohne Brennholz überleben, wie das tägliche Brot backen? Die Elektrifizierung war erst in den Anfängen, und alle Transporte aus dem Tiefland von Pakistan – Heizöl, Benzin und ähnliches – mußten über den 3120 m hohen Lowarai-Paß gebracht werden, von dessen Scheitelpunkt bis hinab nach Islamabad ein sehr schnelles Auto bei gutem Wetter mindestens zwölf Stunden brauchte – und wie lange erst aufwärts, im Regen oder bei Nebel?

Wir stärkten uns mit Tee, bewunderten einige der für die nordwestlichen Bergprovinzen typischen Holzschnitzereien im Hause und wurden wieder in Jeeps gepackt, während unsere Reisetaschen irgendwohin entführt wurden. Mir hatte man einen Major und einen Verwaltungsbeamten als Ehrengarde zugeteilt. Der Beamte hatte in Moskau Meteorologie studiert; er erzählte spannend von seinen Aufgaben in Chitral, das verwaltungsmäßig nicht, wie Gilgit und Skardu, zu den *Northern Areas* gehört, sondern – da es westlich des Indus liegt – Teil der *Northwestern Frontier* ist. Ja, es mußte hart sein, hier zu leben – war er nicht auf seinem früheren Posten nahe dem fast 5000 m hohen Durab-Paß (der nach Badakhshan führt) volle 25 Tage im Schnee eingeschlossen gewesen? Ich bewunderte ihn gebührend. – Der Major aber zeigte schon durch seinen Titel *Mirza*, daß er der ehemaligen Adelsschicht entstammte – die *Mirza* waren im Mogulreich die Angehörigen der persisch-türkischen Oberschicht, die damals die eigentlichen Träger verfeinerter islamischer Kultur waren. Sein schöngeschnittenes Profil glich den Profilen der Mogulherrscher, die uns aus Miniaturen des 17. Jahrhunderts so gut bekannt sind. Mütterlicherseits aber – so berichtete er mir bald – kam er aus der Familie Deputy Nazir Ahmads: jenes weitberühmten Schriftstellers des späten 19. Jahrhunderts, der nicht nur die mühselige und unerfreuliche Aufgabe durchgeführt hatte, das britische Einkommensteuergesetz in seine Muttersprache Urdu zu übertragen, sondern auch der erste war, der in dieser Sprache Romane verfaßte. Nazir Ahmads *Mir'āt al-ᶜarūs*, „Der Spiegel der Braut" (1869) wurde geradezu ein Bestseller und brachte dem Verfasser sogar eine Belohnung der britischen Regierung ein. Seine Erziehungsromane wurden in den folgenden Jahrzehnten oft nachgeahmt, denn sein Hauptthema – die wohlerzogene, gebildete Frau, die zum Segen für ihre Familie wird – brannte den indischen Muslimen ja auf den Nägeln. Frauenbildung, Mädchenschulen (und seien es auch nur Privatschulen im Hause einer großzügigen Dame) waren ständig wiederkehrende Themen dieser Bücher. Man würde sie heute wohl eher als belehrende Erzählungen, häufig in Dialogform ohne viel Bemühen, den kulturellen Hintergrund oder wenigstens irgendeine Umgebung einzubinden, bezeichnen; auch der psychologischen Tiefe ermangeln sie. Und doch erfüllten diese Erzählungen, die ein ganz neues Genre der Urdu-Literatur bildeten, eine wichtige Funktion. So sehr sich Nazir Ahmad übrigens für bessere Erziehung, vor allem der Frauen aussprach, sah er doch auch die Gefahr einer allzustarken Verwestlichung, einer allzu selbstvergessenen Hingabe an die neuen, von der britischen Regierung geförderten kulturellen Ideale.

Nun saß ich also mit Nazir Ahmads Nachfahren in einem Jeep in Chitral, und wir fuhren auf einem schmalen Weg gen Süden, dann in westlicher Richtung, mit immer neuen Ausblicken über das Tal, zu den schneebedeckten Gipfeln. Das Panorama war vielleicht nicht so spektakulär wie das in Gilgit oder Hunza, aber dafür war der Weg, den wir einschlugen, wahrhaft *kachha*. Das heißt „roh" – ein Begriff, der allgemein auf ungeteerte Wege angewandt wird, aber hier ohne Übertreibung als „roh und rauh" übersetzt werden konnte. Der Jeep kletterte ziegengleich am Rande eines Gewässers über Stock und Stein, und meine Begleiter erzählten mir lachend, daß der Weg bei ihnen als der Sirat-Pfad bekannt sei – das ist die haardünne, messerscharfe Brücke, über die alle Menschen beim Jüngsten Gericht gehen müssen ... Zwar wären wir hier nicht ins Höllenfeuer gefallen, wie es den armen Sündern ergehen wird, aber der Abgrund gähnte doch ziemlich bedrohlich zu unserer Rechten ...

Wir befanden uns auf dem Weg nach dem etwa 2000 m hoch gelegenen Kafir Kalash, dem Gebiet der Kafiren, die einst so viel Interesse auf sich zogen; britische Forscher und Beamte hatten im vorigen Jahrhundert diese „seltsamen Menschen" näher kennenzulernen versucht, die damals erst seit kurzem islamisiert waren (daher ihr Name *kāfir*, „Ungläubiger"). Man glaubte in den hellhäutigen Menschen, die man in den Bergen des Hindukusch fand, Nachkommen der Soldaten Alexanders des Großen zu erkennen, und suchte ihre Sprache zu analysieren, ohne zunächst zu bemerken, daß es sich um verschiedene

Sprachen und Dialekte handelt, die hier im Grenzgebiet zwischen Afghanistan und dem damaligen Britisch-Indien gesprochen werden. Man bewunderte auch ihre Holzschnitzereien – vor allem die niedrigen Stühle mit hoher steiler Lehne, ein im islamischen Orient höchst ungewöhnliches Möbel – und ihre Menschen- und Götterstatuen mit den langen dünnen Oberkörpern. In den siebziger und achtziger Jahren unseres Jahrhunderts hatten pakistanische Plakate, die für den Tourismus warben, das Bild eines bildhübschen jungen Mädchens in schwarz-roter Kafir-Tracht gezeigt. Unter ihrem breitrandigen schwarzen Hut, der mit mehreren Reihen von winzigen Kaurimuscheln besetzt war, lächelte diese Schöne den bewundernden Touristen an. Sollte man nicht eine Fahrt über die Höllenbrücke wagen, um sie zu sehen?

Endlich erreichten wir das erste Dorf. Schwärzliche Steinhütten waren nahe einem Flußarm unter dunklen Bäumen verstreut, klebten an felsigen Abhängen. Kein Mensch zeigte sich. Schließlich erschien ein elender, verhutzelter Mann, und ich mußte an den Schock denken, den der deutsche Missionar Ernst Trumpp 1859 erlebte, als er, stationiert in Peshawar, einige im britischen Heer dienende Kafiren in sein Quartier kommen ließ und „äußerst enttäuscht" war, als ihm drei Männer dieser „bemerkenswerten Rasse" mit schwärzlicher Hautfarbe vorgeführt wurden, deren Gesichter zudem „etwas rötlicher waren, was man leicht den großzügigen Quantitäten Wein zuschreiben kann, die sie tranken" – einem Wein freilich, den der nüchterne protestantische Missionar als „etwas Ekelichtes" bezeichnete. Und sein Versuch, die Sprache der Kafiren zu erklären, blieb unvollendet, obgleich er die drei unglücklichen Männer täglich einige Stunden in seinem Zimmer hielt und mit Süßigkeiten fütterte, um sie zum Sprechen zu bringen . . .

Nun, schwärzlich war unser erster Kafire auch . . . Mirza Ilyas führte mich auf einen Hügel, und ich kletterte (mit seiner Hilfe natürlich) den schrägen Baumstamm hinauf, dessen Kerben die Stufen einer primitiven Treppe darstellten. Das Haus war dunkel; nur ein Rauchfang ließ etwas Licht hinein. Man konnte sich schwer vorstellen, wie Menschen hier die langen Wintermonate verbringen mochten; Vieh war kaum zu sehen. Der Schatten der Armut lag über allem. Verständlicherweise herrscht hier in den einsamen Gebirgstälern ständig zunehmende Landflucht; die jungen Männer verdingen sich in Chitral oder noch weiter südlich, wo immer sich ihnen eine Chance bietet.

Der Eindruck der Armseligkeit verstärkte sich noch, als eine Gruppe von Frauen langsam zu einem kleinen Platz kam. Sie trugen ihre schweren, langen, schwarz-roten Gewänder, ihre von den Bildern wohlbekannten wunderbaren Hüte – aber die Kaurimuscheln waren aus Plastik . . . Ein paar Männer musizierten, und ein dumpfer Gesang wurde angestimmt, zu dem sich die Frauen – auch nicht gerade Schönheitsköniginnen! – langsam bewegten. Wie es sich für eine Touristenattraktion gehört, wurde dann gesammelt. So armselig war das Dorf, daß unsere Scouts einen ganzen Jeep voller Speisen und Getränke mitgebracht hatten, und gierig pickten die mageren Truthühner, fraßen die spindeldürren Katzen die Reste auf.

Wir atmeten auf, als wir das Dorf der dumpfen Trauer hinter uns gelassen hatten, das so anders war, als die Beschreibungen es uns hatten vorgaukeln wollen. Und je weiter wir uns auf dem Höllenpfad dem Tale näherten, desto paradiesischer wurde uns zumute.

Ständig hörte ich ein leises Knacken neben mir. Ich sah auf meinen Begleiter, der ein kleines Instrument in der Hand hielt, auf das er in regelmäßigen kurzen Abständen drückte, wenn wir eine Weile schwiegen. „Das ist mein Rosenkranz“, sagte er: „Sie sehen, jedesmal, wenn ich die mir vorgeschriebene Formel des Gottgedenkens (*dhikr*) murmele, drücke ich auf diesen Knopf, das ist der Zähler, und dann sehe ich am Ende des Tages, wieviel tausendmal ich meine Formel wiederholt habe . . . dreitausend, viertausendmal. Es ist sehr nützlich, wenn man sein Herz reinigen will; denn der *dhikr* poliert ja das Herz vom Rost alles Weltlichen.“

Sicher, der Gebrauch des Rosenkranzes war im Islam seit mindestens dem 9. Jahrhundert bekannt; aus Indien kommend, erreichte er dann über die islamische Welt auch das christliche Europa. Aber diese Maschine? Mir gingen persische Verse durch den Kopf, die Dichter des Subkontinents vor zwei-, dreihundert Jahren gesungen hatten: Den einen mochte die Gebetsschnur an die Treulosigkeit des Geschicks erinnern:

> Der kreisende Himmel findet ebensoviel Freude daran, Liebende zu trennen,
> wie ein Kind, wenn es die Schnur des Rosenkranzes zerreißt,

während einem anderen das Leben gleich den Perlen des Rosenkranzes vorkam, die immer wieder den gleichen Weg zurücklegen; aber manch einer wußte auch:

> Die Liebe kennt ja einen Weg,
> verborgen in den Herzen tief,
> so wie des Rosenkranzes Schnur
> verborgen unter Perlen ist.

Nein, so nützlich ein moderner Rosenkranz mit Zählwerk für einen vielbeschäftigten Frommen auch sein mochte – Gedichte konnte man nicht über ihn machen!

Der Weg, der jetzt nach Süden führte, war gut; ja, er verwandelte sich sogar in eine asphaltierte Straße, die uns wie ein Seidenteppich vorkam. Eine Brücke führte über den Fluß; dann ging es nochmals einen Hügel hinauf, wo wir in kleinen hübschen Bungalows unser Gepäck fanden und uns erfrischen konnten. Wir waren in Drosh, dem Hauptquartier der Scouts. Während in der Offiziersmesse Tee gereicht wurde, erzählten die Offiziere stolz, wie sie vor kurzem die Besatzung eines russischen Kampfflugzeuges aus dem Schnee gerettet hatten – da die westliche Bergkette, von der wir gerade kamen, die Durand-Linie darstellt, die seit 1893 Afghanistan vom damaligen Britisch-Indien trennt, konnte es schon vorkommen, daß sich in den Kämpfen in Afghanistan während der achtziger Jahre ein feindliches Flugzeug im Gewirr der verschneiten Gipfel verirrte – war Chitral doch nur durch eine ganz schmale Landzunge von der damaligen Sowjetunion, dem heutigen Tajikistan, getrennt. Nein, nichts war passiert, kein Schuß war gefallen; man hatte die Besatzung, die sich im gestrandeten Flugzeug beim Kartenspiel die Zeit vertrieben hatte, via Islamabad nach Moskau zurückgeschickt. Es gab viel Gelächter, als dieses Abenteuer in immer neuen Varianten berichtet wurde!

Nach dem großzügigen Abendessen wurden wir in den Garten gebeten, wo uns Musik und Volkstänze geboten wurden. Wir lauschten gebannt den Liedern, denn wenn auch das in Chitral mehrheitlich verwendete Khowar, eine altertümliche indo-arische Sprache, keine schriftliche Literatur besitzt, ist es doch – wie alle Gebirgssprachen – reich an Volksliedern und Balladen. Und wir wurden mit Geschenken überhäuft: Der weiße Wollmantel, handgewebt und handgestickt, tat in der einbrechenden Nachtkühle gut; der große Schal gleichen Materials sollte mir später viele Stunden in meiner schlecht geheizten Wohnung in Harvard zu überleben helfen; die schöne Pathanen-Wollmütze, deren gerollte Ränder sich so wundervoll über die Ohren ziehen lassen, liegt allerdings noch ungebraucht im Schrank; die schwere Metall-Figur eines Markors (Schraubenhornziege), des Maskottchens der Scouts, wurde nach Bonn verschifft. Er ist besonders wertvoll, da er, wie die Bewohner der Berge glauben, von Feen geschützt wird und den Jägern Glück bringt. Das schönste Geschenk aber war eine kleine Agraffe aus den blaugrün schimmernden Federn des im Gebirge beheimateten Cheer Pheasant, wie jeder Offizier sie an seiner Mütze trägt. Bei ihrem Anblick sehe ich immer die leuchtenden Federgestecke vor mir, die einst von den Mogulfürsten an ihren seidenen Turbanen getragen wurden, und bin für einen Augenblick der Zeit entrückt.

Aber wer mochte die feine weiße Stickerei an den Mänteln, den Schals angefertigt haben? Die Frauen der Gebirgstäler, vor allem in

Chitral, sind für ihre Geschicklichkeit bekannt. Während sie die Hausarbeiten machen, die heilkräftigen Kräuter der Wiesen sammeln – was schon die kleinsten Mädchen lernen –, Brot backen und kochen, nutzen sie jede freie Minute zum Sticken aus. Früher wurde dafür die aus dem angrenzenden China importierte Seide verwendet, die über den nach Kaschgar führenden Paß das Land erreichte; jetzt wird Nylongarn mit Acrylfarben vorgezogen, da es billiger und haltbarer ist. Und während früher vor allem Brautgewänder und kleine runde Mützen in feinster Kreuzsticharbeit (bis 140 Stiche auf dem Quadratzentimeter) hergestellt wurden, kann man jetzt auch Deckchen für das kostbarste Gut, nämlich den Kassettenrekorder, für den Sitz des hochgeschätzten Motorrads oder auch Kissenbezüge in traditioneller, wenn auch vergröberter Stickerei sehen. Ehe der Geldverkehr sich langsam einspielte, war ein gehäkelter Brautschleier feinster Qualität einen guten Ochsen wert, und noch immer ist die Chitrali-Frau (die wir leider nie zu sehen bekamen!) stolz auf ihr Käppchen, das, in leuchtenden Kontrastfarben und meist in geometrischen Mustern bestickt, von einem langen Schleier oder Schal bedeckt ist.

Die Nacht war recht kurz, da unser unübertrefflicher Colonel bereits für 7 Uhr morgens ein Polospiel organisiert hatte – wilder noch als das, das ich einige Jahre zuvor in Gilgit gesehen hatte. Es war ein aufregender Tagesanfang, die Pferde schienen fast zu fliegen. Man verstand wieder einmal, warum Polo ein so beliebtes Bild in der persischen und persisch beeinflußten Dichtung geworden ist, in der der unglücklich Liebende immer wieder dem Geliebten seinen Kopf als Poloball anbietet, damit dieser ihn mit seinen langen schwarzen Locken wie mit einem Poloschläger durch die Arena treiben solle. Bereits Goethe mißbilligte dieses Bild, das für ihn tiefste Erniedrigung des Menschen vor einem Despoten – der Geliebte wie der Herrscher konnten ja beide als Despoten erscheinen – auszudrücken schien. Aber schließlich *will* sich der Liebende der persischen Poesie soweit wie möglich erniedrigen, seinen Willen aufgeben in der frag- und klaglosen Annahme des Willens des Geliebten, sei er ein irdischer oder ein himmlischer.

Wir waren schon vom Zuschauen erschöpft; aber nun trugen die Jeeps uns gen Norden, wo es in Garam Chashma, wie der Name sagt, „Warme Quellen" und die Anfänge eines Heilbades gab, in dem das warme schweflige Wasser medizinisch genutzt werden soll. Ein deutsches Projekt zur Elektrifizierung war ebenfalls in dieser Gegend angesiedelt. Durch winzige, am Berghang klebende Steindörfer wand sich der – wiederum ziemlich „rohe" – Weg; hin und wieder rückten die Felsen so nahe zusammen, daß es kein Durchkommen zu geben schien; dann wieder öffneten sie sich, um begeisternd schöne Aussichten freizugeben. Die Pappeln an den Hängen standen im herbstlichen Blätterkleid wie unzählige goldene Kerzen da. Nur der Hausberg Chitrals, der 7936 m hohe Tirih Mir im Westen, geruhte nicht, sich zu zeigen. Hätte man doch die Berge übersteigen können, um nach Badakhshan zu gelangen, dem zungenartigen Zipfel im Nordosten Afghanistans, wo einst Nasir-i Khusrau gelebt hatte und wo man im Mittelalter die schönsten Rubine fand: Der Badakhshi-Rubin, den die Dichter Irans, der Türkei und Indiens immer wieder gepriesen haben, gleicht in ihren Versen dem köstlichen roten Wein, gleicht auch dem Mund des geliebten Wesens; doch kann er auch an die Blutstropfen erinnern, die dem beim Opfer geschächteten Vogel wie eine Rubinkette aus der Halsschlagader rinnen; und der verblutende Liebende gedenkt des rubinroten Mundes seiner Geliebten ... Sprechen nicht auch wir von dem edelsten Rubin als „taubenblutfarbig"? Als *balascio* hat der Badakhshi-Rubin seinen Weg selbst in die Visionen von Dantes ‚Göttlicher Komödie' gefunden. Sehnsüchtig blickte ich hinüber auf das jetzt, wie es schien, durch die politischen Gegebenheiten für immer verschlossene Gebiet.

Bei der Rückkehr fanden wir unser Gepäck wieder an einem anderen Platz, nämlich dem eleganten Governor's Cottage in der Hauptstadt Chitral. Die Aussicht war zwar hinreißend, am nächsten Morgen jedoch sahen wir kleine Wolken am Himmel. „Hoffentlich geht das Flugzeug!" murmelten unsere Gastgeber. Ja, das hoffte ich auch, da ich am folgenden Nachmittag schon wieder weit, weit im Süden Pakistans sein mußte. Um uns abzulenken, besuchten wir das altertümliche Schloß des ehemaligen Herrschers, des Mehtar. Es heißt, Chitral sei im 16. Jahrhundert von einem Enkel des Mogulherrschers Babur erobert worden; doch die Geschichte der Stadt ist, wie die der nördlichen Bergprovinzen überhaupt, verworren und zeigt ein vielfaches Hin- und Herpendeln zwischen den Großmächten, vor allem in den Beziehungen zu dem nördlichen Nachbarn China. Sicher ist jedoch, daß der 1936 verstorbene Shuja^{c} ul-mulk als Architekt des modernen Chitral gilt, wobei er sich besonders des Erziehungssystems annahm. Unter seinem jüngeren Sohn Muzaffar ul-Mulk schloß sich das Fürstentum 1947 an Pakistan an. Während wir im Schloß an köstlichen Süßigkeiten und an scharf gewürzten Teigtaschen knabberten, blickten wir über den nahen Fluß und sahen den Himmel grauer und grauer werden. Dann kam unser Colonel: Nein, Peshawar habe gefunkt, es sei kein Flug möglich. Was tun? Oh, nichts einfacher als das – man würde ein paar Landrover ausrüsten, die uns nach Dir brächten, dann hätten wir doch noch eine schöne Bergreise; in Dir könnten uns dann die Botschaftswagen aus Islamabad treffen, und *inschallah* würden wir zur rechten Zeit in der Hauptstadt eintreffen.

Und so geschah es. Die Landrover verließen bald die breite Straße am Ostufer des Flusses und quälten sich über Felsblöcke und Rinnsale. In Ziyaret, einem Tannenhain nahe einer Quelle, wurde haltgemacht; Schneeberge schimmerten durch die Wipfel. Aus den Begleitfahrzeugen quollen gebratene Hühner, Reis-Pilaws, Salate und noch vielerlei mehr, wobei die Motorhauben der Fahrzeuge als praktische Tische dienten. Hier verließen uns die meisten Offiziere, um zu ihrer Pflicht zurückzukehren, während wir uns für die Weiterreise bereit machten. Der Lowaraipaß ist mindestens vier Monate im Jahr verschneit, und der Aufstieg führt Haarnadelkurve um Haarnadelkurve über eine nicht asphaltierte Straße. Immer wieder kamen uns Lastwagen entgegen, denn dies ist ja der einzige Landzugang von der pakistanischen Seite, und alles, was man zum Überleben braucht – außer dem im Tal selbst angebauten Getreide und Obst – muß aus dem Süden eingeführt werden. Bereits 1950 hatte man davon gesprochen, einen Tunnel durch den Berg zu bauen, aber das Projekt ist bis heute an den Kosten gescheitert.

Es begann zu nieseln; der Weg wurde immer glitschiger. Bei etwa 3000 m lag die Waldgrenze. Auf der Paßhöhe schneite es leise. Rabbani, dem solche abenteuerlichen Fahrten nicht unbedingt Freude machten, wickelte sich noch dichter in seinen Mantel, dankbar dafür, daß seine Tausende von Gebeten bisher erhört und wir zumindest sicher hinaufgekommen waren. Es war natürlich nicht zu vermeiden, daß auf der Paßhöhe ein *group photo* der frierenden Ehrengäste gemacht wurde.

Bei Sonnenschein muß die Fahrt hinab nach Dir herrlich sein, aber damals wurde der Regen immer stärker, und als wir in Dir einfuhren, wurden wir mit Blitz und Donner begrüßt. Trotzdem bestanden unsere tapferen Fahrer und Begleiter darauf, sogleich auf demselben tükkischen Weg nach Drosh zurückzukehren – eine Fahrt von mehr als sechs Stunden.

Dir war, ähnlich wie Swat, im 17. Jahrhundert unter einem geistlichen Führer selbständig geworden, und wie es sich 1830/31 gegen die *mujāhidīn*, die Freiheitskämpfer unter Sayyid Ahmad von Bareilly und Ismail Shahid, gestellt hatte, so hatte es sich ein Jahrhundert später auf seiten der Briten gegen die Red Shirts gewandt, jene bereits erwähnte revolutionäre Bewegung Abdul Ghaffar Khans, des „Frontier Gandhi". Aber trotz politischer Differenzen und Reibereien zwischen den Bergfürstentümern hatte sich auch Dir, wie Chitral, 1947 für den Anschluß an Pakistan ausgesprochen.

Wie froh waren wir, als uns im Rasthaus ein Kaminfeuer begrüßte und wir uns mit wärmenden Getränken wieder belebten! Die beiden Autos aus Islamabad erreichten den Hof mit Müh und Not am späteren Abend, und wir sanken etwas erschöpft, aber glücklich in unsere Betten.

Ich erwachte, als sich um 4 Uhr früh die Kammertür öffnete und ich im flackernden Licht einer Petroleumfunzel drei Gestalten erkannte, die aus einem Räuberroman zu stammen schienen. In bräunliche Wolltücher gewickelt, die runden Wollmützen tief in die bärtigen Gesichter gezogen, brachten sie, was man fürs Aufstehen braucht: Feuerholz und eine große Kanne duftenden Tee. Wir konnten tatsächlich pünktlich um fünf aufbrechen – schließlich mußten Rabbani und ich um 13.30 Uhr ein Flugzeug in Rawalpindi erreichen. Das Auto rollte in die Tiefe, nach Sonnenaufgang frühstückten wir in einem Rasthaus am Indus-Ufer, dann stieß der Weg auf die Straße von Swat, die uns fast heimatlich anmutete, führte über den Malakandpaß mit seinem weiten Ausblick auf eine sich langsam mildernde Landschaft, die einst der „Garten Ashokas" genannt worden war. Nach sieben Stunden hatten wir Islamabad erreicht. Es gab nur eine gute Stunde Zeit, umzupacken; dann brachte uns das Flugzeug über Lahore nach Sukkur. Der Anflug (wieder im Cockpit) über die uralte Ruinenstadt Moenjo Daro und das weitverzweigte Gewässernetz des Indus nahe dem 1932 erbauten Sukkur-Staudamm war bezaubernd, und mir fiel das Pashto *landay* ein:

> Der Indus fließet glitzernd, glitzernd,
> sein Wasser läßt an bunte Kaschmirschals mich denken.

Schon stand das nächste Ehrenkomitee bereit – statt des eisigen Windes von Chitral eine warme Brise, statt wollumhüllter Chitralis nun luftig und farbenfroh gekleidete Studentinnen und Professorinnen der neugegründeten Universität von Nawabshah. Das Circuit House von Khairpur, ein Palast, der einstmals einem der drei Zweige der früheren Talpur-Herrscher von Sind gehört hatte, die bis 1947 hier regierten, glänzte im Mondlicht, war von Düften erfüllt. Am nächsten Morgen wurde eine neue Straße zu dem Heiligengrab von Draza eröffnet, wo Sachal Sarmast, der mystische Sänger (gest. 1826), ruht und wo wir drei Jahre zuvor ein heiteres, rosenüberschüttetes Fest zu seinen Ehren gefeiert hatten. Ich mußte das Tor zu dieser Straße einweihen, wurde fast erstickt unter Rosenketten und genoß die Derwischmusik, die Begeisterung der vielen Menschen, die – alt und jung – auf der Straße tanzten. Trommeln und Tamburine, Saiteninstrumente aller Art wurden mir gereicht, damit ich als hochverehrter Gast sie anrührte, ihnen meine *baraka*, „Segenskraft", mitteilte. Die Vorträge lösten sich bald in Musik, in Gesang, ja in Tanz auf. Ein größerer Kontrast zu dem herben nördlichen Bergland war kaum denkbar.

Doch Chitral blieb ein besonderes Erlebnis. Der schwere Markor steht jetzt auf dem hohen Gipfel eines Bücherschrankes, um zu kontrollieren, ob ich auch genug arbeite. Die Cheer-Pheasant-Federn reflektieren noch einen Strahl des blauen Himmels von Chitral. Mirza Ilyas schreibt regelmäßig zu den Festtagen, berichtet von seiner Frau und seinen zärtlich geliebten drei kleinen Töchtern. Colonel Murad aber, dessen Dienstzeit von Präsident Zia noch über die normale Altersgrenze verlängert worden war, überlebte es nicht, durch seine Pensionierung von seinen Scouts getrennt zu werden. Konsequent in der Hingabe an seine Aufgabe in Chitral, die ihm nun aus den Händen genommen war, erschoß er sich.

IV. Heiligengräber in Pakistan

Multan

Es gibt bessere Straßen als die von Lahore nach Jhang. Zunächst rüttelte unser Auto auf der von Lastwagen und Traktoren fast verstopften Straße durch die Industriedistrikte Lahores gen Westen nach Shaikhupura, wo wir kurz am Hiran Minar hielten. Ich kannte die liebliche Anlage von einem früheren Besuch: Damals lag der achtekkige Pavillon, der auf einer durch eine elegante Brücke mit dem Ufer verbundenen künstlichen Insel in einem kleinen See steht, im Spätnachmittagslicht, und das tiefer werdende Blau des Himmels, die goldenen, dann tiefrot leuchtenden Wolken, die sich in dem stillen Wasser spiegelten, wirkten wie eine Opernkulisse. Man erwartete, daß aus dem Pavillon Musik erklänge, daß Dichter dort ihre Verse rezitierten – so, wie es wohl einst war, als der Mogulkaiser Jahangir diesen Platz erbauen ließ. Am Ufer stand, ziemlich plump, das eigentliche Hiran Minar, der „Gazellenturm", den der tierliebende Kaiser, wie es heißt, zum Andenken an eine zahme Gazelle errichten ließ. Türme solcher Art, aus denen oft Geweihe herausragten, waren unter Jahangirs Vater Akbar und anderen Herrschern in Nord-Indien häufig errichtet worden. – Damals hatten wir uns in die Vergangenheit tragen lassen und eigentlich darauf gewartet, daß eine Stimme aus dem nahen Hain erklänge und ein paar Verse von Munir Lahori sängen, der als Kind gesehen haben mag, wie sich der Kaiser an diesem romantischen Ort entspannte:

> Sie sprach kokett zu mir: „Ich nahe
> dir eines Nachts im Traum!"
> Daran gedacht' ich; so verging mir
> mein Leben wie ein Traum.

Am heutigen Tag jedoch war Hiran Minar unromantisch, das abgesunkene Wasser trüb, und selbst der Pavillon sah etwas ermüdet aus.

Weiter ging es nach Südwest. Nie hatte ich erwartet, in Chinyot, das für seine stabilen, reichgeschnitzten Möbel aus Walnußholz berühmt ist, eine kleine Moschee aus den Tagen Aurangzebs zu finden. Vollkommen in ihrer Schlichtheit, unprätentiös, perfekt in der Harmonie von rotem Sandstein und weißblauen Fliesen, bildete sie den unerwarteten Mittelpunkt der sonst ziemlich reizlosen Stadt.

Der Weg wurde nicht viel besser; doch in Jhang wartete Zulfis weitläufiges Haus mit seiner charmanten Frau, wartete auch ein Tag mit

Besuchen in weiten Feldern, Baumwollplantagen und der Baumwollspinnerei. Hochbepackte Lastwagen trugen die Ballen davon; unter den ausladenden Bäumen grasten edle Reitpferde. Im Heiligtum Shah Jiwnas, dessen Pflege und Verwaltung meinen Freunden oblag, zeigte man noch die Lehmmauer, auf der der legendäre Heilige einstmals wie auf einem schnellen Roß hierher geritten sein soll, und an seinem unter freiem Himmel liegenden bescheidenen Grab, dessen grüne Decke einen Farbfleck in dem Graubraun der Lehmwälle bildete, saß ein alter Derwisch und rezitierte den Koran. Einige Glocken hingen am Eingang zu diesem friedlichen Platz, und ein uralter Baum berührte mit seinen tiefsten Ästen gerade den Boden – wenn man einen Wunsch habe, müsse man unter dem größten Ast hindurchschlüpfen, erklärte mir Zulfi. Vor dem Hauptgebäude mit seiner Stuckfassade hatten sich Derwische und Nachbarn versammelt, und ein weißgekleideter jüngerer Mann mit grünen Hosen drehte sich in wilden, ekstatischen Sprüngen, sein Messer in der Hand.

Nicht allzuweit entfernt, am Rande der Hauptstraße, lebte ein alter Weiser in einer Hütte. Seit Jahren, so erfuhr ich, widmete er sich nur der Meditation und sprach kaum einmal. Wir machten ihm unsere Aufwartung, und ich stellte leicht verwundert fest, daß ein großer Kühlschrank das einzige Möbelstück im Hause war. Ungezählte Tauben schwirrten durch die dichten Baumkronen und schienen sich gurrend an dem Gespräch zu beteiligen, das sich um Askese und Gottesliebe drehte, Probleme, zu denen der stille Mann ganz knapp seine Ansicht äußerte.

Aus der seltsamen Atmosphäre der Hütte kommend, besuchten wir einen weitaus berühmteren Platz in Jhang: das angebliche Grab von Hir und Ranjha, jenem berühmten Liebespaar der Panjabi-Sage, das, wie alle Liebenden in der klassischen Tradition Pakistans, erst im Tod vereinigt wird. Die Überlieferung spiegelt das normierte Leben der Großgrundbesitzer, die mit der Heirat zusammenhängenden Gebote und Tabus, die Bedrohungen, denen diejenigen ausgesetzt sind, die in ihrer Leidenschaft die Grenzen überschreiten; sie läßt aber auch die wichtige Rolle der mit Heilkräften ausgestatteten Derwische erkennen. Da diese tragische Geschichte von Liebe, Trennung, flüchtiger Vereinigung und Tod die Seele des Panjab besser ausdrückt als alle historischen Quellen, als moderne soziologische Untersuchungen oder literarische Theorien, ist sie hunderte von Malen in Panjabi, doch auch in Sindhi und – von den städtischen Literaten – in persischen Versen wiederholt worden, hat sie zahlreiche Dramen und Filme inspiriert: Für die Mystiker des Panjab und des nördlichen Sind aber wurde Hir zur Verkörperung der suchenden Seele, die sich am Ende ganz mit dem geliebten Ranjha identifiziert:

Rānjhā Rānjhā kar de nīnh mē apē Rānjā huī –
Immer wieder „Ranjha!" sagend, wurde selbst zu Ranjha ich ...

So sang Bullhe Shah im frühen 18. Jahrhundert, und einige Jahrzehnte später gab sein Landsmann Warith Shah der Geschichte ihre endgültige Form, verwandelte sie gewissermaßen in das Panjabi-Nationalepos, dessen sehnsüchtige Klänge jeden Panjabi anrühren, sei es der Bauer in den weiten fruchtbaren Feldern des jetzt pakistanischen Teils des Panjab, sei es die aus Lahore gebürtige, bei der Teilung des Subkontinents nach Indien ausgewanderte Hindu-Diplomatenfrau ...

Ich dachte bei dem Besuch in dem sonderbaren modernen Gebäude, das den Besucher durch seine fehlerhaften Inschriften mehr verwirrt als belehrt, an die Stunden, die ich kurz zuvor mit Zulfis Frau an Bullhe Shahs Grab in Qasur, nahe der indischen Grenze, verbracht hatte. Von Lahore aus kommend, fanden wir ein ziemlich ungepflegtes Gebäude, um das magere Katzen streunten und hagere Derwische hingebungsvoll eine grünliche Hanfmischung im Mörser bereiteten, um sich im Haschischtraum der häßlichen Realität ihrer Umgebung, der grausamen Wirklichkeit einer vernachlässigten Grenzstadt zu entziehen. Und wir sahen, wie sie sich mit fleischlosen Fingern an der Grabdecke des großen mystischen Sängers festkrallten, als erhofften sie von ihm die Hilfe und den Schutz, den ihnen die Welt nicht geben konnte –. Wer kümmerte sich um sie? Was hatten sie davon, daß auch das pakistanische Radio fast täglich die leidenschaftlichen Lieder Bullhe Shahs ausstrahlte und ihn als einen der größten Dichter des Landes pries?

Wir verließen das gastfreundliche Jhang, um weiter nach Süden zu fahren, wo eine andere heilige Stätte besucht werden sollte – das *dargāh*, wo – ein halbes Jahrhundert vor Bullhe Shah – ein mystischer Sänger gelebt hatte. Das war Sultan Bahu, ein fruchtbarer Autor in Panjabi und Persisch. Doch es ist sein *sīḥarfī* (s. u.) auf Panjabi, das seinen Namen bis heute lebendig erhalten hat – von seinen gelehrten persischen Abhandlungen wissen nur wenige, zum Beispiel solche, die wie ich mit einem ganzen Paket seiner auf gelblich-brüchigem Papier lithographierten Bücher beschenkt wurden ... Das *dargāh* war so farbenfroh wie die Verse, die Sultan Bahu gesungen hatte; mit seinen blütenreichen Fliesen leuchtete es weit durch die scheinbar leere Landschaft. Wir wurden, wie überall, gastlich aufgenommen und, wie überall, mit Tee und trockenen Biskuits bewirtet; der nicht gerade asketisch aussehende Vorsteher des Heiligtums unterhielt sich mit Zulfi und ein, zwei anderen Gästen über politische Fragen, denn es war die Zeit vor den Wahlen, und mein Gastgeber war, wie so viele Freunde, eifrig auf Wahlkampfreise.

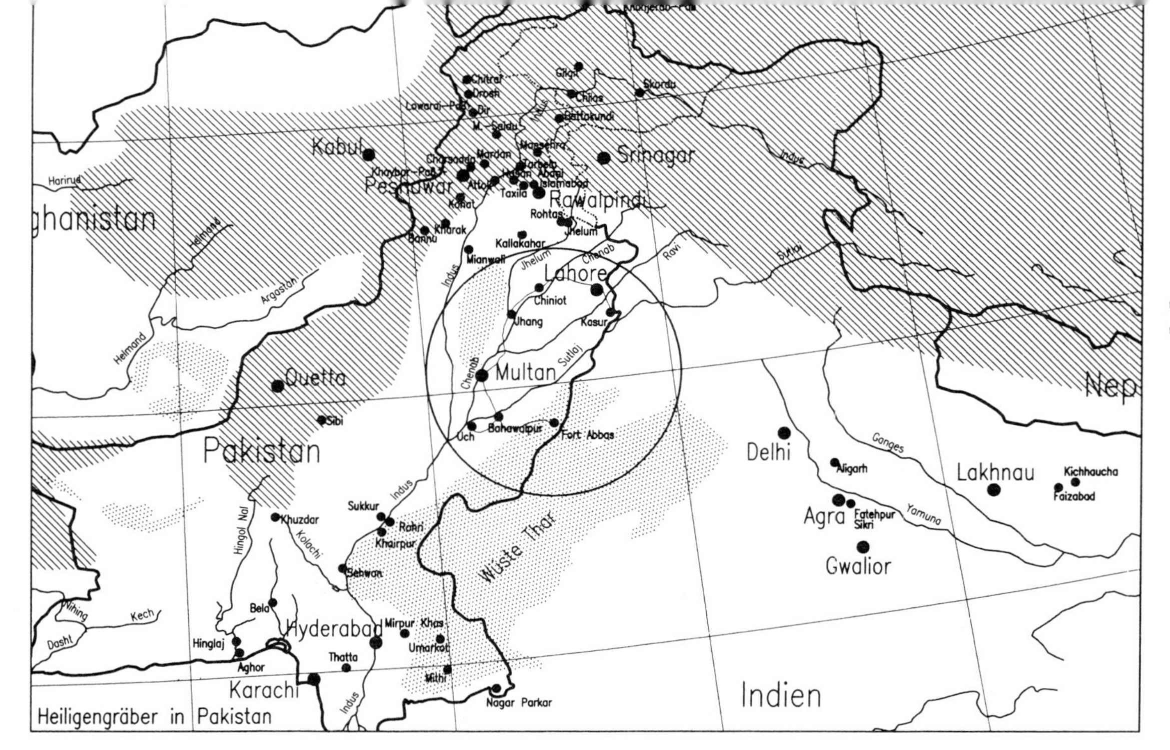
Heiligengräber in Pakistan
Pakistan
Indien
Kabul
Peshawar
Rawalpindi
Srinagar
Lahore
Multan
Quetta
Hyderabad
Karachi
Delhi
Agra
Gwalior
Lakhnau
Kichhaucha
Faizabad
Aligarh
Fatehpur Sikri
Ganges
Yamuna
Indus
Sutlej
Ravi
Chenab
Jhelum
Helmand
Argastan
Harirud
Hingol Nal
Kolachi
Kech
Nihing
Dasht
Wüste Thar
Gilgit
Chilas
Skardu
Chitral
Drosh
Dir
Lowarai-Paß
M. Saidu
Mansehra
Khaybar-Paß
Charsadda
Mardan
Tarbela
Hasan Abdal
Attock
Taxila
Islamabad
Kohat
Kharak
Bannu
Mianwali
Kallakahar
Rohtas
Jhelum
Kasur
Chiniot
Jhang
Fort Abbas
Bahawalpur
Uch
Nagar Parkar
Sibi
Sukkur
Rohri
Khairpur
Sehwan
Mirpur Khas
Umarkot
Mithi
Thatta
Khuzdar
Bela
Aghor
Hinglaj

Während die zeitpolitischen Probleme heiß diskutiert wurden, dachte ich an Sultan Bahu, der seinen Namen *Bāhū* erhalten hatte, weil jede Strophe seines *siḥarfī* mit dem Wort *hū*, „Er" (das ist: Gott) endet. Die Gattung des *sīḥarfī* (wörtlich: „Dreißig-Buchstaben-Gedicht") ist uralt – man denke an Psalm 119. Jede Zeile bzw. jeder Vers beginnt mit einem Buchstaben in der Sequenz des Alphabets. Diese Form war vor allem für didaktische Zwecke sehr geeignet, denn der Hörer konnte sich leicht an die Folge des arabischen Alphabets mit seinen 28 oder, nach anderer Zählung, 29 Buchstaben halten (zu denen hin und wieder auch noch die vier persischen Zusatzbuchstaben treten – ja, es gibt auch *sīḥarfī*, die das Alphabet samt den für Panjabi oder Sindhi notwendigen Zusatzbuchstaben verwenden). Dank dieser Anordnung konnte sich der Hörer oder – seltener – Leser bestimmte zentrale Begriffe einprägen, konnte lernen, daß der erste Buchstabe, *a*, für *Allāh*, „Gott" steht, *m* meist für Muhammad, den geliebten Propheten; *sh* konnte als *shafāʿa*, „Fürbitte" (des Propheten für die Sünder) und *f* als *faqr*, „Armut" interpretiert werden. Während aber im allgemeinen jede Strophe einem Buchstaben zugeordnet ist (wobei es keine Regeln für die Länge der Verse oder ihre Silbenzahl gibt), verwendet Sultan Bahu oft ganze Versgruppen, die mit dem gleichen Buchstaben anfangen – je nachdem, wie die Inspiration kam. Doch das einzige, was allgemein im Gedächtnis der Panjabis und jedes Menschen, der Poesie liebt und ein wenig Panjabi versteht, bewahrt wurde, sind die Anfangszeilen über den Buchstaben *a*, das Symbol für Gott:

> Allah ist ein Zweig Jasminen,
> den man in mein Herz gelegt – HU!
> Mit dem Wasser „Keiner als Er"
> hab' ich immer ihn gehegt – HU!
> bis sein Duft das Herz ganz füllte
> und mein ganzes Wesen prägt – HU!
> Mög' mein Meister lange leben,
> der die Blüte hegt und pflegt! – HU!

Das bedeutet, die ständige Rezitation des Glaubensbekenntnisses *lā ilāha illā Allāh*, „es gibt keine Gottheit außer Gott", läßt die göttliche Gegenwart im Herzen immer stärker spürbar werden, wenn der mystische Führer den Sucher dabei anleitet. Schließlich wird der Mensch von der alles durchdringenden Präsenz des „süßen Gastes der Seele" ganz durchduftet – Gott als der Baum des Lebens ist ja ein uraltes Symbol. Was der Sucher zunehmend erlebt und erfährt, ist der Duft, das Zeichen; denn Duft belebt, Duft bringt Kunde von der Nähe des Geliebten, den die Augen freilich nicht sehen, den man jedoch als belebendes Arom zu empfinden vermag.

Die Verwendung des Glaubensbekenntnisses für den *dhikr*, das Gottgedenken, ist typisch für die Qadiriyya, den am weitesten verbreiteten Sufi-Orden, dessen erste Missionare sich 1422 im Dekkan (nämlich in Bijapur), sechzig Jahre später in Ucch im südlichen Panjab niederließen. Seit dieser Zeit wuchs im Subkontinent die Verehrung des machtvollen Predigers Abdul Qadir Gilani, um den sich bald ein immer stärkerer Heiligenkult entwickelte. Er, der 1166 in Bagdad starb, wird als der *pīr-i dastgīr* gefeiert, „der den Sucher bei der Hand nimmt", er ist *ghauth-i aᶜẓam*, „die größte Hilfe", und sein Gedenktag am 11. Tag des vierten Mondmonats ist bei vielen Frommen ein so wichtiges Datum, daß der ganze Monat einfach als *gyarhīñ* oder *yarhīñ*, „Elf", bezeichnet wird.

Besonders einflußreich wurde die Qadiriyya, als sich der Mogulkronprinz Dara Shikoh und seine ältere Schwester dem Orden anschlossen. Nach der Hinrichtung des Prinzen 1659 hielten sich die Männer des Ordens aus politischen Gründen ein wenig zurück; doch es waren eben diese Mystiker, denen das Panjabi seine schönsten volkstümlichen und religiösen Lieder verdankt: Sultan Bahu war ebenso wie Bullhe Shah ein Qadiri-Derwisch. Zur gleichen Zeit aber schrieben die urbanen Naqshbandis in Delhi klassisch schöne Verse in Persisch oder dem gerade erblühenden Urdu.

Die Herren hatten nun ihre Beratungen beendet, und wir machten uns auf, nach Multan zu fahren, wo ich am Spätnachmittag einen Vortrag halten sollte. „Wir könnten die Abkürzung durch eine Furt des Chenab nehmen", meinte Zulfi, und ich stimmte zu. Aber ach, nach einer Weile steckte der Wagen tief im feuchten Sand, und obgleich ich den Anblick der zahlreichen Kamele genoß, die gleichgültig an uns vorbeiwandelten, wurde mir die Zeit doch lang, ehe wir reuevoll zur Hauptstraße zurückkehren konnten. Aber pakistanische Zuhörer sind es gewohnt, auf den Vortragenden zu warten, und schließlich war Zulfi mit meinem Gastgeber in Multan, Makhdum Sahib, verschwägert: Ich hatte ihn vor Jahren kennengelernt, als ich, mit gewaltigen Geschenkpaketen (kiloweise Zuckerwerk) beladen, von Multan nach Lahore flog und er in Lyallpur (jetzt Faisalabad) zustieg und mich bei meinem Versuch, endlich einmal nichts sagen zu müssen, aufs Liebenswürdigste gestört hatte ...

Denn ich kannte Multan seit 1961. Mein erster Besuch damals hatte mich tief beeindruckt, weil ich eine besonders schöne Iqbal-Feier miterlebt hatte, die der begnadete Lehrer an der Muslim High School, Khwaja Abdur Rahim, mit seinen Schülern vorbereitet hatte. Damals hatte ich auch erstmals Makhdum Sahib getroffen, der die lange Reihe der Nachkommen des großen Heiligen des Suhrawardi-Ordens, Baha'uddin Zakariya (gest. 1267), nun repräsentiert und der durch Jahrzehnte ein wundervoller Freund und Gastgeber geblieben ist. Jener erste Besuch aber hatte ein seltsames Nachspiel gehabt: Ein damals etwa dreizehnjähriger Junge war mir durch seine Koranrezitation und den hingebungsvollen Ernst aufgefallen, mit dem er Iqbals Gedichte vortrug. Ein Jahrzehnt später klingelte es an meiner Tür in Bonn, und ein schlanker junger Mann strahlte mich an: „Kennen Sie mich denn nicht mehr? Ich bin doch Mas^cud von der Muslim High School in Multan!" Ich bat ihn hinein und fragte verblüfft: „Aber Mas^cud, wie haben Sie mich denn gefunden?" „Oh", sagte er, das sei ganz einfach gewesen; er sei jetzt Lehrling bei Philips in Eindhoven und habe seinen ersten Urlaub dazu benutzen wollen, die Spuren Iqbals in Deutschland zu suchen; er habe ja gewußt, daß ich in Bonn lebte, und so sei er ausgestiegen und aufs Geratewohl losgegangen. Einen freundlichen älteren Herrn habe er gefragt: „Ich bin aus Pakistan. Wir haben einen großen Dichter. Er heißt Muhammad Iqbal. Kennen Sie ihn?" Und der freundliche Herr habe gesagt: „Natürlich – wir haben bei Inter Nationes gerade seine Dissertation nachgedruckt!" Dr. Mönnig, damals Leiter von Inter Nationes, war wahrscheinlich einer von drei oder vier Bonnern, denen Iqbal überhaupt ein Begriff war! Und dann – so fuhr Mas^cud fort – habe er gesagt: „Es gibt eine deutsche Dame. Sie hat über Iqbal gearbeitet. Sie heißt Annemarie Schimmel. Kennen Sie sie?" „Natürlich", sagte Dr. Mönnig, „sie ist eine liebe Freundin von uns und wohnt genau in dieser Straße . . ." Und so war Mas^cud, geleitet von seiner *himmat*, seinem „hohem Streben" (wie man im Persischen sagt), tatsächlich zu mir gekommen. Nach einer kurzen Weile zog er weiter, gen Heidelberg, wo Iqbal studiert hatte – und als ich ihn nach wiederum fast einem Jahrzehnt erneut sah, war er ein erfolgreicher Geschäftsmann in Islamabad, der mich seither bei jedem Besuch festlich zu empfangen, liebevoll zu verwöhnen sucht.

Dann kamen andere Besuche in Multan, die immer wieder um das gewaltige Mausoleum Ruknuddins kreisten, des 1335 verstorbenen Enkels Baha'uddin Zakariyas. Mit seinen leicht geböschten Mauern und der gewaltigen Kuppel von 45,50 m Durchmesser ist es einer der größten Kuppelbauten des Subkontinents, und doch wirkt es nicht plump, da kleine türkisblaue und weiße Fliesenreihen das Rotbraun der Ziegel unterbrechen.

Wenn ich in Makhdum Sahibs Residenz in Multans Altstadt zu Gast sein durfte, genoß ich die Kühle in den hohen Gasträumen. In dem dunklen, etwa fünf Meter hohen Schlafzimmer, in dem alles, selbst das Bett, mit Spiegelchen verziert war, konnte man durch die ganz hoch angebrachten winzigen Fenster des Nachts religiöse Sänge, am Morgen den Gebetsruf hören. Daß die große gelbe Katze, die zwischen den Gräbern der Familie bei Baha'uddins Mausoleum umherwandelte, mir entschlossen auf den Arm sprang und absolut mit mir photographiert werden wollte, wurde als beachtliches Wunder der *Umm Hurayra* (das ist einer meiner Spitznamen, „Kätzchen-Mutter") angesehen: „So etwas ist noch nie passiert!" staunte Makhdum Sahib, „wirklich! Noch niemals!"

Von seiner schönen, allzufrüh verstorbenen Frau, seinen schon als Teenager verheirateten Töchtern lernte ich viel über das Leben in dem alten Haus mit seinen verschiedenen Eingängen: Für jede Art von Besucher (und das Haus war immer voll von Besuchern) gab es Wege ins Innere, gab es Hallen, Warteräume, Salons, je nach Rang und Würde, und die Frauen konnten durch eine kaum sichtbare Seitentür hineinschlüpfen, ohne von Fremden gesehen zu werden. Und wie viele heitere Geschichten, unvergeßliche Anekdoten wußte Makhdum Sahib lachend zu erzählen, wenn wir im Familienkreise zusammensaßen und er sich von seinen zahlreichen Pflichten als Oberhaupt einer nach Hunderttausenden zählenden religiösen Gemeinschaft ein wenig entspannte!

Schon bei meinem ersten Besuch hatte man mich zu dem bescheidenen Mausoleum von Shams-i Tabriz geführt, dessen Pforte mit einer Reihe weißer Fliesen geziert war, auf denen blaue Zypressen zu sehen waren. Diesen Shams wollen manche mit dem mystischen Freund des größten aller mystischen Dichter in der islamischen Welt, Maulana Jalaluddin Rumi, identifizieren, aber er war eher wohl ein Missionar der Ismailis. Denn Multan war im späten 9. und im 10. Jahrhundert ein Zentrum der Karmaten, die von ihrem Hauptsitz in Bahrain die esoterischen Lehren der Siebener-Schia im nördlichen Sind und im südlichen Panjab verbreiteten. Von dem streng sunnitischen Eroberer Mahmud von Ghazna wurden diese Ismailis vom Jahre 1005 an allerdings grausam unterdrückt, da ihre Lehren dem reinen Islam zu widersprechen schienen. Es ist sicher mehr als ein Zufall, daß die Predigten der im 12. und 13. Jahrhundert im Westen des Subkontinents wirkenden Ismaili-Missionare starken Widerhall bei der Bevölkerung dieser Gebiete fanden – als sei eine unterbewußte, vielleicht auch vorsichtig verborgene spirituelle Tradition durch die Jahrhunderte lebendig geblieben und habe diese Menschen für die Lehren der Ismailis wieder empfänglich gemacht.

Shams-i Tabriz soll der erste Missionar dieser schiitischen Bewegung gewesen sein. Er predigte zur Zeit Baha'uddins in Multan, ja, er soll in einem Streit den großen Führer der Suhrawardiyya sogar gezüchtigt haben, indem er dem aus dem Fenster seines Hauses auf ihn Blickenden Hörner aus der Stirn wachsen ließ, so daß er nicht in seinen Raum zurückkehren konnte, ehe Shams den Zauber gelöst hatte. Selbst die berüchtigte Hitze Multans wird auf Shams zurückgeführt:

Hungrig ging er durch die Straßen und fand einen weggeworfenen Fisch (oder ein Stück Fleisch), doch der Bäcker weigerte sich, das übelriechende Stück in seinem Backofen zu rösten. So steckte Shams es auf die Spitze seines Stockes und bat die Sonne, vom Himmel zu kommen, um es zu braten, was sie auch sofort tat ... Anschließend freilich gebot er der Sonne nicht, zu ihrem Platz zurückzukehren, sondern ließ sie bis zum heutigen Tage sengend auf Multan scheinen ... Ob hier vielleicht Zusammenhänge mit dem Sonnentempel der Hindus bestehen, den die Araber bei ihrer Eroberung der Stadt im Jahre 712 fanden und bewundernd stehen ließen, der aber dann von den Karmaten zerstört wurde – man weiß es nicht. Shams aber, dem man der Legende nach die Haut abzog, nahm seine Haut über den Arm und zog durch das Stadttor ins Nirgendwo ... Zahlreiche Überlieferungen und Märchenmotive sind hier zusammengeflossen. Aber ebensowenig, wie das gesamte Geheimnis von Rumis Freund Shams-i Tabriz zu lösen ist, wird auch das um den Multaner Shams zu lösen sein. Ihm werden jedoch die ersten *gināns* zugeschrieben, das sind die religiösen Gesänge der Ismailis, in denen die frühesten literarischen Zeugnisse des Sindhi und Panjabi oder besser: der diesen Sprachen unterliegenden Sprachebene, erhalten zu sein scheinen.

Mehr und mehr Gräber und Mausoleen waren zu besuchen – wie das alte Sprichwort sagt, Multan bestehe aus *gūr, garmā, gard, gadā*, aus Gräbern, Hitze, Staub und Bettlern ... Aber die lebhafte Großstadt besteht auch aus vielen anderen Dingen: Es gibt zahlreiche Schulen und Colleges; eine besonders gute medizinische Ausbildung wird geboten, und schließlich wurde die Baha'uddin-Zakariya-Universität gegründet, die mich eines Tages zum *advisor* für das (vorläufig noch sehr dünne) Ph. D. Programm machte.

Multan – das waren gute Gespräche mit Makhdum Sahib und seiner Familie, seinen Freunden. Unvergeßlich jenes Mittagessen, da ich mit sieben weißbeturbanten Vorstehern verschiedener Sufi-*dargāhs* bei Tisch saß und sie mich über klassischen Sufismus, über den Märtyrermystiker Hallaj und die Entwicklung der Liebesmystik befragten. Denn sie waren ja eher mit der Praxis des mystischen Pfades und den Problemen der Verwaltung vielbesuchter Heiligtümer vertraut, während ihnen die nüchternen Daten aus der langen und komplizierten Geschichte des Sufismus nicht so geläufig waren wie einem von außen kommenden Orientalisten. Es war eine hochinteressante Diskussion, doch leider kam ich währenddessen kaum dazu, die leckeren gebratenen Wachteln zu essen ...

Unvergeßlich auch jene Tage zu Beginn des Muharram, des ersten islamischen Mondmonats, die ich in Makhdum Sahibs Haus verlebte. Die Familie war seit langem schiitisch, obgleich der Ordensgründer im 13. Jahrhundert strenger Sunnit war. Zum Glück hatte ich einen schwarzen *shalwar* und eine schwarzweiße *kurta* bei mir und konnte mich der Sitte angemessen kleiden, denn während der Trauertage vom 1. bis 10. Muharram tragen fromme Schiitinnen keine farbigen Gewänder, keinen Schmuck, kein Make-up. Meine jungen Freundinnen gingen ein- oder zweimal täglich zu *majlis*-Zusammenkünften (natürlich getrennt für Männer und Frauen), in denen man Klagelieder auf das Schicksal des Prophetenenkels Husain, *marthiya*, rezitiert, der mit den meisten seiner Freunde und Familienmitglieder am 10. Muharram 680 bei Kerbela im Irak von Regierungstruppen getötet worden war. Die *marthiya* hat sich im 19. Jahrhundert zu einem besonderen literarischen Genre im Urdu entwickelt. Es gibt ähnliches auch in den Regionalsprachen Pakistans: So konnte man in Multan *marthiya* auch in Siraiki hören, einer zwischen Sindhi und Panjabi stehenden Sprache. Zwischen den kunstvoll rezitierten *marthiya* werden Gebete und Litaneien eingefügt, zum Teil gesungen; ein Prediger bzw. eine Predigerin erzählt mit großer Beredsamkeit nochmals und nochmals alle Einzelheiten der Leidensgeschichte der Familie Husains, den Durst der Kämpfer, den Tod der Kinder, das Jammern der Frauen (und so konnte die *marthiya* auch ein eminent politisches Ausdrucksmittel werden: Jeder, der die unschuldigen Gläubigen verfolgt und unterdrückt, seien es in der Kolonialzeit die Briten, sei es ein verhaßter politischer Führer, konnte mit Yazid, dem Erzfeind der Familie des Propheten, identifiziert werden. Daher durfte auch in den frühen achtziger Jahren ein regimekritischer pakistanischer Film, ‚Husains Blut', nicht im Lande gezeigt werden.) Man lauscht den Worten, betrachtet wohl auch die Leuchter und Gefäße, die in der Ecke auf einem Tisch stehen; Standarten, die an die Fahne des Bannerträgers während der Schlacht von Kerbela erinnern sollen, sind aufgestellt. Wenn die Andacht, die etwa eine gute Stunde dauert, vorüber ist, ziehen sich die tränenüberströmten Damen zu einer stärkenden Teegesellschaft zurück, um bald zur nächsten *majlis* zu eilen – denn jede möchte eine solche Feier arrangieren und dadurch Verdienst erwerben.

Als ich abends durch die Altstadt ging, sah man kleine Gruppen von Menschen in Häusern und Moscheen, die ihrerseits den *marthiya* lauschten, die immer dramatischer werden, ja näher man der eigentlichen Tragödie am 10. Muharram, dem Todestag des Prophetenenkels, kommt. Am Tage bewunderte ich die mehr als fünf Meter hohen *taziyas*, das sind Holzgestelle, die bei den Muharram-Prozessionen getragen werden und in deren Herstellung die einzelnen Stadtviertel miteinander wetteifern – wer kann die höchste, die am reichsten geschnitzte, am kostbarsten vergoldete oder bemalte *taziya* herstellen? Es war eine unerwartete Verwandlung der Altstadt. Und als ich

Abschied nahm, fuhr Makhdum Sahib mich selbst zum Flugplatz und sang den Reisesegen für mich.

Einmal durfte ich auch am *ᶜurs*, dem Gedenktag des Heiligen Baha'uddin Zakariya teilnehmen. *ᶜUrs* heißt eigentlich „Hochzeit", denn am Todestag vereinigt sich ja die Seele des sterbenden Gottesfreundes mit dem göttlichen Geliebten, und so wird der Todestag als Festtag begangen – und zwar traditionellerweise nach der Berechnung des muslimischen Mondjahres, so daß sich das Fest, wie alle muslimischen Feste, jährlich um zehn bis elf Tage verschiebt.

Baha'uddins Tradition war seit dem 13. Jahrhundert in Multan lebendig. Aus dem Panjab stammend und, wie die Überlieferung sagt, der großen arabischen Sippe der Quraish angehörig, zu der auch der Prophet gehörte, hatte der junge Sucher die Welt durchwandert und in Bagdad um 1200 den mystischen Lehrer Abu Hafs Umar as-Suhrawardi getroffen, den Autor einer der meistgelesenen Einführungen in den Sufi-Weg. Der entzündete in dem Weitgereisten die mystische Flamme und brachte ihn in wenigen Tagen ans Ziel. Baha'uddin kehrte in seine Heimat zurück, und in einer Zeit, da der Sufismus im Subkontinent Wurzeln schlug, gründete er sein Zentrum in seiner Heimatprovinz. Die Suhrawardiyya lehnt Gesang und mystischen Tanz ab – und doch lebte einer der ekstatischsten Sufi-Sänger, Fakhruddin Iraqi, für 25 Jahre in Multan und heiratete die Tochter des Meisters. Seine Sänge klingen immer noch in Multan wider

Die Liebe stimmt ein Lied verborgen an:
Wo ist der Liebende, der's hören kann?
In jedem Hauch singt sie ein neues Lied,
In jedem Nu ein andres Stück sodann.
Die ganze Welt ist Echo ihres Sangs –
Wann hörte wohl so langes Echo man?
Und ihr Geheimnis ist weltweit bekannt:
Wann wär' ein Echo wohl verschwiegen, wann?

Nach dem Tode seines Meisters verließ er die verwaiste Stadt und zog über Anatolien (wo er Maulana Rumi traf) nach Damaskus. Dort starb er 1289 und wurde nahe dem „Größten Meister", dem aus Spanien gebürtigen Ibn Arabi, beigesetzt, dessen mystische Theorien er in seinen anmutigen Gedichten und Reimprosaschriften unter den persisch lesenden Gläubigen verbreitete.

Im allgemeinen konzentrierten sich die Suhrawardiyya-Meister aber auf das Studium des Korans und der prophetischen Überlieferungen und versuchten, die islamischen Ideale soweit wie möglich im praktischen Leben zu verwirklichen. Wie Baha'uddins geistiger Führer, Abu Hafs Umar, dem abbasidischen Kalifen in Bagdad als Gesandter gedient hatte, so spielten eine ganze Reihe von späteren Suhrawardis eine politische Rolle im Subkontinent – das begann bereits mit Baha'uddin selbst, der als erster *shaikh ul-Islam* dem neuen türkischen Herrscher von Delhi, Iltutmish (gest. 1236), mit Rat und Tat zur Seite stand. Und war nicht Makhdum Sahib selbst eine Zeitlang Gouverneur des Panjab?

In dieser Eigenschaft lud er uns ein, zum Gedenkfest für seinen Ahnherrn nach Multan zu kommen. Mitsamt dem deutschen Botschafterehepaar, Karin und ein, zwei anderen Freunden wurden wir in seinem Privatflugzeug von Islamabad nach Multan gebracht. Dann fanden wir uns inmitten von zehntausenden von Menschen, saßen unter einem gewaltigen Zelt und hörten und (jedenfalls ich) hielten Reden über die Bedeutung Baha'uddin Zakariyas vor etwa 3000 Menschen, die geduldig der Ankunft von Präsident Zia ul-Haq harrten, der ein großer Verehrer der Sufis war. Dann wanderten wir durch die Menge zu den Mausoleen, wo Männer, Frauen und Kinder zwischen den gewaltigen Grabbauten saßen, beteten, sangen und sich der Freude hingaben, die sie nahe den segensvollen Stätten empfanden – nicht laut und lärmend, sondern in dankbarer Versunkenheit. Sie waren von weither gekommen, mit Bussen, mit der Bahn, ja einige auch zu Fuß, selbst vom fernen Sind. Vor den Toren von Makhdum Sahibs Residenz drängten sich die Männer, als wir nach dem Essen aus dem Haus kamen. Tausende wollten den Meister sehen, seine Hand ergreifen, seinen Saum berühren, und unermüdlich erfüllte er die Pflichten, die einem religiösen Führer obliegen – segnen, einen guten Rat geben, eine Gebetsformel lehren.

Hinter Makhdum Sahib stand ein altes Ehepaar, eine kleine Frau mit einem leuchtenden Gesicht, vielleicht sechzig, vielleicht siebzig Jahre alt. Makhdum Sahib legte ihr den Arm um die Schultern. „Das ist Maryam", sagte er liebevoll: „Sie ist etwas ganz Besonderes!" Die kleine Frau leuchtete noch mehr. Ja, so erfuhren wir, vor vielen Jahren waren Maryam und ihr Mann zu ihm gekommen und hätten ihm ganz schüchtern anvertraut, sie würden so gern die Pilgerfahrt nach Mekka unternehmen; er habe daraufhin leichthin gesagt: „Es wird schon, es ist gut." Da hätten sich die beiden aufgemacht, zu Fuß, ohne Paß, ohne Geld, und seien auf abenteuerlichen Wegen nach mehr als einem Jahr endlich ans Ziel ihrer Wünsche gelangt – und seien dort geblieben; um zu überleben, hätten sie eine kleine Arbeit angenommen – und Jahre später habe er sie bei seiner eigenen Pilgerfahrt in Mekka getroffen und dafür gesorgt, daß sie bequem und sicher nach Hause gebracht wurden. „Und nun sage ich nie mehr: ‚Es wird schon, es ist gut!'" fügte er hinzu. Doch Maryam bereute alle Mühen nicht; sie hatte ihr Ziel erreicht. Sie strahlte, eine echte *faqīra*, eine „Arme", lebendes Beispiel einer alle Hindernisse überwindenden

Gottesliebe. – Sagt nicht die Überlieferung, daß jemand, der die Pilgerfahrt zu Fuß macht, von den Engeln umarmt wird?

Pakpattan und Ucch

Manchmal hatte ich das Gefühl, als seien alle Straßen im nördlichen Sind und dem südlichen Panjab Speichen, die zur Nabe des Rades, dem hochragenden Heiligtum Baha'uddins und seines Enkels Ruknuddin führten ... Von Multan aus führten die Speichen wieder zu anderen Heiligtümern. Wir fuhren nach Pakpattan, „Fähre der Reinen", wo der Meister des Chishti-Ordens, Fariduddin Ganj-i Shakar, „Zukkerschatz", sich niedergelassen hatte, da er die politischen Intrigen in Delhi nicht mehr ertragen wollte, und wo er 1265 starb – ein Zeitgenosse Baha'uddins, aber ihm völlig entgegengesetzt in seiner Lebenshaltung. Die Suhrawardis sahen irdischen Reichtum als legitimes Mittel an, Gastfreundschaft und Hilfe ausüben zu können, während die Chishtis in absoluter Armut lebten und nur das verzehrten, was ihnen an freiwilligen Gaben zufloß: eine Haltung, die bis in unser Jahrhundert bei einigen der großen theologischen Schulen Indiens, wie der in Deoband nördlich von Delhi oder der Madrasa Nizamiyya in Hyderabad/Dekkan als Ideal fortlebt. Man berichtet, Baha'uddin, von seinen Chishti-Freunden wegen seines großzügigen Lebensstils getadelt, habe ein wenig ironisch geantwortet: „Euer Derwisch-Dasein hat weder Anziehungskraft noch Schönheit. Unseres hat gewaltige Anziehungskraft. Reichtum ist wie ein schwarzer Fleck, um den bösen Blick abzuwehren." Das heißt, alles Schöne muß einen kleinen Mangel haben, den andere tadeln können, sonst ist es gefährdet, da absolute Schönheit, absolute Vollkommenheit nur Gott zukommt. – Ein weiterer großer Gegensatz zwischen den beiden Orden besteht darin, daß sich die Suhrawardis aktiv in Politik und Wirtschaft betätigen, während es bei den Chishtis heißt:

> Wie lang' willst du noch zu den Türen
> des Sultans gehen?
> Das ist doch nichts, als in der Fußspur
> des Satans gehen!

Und doch respektierten sich die beiden großen mystischen Führer im südlichen Panjab und waren gute Freunde, denn sie wußten ja, daß die Wege zu Gott so zahlreich sind wie die Atemzüge der Menschen. Und zwei Menschenleben später war es Baha'uddins Enkel Ruknuddin, der das Totengebet über Fariduddins liebsten und erfolgreichsten Jünger, Nizamuddin Auliya in Delhi, sprach ...

Pakpattan, wo der asketische Farid gelebt hatte, war durch die Jahrhunderte ein vielbesuchter Pilgerplatz. Hier lebten die Derwische nicht, wie bei den Suhrawardis, in Zellen, sondern in einem einzigen großen Raum, beschäftigt mit Gebet, Koranrezitation und Meditation, lauschten der religiösen Musik und der Dichtung – und die Besucher, die aus allen Richtungen, vor allem aber aus Delhi, kamen, erlebten dort ein paar Tage der Versenkung, der seelischen Läuterung. So groß war die Anziehungskraft des Heiligtums am Flusse Sutlej, daß einer meiner Chishti-Freunde aus Delhi, ein wohlbekannter Gelehrter, lange geschwankt hatte, ob er bei der Teilung des Subkontinents nicht doch für Pakistan optieren sollte, da das Grab seines verehrten Meisters ja dann auf der pakistanischen Seite der Grenze liegen würde . . .

Früher hatten in Pakpattan immerzu *qawwalis* getönt, hatten die Sänger in ständig wechselnder Folge religiöse Lieder, Hymnen, Litaneien gesungen, so daß der Hof – so erzählte man uns – von Musik widergehallt hatte. Bei unserem Besuch in der Mitte der siebziger Jahre saßen keine Sänger mehr in dem schwarzweiß gepflasterten Hof vor dem Mausoleum mit seinen dunkelgrünen Kuppeln, da zu jener Zeit der orthodoxe Aspekt der Religion, die Ablehnung „unislamischer" Bräuche mehr und mehr gepredigt wurde. Nun wurde Stunde um Stunde der Koran rezitiert. Und wenn man aus Erzählungen und Quellen weiß, wie sich am *ʿurs* die Menge der Pilger durch die enge Pforte zu drängen bemühte, die zur Grabkammer Fariduddins führt und die als *bihishtī darwāza*, „Paradiesespforte" bezeichnet wird, so mußten nun – wie uns berichtet wurde – die Wartenden schön ordentlich Schlange stehen, um den Sarkophag zu berühren. Dabei war es ja doch gerade jene ekstatische Hingabe gewesen, die den Menschen das Bewußtsein vermittelt hatte, wirklich etwas Segenbringendes unternommen, sich einer gewissen Gefahr ausgesetzt zu haben, die am Ende zu dem Glücksgefühl führte, nun des Eintritts ins Paradies würdig geworden zu sein! Kann man ein solches Gefühl haben, wenn man in einer Schlange steht?

Während Pakpattan immer in einer gewissen Distanz zu Multan stand – was in späterer Zeit dadurch verstärkt wurde, daß der *ʿurs* Fariduddins auf den 6. Muharram fällt, wenn in der schiitischen Tradition strengste Trauerzeit herrscht –, war unser nächstes Ziel, Ucch, seit langem mit Multan verbunden.

Wieder holperte der Wagen über sandige Wege, die von hohem silbrigen Riedgras eingefaßt waren; wieder mußte ich in jedem Dorf eine Tasse Tee trinken und dafür einen kleinen Vortrag halten. Und vom Panjnad Rasthaus überblickten wir den breiten Strom.

Ucch, eine kleine traurige Stadt, birgt zwei Hauptheiligtümer der Sufis. Ein Schüler von Baha'uddins Enkel Ruknuddin, der aus Bukhara kommende Jalal Surkhposh, „der Rotgewandete", ließ sich dort etwa um 1275 als Leiter der Suhrawardiyya nieder, und seine Nachfahren, die Ucch Bukharis (oder Bokharis, wie sie sich meist schreiben), spielen bis heute eine führende Rolle in der indo-pakistanischen Geschichte. Der berühmteste unter den frühen Meistern war Makhdum Jahaniyan Jahangasht, und während sein eigentlicher Titel Makhdum Jahaniyan darauf hindeutet, daß „ihm die Weltbewohner dienen", zeigt der zweite Name, Jahangasht, „Weltendurchwanderer", daß er ständig auf Reisen war: Er wirkte aktiv bei den politischen Allianzen seiner Zeit mit, und der Einfluß seiner Lehre erstreckte sich durch seine Söhne und Nachfolger bis nach Gujarat. Viele Legenden ranken sich um den 1384 verstorbenen Makhdum Jahaniyan, der durch seine unbeugsame Gesetzestreue bekannt war; es wird überliefert, er habe seinen Anhängern verboten, in ihren Gebeten und Gesängen Gott mit indischen Namen und Zärtlichkeitsformen anzureden, wie es vor allem im volkstümlichen Sufismus üblich geworden war. Aber seltsamerweise führen sich auch die durchaus nicht so gesetzestreuen *jalālī*-Derwische auf ihn zurück.

Anderthalb Jahrhunderte nach den Bukharis ließen sich Vertreter der Qadiriyya in Ucch nieder, das so zum Mittelpunkt des Ordens im Industal und im Panjab wurde und wo sich nun das Archiv befindet.

Wir hätten gern die Bibliotheken und Archive gesehen, aber außer einigen Reliquien der verschiedenen Heiligen war nichts zu finden. Der Bibliothekar war – wie es die Gewohnheit solcher Bibliothekare im Subkontinent zu sein scheint – gerade wegen einer Familienangelegenheit unerreichbar. Aber der ungewöhnlich umfangreiche Pir bewirtete uns mit köstlichen Süßspeisen und Tee. Bei seinem Anblick mußte ich an die Geschichte des Dieners denken, die ein anderer mir wohlbekannter Pir, Ali Mohammed Rashdi, in seinen Sindhi-Erinnerungen erzählt: Er selbst hatte gerade einen Hasen erjagt und ganz aufgegessen – auf dem Teller blieben nur Knochen:

> Ich ahnte nicht, daß Sukio [sein Diener] selbst hungrig dasaß in der Hoffnung, daß ich irgendein Stückchen von dem Hasen übriglassen würde, das er dann essen könnte. Als man sah, daß der Hase in meiner Hand vollkommen und gänzlich verschwunden war, sagte einer der Anwesenden zu ihm: „Sukio Faqir, du hattest doch nichts gegessen in der Hoffnung auf den Hasen – was machst du denn nun?"
> Er antwortete ihm: „Wieso sollte ich auf Hasen hoffen? Zuerst kommt des Pirs Bauch; in dem haben Himmel und Erde Platz, gar nicht zu reden von einem kleinen Häslein! Bring ein ganzes Kamel vor einen Pir – er läßt nicht ein Stückchen davon übrig!"

Unser Pir in Ucch Sharif aber schien Vögel zu lieben: Zahme Pfauen umwandelten sein Haus; auf der Veranda stand ein Derwisch, einen Jagdfalken auf der Hand, und der Empfangsraum war mit einer Kuckucksuhr geschmückt, dem Geschenk eines deutschen Diplomaten ...

Wir hätten eigentlich noch die Gräber zweier Ismaili-Missionare nahe Ucch sehen sollen, da wir ja in Multan dem Ismaili Shams-i Tabriz unsere Aufwartung gemacht hatten. Der eine der beiden Missionare, Pir Sadruddin, ist eine historisch faßbare Persönlichkeit; ihm wird die Bekehrung der Lohana-Kaste der Sindhi Hindus im 14. Jahrhundert zugeschrieben; seit jener Zeit wird ein Ismaili der von Sadruddin propagierten Richtung (die seit jeher dem damals in Iran residierenden Aga Khan untersteht) als *khoja*, „Herr“, bezeichnet. Auch soll Sadruddin die ersten *jamaatkhanas* geschaffen haben. Das sind die Versammlungsräume, in denen sich die Gläubigen zur Andacht am Freitagabend und möglichst zu täglicher Meditation in den frühen Morgenstunden einfinden. Das *jamaatkhana* entspricht der Moschee der Sunniten und vereint die Gläubigen, die hier ihr geistiges Zuhause finden – sei es in Vancouver oder Karachi, in London oder Nairobi. Auch Pir Sadrs Sohn, Hasan Kabiruddin – der zweite Missionar – liegt nahe Ucch begraben. Durch seine Linie haben sich die Khoja Ismailis weiter – wenn auch in mehrfachen sektierischen Spaltungen – im Subkontinent verbreitet.

Wir aber wurden zu der bekanntesten Sehenswürdigkeit der Stadt geführt, dem viel photographierten Grabbau der Bibi Javinda, einer vornehmen Dame aus dem 14. Jahrhundert. Auf einer kleinen sandigen Höhe, umgeben von krummen Palmen, stand das mittelgroße Gebäude, in der Form – geböschte Wände und flankierende Halbrund-Türme – dem Mausoleum Ruknuddins ähnlich und mit einer schlichten Kuppel versehen; aber was für ein leuchtendes Blau und Weiß der den gesamten Bau bedeckenden Fliesen mit ihren klaren geometrischen Mustern! Sie blendeten uns fast in der Spätsommersonne. Vollkommene Harmonie und Schönheit, aus dem Sand erwachsen, so schien es uns, bis – ja bis wir noch ein wenig weiter gingen und die Rückseite des Gebäudes sahen, die uns hohl und zerfallen entgegenstarrte. Der Lehm bröckelte ab – und kein Versuch zur Stabilisierung wurde gemacht, um dieses Juwel mittelalterlicher Architektur zu retten ... Man hätte weinen können beim Anblick der Ruine, der mich an die berühmte persische Miniatur aus dem 16. Jahrhundert erinnerte, die Nizamis Geschichte aus seinem Epos *Makhzan al-asrār* (‚Schatzkammer der Geheimnisse‘) illustriert: König Nushirwan reitet an einer ähnlichen Ruine vorüber und lauscht dem Gespräch zweier Eulen, die sich freuen, daß infolge der Ungerechtigkeit des

Herrschers bald das ganze Land verfallen, die Gebäude zu Ruinen zerfallen werden, die dann eine ideale Mitgift für die Eulentochter bilden. Hier gab es keine Eulen, und auch das andere Getier, das die Miniatur zeigt, war nicht zu sehen: selbst die verkrüppelten, aber immerhin dekorativen Palmbäume nahe dem Mausoleum fehlten bei unserem nächsten Besuch. Daß die Aga Khan Foundation sich jetzt vielleicht der Bibi Javinda annehmen will, ist immerhin tröstlich ...

Wir schlenderten durch die engen Straßen der Altstadt. Die sinkende Sonne ließ das Wasser vor einem blaugekachelten Heiligtum blutrot aufleuchten. In einem halbverwilderten Garten, der zu einem der Derwischklöster gehörte, stand ein uralter Brunnen unter einem tiefgebeugten Baum. Hier, so wurde uns erzählt, habe einst Farid Ganj-i Shakar die *chilla maᶜkūsa* durchgeführt, das heißt, vierzig lange Tage und Nächte, an den Füßen hängend, im Brunnen meditiert – eine Art der Askese, die bei indischen Sufis nicht ungewöhnlich war.

Ich weiß nicht, warum mir beim Anblick des tiefen leeren Brunnens plötzlich die Verse des großen türkischen Dichters Yahya Kemal in den Sinn kamen, der von den „Sieben Knaben, die Mehlika liebten" singt. Als deren scheinbar endlose Reise durch das „Hoffnungsfremdland" sich dem Ziel nähert, heißt es:

Die Mehlika voller Schwermut liebten,
sahen einen Brunnen ohne Rad;
Die Mehlika voller Schwermut liebten –
scheuen Schrittes sind sie ihm genaht,
Sah'n im Brunnen eine Welt verloren,
die umkränzt von Tod-Zypressen war –
einen Hauch schien ihnen draus geboren
jene Fee mit langem Aug' und Haar ...

Wir hatten keinen Silberring, um ihn in den Brunnen zu werfen und – wie es im Gedicht dann geschieht – die lang ersehnte Fee heraufzubeschwören. Aber waren wir nicht auch auf der Suche nach einer Fantasiegestalt, einem Traumgebilde? Suchten wir in Ucch nicht jene Zeit, da sich ungezählte Gelehrte und Intellektuelle aus Iran hierher, auf die Ostseite des schützenden Indus, flüchteten, während Dschingizkhan die Welt verwüstete? Wir träumten vom Hofe Qubachas, der hier zu Beginn des 13. Jahrhunderts als Statthalter der Ghoriden herrschte, die, aus Inner-Afghanistan kommend, sich zu Herren über das frühere Reich von Ghazna einschließlich seiner indischen Provinzen gemacht hatten. Freilich waren auch sie – wie so viele Eroberer, die über den Khaybarpaß in die fruchtbare Stromlandschaft des Panjab eindrangen – nicht ohne Mord, Totschlag und Brandschatzung gekommen. Doch dann wurde Qubachas Hof selbst zu einer Zufluchtsstätte für den neuen Strom der vor den Mongolen fliehenden Menschen: Hier schrieb Aufi seine unschätzbare persische Chronik *Lubāb al-albāb*, die uns die wichtigsten Informationen über jene persischen Dichter bietet, die bis zum Ende des 12. Jahrhunderts an den verschiedensten Fürstenhöfen im größeren Iran gewirkt hatten. Die Feroziyya Medrese zog muslimische Theologen an, und eine arabische Chronik über die Eroberung des unteren Industales durch die Muslime wurde hier „in das Gewand des Persischen gekleidet“. Dieses sogenannte ‚Chachnāma‘ ist eine der wichtigsten Quellen für den Beginn der muslimischen Herrschaft im Industal.

Waren die Stimmen der großen Gelehrten nicht noch im abendlichen Rauschen der Blätter zu vernehmen? Oder erzählten die Krähen davon, wie der neue Herrscher von Delhi, Iltutmish (ermutigt von Baha'uddin Zakariya von Multan) schließlich auch das Gebiet von Ucch seinem Reich eingliedern konnte, worauf sich Qubacha im Indus das Leben nahm, während die Gelehrten und Dichter seines Hofes in die neue Hauptstadt, Delhi, verpflanzt wurden und dort eine Periode literarischer Blüte einleiteten?

Schwermut, das schien mir das einzige Wort, um die Stimmung in Ucch zu beschreiben. Schwermut lag in den Gassen, in den Häusern, wehte durch die weitausladenden Bäume. Das leuchtende Blau der Fliesen an Bibi Javindas Grab wurde tiefer, wurde zum Dunkelblau der unendlichen Trauer.

Jhok

Je weiter man dem Lauf der großen Ströme, vor allem des Indus, folgte und sich zum Ozean tragen ließ, desto mehr war das Land mit Heiligengräbern übersät. Viele hatte ich in früheren Jahren besucht, als meine Liebe zu Sind zu erwachen begann: Unvergeßlich das liebliche Mausoleum Shah Abdul Latifs in Bhit Shah, nicht fern von Hyderabad, das die ganze Süße der mystischen Poesie dieses Heiligen in seinen blau-weißen Blütenfliesen einzufangen schien; der Duft der Melodien zitterte in der warmen Luft, verwandelte die Pfeiler in große Tulpen, die das Gebäude zu stützen schienen. Meine Liebe zu Sind, seiner Sufi-Dichtung und -Musik hatte im Laufe dreier Jahrzehnte nicht abgenommen, nein, sie war eher stärker geworden, weil ich Shah Abdul Latif wie auch die anderen mystischen Sänger des unteren Industales nun besser in den großen Zusammenhang der indo-muslimischen Mystiktradition zu stellen lernte.

Natürlich gab es neben Bhit Shah noch ungezählte andere Stätten, z. B. das *dargāh* von Makhdum Nuh von Hala, dem man, wie es scheint, eine erste Koranübersetzung ins Persische verdankt und der durch seine Gebete zu verhindern suchte, daß Akbars Heerführer, der Khankhanan Abdur Rahim, im Jahre 1591 Sind erobern und dem Mogulreich einverleiben konnte – doch der Heilige starb kurz vor der entscheidenden Schlacht ...

Makhdum Nuhs Heiligtum ist in die strahlend blauen Fliesen gekleidet, die, wetteifernd mit der Bläue des nachmittäglichen Himmels, für Sind und das südliche Panjab typisch zu sein scheinen; doch es gibt auch ein historisches Zentrum, dessen grellfarbiger Fliesendekor inmitten staubgrauer Landschaft dem Besucher einen gewissen Schock versetzte: Umgeben von hohen Dornenhecken, residierte dort der Pir von Jhok. Um meinen Schock zu verstärken, erschien eine seiner beiden Frauen in modischer Aufmachung vor mir, geziert mit einer überaus kühnen amerikanischen Sonnenbrille ... (Sonnenbrillen stellen übrigens im Subkontinent bei vielen fortschrittlichen Damen eine letzte Spur von Verschleierung dar: Solange die Augen verdeckt sind, kann man ja keine Blicke austauschen – und schon ein unschuldiger Blick zwischen Mann und Frau, ein Blinzeln, ein Zwinkern gilt als unpassend, gefährlich, ja fast schon als Ehebruch und wird in konservativen Familien hart bestraft. Denn das Auge hat große Macht, und wie der Blick eines heiligmäßigen Mannes einen Sünder in einen Frommen, ja sogar in einen Heiligen verwandeln kann, so ist die Wirkung des „Bösen Blicks" nicht nur in der islamischen Welt gefürchtet.) So saß also die Gattin des Pirs da, stolz auf ihre neue Errungenschaft, und schien auch sonst in ihrem sehr bescheidenen Raum recht zufrieden.

Der Ort Jhok spielte eine interessante Rolle in der Geschichte Sinds. Zu Anfang des 18. Jahrhunderts, als das Mogulreich langsam zerfiel, wirkte dort ein Mystiker, „die wüstendurcheilende Gazelle des mystischen Pfades, das Weinhaus der Einheit", Shah Inayat, der eine Weile in Burhanpur bei den Meistern des Suhrawardi-Pfades lebte – Burhanpur am Nordrand des Dekkan hatte seit dem frühen 16. Jahrhundert eine beachtliche Zahl von Sindhi-Emigranten. Nach Inayats Rückkehr sammelten sich viele Menschen um ihn, und er – so sagt die Überlieferung – verteilte das Klosterland unter sie. Es scheint, daß er dadurch eine ganze Anzahl von Tagelöhnern von den Gütern der Großgrundbesitzer in der Nachbarschaft anzog, die sich ein Stückchen eigenes Land erhofften. Jedenfalls klagten seine Nachbarn, daß er sich Übergriffe auf ihr Eigentum erlaube, und der Mogulstatthalter von Thatta versuchte im Verein mit dem Kalhoro-Clan, der praktisch das nördliche Sind regierte, den mystischen „Rebellen" zu unterwerfen. Man belagerte das *dargāh*, und die persischen Quellen schildern dramatisch, wie der Durchbruch nach viermonatiger Belagerung erreicht wurde: Die Derwische zogen im Dunkel schweigend und waffenlos aus dem *dargāh* gegen die Belagerer; doch als einer von ihnen sich stieß und unwillkürlich ausrief: „Allah!", stimmten die anderen respondierend ein, als seien sie beim *dhikr*, und der Klang des Gottesnamens verriet, wo sie sich befanden. Da „ließ die Armee sie zur Station des Nicht-Seins reisen". Inayat selbst wurde nach einem längeren Verhör, in dem seine Antworten ausschließlich aus Zitaten persischer klassischer Dichter, vor allem von Hafiz, bestanden, im Januar 1718 hingerichtet. Aber seine sogenannte „Landreform" ließ ihn in den fünfziger und sechziger Jahren in den Augen sozialistisch eingestellter Sindhi-Intellektueller zum ersten „Sozialreformer" der Provinz werden.

Bis zu welchem Grade der jetzige *sajjādanishīn* all die historischen und in sich widersprüchlichen Fakten kannte, erfuhr ich bei meinem Besuch nicht; mir blieb nur die vage Erinnerung an das grellbunte Gebäude und die modebewußte Dame im Frauengemach.

Man fand auch Mausoleen im Industal, in denen sich in alter Zeit Hindus und Muslime vereinten, um gemeinsam des dort Begrabenen zu gedenken, und als ich die kleine Grabanlage des Mannes besuchte, den die Muslime als Shaikh Tahir, die Hindus als Udero Lal verehren, wußte ich noch nicht, daß ich Jahrzehnte später an einem Apriltag mit Sindhi-Hindu-Freunden in den USA eben dieses Heiligen gedenken würde; denn ich ahnte damals nicht, daß für die Hindus von Sind und diejenigen, die bei der Teilung des Subkontinents nach Indien ausgewandert sind, Udero Lal eine mit dem Beginn des Frühlings verbundene Gestalt ist, ähnlich wie es Khidr-Elias im türkischen Bereich ist. Und während mir das kleine Heiligtum mit seinem rotgekleideten mikrozephalen Diener vor Augen stand und ich an die Wandmalereien in der Grabkammer dachte, die Matterhorn und Windmühlen zeigten, hörte ich in einem ziemlich nüchternen Saal in einem Vorort von Boston die alten Sänge, sah die traditionellen Riten und genoß das Zuckerwerk, das hier – ganz wie in Sind bei derartigen Anlässen üblich – reichlich gespendet wurde.

Sehwan

Es gab verträumte kleine Plätze, die unendliche Ruhe ausstrahlten, und es gab jenes Heiligtum, das zu besuchen mir lange nicht gelang, da meine etwas orthodoxe pakistanische „Familie" in Karachi es unpassend fand, daß ich einen solchen „Ort der Verderbnis" sah. Seltsamerweise passierte auch immer etwas – eine Überschwemmung, eine Revolte, ein Streik –, wenn ich den Versuch machte, Sehwan Sharif zu besuchen. Als dann unter Z. A. Bhutto die Sindhi-Kultur in Pakistan etwas mehr in den Vordergrund trat, wurde das Lied von Lal Shahbaz Qalandar zu Ehren des in Sehwan begrabenen Heiligen zu einem wirklichen Hit – denn Text, Rhythmus und die einfache Melodie prägten sich leicht ein: Ob in der PIA, ob bei pakistanischen Festen im Ausland, überall wurde sein hinreißendes Lied gesungen.

In diese Zeit fiel auch mein erster Besuch in Sehwan – das lang Erhoffte geschah im Herbst 1974. Von Hyderabad kommend, erreichten wir das Rasthaus nahe der alten Festung, die Alexander der Große erbaut haben soll, als seine Flotte den Indus hinuntersegelte. Der Wüstenwind schien uns bei einer Temperatur von 43 °C die Haut abzusengen; aber diese sengende Glut gehörte zu dem Ort, der seit Jahrtausenden ein Heiligtum Shivas (daher sein alter Name Shivistan, Siwistan) gewesen war und in dem sich noch der heilige Stein, ein Shiva-Lingam, erhalten hat. Sehwan ist von dunkler Macht erfüllt, und obgleich ich dort nie die Derwisch-Musik gehört habe, die traditionell am Vorabend des Freitags – wie in vielen anderen Heiligtümern auch – gespielt wird, und nie die wilden Tänze der Derwische miterlebt habe, die bis heute zahllose Besucher anziehen, genügte doch in späteren Jahren eine Nacht im Muharram, um mich die Eigenart dieses Ortes ahnen zu lassen: Lange Reihen von Kamelen mit Kesselpauken zogen um Mitternacht durch die Stadt, und das dumpfe Dröhnen der riesigen Instrumente ließ die Luft, die Menschen, die Gebäude erschauernd erbeben . . . Das Herz Lal Shahbaz Qalandars schien noch immer hier zu schlagen.

Der „Konigsfalke", *Shahbaz*, war, in der Mitte des 13. Jahrhunderts aus Iran kommend, an diesem Ort geblieben, soll in härtester Askese gelebt und immer rote Gewänder getragen haben (daher sein Beinamen *lāl*, „rot".) Seine Jünger, *malang* genannt, folgten ihm auf dem ekstatischen Weg; in schwarze Gewänder gekleidet, oft mit schweren Metallringen oder Ketten, dienten sie Jahrhundert um Jahrhundert an seinem Heiligtum, das sich zu einem Mittelpunkt „nichtgesetzestreuer" Derwische entwickelte. Bei dem *ᶜurs* waren auch Prostituierte aller Art anwesend – das Umschlagen extremer Askese in extreme Sinnlichkeit ist ja kein seltenes Phänomen, und auch in der Gestalt Shivas, dem der Platz einst geweiht war, treffen beide Extreme zusammen.

Es scheint erstaunlich, daß zwischen dem traditionsbewußten Meister von Multan, Baha'uddin Zakariya, dessen Lebensform so musterhaft geordnet war, und dem unheimlichen Meister von Sehwan eine enge Freundschaft bestanden haben soll. Vielleicht hatte Baha'uddin mit der ihm eigenen tiefen Einsicht in die menschliche Seele gespürt, daß der nüchterne Sufi-Pfad, den er lehrte, die dunkle Folie der machtvollen Ekstase benötigte, die immer wieder an die unerklärliche Macht des Schöpfers und an die rauschhafte Hingabe erinnerte, in der sich der Mensch ganz verliert und dann etwas ausspricht, das der nüchterne Verstand nicht denken, geschweige denn aussprechen darf. Vielleicht war es gerade der dionysische Charakter des rotgewandeten Qalandars, der eine notwendige Ergänzung zur apollinischen Schönheit des Weges der Suhrawardis bildete.

An jenem glühend heißen Tag war es nicht nötig, die Derwische singen zu hören, ihren Tanz zu sehen. Die Luft schien auch ohne dies aus Feuer zu bestehen. Wir warfen einen kurzen Blick nicht nur in die bunt ausgemalten Derwischzellen, sondern auch in die Tiefen des *mysterium tremendum* und spürten jenen Wind, der dem Menschen die Haut absengt, ihn ganz und gar entselbstet . . .

V. Lahore

„Eigentlich", dachte ich, „eigentlich könnten die Pakistaner ja auch einmal etwas für Goethe tun! Schließlich haben wir ein Iqbalufer in Heidelberg, und da Goethe Iqbals Geistesführer aus dem Okzident war, sollte man doch in Iqbals Stadt, Lahore, auch eine Goethestraße haben . . . 1982, der 150. Todestag Goethes, wäre doch ein wunderbares Datum für eine solche Ehrung . . ."

Das war irgendwann im Herbst 1981. Ich schrieb Briefe an die deutsche Botschaft in Islamabad, an die pakistanische Botschaft in Bonn, und ich weiß nicht wohin sonst noch – aber erhielt kein einziges Wort zur Antwort . . .

Ende Januar flog ich wie immer zum Semester nach Harvard und kehrte im Juni zurück nach Bonn – und kein Wort von einer Goethestraße.

Dann mußte ich nochmals nach Nordamerika, um die neue kleine Galerie im Metropolitan Museum mit einer Ausstellung der schönsten islamischen Kalligraphien des Museums einzuweihen; dazu ein Flug nach Vancouver ans andere Ende des Kontinents, nach zwei Tagen zurück nach New York. Als ich nach zwei weiteren Tagen nach Bonn kam, gab es auch dort kein Wort von einer Goethestraße . . .

Eine Woche später, in den letzten Oktobertagen, ging es nach Karachi. In Hyderabad stieß ich mich nachts ungeschickt an einem kleinen Holztisch des Hotels: Sekundenlang ein scharfer Schmerz. Ich beschloß, ihn zu vergessen, und flog einige Tage später nach Islamabad. Am Flugplatz stand Munir, der frühere Kulturattaché der pakistanischen Botschaft in Bonn. „Apajee, haben Sie heute die Zeitung gelesen?" fragte er. „Nein, wieso? Ich hatte gar keine Zeit!" – „Ja, aber es steht drin, daß man eine Straße nach Ihnen benennen will!" „Unsinn!" sagte ich: „Eine Straße soll nach Goethe benannt werden – so hoffe ich jedenfalls!" – „Nein!" insistierte er, „nein, nach Ihnen!", und ich sagte nochmals: „Unsinn!"

Dann nahm ein fröhlicher Tag seinen Lauf – mit Musik und pakistanischen Volkstänzen, mit lieben Freunden. Ich verstand es, mein schmerzendes Bein zu verstecken, das langsam einem von Nolde gemalten Sonnenuntergang ähnelte. (Gut, daß es *shalwar qamis* gibt!) Auch am nächsten Tag, beim Weiterflug nach Lahore, hielt ich durch. „Und wir nennen eine Straße nach dir!" sagte Javid Iqbal, der Sohn des Dichters, der mich vom Flughafen abholte. „Könnt ihr denn nicht warten, bis ich tot bin?" fragte ich. „Nein, am 10. November, am Tag nach der morgigen Iqbal-Feier, ist das geplant – ein Ufer der Canal Bank nach Goethe, das andere nach dir!"

Canal Bank – das ist die schönste Straße in Lahore. Sie führt an beiden Ufern des Kanals entlang, der in den Tagen Shah Jahans von seinem Architekten Ali Mardan Shah erbaut wurde, um die kaiserlichen Gärten zu bewässern. Ich war dort früher manches Mal abends spazieren gegangen, wenn die Ufer mit ihren schattigen Bäumen von Tausenden von Glühwürmchen erleuchtet waren – kein Wunder, dachte ich damals, daß für Iqbal das Glühwürmchen ein ideales Symbol des Wesens ist, das seinen Weg durch sein eigenes Licht erhellt, ohne fremde Hilfe zu erbitten:

> O Glühwurm, der du nachts erglänzt:
> du bist von Kopf bis Fuß nur Licht,
> Aus Gegenwart und Ferne nur dein Flug die helle Kette flicht:
> Du: unverhüllte Sicht!
> Du bist in dunklen Nächten hier die Leuchte für der Vögel Brut;
> Was ist dein Brand nur für ein Brand,
> daß niemals deine Hitze ruht?
> Du bist des Suchens Glut!

Doch erst kam die Arbeit. Wer je stundenlang auf einem der ebenso edlen wie unbequemen Sessel auf einer riesigen Bühne im APWA-Gebäude von Lahore gethront und drei, vier Stunden lang Reden über Iqbal gehört hat – wonach man sich völlig „iqbalsamiert" fühlt – wird zugeben, daß es größere Genüsse im Leben gibt. Doch war es interessant, im Laufe der Jahre zu beobachten, welcher Aspekt Iqbals denn gerade besonders betont wurde – je nach politischer Lage galt er als Revolutionär oder als strenggläubiger Muslim, als Bewunderer deutscher Philosophie oder als bitterer Kritiker westlicher Zivilisation, als ein hochqualifizierter Dichter klassischen Stils oder als Poet, der ganz neue Töne in die persische und Urdu-Poesie eingeführt hatte – und so fort.

Ich überstand auch diese Prüfung einigermaßen und hinkte tapfer und möglichst elegant an „meiner" Straße entlang, die im Beisein des Bürgermeisters, unseres deutschen Botschafters und seiner Frau sowie der Iqbal-Familie vorgenommen wurde. Javid durchschnitt das grüne Seidenband, und das Schild, das an der *Mall* – der zum Flugplatz führenden Hauptverkehrsader des modernen Lahore – in Urdu und Englisch die *Khiyābān-i Annemarie Schimmel* anzeigt, wird seither viel photographiert . . .

Ich aber war 48 Stunden später im Krankenhaus in Bonn, wo man mein völlig vergiftetes Bein operierte. Offenbar war ein winziger

Splitter des Tischchens in Hyderabad der Grund für die Entzündung, und mein Körper, erschöpft von den vorangegangenen Wochen in Europa und Amerika, hatte heftiger als erwartet reagiert. Denn nie sonst war ich im Orient krank gewesen – selbst die getrockneten Rosenblätter, die, mit dem Staub eines Grabes vermischt, der geehrten Besucherin angeboten und auch gläubig und pflichtbewußt geschluckt wurden, hatten keinerlei schlimme Folgen. Nur manchmal hatte ich keine Stimme mehr gehabt, wenn ich von einer Vortragsreise zurückkam, da leider auch im Subkontinent die besseren Vortragssäle mit eisiger Air-condition ausgerüstet sind.

Und was für Vortragsreisen das waren! Zwar nicht jedesmal 48 verschiedene Reden in knapp sechs Wochen (davon die meisten natürlich ohne Honorar); aber man mußte ja ständig auf neue Probleme gefaßt sein. Raum und Zeit wurden scheinbar mühelos durcheinandergeschoben, und das geduldige Publikum wartete auch gern einige Stunden. Als wir, von Boston kommend, über London zum Seminar „Sind through the Centuries" flogen, mußte die PIA von London aus, statt die normale Route via Genf zu fliegen, einen kleinen Umweg über Moskau machen, weil dort zwei Dutzend gestrandeter Pakistaner mit ablaufendem Visum warteten. Wir erreichten Karachi nach fünfunddreißig Stunden Reisezeit mit acht Stunden Verspätung: ich wurde aus der Maschine gezerrt und mußte, noch im Reisekleid und ungewaschen, im Goethe-Institut über „Rilke und die islamische Welt" sprechen ... Das war immerhin ein Thema, das auf meinem Programm angekündigt war; aber allzuoft wurde das Thema in letzter Minute geändert, und statt der „Islamischen Kalligraphie" wurde „Sufismus in der modernen arabischen Literatur" gewünscht und also auch brav extemporiert. Manches Mal kam es zu noch größeren Überraschungen – wie vor Jahren bei einer Iqbal-Feier in der Landwirtschaftlichen Hochschule Lyallpur (jetzt Faisalabad), wo der Rektor strahlend mit schwerstem Panjabi-Akzent verkündete: "And now Dr. Schimmel is going to give a lecture on 'Iqbal and agriculture'!" – was ich auch nach einer Schrecksekunde tat, denn wenn ich auch nichts von Agriculture verstehe, kannte ich meinen Iqbal noch ziemlich auswendig und konnte mir passend scheinende Gedichte entsprechend interpretieren ... Und wenn es bei normalen Vorträgen Überraschungen genug gab – wieviel mehr bei Lichtbildervorträgen! Einmal gab es keine Steckdose für den Projektor; ein anderes Mal warf ein wohlmeinender Vorführer all die schöngeordneten Dias in den Staub, weil er den falschen Knopf gedrückt hatte; wieder ein anderes Mal war ein winziges Laken als Leinwand in einem Saal für mehrere hundert Besucher gespannt – kurz, alles war möglich. Rekordverdächtig aber war sicher jener Vortrag über Rumi in Hyderabad, der eigentlich am Abend stattfinden sollte. Ich wurde aber für eine Rede über Sindhi-Literatur umgepolt. Doch da die Hyderabader Freunde unbedingt die – vorbereiteten – Lichtbilder über Maulana Rumi, sein Mausoleum in Konya und die anatolische Landschaft sehen wollten und wir extra einen Projektor aus Karachi mitgebracht hatten, beschloß man, diesen Vortrag auf den nächsten Vormittag zu legen. „Ihr müßt aber garantieren, daß der Raum absolut dunkel ist!" schärfte ich ihnen ein, und sie nickten – natürlich, das sei doch überhaupt kein Problem: „Er *ist* absolut dunkel!". Am nächsten Morgen kam ich um 10 Uhr in den Saal, in dessen 16 große offene Fenster die strahlendste Sonne von Sind schien. „Ihr habt doch gesagt, der Raum sei ganz dunkel!" rief ich entsetzt. „Aber er *war* ja auch dunkel, als Sie gestern abend fragten!" Was kann man gegen solche Logik tun? Aber Pakistaner wissen sich immer zu helfen; die Männer zogen sich Turbane, Jakken und alles, was möglich war, aus, verhängten die Fenster damit und bekamen doch noch die Bilder zu sehen, wenn auch etwas weniger deutlich, als das bei einer Abendveranstaltung möglich gewesen wäre . . .

Die erzwungene Ruhepause nach der Operation ließ mich wieder einmal daran denken, wie meine ersten Beziehungen zu der geliebten Stadt Lahore zustande gekommen waren. Ich sah mich, kaum siebzehnjährig, Tag um Tag im Arbeitsdienstlager Moordorf gestreifte Schlafanzüge bügeln, eine Strafarbeit für meine Ungeschicklichkeit bei allerlei dörflichen Hausarbeiten, und davon träumen, wieviel schöner es doch wäre, irgendwo in Indien meine arabischen Studien fortzusetzen, Persisch und Hindustani (wie Urdu damals noch in den Lehrplänen hieß) zu lernen, und die islamische Kultur des Orients auch in der Realität zu erleben. In einem Anfall von Mut schrieb ich an den einzigen Menschen in Deutschland, von dem ich annahm, daß er Beziehungen zu Lahore haben könnte, den Imam der Berliner Moschee, und fragte, ob es eine Möglichkeit für ein deutsches Mädchen gäbe, ein Jahr in einer Familie in Lahore zuzubringen. Natürlich gab es die nicht, wie er mir, höchst erstaunt über solch ein Ansinnen, freundlich mitteilte. – Dann kam der Krieg, kam die Teilung Deutschlands, die Teilung des Subkontinents; ich lernte Iqbals Werke kennen, übertrug sein *Javidname* in deutsche Verse und, da ich damals in Ankara lehrte, auch in türkische Prosa mit ausführlichem Kommentar. Fast zwanzig Jahre mußten vergehen, ehe ich die Stadt meiner Jugendträume im Februar 1958 zum ersten Mal sah – und nun, nach fast einem Vierteljahrhundert Bekanntschaft mit Pakistan – nun dieses verwirrende Glück, eine Straße dort nach mir benannt zu wissen!

Lahore war seit 1026 die Hauptstadt der indischen Provinz des ghaznawidischen Reiches gewesen, eine Stadt, die sich vieler großer

Persönlichkeiten rühmen konnte: Hier schrieb Hujwiri, der aus den afghanischen Bergen kommende große Mystiker, sein Werk *Kashf al-mahjub*, ‚Die Enthüllung des Verschleierten', in dem erstmals die Lehren des Sufismus auf Persisch behandelt werden, nicht in dem bis dahin ausschließlich verwendeten Arabisch. Das Grab des Heiligen, der um 1071 starb, wurde gewissermaßen das Eingangstor zum Subkontinent: Wenn im frühen Mittelalter ein mystischer Prediger aus Zentralasien oder Iran nach Indien kam, fragte er am Mausoleum Data Sahibs (wie das Volk Hujwiri nennt) um „Erlaubnis", weiter ins Land ziehen zu dürfen. Bis heute ist das immer wieder erneuerte und erweiterte Mausoleum ein Wallfahrtsort, an dem es von Menschen wimmelt, die Segen und Inspiration erflehen. Heißt es nicht, daß Iqbal den Gedanken eines eigenen Heimatlandes für die Muslime Indiens beim Meditieren an Data Sahibs Heiligtum gefaßt habe?

Dichter hatte es schon zu Hujwiris Zeit gegeben: Sie bereicherten die gerade entstehende persische Lyrik und Panegyrik. Mas^{c}ud ibn Sa^{c}ds Gedichte aus der Verbannung, die er aus politischen Gründen eine Reihe von Jahren zu ertragen hatte, sind die ersten „Gefängnisgedichte", wie sie bis in unsere Tage immer wieder im Subkontinent verfaßt worden sind und Jahrhunderte später in den bewegenden Urdu-Versen eines Faiz Ahmad Faiz gipfeln. In den Jahren seiner Gefangenschaft schrie dieser auf:

Was tut es, wenn die Feder mir, die Tafel
entrissen sind?
Ich habe eingetaucht die Finger alle
in Herzensblut!
Was tut es, daß sie auf die Zunge legten
ein Siegel mir?
Ich habe jeden Ring in meinen Ketten
zum Mund gemacht!

Später wurde Faiz – wie so mancher progressive Dichter als Kommunist verdammt – rehabilitiert und mit Recht als der führende Lyriker des Landes anerkannt, dem auch tiefromantische Liebeslieder gelungen sind. Aber nur selten traf ich ihn in Pakistan. Meist unterhielten wir uns in London, im Kreise der vielen Freunde, die Pakistan aus diesem oder jenem Grunde zeitweise oder für immer verlassen hatten und die solcherart eine Art Barometer für die politische Lage im Lande darstellten. Wenige Wochen vor seinem Tode 1984 freuten wir uns dort noch über ein Wiedersehen.

Etwa ein Jahrhundert nach den Tagen Hujwiris wurde Lahore von den aus Zentralafghanistan kommenden Ghoriden überrannt, und es verlor noch etwas von seinem Glanz, als Delhi 1206 von einem der früheren türkischen Militärsklaven der Ghoriden, von Iltutmish, zur Hauptstadt des islamischen Reiches in Indien gemacht wurde. Denn durch seine Lage als erste größere wohlhabende Stadt am Ostrande des Fünfstromlandes *(Panjāb)* konnte die Stadt leicht den immer wieder über den Khaybarpaß eindringenden Heeren von Mongolen, Pathanen, Türken, Persern zur Beute fallen. Mir scheint, daß man Iqbals leider so selten zitierte Bemerkung in seiner „Pakistan-Rede" von 1930 in diesem Lichte sehen muß:

> „Wenn die Muslime Nordwest-Indiens eine volle Möglichkeit zur Entwicklung innerhalb der Innenpolitik Indiens besitzen, werden sie die besten Verteidiger Indiens gegen eine fremde Invasion sein, sei es eine Invasion von Ideen oder von Bajonetten . . ."

Iqbal hatte freilich nicht die Tragödien vorhergesehen, die sich bei der Teilung durch Blutvergießen und Massenfluchten von Hindus nach Indien, von Muslimen nach Pakistan ereignen sollten, und so wurde Lahore nicht zu einem Bollwerk, sondern zu einer verwundbaren Grenzstadt . . .

Manchmal kamen Studenten nach Lahore, um an dem ausgezeichneten Urdu-Programm des amerikanischen Kulturinstituts teilzunehmen, und ich zeigte ihnen jene Teile der Stadt, die ich besonders liebte. Das Auto brachte uns durch die immer verstopften Straßen am Museum vorbei, vor dem noch die aus Kiplings ‚Kim' berühmte Kanone steht. „Wußten Sie, daß Kiplings Vater hier in Lahore am Mayo College Kunsterzieher war?" fragte ich. Nein, das wußte mein junger deutscher Gesprächspartner nicht; er sah sich aber mit Interesse das Museum selbst an, das, in dem typischen anglo-indischen viktorianischen Stil erbaut wie Postamt, Gericht und große Teile der Universität, jetzt im Inneren mit kalligraphischen Deckengemälden des exzentrischen Malers Sadiqain geziert ist, die für die Besucher vielleicht interessanter waren als die historischen Hintergründe des viktorianischen Lahore. Daß es auch noch eine ganze Anzahl guter moderner Maler gibt, davon konnte man sich bei wechselnden Ausstellungen überzeugen.

„Man brauchte hier eigentlich eine Tonga", sagte ich, als wir wieder einmal im Stau standen. „Was ist denn das?" – „Tongas waren das Hauptverkehrsmittel in Lahore: kleine, zweirädrige Pferdewagen, auf deren Rücksitz man, nach hinten gewandt, saß und – mit Gottes Hilfe natürlich! – ohne herunterzufallen sein Ziel in den engen Straßen viel rascher erreichte als mit dem Auto."

„Aber wie wäre es denn mit so einer Lösung?" fragte er und deutete auf ein paar Radfahrer, die, eine Frau auf dem Gepäckträger mitführend, sich flink durch das Verkehrschaos schlängelten. „Oder haben Sie das gesehen?" Ein Motorrad brauste an uns vorbei, auf dessen Rücksitz eine tiefverschleierte Frau saß, ihr Baby im Arm, während zwei Kinder zwischen ihr und ihrem Mann hockten. „Oh!"

Bei jedem Besuch waren andere der engen Gäßchen verschwunden, waren in breite asphaltierte Straßen verwandelt, auf denen aber noch das gleiche Gedränge zu herrschen schien. Und um einen der Lieblingsplätze der Orientalisten, die Straße der Bücherläden, zu erreichen, ging man besser zu Fuß. Aber der geduldige Student konnte dort wichtige alte, auf brüchigem Papier lithographierte Werke erstehen, die in keiner westlichen Bibliothek zu finden waren.

Der Weg führte uns bei jedem Besuch zur Badshahi Moschee, jener gewaltigen Moschee, deren Hof Zehntausenden von Betern Raum gewährt und deren drei weiße Kuppeln über dem roten Sandstein des breit dahingestreckten Baus, zusammen mit den vier Minaretten, fast ein Wahrzeichen Lahores sind. 1689 von Aurangzeb vollendet, bildet sie mit der gegenüberliegenden Festung ein Ganzes: Die Kombination des Religiösen mit dem Politischen, der Moschee mit dem Herrschersitz, scheint das islamische Ideal der Einheit von *dīn u daula*, „Religion und Staat", zu symbolisieren. Und auf den Stufen der Moschee ist Iqbals schlichtes Grab errichtet, zu dem die Menschen immer wieder pilgern – nicht nur an seinem Geburtstag, dem 9. November, oder seinem Todestag, dem 21. April, nein, jeder offizielle Besuch beginnt mit einer Ehrung Iqbals . . . roter Teppich, Militär, Gebete . . . alles spielt sich dort an der Großen Moschee ab.

Ich führte meinen Besucher die breite Treppe der Festung hinauf; dort schritten einst die Elefanten herauf und herunter, wenn sie den Herrscher oder einen der Großen trugen. Das Fort, von jedem der Mogulherrscher erweitert oder umgebaut, zeichnet sich nicht wie die strukturell ähnlichen Anlagen von Agra und Delhi durch leuchtende Marmorbauten aus, sondern durch die bunten Fliesen an seiner dem Strom zugekehrten Mauer, in denen das Leben im Inneren nach außen projiziert zu sein scheint: Reitende Boten und Elefanten, Polospieler und Engel und viele andere Motive sind auf den Fliesen dargestellt, die einstmals weit über den Ravi hinaus geleuchtet haben müssen.

Wir wanderten durch die Gartenanlagen, zwischen denen sich, wie in anderen Palastanlagen, die offiziellen und die privaten Gebäude erheben; manche zeigten noch immer die Spuren früherer Verwüstung durch plündernde Truppen. Vom Dach des kleinen Museumsbaus, zu dem uns gute Bekannte hinaufführten, hatte man einen prachtvollen Blick: einerseits über den weiten Raum des Palast-Moschee-Komplexes, andererseits über die alten Häuser – die vielstöckigen Hawēlis – mit ihren versteckten Innenhöfen zur Stadtseite hin. Die Stadt mit ihren immer wachsenden Vororten (sie hat jetzt vier oder mehr Millionen Einwohner) verschwand im Glast des späten Vormittags.

„Hier hat Akbar gebaut, hier hat Jahangir Deckenmalereien angebracht, und Shah Jahan hat dies Gebäude repariert, Dara Shikoh kam hierher, und ...“ „ Hören Sie auf mit all diesen Namen!“ rief mein Begleiter halb verzweifelt – „wer soll sich denn all diese Namen merken? Sie klingen so ähnlich: JahangirShahJahanJahanara ... wer sind die denn alle?“

„Ich glaube, ich muß Ihnen eine kleine Vorlesung über Mogul-Geschichte geben!“ seufzte ich, halb verwundert, daß jemand diese Namen nicht kannte, halb auch amüsiert.

„O bitte, tun Sie das!“ strahlte er.

„Lahore, wie Sie wissen, war seit 1026 islamisch und verlor seine führende Rolle, als sich die Muslime gen Osten und Süden vorschoben, 1206 Delhi zur Hauptstadt machten und auch gleichzeitig Bengalen in ihr Kraftnetz einbezogen. Die Stadt, oft gefährdet durch die über den Khaybarpaß eindringenden Eroberer, blieb doch ein wichtiger Handelsplatz, denn von hier aus wurde das kostbare Holz aus Kaschmir zum Indischen Ozean geflößt.“

„Von Kaschmir?“

„Ja, denn Kaschmir war seit dem frühen 14. Jahrhundert islamisch; es wurde dann 1589 unter Akbar dem Mogulreich eingegliedert – die reich geschnitzten Holzgegenstände der nördlichen Gebiete des heutigen Pakistans sind noch jetzt berühmt.“

„Ja, und was hatte Akbar damit zu tun?“

„Einen Moment, mein Lieber! Um 1500 war Indien in viele kleinere Fürstentümer zerfallen, und zahlreiche Zentren islamischer Kultur hatten sich in Bengalen, im Ganges-Jumna-Doab (das heißt, den jetzigen *United Provinces* von Indien), in Sind, in Gujarat und im Dekkan gebildet – eine Entwicklung, die durch Timurs Invasion in Nordindien etwas beschleunigt wurde. Denn als dieser Eroberer 1398 vor Delhi stand, wurde das Reich von Delhi – damals das wichtigste der islamischen Fürstentümer – geschwächt, und nach unwichtigen kleinen Dynastien bemühten sich die Lodis, ein afghanischer Clan, die Gebiete um Delhi einigermaßen geschickt zu regieren. Aber ein junger Mann aus dem Hause Timurs, Babur, war in seiner Heimatprovinz, der zentralasiatischen Farghana, mit seinem Geschick unzufrieden und träumte von großen Abenteuern. Der unternehmungslustige Jüngling versuchte sein Glück am Hofe seines Verwandten, des Sultans Husain Bayqara von Herat ...“ – „Einen Augenblick – wieso Herat?“ – „Nun, die Nachkommen Timurs hatten verschiedene Provinzen unter sich aufgeteilt, und Herat im heutigen Afghanistan war in der zweiten Hälfte des 15. Jahrhunderts wohl das wichtigste Zentrum in der von persischer Kultur beeinflußten östlichen islamischen Welt. Dichter und Maler, Kalligraphen und Theologen lebten dort unter der Protektion des Sultans, der auch ein Dichter war. Er schrieb in Chagatay-Türkisch, der Umgangssprache der Timuriden, und Babur machte einige ziemlich freche Bemerkungen über den Stil des Sultans. Er selbst wandte sich nach Osten und träumte immer intensiver davon, ein neues Großreich zu gründen – der indische Subkontinent schien ihm genau das richtige Ziel. Als ihm 1619 ein Sohn geboren wurde, nannte er ihn Hindal, das heißt auf Türkisch „Nimm Indien!", und sieben Jahre später gelang es ihm, die Lodi-Herrscher nahe Delhi bei Panipat zu schlagen. Ein ziemlich schäbiges Denkmal erinnert dort noch an seinen Sieg."

„Faszinierend", sagte der junge Mann, „wirklich unglaublich! Woher wissen Sie denn das alles?"

„Nun, zum Glück war Babur schreibfreudig, und sein ‚Baburname', seine Erinnerungen oder besser Tagebuch-Aufzeichnungen, halten seine Abenteuer fest – nicht nur die großen kriegerischen Abenteuer, sondern auch kleine Liebesgeschichten, Gelegenheitsgedichte – und das alles in einem klaren, kräftigen und zum Teil auch amüsanten Chagatay-Türkisch."

„Wurde das denn später noch verstanden?"

„O ja – im Mogulhause wurde *Turki*, wie man es nannte, bis ins späte 18. Jahrhundert mehr oder minder gut gesprochen, und für die Aristokratie der Mogulzeit war, wie schon bei den ersten muslimischen Dynastien in Indien, die Abkunft von den Turanern, den kriegerischen türkischen Steppenvölkern, eine besondere Adelsmarke. Später in der Mogulzeit werden Sie immer wieder Spannungen zwischen den sogenannten ‚turanischen' und den iranischen Gruppen am Hofe finden, und das bedeutete gleichzeitig meist auch Spannungen zwischen den Sunniten und den Schiiten. Die sunnitischen Turanier waren gewissermaßen das Rückgrat des Staates . . ."

„Unglaublich . . . aber was passierte dann? Die Lodis waren nun geschlagen, und so gehörte Indien Babur?"

„Langsam, langsam – es gab noch viele Schwierigkeiten zu überwinden! Babur liebte seinen Sohn Humayun besonders, und als dieser schwer erkrankte, umwandelte er das Bett des Kranken, um sein Leiden auf sich zu nehmen – das ist eine bei den indischen Muslimen recht bekannte Sitte. In der Tat genas der Prinz, während Babur, noch nicht sechsundvierzigjährig, 1530 starb. Sein Wunsch war, in der kühlen Luft der Berge beigesetzt zu werden, und sein Grab befindet sich auf einem Hügel in Kabul . . . Im Grunde hatte er Indien nie geliebt; er fand keine Gärten dort und ihm mißfielen viele Sitten der Einwohner, der Mangel an Bädern zum Beispiel."

„Und das hat er alles aufgeschrieben?"

„Ja, und noch mehr: Er war nämlich nicht nur ein großer Feldherr und guter Schriftsteller, sondern auch an theologischen Fragen interessiert, ebenso wie an Prosodie und Rhetorik. Über all dies hat er geschrieben, und das dichterisch-schriftstellerische Talent hat sich bis zum letzten Sproß der Mogulfamilie fortgeerbt. Schon Baburs Tochter Gulbadan hat – freilich auf Persisch – die Geschichte ihres Bruders Humayun geschrieben, das heißt, die Geschichte der nächsten Generation."

„O. K., ich verstehe", sagte der Student und holte eine Dose mit etwas kühlem Trinkbarem aus seiner Tasche: „War Humayun denn ebenso großartig wie sein Vater?"

„Im Gegenteil. Wir kennen seine zerbrechliche Gestalt, sein schmales Gesicht aus zeitgenössischen Miniaturen, die ihn oft in Gärten zeigen – während sein Vater meist im Kampfe oder zumindest in irgendeiner Aktivität auf den Miniaturen erscheint, die später seinen Erinnerungen zugefügt wurden ... Aber Gulbadan schildert z. B. ausführlich die Hochzeitsfeiern des Bruders, und wir lesen, wie viele turanische Damen, die Begums, bei diesen Feiern eine wichtige Rolle spielten; die türkischen Damen haben die Politik der Moguln, vor allem auch Kunst und Architektur, tief beeinflußt."

„Ein Asket war Humayun also auch nicht ..."

„Nein, zu Beginn seiner Herrschaft sicher nicht. Aber er hatte einen geistlichen Führer, Shaikh Phul, dessen Einfluß auf ihn immer stärker wurde, bis ihn Humayuns Bruder Hindal umbrachte, um so den Herrscher von seiner Kraftquelle zu trennen. Überaus skrupelhaft, hielt Humayun sich an die traditionellen (und durchaus nicht im Koran verankerten) Regeln der Tagewählerei, empfing also Besucher, Beamte, Offiziere, Gottesfreunde nur zu bestimmten astrologisch günstigen Zeiten, regelte sein Leben im Einklang mit den Eigenheiten der Tage und Stunden, der planetarischen Einflüsse. Ja, er ging in seiner Ehrfurcht vor dem Namen Gottes so weit, daß er Männer mit Namen wie Abdul Latif, ‚Diener des Subtilen' – oder was auch immer der auf *ʿabd* (‚Sklave des ...') folgende Gottesname war – nur mit ‚Abdul' anredete, um die heiligen Namen des Schöpfers nicht zu entweihen."

„Wieso das?"

„Nun, Gott soll nur im Zustand ritueller Reinheit angerufen werden, und so fürchtete der Kaiser, unbedacht einen der neunundneunzig Schönsten Namen Gottes zu entweihen, wenn er ihn aussprach, während er (vielleicht ohne es zu wissen) im Zustand ritueller Unreinheit war ..."

„Mein Gott, wie kompliziert!" seufzte mein Gesprächspartner.

„Allerdings. Und Humayun liebte es auch, sich auf Orakel zu verlassen, vor allem aus den Versen des persischen Dichters Hafiz, und wenn Sie sich Handschriften persischer Poesie aus dem Besitz der Mogul-Herrscher ansehen (wie sie in einigen indischen Bibliotheken noch zu finden sind), dann können Sie die entsprechenden Eintragungen in der Hand seiner Nachkommen sehen."

„Aber wie konnte sich ein solch offenbar doch schwacher Mann überhaupt auf dem Thron halten?"

„Da haben Sie das Richtige getroffen. Seine Brüder Hindal und noch stärker Kamran kämpften mit ihm, aber schließlich schwang sich Sher Khan Suri, der fähige Statthalter von Jaunpur, für wenige Jahre zum Defacto-Herrscher Nord-Indiens auf. Humayun mußte fliehen, und da eine Anzahl seiner Frauen in einer Schlacht gefangengenommen waren, heiratete er in Omarkot in Sind die blutjunge Hamida Banu Begum. Sie schenkte ihm 1542 seinen einzigen Sohn Jalaluddin, der später als Akbar berühmt werden sollte. Auch aus Sind mußte Humayun fliehen; er nahm Hamida Banu mit, die den kleinen Sohn in der Obhut der ersten Frau Humayuns zurückließ, zu der Akbar dann auch später noch ein besonders herzliches Verhältnis haben sollte. Humayun und Hamida flüchteten an den safavidischen Hof von Iran, und als der ‚Herrscher ohne Thron' zu Shah Tahmasp, dem Sohn Shah Ismails, kam, soll er den Vers rezitiert haben:

> Alle fliehen in den Schatten des Huma –
> sieh hier den Huma, der in deinen Schatten flieht!

Denn der mythische Vogel Huma verleiht, wie die persische Überlieferung weiß, demjenigen die Königswürde, der vom Schatten seiner Schwingen getroffen wird. Humayun aber – dessen Name von Huma abgeleitet ist – mußte hier selbst in eines Herrschers Schatten fliehen."

„Wer war denn Shah Tahmasp eigentlich?"

„Nun, Shah Ismail der Safavide hatte 1501 ganz Iran erobert und den schiitischen Islam dort als Staatsreligion eingeführt. Dadurch hat Iran bis heute eine Sonderstellung in der islamischen Welt, da die anderen Gebiete mehrheitlich sunnitisch sind. Übrigens war der Shah, als er Iran eroberte, gerade fünfzehn Jahre alt! Sein Sohn Tahmasp kam 1524 zur Regierung, war selbst ein guter Maler und ein großzügiger Mäzen von Dichtern und Malern, aber genau zu der Zeit, als Humayun bei ihm eintraf (1544), hatte er sich in seiner „aufrichtigen Reue" von allen weltlichen Freuden abgewandt: Seine Neigung zum „smaragdgrünen Haschisch" und zum „rubinroten Wein" wusch er, wie er in einem Verslein sagt, „mit dem farblosen Wasser der Reue" ab. Infolge dieser „Umkehr" des Herrschers, der sich nun ganz dem religiösen Leben widmete, verloren Dichter und Maler ihren wichtigsten Auftraggeber. Als Humayun endlich 1555 nach langen Kämpfen dank der Geschicklichkeit seines turkmenischen Generals Bayram Khan nach Indien zurückkehren konnte, folgten ihm zahlreiche Maler, Kalligraphen und ein immer anwachsender Strom persischer Dichter. Daß er vor seiner Rückkehr die noch nicht zwanzigjährige Hamida Banu Begum mit der Überwachung der strategisch wichtigen Festung Qandahar betraute, zeigt, wie hoch er diese energische Mutter seines Sohnes schätzte."

„Ich wußte wirklich nicht, daß die Moguldamen so frei und aktiv sein durften!" staunte der junge Mann: „Wie ging es dann mit Hamida weiter?"

„Nun, unglücklicherweise starb Humayun schon wenige Monate nach seiner Rückkehr nach Delhi durch einen Sturz von der Treppe seiner Bibliothek, von deren Obergeschoß er den Aufgang der Venus beobachten wollte, als gerade der Gebetsruf erklang ... Die zu dieser Zeit achtundzwanzigjährige Witwe lebte noch fast ein halbes Jahrhundert (sie starb 1604). Sie ist uns – so glauben wir jedenfalls – aus Miniaturen bekannt, wo sie bei wichtigen Ereignissen wie der Geburt ihres Enkels Salim Jahangir neben dem Bett der Wöchnerin sitzt, aufrecht und stolz, mit ihrem hohen türkischen Hut auf dem Kopf ..."

„Ja, und Akbar? Der war doch noch ein Kind, als sein Vater starb – und doch ist er der einzige, dessen Namen ich schon mal gehört hatte!"

„Er war vierzehn Jahre alt, als er den Thron bestieg, und sein Tutor war zunächst der treue Bayram Khan, dem Humayun seine Rückkehr nach Delhi verdankte und der auch – wiederum auf dem Schlachtfeld von Panipat – 1556 die letzten Widerstandskämpfer schlug. Doch seine Macht wurde zu groß, und infolge von Intrigen, die in den Frauengemächern gesponnen wurden, fiel er in Ungnade und wurde beordert, die Pilgerfahrt nach Mekka zu unternehmen. Das war damals eine elegante Weise, unliebsame Personen aus dem Lande zu schicken. Auf dem Wege nach Patan in Gujarat, wo meist die Pilgerschiffe ablegten, wurde er ermordet; doch sein Sohn Abdur Rahim wurde von Akbar aufgenommen und wie ein Familienmitglied behandelt. Sie werden seinen Namen noch etliche Male von mir hören!"

„Man sagt, Akbar sei ein Mystiker gewesen und habe Muslims und Hindus gleichermaßen geliebt. Ist das wahr?"

„In gewisser Weise ja, aber man vergißt, daß er ein von ungeheurer Unruhe getriebener Mann der Tat war, ein Mann, der immer neue Gebiete eroberte, der fast ständig auf Feldzügen war, und den die Miniaturen meist bei gefährlichen Unternehmungen zeigen. Auch sein Wunsch, ein besseres Verhältnis zwischen der Hindu-Mehrheit und der Muslim-Minderheit der Einwohner in seinem Reich zu schaffen, kann aus diesem Drang, alles überhaupt Erreichbare in seinem Gebiet zu umfassen, erklärt werden. Und seine mystische Seite – nun, die erkennen Sie, wenn Sie daran denken, wie er Fathpur Sikri zum Dank für die Geburt seines Thronfolgers Salim Jahangir erbaute ..."

„O bitte, erzählen Sie von Fathpur Sikri – ich will es nächsten Monat besuchen!!"

„Dann warten Sie lieber, bis Sie es sehen! Denn diese Stadt zu beschreiben, ist fast unmöglich. Und außerdem, Akbar verließ Fathpur Sikri ja, um sich 1586 wieder in Lahore niederzulassen – wir bleiben also besser jetzt in Lahore!"

„Ja, aber was ist mit Delhi? Ich dachte immer, das sei die wirkliche Hauptstadt gewesen?"

„Das war sie in gewissen Zeiten, aber unter den Moguln hat erst Akbars Enkel Shah Jahan Delhi wieder zur Hauptstadt gemacht. Erinnern Sie sich, daß Milton im ‚Paradise Lost' den neugeschaffenen Adam in die Herrlichkeiten der Welt blicken läßt, sogar

to Agra and Lahore of Great Moghul?

Denn Delhi spielte damals nur eine mehr symbolische Rolle, wobei Humayuns Mausoleum einen zentralen Platz einnahm."

„Und warum ging Akbar nach Lahore und verließ seine neue Palaststadt?"

„Die Sekte der Raushaniyya, geführt von dem mystischen Visionär Bayezid Ansari, bedrohte das nordwestliche Grenzgebiet, und er wollte die Situation aus größerer Nähe kontrollieren. So ließ er zunächst das Fort von Lahore verstärken. Aber noch wichtiger ist, daß in dieser Stadt die Künstler seines Hofes zu größten Leistungen angespornt wurden. Schon in Fathpur Sikri hatten die Maler große Werke geschaffen, aber hier kam es zur organischen Verschmelzung des eher ‚abstrakten' persischen Stils, wie er von den aus Iran eingewanderten Meistern gepflegt wurde, mit der etwas naturalistischeren Tradition der Hindu-Maler, und es entstand jene Synthese, der wir die feinsten Werke der islamischen Malerei verdanken. Eines der frühesten Manuskripte, das uns aus jener Epoche erhalten ist, wurde 1588, drei Jahre nach Akbars Einzug in Lahore, dort vollendet."

„Was beschreibt es denn? Historische Szenen, oder was sonst?"

„Nein, es ist eine Kopie der Dichtung des persischen Panegyrikers Anwari, der um 1190 starb und dessen Lobgedichte immer höchlichst bewundert wurden ..."

„Sie sprechen immer von Persisch – wer las denn Persisch in Indien?"

„Persisch war seit der Eroberung des nordwestlichen Subkontinents kurz nach dem Jahre 1000 die Sprache der Gebildeten und wurde bald zur Verwaltungssprache, so daß nicht nur die Muslime der mittleren und oberen Klassen, sondern auch die in offiziellen Stellen tätigen Hindus das Persische beherrschten – vergessen Sie nicht, daß noch in unserem Jahrhundert ein Hindu-Dichter wie Rabindranath Tagore die klassische persische Dichtung ausgezeichnet kannte!"

„Und wie sah so ein Manuskript aus?"

„Nun, das Manuskript, von dem ich spreche, hat – bei 354 Blättern – also rund 700 Seiten – die Größe eines Taschenbuches. Es ist auf schmetterlingsflügelzartem, goldgesprenkeltem Papier geschrieben und mit siebzehn exquisiten Miniaturen geschmückt. Wie es damals üblich war, sind die Farben aus Lapislazuli (für Blau), aus zerriebenen roten Käfern (für Rot) und aus Kuh-Urin (für Gelb) hergestellt; die Pinsel waren so fein, daß oft nur ein Haar – das Haar von der Kehle eines Kätzchens oder eines Eichhörnchens – die Spitze des Pinsels bildete. Wenn man solche winzigen Bilder in vielfacher Vergrößerung auf die Wand projiziert, kann man sogar den Schatten der Wimpern auf der Wange der dargestellten Personen sehen!"

„Das ist unglaublich, einfach unwahrscheinlich", rief der junge Mann.

„Nun, es gibt gute Veröffentlichungen auf diesem Gebiet, und die Museen hier, in Indien, wie in Europa und Amerika besitzen solche Schätze, die man freilich lange und geduldig betrachten muß, ehe sich einem alle Feinheiten erschließen. Einige der schönsten Miniaturen dieser Art stammen aus Kaschmir oder besser: von den Malern, die im Dienste von Akbars Sohn Jahangir in Kaschmir wirkten. Lahore war übrigens auch die Stadt, von der Khankhanan Abdur Rahim, Bayram Khans Sohn, aufbrach, um nach Sind zu segeln, dort schließlich den letzten turkstämmigen Gebieter des unteren Indus-Tales zu überwinden und nach Lahore zu Akbar zu bringen. Die beiden Herrscher befreundeten sich übrigens."

Ein fragender Blick ließ mich fortfahren:

„Ja, schließlich war Akbar doch auch in Sind geboren. Aber es gibt noch eine interessante kleine Geschichte: Bevor der Khankhanan auf seinen Feldzug zog, traf er einen heiligmäßigen Mann, der hier in Lahore lebte. Besuchen wir doch rasch einmal sein kleines Mausoleum; dann erzähle ich weiter!"

Wir wandten uns den großartigen und immer wieder begeisternden Shalimar-Gärten zu, die Shah Jahan in Erinnerung an die Gärten Kaschmirs mit diesem Namen benannt hatte. Aber ehe wir in die weite Parkanlage mit ihren Marmorpavillons eintraten, hielten wir an einem ganz kleinen Gebäude, dem Grab Madho Lal Husains.

„Das war der erste mystische Sänger, dessen wein- und liebestrunkene Verse in Panjabi überliefert sind. Hier hat er zusammen mit seinem Freund seine letzte Ruhestätte gefunden, und Ende März wird sein Todestag mit einer großen Kirmes, mit dem Lichterfest, *Mēlā Chirāghān*, fröhlich begangen. Der Heilige war für seine Weisheit und Einsicht berühmt, und nicht nur der Khankhanan, sondern viele Fromme kamen ratsuchend zu ihm, ehe er 1593 starb. Ich hätte so gern einmal ein Gespräch zwischen ihm und dem Khankhanan belauscht; denn der Oberbefehlshaber des Mogul-Heeres war nicht nur ein guter Dichter in Persisch und Türkisch, nicht nur der Übersetzer von Baburs Erinnerungen ins Persische, sondern sang auch wunderbar zarte Verse in Hindi, der Volkssprache, in denen er seine mystischen Neigungen leise andeutete. Er, der große Mäzen von mehr als hundert persischen Dichtern, weitberühmt wegen seiner Großzügigkeit, pflegte die Augen zu schließen, wenn er Geschenke austeilte, denn er fühlte, daß er nichts als ein Instrument in der Hand des Ewigen Gebers war, wie einer seiner Hindi-Verse sagt:

> Jemand anders ist's, der gibt,
> Nur Er gibt uns, Tag und Nacht,
> Weil man fälschlich meint, ich sei's,
> Schließ die Augen ich voll Scham.

„Das ist schön, so etwas von einem Heerführer zu hören", meinte er, und ich fuhr fort:

„Unter den Dichtern in persischer Zunge, die dem Khankhanan besonders verbunden waren, lebte einer in Lahore: Urfi, der aus Schiras eingewandert war und 1591 allzu jung starb. Von vielen wegen seines Hochmuts und seines maßlosen Selbstlobes gehaßt, ist Urfi doch für mich der größte der Dichter, die vom Reichtum der Moguln aus Iran nach Indien gelockt wurden, und seine Klagen, seine Todessehnsucht – so häufig diese Themen auch in der persischen Lyrik behandelt sein mögen – haben einen tiefen, echten Klang, lassen seinen maßlosen Stolz vielleicht als Schutz für eine sehr verletzliche Seele erklären."

Ich erzählte meinem jungen Begleiter all dies, versuchte, ihm die Anziehungskraft Lahores in jenen Jahren des ausgehenden 16. Jahrhunderts zu zeigen, in dem sich gerade das erste Millenium der islamischen Zeitrechnung (also tausend Mondjahre) vollendete. „Kennen Sie etwas von Urfis Dichtung?" fragte ich und konnte es mir nicht versagen, ihm ein paar Zeilen aus meinem Lieblingsgedicht zu rezitieren:

> Vom Tore des Freundes – was sag' ich,
> wie ich von dort gegangen?
> Mit wieviel Sehnsucht gekommen
> und wie verbittert gegangen!

Wie schlug ich den Kopf an die Mauer
in dieser Gasse eng!
Verzückt war im Rausch ich gekommen,
verstörten Schweigens gegangen.
Ein Lied auf geöffneter Lippe
der Hoffnung, so kam ich . . . Verzagt,
die Zähne zusammengebissen
im Herzen, so bin ich gegangen.
Die Winternacht meines Lebens,
sie spricht zur Dämmerung: „Weh!
In nutzlos plattem Gerede
bin ich zu Ende gegangen!"

So kunstreich die immer neuen Gegensatzpaare jeden Verses auch sein mögen, hier scheint mehr als nur leere Rhetorik vorzuliegen. – Der Khankhanan ließ die verstreuten Gedichte Urfis eine Reihe von Jahren nach dessen Tode sammeln, wie sich seine weitberühmte Bibliothek ohnehin einer großen Anzahl von Autographen und Erstabschriften rühmen konnte.

„Aber wie ging es denn nun historisch weiter?" fragte der junge Mann, der nicht so sehr an traurigen persischen Gedichten interessiert war.

„Akbar starb 1605, und sein Sohn Jahangir bestieg den Thron. Seine beiden jüngeren Brüder, Danyal und Murad, waren schon an Delirium tremens verstorben – wir haben dramatische Berichte über ihren Alkoholismus."

„Und das im islamischen Indien?"

„Ja, gerade bei den Moguln und in der Aristokratie waren Wein und Opium weit verbreitet, so sehr die Theologen auch dagegen wettern mochten. Als Jahangir nun – natürlich nicht ohne Aufstände niederzuschlagen und mit Rebellen zu kämpfen – den Thron bestiegen hatte, ließ er das Fort von Lahore restaurieren, und vor einigen Jahren hat man hochinteressante Deckengemälde und Wanddekorationen entdeckt, die der kunstsinnige Kaiser in Auftrag gab. Dabei ist sicherlich der Einfluß europäischer Künstler nicht auszuschließen. Die Jesuiten waren ja seit 1580 im Lande, und die Zahl der europäischen Besucher, die oftmals illustrierte Bücher als Geschenke mitbrachten, wuchs. Und Jahangir war ein Augenmensch: Er rühmt sich in seinen Aufzeichnungen seines unfehlbaren Blickes, wenn es um die Werke der am Hofe beschäftigten Künstler ging. Lebensnahe Porträts der Großen des Landes, aber auch überaus genaue Darstellungen von Vögeln und Pflanzen wurden angefertigt, und mit dem Interesse eines Naturwissenschaftlers beschrieb der Kaiser die ihm vorgelegten Tiere und

Blumen. Seine Aufzeichnungen und die Bilder seiner Maler ergänzen einander."

„Hatte er denn dann überhaupt noch Zeit zum Regieren?"

„Eigentlich nicht. Aber nach verschiedenen anderen Ehen hatte er am Ende die kluge Perserin Nur Jahan geheiratet, die die Geschicke des Staates mit Energie lenkte: Sie ließ auch das Grabmonument erbauen, als der Kaiser 1627 starb. Es liegt in einem weiten Park; die Mauern bieten das schon klassisch gewordene Bild von weißen Marmorintarsien in rotem Sandstein. Sie sollten morgen einmal dorthin gehen und auch das traurige kleine Mausoleum der Nur Jahan sehen."

„Wo liegt es genau?"

„Sie müssen den Ravi überqueren, und wenn Sie auf den Strom blicken, können Sie an ein trauriges Gedicht von Iqbal denken, das er um 1909 schrieb. Sie werden erkennen – wie man es übrigens auch auf alten Stichen sieht – wie verwildert jenes Gebiet war, das jetzt eine Art Erholungspark für die Lahorer ist. Iqbal sagt:

> . . . Farbig ward des Abends Saum vom roten Wein,
> Den der Himmels-Alte zitternd füllte ein.
> Tages Karawane eilt zum Nichtseins-Land.
> Keine Dämmrung scheint es – Sonnenblumen-Brand!
> Steh'n in schauervoller weiter Einsamkeit
> Grabes-Minarette aus Jahangirs Zeit.
> Allen Zeitenwandel tadelt dieser Ort –
> Längstvergang'ner Tage Buch ist dieser Ort . . .

Am Ende aber heißt es:

> Doch das Lebensboot kennt Tod, Zerschellen nicht . . .
> Mag's dem Blick entschwinden – doch vergeh'n wird's nicht!"

Mein Gesprächspartner nickte: „Immerhin hat sich ja die Hoffnung des Dichters, daß das menschliche Leben nicht – wie das auf dem Ravi langsam dem Blick entschwindende Boot – ziellos enden werde, für ihn und seine Landsleute erfüllt."

Aber als er am nächsten Tag die schöne Grabanlage besucht hatte, war er entsetzt, wie die dem Publikum beim ersten Blick nicht sichtbare Rückseite des Mausoleums von Wind und Wetter gelitten hatte und wie sie von den immer wiederkehrenden und auch durch die besten Staudamm-Systeme nicht zu bändigenden Überschwemmungen, die Pakistan ebenso wie Nord-Indien fast jährlich heimsuchen, langsam zerfressen, ausgehöhlt wird.

Wir wandten uns von Madho Lals kleinem Grabbau in die Shalimar-Gärten und betrachteten das Wasser, das in einer kleinen Kaskade aus einem der Pavillons in den Teich sprudelte. „Im Palast zu Agra," sagte ich, „wurden solche kleinen Wasserfälle über schräge Stufen geleitet, die mit Smaragden eingelegt waren, so daß das Wasser leuchtend grün wirkte, und es gibt auch Anlagen, wo es über eine niedrige Wand strömt, in deren Nischen Lichter aufgestellt sind . . . So etwas findet man in erster Linie in den Bauten Shah Jahans."

„Jahangir, Shah Jahan – warum heißen die Leute nur so ähnlich?" stöhnte der junge Mann, nicht sehr beeindruckt von meinen Beschreibungen glitzernder Mogulgewässer.

„Sehr einfach: Das Wort *jahān* bedeutet im Persischen ‚Welt', *Jahāngīr* ist also der ‚Welt-Ergreifende', *Shah Jahān* der ‚Weltherrscher', und seine erstgeborene Tochter *Jahānārā* ist die ‚Welt-Schmückende'."

„Nun, das macht es ja ein bißchen leichter", sagte er, „und jetzt erzählen Sie mir etwas über Shah Jahan, bitte!"

„Sein richtiger Name war Khurram, ‚glücklich', doch in Zeiten seiner Rebellion wurde er von seinem Vater als *bī daulat*, „Elender", bezeichnet. Die Aufstände eines Thronfolgers gegen seinen Vater sind übrigens ein regelmäßiges Bild der Mogulgeschichte. Shah Jahan war, wie sein Vater, Kunstkenner, doch seine besondere Liebe galt der Architektur. Er war es, der Delhis Stadtteil Shahjahanabad erbaute – das Rote Fort, die Große Moschee und die sich zwischen beiden hinstreckenden Häuser des Adels; und seine schönsten Bauten sind nicht mehr im traditionellen Rot und Weiß gehalten, sondern aus weißem Marmor. Sie werden ja bald den Taj Mahal sehen, jenes traumhaft schöne Grabmal seiner geliebten Frau, der Mutter seiner vierzehn Kinder, die sie ihm in nur sechzehn Jahren geboren hatte. Die erstgeborene Jahanara wurde, damals sechzehnjährig, die erste Dame des Reiches und war sehr an Mystik interessiert; sie und ihr ein Jahr jüngerer Bruder Dara Shikoh ließen sich in die Qadiriyya-Bruderschaft einweihen, deren Zentrum hier in Lahore lag. Wenn Sie Zeit haben, besuchen wir gegen Abend das Mausoleum Mian Mirs, dem der Kronprinz eine persische Biographie gewidmet hat."

„Gern" sagte er, und wir machten uns zu dem kleinen anmutigen Mausoleum auf, das, früher in einem warmen Gelb gestrichen, den Besucher nun düster in dunklem Grün anblickt. (Manchmal hatte ich das Gefühl, als hätten die sämtlichen Ämter, die sich der Restauration von Heiligengräbern annahmen, einen Großeinkauf von nimmer endender dunkelgrüner Farbe gemacht . . .). Die silberne Tür des Heiligtums war halb geöffnet, aber mir als Frau war der Zutritt verwehrt; denn Frauen dürfen weder in Chishti- noch in Qadiri-Mausoleen eintreten; so konnte auch Prinzessin Jahanara nicht die offizielle Nachfolgerin ihres Meisters werden, weil der Orden das nicht zuläßt. Und doch wurde ich einmal, bei einem meiner letzten Besuche, als ich dem von mir so geliebten Platz rasch auf dem Wege zum Flughafen einen kurzen Besuch abstatten wollte, unerwartet in den Innenraum gezogen und in eine Wolke von rosa und roten Schleiern, Grabdecken, gehüllt, die mir den Reisesegen des Heiligen vermitteln sollten. Noch nach Jahren bin ich erstaunt und auch glücklich über diese Überraschung ...

Wir wanderten auf dem ziemlich großen, baumumstandenen Platz um das Mausoleum, sahen die Moschee, bewunderten das feine Marmorarabeskenwerk am Sockel des Grabbaus und warfen einen Blick in die niedrigen Gebäude, die jetzt Verwaltungs- und Bibliotheksräume enthalten, sowie eine kleine Schule, in der Mädchen alle Arten feiner Handarbeit lernen.

„Was ist denn das?“ fragte mein Begleiter und deutete auf eine zwischen den Bäumen kaum sichtbare kleine Kuppel.

„Das ist das Grab von Nadira Begum, der Frau des Kronprinzen Dara Shikoh, der Mian Mir so ergeben war. Da er ein Mystiker war und versuchte, die Ideale seines Urgroßvaters Akbar wiederaufzunehmen, das heißt, ein tieferes Verständnis zwischen Hindus und Muslimen auf der Grundlage mystischer All-Einheitsschau zu schaffen, wurde er von seinem jüngeren Bruder Aurangzeb bekämpft, der ein skrupelloser Realpolitiker war. Dara Shikoh interessierte sich nicht für Regierungsprobleme; er zog es vor, mystische Texte zu sammeln und ging so weit, mit Hilfe einiger Hindu-Gelehrter fünfzig der vedischen Upanishaden aus dem Sanskrit ins Persische zu übertragen, weil er darin die gleiche mystische Weisheit zu finden glaubte wie in den muslimischen Schriften; ja, die Upanishaden waren seiner Meinung nach das „verborgene Buch“, von dem der Koran in Sura 56:78 spricht.“

„Das ist hochinteressant!“ rief mein Begleiter. „Ich wußte nur, daß die europäischen idealistischen Philosophen von indischen Ideen zu Anfang des 19. Jahrhunderts sehr angetan waren – und wollte gern einmal erfahren, wie man das erklären kann?!“

„Eben durch Dara Shikohs Werk – das wurde nämlich von dem französischen Orientalisten Anquetil Duperron ins Lateinische übersetzt und 1803 als 'Oupnek'hat, id est secretum tengendum' veröffentlicht – und dieses Werk erregte bei den Europäern eine ungeheure Begeisterung und beeinflußte das gesamte Indienbild, vor allem in Deutschland, wo die Indologie sich damals zur selbständigen Wissenschaft entwickelte und wo die Vorstellung von Indien als ‚der Heimat aller nützlichen und keiner schädlichen Künste‘ (so A. W. Schlegel) vertreten und Indien immer als das eigentliche Land der Mystik angesehen wurde. Aber leider hat niemand dem armen Dara Shikoh dafür gedankt, daß er diese Arbeit vorbereitet hatte und dafür mit dem Leben bezahlte, denn sein Bruder Aurangzeb entmachtete Shah Jahan

1658 und hielt ihn bis zu seinem Tode 1666 in Agra gefangen. Der einzige Trost des kränkelnden Greises war, daß er den Taj Mahal von seinem Fenster aus sehen konnte ... Dara Shikoh aber wurde von Aurangzeb in die Flucht geschlagen, und seine treue Frau Nadira Begum, der er einst ein wunderschönes Album mit Miniaturen geschenkt hatte, begleitete ihn. Nahe der afghanischen Grenze starb sie, und der Prinz sandte ihren Leichnam mit einigen seiner letzten Soldaten nach Lahore, damit sie nahe dem verehrten Mian Mir beigesetzt werden konnte. Er selbst wurde bald darauf gefangengenommen und hingerichtet; er ist in Delhi begraben. Und hier sehen Sie Nadira Begums Mausoleum."

Wir gingen zu dem kleinen Bau mit seinen zierlichen Spitzbogen – ich erinnerte mich, was für eine elende Ruine dieses Mausoleum gewesen war, als ich Lahore erstmals vor mehr als dreißig Jahren besucht hatte. Im Stadtviertel der Wäscher gelegen, hatte es weder Dach noch Fenster gehabt; doch die rastlose Hingabe einer älteren pakistanischen Dame, die sich auch in der Sozialarbeit auszeichnet, hatte es tatsächlich erreicht, daß das Gebäude in alter Schönheit wiedererbaut wurde; das Viertel der Wäscher war längst an einen Rand der Stadt verpflanzt worden.

„Was für eine wundervolle Geschichte!" sagte der Student. „Und wie ging es weiter?"

„Nun, Aurangzeb herrschte nahezu ein halbes Jahrhundert und verbrachte die letzten dreißig Jahre seines Lebens im Dekkan, um auch die südlichen muslimischen Staaten dem Mogulreich einzuverleiben, das dadurch hoffnungslos überdehnt und verteidigungsunfähig wurde. Seine Schwester Jahanara blieb der Mystik treu und ist in Delhi nahe Nizamuddin Auliya beigesetzt, während seine Tochter Zeb un-Nisa die literarischen Interessen ihrer Tante Jahanara aufnahm und als Dichterin berühmt ist – sie schrieb unter dem Namen Makhfi, „Verborgen"; die Authentizität der ihr zugeschriebenen Verse ist allerdings nicht ganz gesichert. Aber ich bewundere ihre persischen Verse, die die komplizierten concetti des ‚indischen Stils' in anmutiger Weise widerspiegeln, und wenn sie sagt:

> Erwählte mich ein Maler als Modell,
> wie könnte er die Form des Seufzers zeichnen?

so faßt sie ihr einsames Leben zusammen: das Leben einer unnütz verglühenden Grabeskerze, ein nutzloses Feuerwerk ... Doch die Prinzessin war die Patronin zahlreicher Dichter, inspirierte persische Werke, wie etwa Kommentare zum Lehrwerk des größten mystischen Dichters, Jalaluddin Rumi, und viele Bauten in Lahore sind von ihr errichtet. Sehen Sie sich einmal Chauburji an, das Eingangstor zu einer verschwundenen Gartenanlage, denn von den sogenannten „Gärten der Zeb un-Nisa" sind bestenfalls noch ein paar bunte Fliesen an einem versteckten Mauerstück zu sehen ... Dagegen hat ihre Schwester Zinat un-Nisa (beide Namen bedeuten übrigens „Zierde, Schmuck der Frauen") eine kleine Moschee in Delhi gestiftet, direkt unter den Mauern des Roten Forts, und dort haben sich im zweiten und dritten Jahrzehnt des 18. Jahrhunderts die Dichter Delhis versammelt, um die prosodischen und rhetorischen Regeln für das Urdu auszuarbeiten, das nach dem Tode Aurangzebs langsam zur Literatursprache Nord-Indiens wurde ..."

„Und dann – was tat man hier in Lahore, während man in Delhi dichtete?"

Ich lachte: „Ach, wenn man dort nur gedichtet hätte ... Delhi wurde immer wieder geplündert; das ganze 18. Jahrhundert brachte eine Katastrophe nach der anderen. Das gilt aber auch für das Panjab, denn die Sikh, im frühen 16. Jahrhundert als eine mystische Gemeinschaft gegründet, waren durch ungeschicktes Taktieren der Mogulherrscher, allen voran Jahangir, zu einer militärischen Gemeinschaft geworden, die nun alles in ihren Kräften Stehende tat, den Moguln Schwierigkeiten zu bereiten. Im 18. Jahrhundert gewannen sie den größten Teil des Panjab, und mit Ranjit Singh traten sie 1792 sogar die offizielle Herrschaft darüber an. Aus seiner Zeit stammt der reizende Marmorpavillon, den Sie heute früh zwischen der Großen Moschee und dem Fort gesehen haben! Sie sollten sich einmal die exquisite Marmoreinlegearbeit des Fußbodens genau ansehen!"

Und während ich ihm das Gebäude zur Betrachtung empfahl, dachte ich an den Tag, da ich dort vor den Mitgliedern der theologischen Schule gesprochen hatte: Teppiche waren ausgelegt, seidene Vorhänge schützten uns vor dem Einblick Neugieriger. Ich fühlte mich wie in einer anderen Welt, als ich von den Möglichkeiten einer modernen Interpretation des Islams sprach: Denn in jenen Jahren um 1975 war diese Frage wieder einmal besonders akut, da sich die verschiedensten religiösen Strömungen im Lande Gehör zu verschaffen suchten. Ich erinnere mich an eine lange Diskussion mit dem Fahrer, den mir das Goethe-Institut zur Verfügung gestellt hatte: Er meinte, es sei doch viel vernünftiger, statt bei der Pilgerfahrt ein Schaf zu opfern, das Geld dafür den Armen zu geben (was sehr einleuchtend war). Aber, so klagte er, die Mullahs hätten das strikt abgelehnt. (Dasselbe geschah übrigens auch in anderen islamischen Ländern; denn, so wurde argumentiert, der Ritus des Schlachtens erinnere ja an das Opfer Abrahams, jenes umwälzende Ereignis, da Menschenopfer durch Tieropfer ersetzt worden waren.)

Ich wandte mich wieder an meinen jungen Begleiter: „Auch die

Herrschaft der Sikh endete schon nach einigen Jahrzehnten; 1849 annektierten die Briten das Panjab – sechs Jahre nachdem sie Sind überwunden hatten. In beiden Gebieten, die ja fast das gesamte heutige Pakistan darstellen, wurden neue Strukturen, neuen Verwaltungszentren aufgebaut, und im Laufe der folgenden Jahre wurde Lahore wieder zu einem wichtigen kulturellen Mittelpunkt des nordwestlichen Indien, während das Mogulreich 1857 dramatisch geendet hatte. Aber wir können nicht die gesamte Entwicklung der letzten 150 Jahre hier besprechen; denken Sie nur daran, daß diese Stadt wichtige Impulse für die Entwicklung der Urdu-Literatur empfing und daß sich hier ein beachtliches intellektuelles und journalistisches Leben entwikkelte. Auch Iqbal, der seine College-Ausbildung in Lahore erhielt, schrieb seine ersten Gedichte für eine hier erscheinende Zeitschrift, und hier ließ er sich nieder, als er 1908 von seinen Studien in Cambridge und Heidelberg zurückkam und seine Dissertation in München verteidigt hatte . . . und wenn er den Gedanken eines muslimischen Staates im Nordwesten des Subkontinents erstmals 1930 in der Jahresversammlung der All India Muslim League in Allahabad ausgesprochen hatte, so wurde hier am 23. März 1940 die Pakistan-Resolution angenommen – Sie stehen hier an einem für das Schicksal des Subkontinents entscheidend wichtigen Ort . . ."

Dann trennten wir uns; ich tauchte zurück in mein „normales" Leben in der vielfarbigen Stadt, wo ich in den letzten Jahren im Hause von Iqbals Sohn und dessen kluger energischer Frau wohnte; ich lernte die verschiedensten Menschen kennen, bewundernswerte alte Gelehrte in der Universität, Maler und Kalligraphen, bewundernswerte Frauen auch, die politisch und künstlerisch, journalistisch und literarisch tätig waren, Juristinnen – wie es Javid Iqbals Frau ist – und Vorkämpferinnen der Frauenbewegung, alte Damen, die in den dreißiger Jahren den Kampf gegen die britischen Kolonialherren aktiv unterstützt hatten, und junge Mädchen in den Colleges, die sich auf ein modernes Leben vorbereiteten und in ihren farbigen *shalwar qamis* wie fröhliche Blumen auf den Rasenflächen Sport trieben. Lahore war eine kleine Welt für sich. Doch nur allzu selten konnte ich das bunte Gewimmel in den Straßen, die vielfachen Gerüche des Bazars genießen – des Lebens, wie Samina Quraeshi es in ihrem (und fast würde ich sagen: unserem) Buch 'Lahore, The City Within' photographisch festgehalten hat. Und wann wäre ich in die weite fruchtbare Umgebung der Stadt gekommen, wo trotz zunehmender Versalzung der Böden reichlich Getreide gedeiht, gutes Milchvieh gehalten wird, und wo sich die landwirtschaftliche Produktion zunehmend moderner Techniken bedient?

Für mich blieb Lahore die Stadt der Moguln, Stadt der Gärten,

Stadt auch der modernen literarischen Bewegungen, reizvoll und doch nicht, wie Iqbal es erträumt hatte, ein sicheres Bollwerk, sondern eine verwundbare Grenzstadt. Denn wie nahe man der indischen Grenze war, spürte man erst richtig, wenn man, die schönen Shalimar-Gärten hinter sich lassend, den Jalo-Park, einen bescheidenen Tierpark, besuchte – hier sperrt ein gewaltiges Tor die eine Seite der ehemaligen Mogulwelt von der anderen ab . . .

Lahore hatte noch eine weitere große Überraschung für mich – eine Überraschung, die zeigte, daß die Rolle der Damen als Mäzeninnen noch nicht zu Ende ist, wenn die Mäzenin in diesem Fall auch keine Mogulprinzessin, sondern eine Engländerin war, die ich in Harvard kennengelernt hatte. Eines Tages fragte sie mich fast schüchtern, ob ich etwas dagegen hätte, wenn sie ihr ererbtes Vermögen dazu benutzen würde, eine Annemarie-Schimmel-Stiftung zu gründen, die es jährlich einer jungen Wissenschaftlerin aus Pakistan ermöglichen solle, sich ein Jahr lang in England oder in den Vereinigten Staaten fortzubilden; die Zentralstelle für die Auswahl würde das altberühmte Kinnaird College in Lahore sein – und bisher haben drei junge Frauen aus diesem Stipendium Nutzen gezogen.

Sollte ich jetzt vielleicht mit dem Moguldichter Qudsi sagen:

Es ist nicht gut, wenn sich ein Wunsch vollendet –
das vollgeschrieb'ne Blatt wird umgewendet!

Aber im Grunde hatte ich ja weder „meine" Straße noch „mein" Stipendium gewünscht; ja, ich hätte noch nicht einmal davon zu träumen gewagt!

Indien

VI. Städte der Moguln

Fathpur Sikri

Kaum etwas in Lahore erinnert den Besucher noch an Akbar und die fast anderthalb Jahrzehnte, die er hier verbrachte, nachdem er Fathpur Sikri verlassen hatte: es ist Fathpur Sikri, mit dem der Name des Kaisers vor allem verbunden ist. Akbar, dessen erstgeborene Zwillinge bald nach der Geburt starben, wandte sich in seiner Sehnsucht nach einem Thronfolger an den Chishti-Heiligen Salim, einen Nachkommen Fariduddin Ganj-i Shakars von Pakpattan, und brachte eine seiner Frauen, die Rajputin Maryam Zamani, während ihrer Schwangerschaft in das Dorf Sikri nahe Agra, seiner damaligen Residenz, damit der Segen des dort lebenden Heiligen sie schütze. Am 31. August 1569 wurde ihm ein Sohn geboren, dem er den Namen Salim gab (den er jedoch aus Ehrfurcht vor dem Heiligen nie aussprach). Die Sitte, ein Kind, das dank der Gebete eines Gottesfreundes geboren ist, mit dem Namen eben dieses „Helfers" zu benennen, ist allgemein verbreitet im Islam. Um die kleine Wohnstätte Salim Chishtis aber erbaute der dankbare Fürst eine Stadt, Fathpur („Siegesstadt") Sikri genannt.

Von Agra kommend, erblickten wir das riesige Eingangstor zur Residenzstadt schon aus weiter Entfernung, hoch auf einem Sandsteinhöhenzug alles überragend und die gewaltigen Torbauten von Akbars Ahnen Timur ins Gedächtnis rufend. Als wir näher kamen, mußten wir erst einmal ein kleines Dorf durchqueren, das, so weit wir sahen, aus Hütten und flüchtig zusammengezimmerten Buden bestand, die dem Vorüberschlendernden hochgetürmte graubraune Haufen von etwas Undefinierbarem – offenbar Eßbarem – präsentierten. Denn die Pilger, die hierher kommen, die fremden Besucher, die dieses Weltwunder bestaunen, müssen ja auch gestärkt werden ...

Wir stiegen die 32 breiten Stufen hinauf und staunten immer mehr über den Torbau, der genau im Süden Fathpur Sikris liegt. Wenn der Ausdruck *buland darwāza*, „Hohe Pforte", je für einen Kaisersitz paßte, dann hier: Etwa 50 m hoch und 10 m breit, erhebt sich das Tor mit seinen tiefen Mauern vor dem wichtigsten Teil der Stadtanlage, leitet den Besucher in den marmorgepflasterten Hof vor dem kleinen Mausoleum Salim Chishtis. Auf der rechten Seite des Torwegs sieht man eine Inschrift, die Kaiser Akbar nach der Eroberung von Khandesh im Jahre 1601 anbringen ließ; sie ist kalligraphiert von dem großen Historiker, Schriftsteller und Künstler Mir Ma'sum Nami aus Sind, dessen Grabturm in Rohri ich vor langen, langen Jahren einmal besucht hatte. Man würde ein Wort des Triumphes erwarten, aber man liest: „Diese Welt ist eine Brücke – geh darüber, doch bau kein Haus darauf!" – ein Wort, das im Islam als Ausspruch Jesu gilt, der dem Muslim ja als der große gottesliebende Asket, als Muster der Armut und Liebe erscheint. Während man den von Zellen umgebenen weiten Hof langsam durchschreitet, bleibt der Blick immer auf das Herz von Fathpur Sikri geheftet, die letzte Ruhestätte Salim Chishtis: Wie eine weiße Perle liegt sie in einem gewaltigen Komplex von Bauten aus rotem Sandstein, der nahebei gebrochen wird. Ihr durchduftetes Inneres ist ganz mit Perlmutter eingelegt, und der Umgang um den eigentlichen Grabraum hat *jalis* aus weißem Marmor, von denen ein britischer Besucher im 19. Jahrhundert schrieb, man habe das Gefühl, sie seien nicht aus Stein gehauen, sondern gewebt . . .

An der Mauer des kleinen juwelenhaften Baus saßen und standen etliche Frauen, Gebete und Litaneien rezitierend. Kinderlos, hofften sie, der Heilige möge sie segnen, wie er dereinst die Frau Akbars gesegnet hatte.

In dieser Stadt, die zwei Jahre nach der Geburt Salim Jahangirs, im Todesjahr des Heiligen, gegründet und Jahr für Jahr erweitert wurde, spielten sich entscheidende Jahre im Leben Kaiser Akbars ab. Die persischen Informationen über das Leben in der neuen Residenz, wie sie sich in Badaunis oft ironisch-kritischer Darstellung und den überschwenglichen Lobesworten, aber auch den nüchternen Bestandsaufnahmen in den Schriften von Badaunis früherem Freund und späteren Antagonisten Abul Fazl finden, werden ergänzt durch die Berichte der Jesuiten, die 1580 in Agra eintrafen: Miniaturen zeigen den Kaiser und seine Getreuen zusammen mit diesen Gästen aus Europa, deren schwarze Soutanen sich seltsam von den farbenprächtigen Gewandungen der Mogul-Großen abheben.

Einer dieser Jesuiten, Pater Monserrate, beschrieb in seiner regelmäßigen Korrespondenz mit Rom das Interesse des jungen Herrschers an christlichen Dingen, vor allem an Bildern; ja, er berichtet stolz, wie Akbar einmal an einer Weihnachtsfeier der Jesuiten teilnahm und der Krippe und den Bildern Marias und Jesu Ehrerbietung erwies.

Bilder waren ja Akbars große Leidenschaft, und in den Jahren von Fathpur Sikri entstanden die ersten bedeutenden Werke der neuen Mogulschule, nämlich die Hunderte von großen Blättern des *Ḥamzanāma*, auf deren Rückseite jeweils der Text der Erzählung in großer schöner persischer Kalligraphie zu finden ist. Der Vorleser stand hinter dem hochgehaltenen Bild und las vor, wie Hamza, der Oheim des

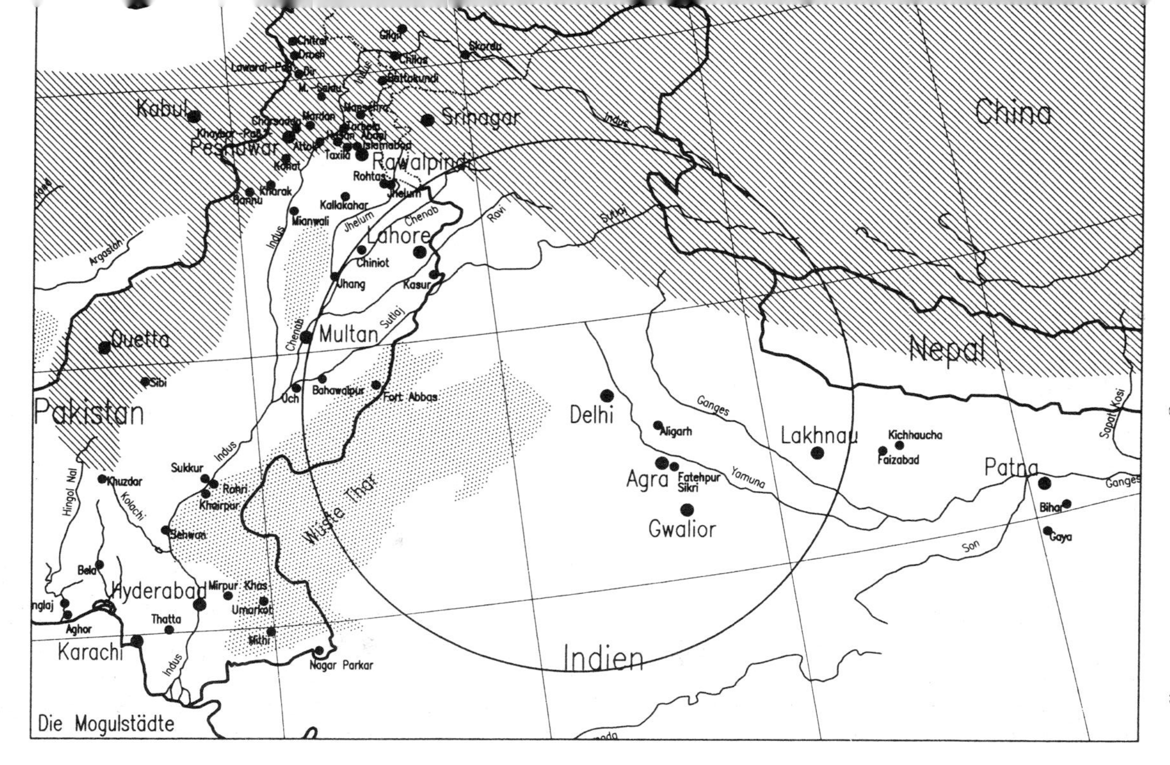

Die Mogulstädte

Propheten – in eine Märchenfigur umgeformt – die wildesten Abenteuer in fernen Landen erlebt, mit Menschen kämpft und mit Dämonen. Ob Akbar selbst nun Analphabet war oder, wie jüngst vorgeschlagen, durch Dislexia stark behindert war – er hielt nichts vom Lesen, liebte es aber, sich vorlesen zu lassen und kannte die klassische persische Poesie gut – seien es die mystischen Gedichte Rumis, die Lyrik Amir Khusraus oder Hafiz' oder die Panegyrik Anwaris und Khaqanis. Und immer freute er sich, wenn er seiner Bibliothek neue Handschriften einverleiben konnte. Ein persischer Vers wird ihm zugeschrieben, und ob die Zuschreibung richtig ist oder nicht, die beiden einfachen Zeilen drücken das aus, was er aus zahllosen Gedichten kannte, ein Thema, das die persische Dichtung durch die Jahrhunderte wiederholt hat:

Tautropfen sind's nicht, die auf Rosen fallen –
Es sind die Tränen nur der Nachtigallen

Der an allen Aspekten des Lebens und der Kunst interessierte Kaiser, der, wie Berichte behaupten, manchmal sogar in die Steinbrüche ging, um eigenhändig etwas Sandstein für seine Bauten zu schlagen, hatte Fathpur Sikri mit den verschiedensten Gebäuden ausgestattet, von denen viele heute freilich nicht mehr zu identifizieren sind. Es gab die Münze und das Registerbüro, wo alle Dokumente kopiert und aufbewahrt wurden; es gab zahlreiche Bäder – ein absolut notwendiger Bestandteil islamischer Städte im Mittelalter. Da war das *naqqārakhāna*, von dem aus man zu bestimmten Stunden die Militärmusik mit Trommeln und Blasinstrumenten aller Art hörte, wie das seit langem an den Toren fürstlicher Residenzen üblich war. Es gab auch das *farrāshkhāna*, ein Gebäude, in dem Zelte und Teppiche aufbewahrt wurden usw. usf. – denn Fathpur Sikri war ja, was man sich immer vor Augen halten muß, die erste wirklich *geplante* Residenzstadt der Moguln, deren Leben sich bislang weitgehend in Zelten abgespielt hatte und die wohl ab und zu eine zentrale Burganlage, nicht aber eine ganze Stadt erbaut hatten. Die nomadische Lebensweise der zentralasiatischen Türken lebte bei den unruhigen Gründern der Dynastie weiter, und auch Akbar blieb dieser Tradition in gewisser Weise sein Leben lang treu: Seine Reisen waren gewaltige Züge, in denen Rosse wie Elefanten, Musikanten und Maler mit ihm zogen, um täglich am Rastplatz in den mitgeführten Zelten zu leben. Wer einmal ein Mogulzelt kaiserlicher Herkunft gesehen hat, ahnt, wie kostbar der Inhalt des *farrāshkhāna* war – jenes rotsamtene Mogul-Zelt mit Goldstickerei, das wir 1985 für die INDIA-Ausstellung im New Yorker Metropolitan Museum vom Maharaja von Jodhpur leihen konnten, schien gerade aus Tausendundeiner Nacht zu kommen: eine Halle von etwa

7,40 m mal 7,40 m Fläche und einer Höhe von 3,80 m, von schlanken, samtumwickelten Holzpfeilern gestützt. Die größten Zelte hatten so viel Raum, daß zehntausend Menschen darin stehen konnten; die vielfach überkuppelten Staatszelte wurden in wochenlanger Arbeit von Spezialisten errichtet, um dann an einem Festtag aufs herrlichste ausgeschmückt zu werden, durchduftet von Weihrauch und schweren Parfüms, die man in Indien so liebte.

Während wir an jenem Tage die Straßen Fathpur Sikris durchschritten, die oft seltsam geformten Bauten bestaunten, stellten wir uns vor, wie viel schöner noch diese Schlösser und Pavillons gewirkt haben müssen, als sie mit Teppichen ausgelegt, mit Kissen und Samtvorhängen feinster Arbeit ausgestattet waren. Die Samte von Gujarat und Lahore werden sogar in den persischen Gedichten des Mittelalters gepriesen, und die Teppiche, wie man sie in einigen Museen bewundern kann, zeichnen sich durch üppige Pflanzenwelt, durch dramatische Szenen von Tierkämpfen, ja durch seltsame mythologische Kreaturen aus: Elefanten aus Blüten hervorwachsend, hybride Geschöpfe in leuchtenden Farben, bei denen ein tiefes warmes Rot vorherrscht. Wie mochte die Stadt ausgesehen haben, als Akbar die Straßen mit Seide bedecken ließ, weil seine Tante Gulbadan, die Chronistin des Hofes, von der Pilgerfahrt nach Mekka zurückkehrte? Wie muß es zugegangen sein, wenn am Nauruz, dem Tag der Frühlings-Tagundnachtgleiche, die Ladenstraßen mit Geschenken aller Art angefüllt waren, wenn die Damen des Hofes sich auf dem Bazar ergingen, schwere Düfte von Parfüms und Weihrauch die Luft erfüllten, und wenn die Lieder Tansens, des Sängers, in der Gegenwart des Herrschers erklangen? Noch steht er ja, der Pavillon, in dem Tansen zeitweise lebte . . .

Und als wir an den Palästen vorübergingen, die die Namen von Fürstinnen tragen, stellten wir uns das bunte Leben im Frauengebiet der Residenz vor, in dem nahezu 5000 Damen lebten. Sie waren streng nach Rang und Würde organisiert und hatten eine eigene, gut funktionierende Verwaltung, genau wie die männlichen Angehörigen und Untertanen des Hofes. Weit entfernt von den abendländischen Vorstellungen des Harems als einer Stätte lasziver Genüsse, lebten die Damen in ihrer eigenen Welt, in der die Mutter des Kronprinzen den höchsten Rang einnimmt, und wie die Fürsten selbst waren auch sie höchst aktiv bei der Errichtung von Bauwerken, Pavillons, Gärten, Palästen, Moscheen. Bereits ein Gang durch Lahore zeigt, wie zahlreich die Bauten sind, die von Mogul-Damen gestiftet wurden. Es ist faszinierend zu sehen, wie sich das alte zentralasiatisch-türkische Bild der Sultanin, der *Begum*, als einer aktiven und würdigen Fürstin auch in den ersten Generationen der Mogulherrscher gehalten hat.

Doch auch andere Aspekte hatte das Leben der Frauen: Man berichtet von einem durch Steine gekennzeichneten Spielfeld, auf dem – anstelle der üblichen Spielsteine beim *pachissi,* einer Art Mühlespiel – sechzehn Mädchen die vom Würfel der Kaisers gebotenen Bewegungen gleichsam als Ballett auf dem Spielfeld ausführten. (Die nicht so edlen Weiblichkeiten waren außerhalb der Stadt in einem Rotlichtbezirk namens *Shaytānpūra*, „Satansstadt", untergebracht; sie waren ebenfalls streng organisiert und wurden genau kontrolliert.)

Abul Fazl ist eine unerschöpfliche Quelle für unsere Kenntnis der Verwaltung von Akbars Hofstaat und hat alle Einzelheiten bis hin zu den Löhnen der verschiedenen Gruppen von Arbeitern, zu den Preisen von Pferdefutter und Mörtel aufgezeichnet. Aber den späten Besucher interessiert vielleicht noch mehr das geistige Leben in Fathpur Sikri. Denn Akbar ist ja für seinen Versuch, die Religionen seines Reiches einander näherzubringen, immer wieder von westlichen Religionsforschern gerühmt, von orthodoxen Muslimen getadelt worden: Er ließ ein *Ibādatkhāna*, „Haus des Gottesdienstes", erbauen, in dem er mit Vertretern der verschiedensten Religionen – Muslimen, Hindus, Jains, Buddhisten, Zoroastriern und seit 1580 auch Christen – jeden Freitag nacht diskutierte. Das Gebäude selbst ist noch nicht identifiziert; wir glaubten, es sei der Bau, der im allgemeinen eher als *Dīvān-i khāṣṣ*, d. h. als Empfangsraum für die näherstehenden Besucher, gilt. Denn dieses Gebäude könnte auch für andere Zusammenkünfte gedient haben: In seinem Zentrum erhebt sich eine gewaltige Säule, die sich zu einer viergeteilten Plattform ausbreitet; von anderen, sich ebenfalls in reichgegliederten Ringen erweiternden Säulen gestützt, ist die luftige Plattform mit kunstvoll durchbrochenem Gitterwerk umgeben. So wäre das Gebäude auch geeignet gewesen, um Diskussionen in kleinerem Rahmen zu führen. Wie dem auch sei, als wir auf einer der Plattformecken standen, dachte ich daran, wie Badauni, der als Dolmetsch und eine Art Sekretär an den Sitzungen teilnahm, berichtet, daß ein wohlmeinender Hindu-Raja bei einem Gespräch über den Koran strahlend bemerkt hatte, Gott müsse doch die Kuh sehr lieben, da er sonst wohl nicht das längste Kapitel des Korans nach ihr genannt hätte... Wir konnten uns das Gelächter seiner Gesprächspartner gut vorstellen.

Es ging bei solchen Religionsgesprächen aber durchaus nicht immer so fröhlich oder auch friedlich zu. Badauni erzählt:

> Eines Abends schwoll den *ulama* die Schlagader an, und es kam zu ziemlich gräßlichem Lärm und Tumult. Seine Majestät wurde sehr ärgerlich über dieses unverschämte Benehmen und sagte zu mir: „Künftig melde jeden der *ulama*, der Unsinn redet und sich

> nicht zu benehmen weiß, und ich werde dafür sorgen, daß er den Raum verläßt." Ich sagte leise zu Asaf Khan: „Wenn ich diesem Befehl nachkäme, dann müßten die meisten *ulama* den Saal verlassen!", als plötzlich Seine Majestät fragte, was ich gesagt hätte. Als er meine Antwort hörte, war er höchst angetan und erwähnte meine Bemerkung denen gegenüber, die nahe bei ihm saßen.

Während Badauni zu dieser Zeit Akbars Haltung noch billigte, wurde er von Jahr zu Jahr seinem Herrscher gegenüber ablehnender; denn als Folge einer Vision hatte sich der Kaiser einer zunehmend mystischen Frömmigkeit zugewandt und 1579 den berühmten *maḥżar* aufsetzen lassen, den europäische Historiker als eine Art „Unfehlbarkeitsdekret" bezeichnet haben: In ihm wurde festgestellt, daß der Herrscher die höchste Autorität in Fragen der Religion habe, ist er doch, wie sein Chronist Abul Fazl feststellte, wahrhaft der Vollkommene Mensch, von dem die Mystiker immer gesprochen, den sie erharrt hatten, und trägt in sich den göttlichen Königsglanz.

Drei Jahre nach dem *maḥżar* wurde die Stiftung des *dīn-i ilāhī*, der „göttlichen Religion", verkündet, einer eklektischen Religionsform, in der Akbar das ihm Liebste aus den großen Religionen übernahm – Verehrung der Sonne, des Feuers, gewisse Enthaltsamkeitsregeln u. a. Zum *dīn-i ilāhī* bekannten sich freilich nur wenige, die aus der unmittelbaren Umgebung des Herrschers stammten; manche hochstehende Vertraute, wie der Hindu-General Man Singh, lehnten es jedoch ab, sich einweihen zu lassen. So klein aber die Zahl der aktuellen Anhänger des *dīn-i ilāhī* gewesen sein mag, die allgemeine Neigung des Kaisers, sich mehr und mehr vom „orthodoxen" Islam abzuwenden, hatte doch eine gewisse Wirkung auf die Untertanen und, wie Badauni ärgerlich schreibt, führte dazu, „daß die islamischen Schulen leerer wurden als die Weinhäuser im Fastenmonat Ramadan". Und der arme Badauni selbst wurde zur gleichen Zeit wegen seiner vorzüglichen Sanskritkenntnisse damit betraut, das ‚Mahabharata' ins Persische zu übertragen, und stöhnte über den „infantilen Unsinn" dieses gewaltigen Werkes, in dem die mythische Geschichte Indiens wie in einem breiten, immer weiter ausufernden Strom erzählt wird – eines Werkes, das, wie er meinte, kein vernünftiger Mensch ernst nehmen könne.

Während wir darüber sprachen, ob eine künstliche Religion wie der *dīn-i ilāhī* wirklich helfen könnte, die verschiedenen religiösen Gemeinschaften des Subkontinents ineinander verschmelzen zu lassen, da ja jede von ihnen ihre festgefügte Sozialstruktur besitzt, die wiederum (wie schon Biruni im frühen 11. Jahrhundert in seinem Buch über Indien festgestellt hatte) wenig Gemeinsames mit der Struktur der anderen hat – während wir uns also tief in religionsgeschichtliche

Probleme versenkten, hörten wir vom Hof, auf den wir von unserer luftigen Plattform hinab blickten, ebenfalls lautes Gerede. Aber es war weder theologisches Arabisch oder poetisches Persisch, sondern echtes Sächsisch – eine Reisegruppe aus der damaligen DDR ließ sich die Wunder der Stadt erklären. Ihre heimatlichen Laute brachten mich wieder in die Gegenwart zurück.

Also wanderten wir weiter durch die Straßen, bestaunten die mannigfaltigen Stilarten, in denen sich die verschiedensten Elemente muslimischer Architektur, vor allem der von Gujarat, weiterentwickelt haben, sahen hier die Chimären und drachenartigen Stützbogen eines Daches, dort die feine geometrische Steinmusterung einer Mauer und blickten vom Rand des langgestreckten Hügels auf den kleinen See. Wir stellten uns den Poloplatz vor, auf dem der Herrscher die Geschicklichkeit der Spieler bewundert, aber auch Elefanten-, Stier- und Hahnenkämpfe beobachtet hatte. Das Gebell der Hunde, die zum Leidwesen der frommen Muslime in Akbars Zeit so zahlreich waren, klang noch heute durch die Gassen ...

Drunten im Tal verlor sich eine der Straßen in der Ferne – auf ihr hatte Kaiser Akbar viele Male die Wallfahrt nach Ajmer unternommen, um den Segen des Heiligen Muʿinuddin Chishti zu erflehen, seinem Mausoleum reiche Gaben zu bringen – und seine Nachfahren hatten diese fromme Sitte weitergeführt. Für einen Augenblick an diesem durchsichtigen Herbsttage schien Akbars Seele gegenwärtig zu sein. Schlug nicht sein Herz noch immer in dem perlgleichen Mausoleum Salims, um dessen bescheidenen Wohnsitz er eine Märchenstadt erbaut hatte? Eine Stadt freilich, die er bereits nach fünfzehn Jahren wieder verließ ...

Denn seine Gegenwart war im Nordwesten des Subkontinents notwendig, wo sich gefährlich scheinende Rebellionen unter den Pathanen zusammenbrauten. Lahore war der geeignete Platz, die Lage dort unter Kontrolle zu halten. Die meisten der Damen des Hofes blieben jedoch in Fathpur Sikri, und auch Akbar und seine Nachfolger kehrten hin und wieder dorthin zurück; ja selbst Festlichkeiten wie das traditionelle Wiegen des Kaisers oder der Prinzen an besonderen, oft von den Hofdichtern besungenen Festtagen wurden gelegentlich noch durchgeführt; das Gewicht in Gold, Silber oder Edelsteinen wurde dann für wohltätige Zwecke ausgegeben.

Aber langsam zogen sich die Bewohner der Stadt zurück; nicht aus Wassermangel, wie man lange glaubte, sondern weil sich das Schwergewicht des Imperiums von Agra und seiner Umgebung nach Delhi zu verlagern begann, das dann unter Akbars Enkel Shah Jahan zum „Herzen für Menschen und Geister“, zum Symbol muslimischer Kultur werden sollte.

Delhi

Hazrat-i Delhi, „das erhabene Delhi", besteht aus sieben Städten, sieben kulturellen Schichten, und der Besucher bemüht sich, diese Schichten zu erkennen, deren viele freilich unter den neuen Konstruktionen breiter Autostraßen und mächtiger Fly-over verlorengehen, wie das in allen großen historischen Städten des Nahen und Fernen Ostens geschieht.

Der türkische Militärsklave Iltutmish, der sich, wie so viele Militärsklaven (Mamluken), zum Herrscher des von ihm eroberten und verwalteten Gebietes gemacht hatte, erbaute in den ersten Jahrzehnten des 13. Jahrhunderts die große Moschee zum großen Teil aus Spolien von Hindu-Tempeln mit dem hochragenden Qutub Minar (Minarett und/oder Siegessäule?). Die arabischen Inschriften der Moschee und des Herrschermausoleums in höchst kunstvollem Flechtkufi sind fast die einzigen ihrer Art im Subkontinent (zumindest sind andere nicht erhalten). Ich war immer wieder entzückt zu sehen, wie sie den etwa zur gleichen Zeit entstehenden Inschriften im seldschukischen Anatolien (Diyarbekir, Konya, Sivas) ähneln: und ebenso wie man in den Kultbauten Konyas aus der Mitte des 13. Jahrhunderts meisterhafte Inschriften in Flechtkufi neben solchen in eleganter Kursive findet, ist auch das Qutub Minar mit gewaltigen Schriftbändern nicht nur in Kufi, sondern auch im kursiven Stil geschmückt. Niemals konnte man sich an diesen großartigen Sandsteinbauten sattsehen, die von der überströmenden Energie des ersten Herrschers zu künden scheinen – heißt doch seine Moschee mit Recht *Quwwat al-Islām*, „Stärke des Islam". Aber wir wanderten auch in der weiteren Umgebung umher, besuchten das einfache Mausoleum von Sultan Ghari, dem Sohn Iltutmishs – anstelle des früh verstorbenen Prinzen setzte der Fürst, im Einklang mit türkischen Sitten, seine Tochter Razia Sultana als Herrscherin ein, die vier Jahre lang das Land regierte. Überall in der von Dornbüschen und Sträuchern überwucherten Landschaft zwischen der großen Moschee und dem Flughafen entdeckte man mittelalterliche Ruinen, manche von bewegender Schönheit. Ebba Koch, die österreichische Kunsthistorikerin, mit der ich mehrfach solche Entdeckungstouren unternahm, erinnerte mich daran, daß diese Gegend zur Zeit der Mogulherrscher ein bevorzugtes Jagdrevier gewesen war – jeder der großen Kaiser war auch hierher zum Jagen gekommen, wenn er von Agra aus Delhi besuchte.

Man kann vom Qutub Minar aus in das nahegelegene Mehrauli fahren, wo der Heilige Bakhtiyar Kaki seine letzte Ruhestätte gefunden hat – ein Mann, der in Iltutmishs Tagen aus Zentralasien gekommen war und gleichzeitig mit Muʿinuddin Chishti von Ajmer den Chishti-Orden in Nord-Indien eingeführt hatte. Er war der bevorzugte Heilige der pathanischen Herrscher im 14. und 15. Jahrhundert, und es mangelt nie an frommen Besuchern in dem baumumstandenen Hain; die Besucherinnen werden zu dem eingefriedeten Garten geführt, wo die weiblichen Familienmitglieder des Heiligen ruhen. Wie es sich gebührt, warf ich eine Handvoll Rosenblätter auf ihre Grabstätten. Bei jedem Besuch aber erzählten die Wächter, wie der greise Meister während seines Todeskampfes den Sängern gelauscht hatte, die sangen:

> Denen, die vom Dolche der Hingabe getötet sind,
> kommt jedesmal neues Leben aus dem Jenseits.

Schließlich, nachdem der Meister drei Tage lang ununterbrochen zwischen Leben und Tod geschwebt hatte, habe der Sänger sein Lied nach dem ersten Halbvers abgebrochen, und der Heilige sei nicht wieder aus dem Todesschlaf erwacht. Das war im Jahre 1235 – aber nach mehr als 750 Jahren wurde die Geschichte so erzählt, als sei sie erst gestern passiert.

In einem alten Stadtviertel besuchten wir die schwere Khirki-Moschee, die wie eine uneinnehmbare Festung wirkt, deren Inneres aber durch die teils überkuppelte, teils offene Bedachung ein seltsames Spiel von Licht und Schatten aufweist. Wir sahen Tughluqabad, auf einem Hügel gelegen. Das Mausoleum mit seinen für das 14. Jahrhundert typischen geböschten Mauern erinnert an Muhammad Tughluq, der von 1325 bis 1351 regierte – bis er am Indus im Kampf gegen einen Rebellen fiel. Von ihm schreibt der Historiker Barani, er habe immer einen Henker und einen Schatzmeister zu Seiten seines Thrones stehen gehabt, um einen Bösewicht gleich bestrafen, einen Frommen oder einen Bettler belohnen zu können. Muhammad Tughluq war ein Mann der Extreme, maßlos in seinem Herrschaftsanspruch, maßlos auch in seinem vergeblichen Versuch, sein Reich bis in das „kleinere Tibet“ (d. h. Ladakh) auszudehnen und durch die Verpflanzung führender Familien und Sufis aus Delhi nach Deogir im Dekkan seine Macht auch im Süden des Landes zu stärken. Maßlos, ohne Grenzen im Geben wie im Nehmen – so erscheint er in den Werken der zeitgenössischen Chronisten: besonders wichtige Aufschlüsse über das Leben an seinem Hofe verdanken wir dem marokkanischen Weltreisenden Ibn Battuta, der dort jahrelang als Richter wirkte.

Muhammad Tughluqs Nachfolger Feroz Shah ist in der schönen Anlage von Hauz Khass beigesetzt, einer weitläufigen Gruppe von religiösen und profanen Bauten, zum Teil überwuchert vom Grün. Und wenn wir manchmal einen Spaziergang durch die jetzt als Park gut gepflegten Lodi-Gärten machten, konnten wir die langsame Wandlung der Baustile durch die verschiedenen Dynastien erkennen: Die Gräber der von 1451 bis 1526 herrschenden Lodis bereiten in gewisser Weise schon die Ideale der Grabarchitektur vor, die sich nach dem Ende dieser Dynastie in Mogul-Indien durchsetzen sollten.

Besonders gern aber gingen wir zur Purana Qila, der „alten Festung" – allerdings in den letzten Jahren auch, weil neben dem hochragenden Tor dieser Palaststadt das Folklore-Museum eröffnet worden war, in dem man Handarbeit aus allen Teilen Indiens bewundern konnte: Jeden Monat wirkten dort Vertreter einer anderen Kunst – Weber und Töpfer, Holzschnitzer und Juweliere. Ach, es war ein so verführerischer Platz, daß ich nie der Versuchung widerstehen konnte, ein paar schöne Geschenke zu erstehen!

Purana Qila selbst war durch die große Moschee anziehend. Noch immer ist nicht völlig geklärt, wieweit das Palast-Gebiet von den Lodi-Sultanen entwickelt, wieweit es dann von dem Mogulkaiser Humayun in seiner ersten kurzen Regierungszeit erweitert wurde. Mich interessierten vor allem die arabischen Inschriften im Marmor der Nischen und Türbögen und an den Säulen der Vorhalle, da sie einen ungewöhnlichen Duktus hatten, ähnlich dem sogenannten Bihari-Stil, in dem im Subkontinent jahrhundertelang Koranexemplare kopiert wurden. Bei jedem Besuch entdeckte man neue Ornamente und neue Inschriften, die der sonst eher schwerfällig wirkenden Moschee eine seltsame Anmut verliehen.

Als Humayun von seiner Flucht nach Iran 1555 nach Delhi zurückkehrte, war Purana Qila wohl sein wichtigster Aufenthaltsort; hier starb er bereits im Januar 1556 durch den Sturz von der Treppe seiner Bibliothek. Aber während seines kurzen Aufenthaltes in Delhi gab es ein bemerkenswertes Ereignis: Der osmanische Admiral Sidi Ali Reis kam hierher, und der Kaiser besuchte mit ihm die für ihn wichtigsten Stätten der Residenzstadt, nämlich die Gräber der Heiligen Bakhtiyar Kaki und Nizamuddin Auliya. Die Beziehungen indischer Fürsten zu den Osmanen gehen so weit zurück: da sich der osmanische Herrscher nach dem Sieg über die ägyptischen Mamluken 1517 den Titel „Kalif" zugelegt hatte, galt er den Frommen als der legitime „Oberherrscher aller Muslime", obgleich das, historisch gesehen, eine Fiktion war; der Kalif hat im Islam keine „päpstliche", geistliche Macht: Doch diese Vorstellung von der besonderen Stellung des Kalifen zusammen mit der allgemeinen Sympathie für die Türken – schließlich waren die Moguln ja auch türkischer Abkunft! – schuf eine ganz einzigartige Verbindung zwischen den beiden Großreichen, die durch das schiitische Iran wie durch einen Keil getrennt waren. Nicht nur politisch, sondern auch literarisch bestanden Beziehungen; die indopersische Dichtung beeinflußte die osmanische Poesie des 17. Jahrhunderts tief. Die freundschaftlichen Beziehungen der muslimischen Inder mit den Türken vertieften sich sogar noch, als das Mogulreich 1857 unterging; dafür zeugt unter anderem die aktive Unterstützung der Türkei durch die indische Medical Mission im Balkankrieg 1911–12. Und als Kemal Atatürk die Türken 1922 in die Freiheit führte, war in Indien gerade die Kalifatsbewegung auf ihrem Höhepunkt; denn man sah es als Schmach an, daß indische Muslime im Ersten Weltkrieg unter britischem Kommando gegen die türkischen Glaubensbrüder zu kämpfen hatten – nun wollte man zumindest den türkischen Sultan-Kalifen als „geistigen" Oberherrn anerkennen. Doch trotz der Bemühungen führender indischer Muslime, darunter des Aga Khan, ließ Atatürk den 1923 abgesetzten osmanischen Sultan nicht als „Kalifen" wirken, sondern schaffte das Kalifat im März 1924 ab. Die Kalifatsbewegung, die erste weithin populäre Bewegung indischer Muslime, endete ohne Erfolg; sie hatte große Opfer gefordert, und nur wenige der in Verzweiflung aus Britisch-Indien auswandernden Tausende, vielleicht sogar Zehntausende von Gläubigen fanden eine neue Heimat in Zentralasien.

All diese Gedanken gingen uns durch den Kopf, wenn wir durch Humayuns Anlagen in Purana Qila schlenderten und immer wieder die hübsche achteckige Bibliothek betrachteten, deren roter Sandstein im Abendlicht von innen zu glühen schien.

Noch mehr aber liebten wir Humayuns Grab, nicht weit von Nizamuddin Auliyas Mausoleum gelegen. Man konnte sich nicht sattsehen an dem gewaltigen oktagonalen Gebäude, das in seiner raffinierten Konstruktion 124 überwölbte Räume enthält, die alle auf geheimnisvolle Weise miteinander verbunden sind. Der neunfältige Plan – das Zentrum mit dem Königsgrab, und acht darumgelagerte Hauptteile – ist eine typische Form des Mogulmausoleums: Immer neue Nischen und unerwartete Durchblicke überraschen den Besucher, der von diesem Inneren ebenso fasziniert ist wie von der äußeren Anlage des Gebäudes. Es erhebt sich auf einer Plattform, so daß es sich in den vorgelagerten Teichen des Gartens spiegelt; die Verbindung von rotem Sandstein und weißem Marmor bildet das Modell für die dynastischen Bauten der folgenden Generationen.

Denn Humayuns Grab war für fast ein Jahrhundert das eigentliche Kernstück von Delhi. Wann immer die Herrscher aus der jeweiligen Hauptstadt – sei es Agra, Fathpur Sikri oder Lahore – nach Delhi kamen, besuchten sie diesen Platz, der geradezu wie ein Heiligengrab geschätzt, dem Mausoleum Nizamuddins fast gleichgestellt wurde. „Sehen Sie," erklärte mir Ebba dort, „Akbar und Jahangir unternahmen bei jedem Besuch eine wohlchoreographierte Tour: Zunächst wurde Humayun besucht, dann Nizamuddin. Die Verbindung des leuchtenden Rot des Sandsteins mit dem „geistigen“ Weiß der Kuppel konnte symbolisch verstanden werden: als Verbindung von eigener Macht und göttlich geschenktem Glanz der Mogulherrscher.“ In der Tat, die weiße Marmorkuppel gibt dem breit dahingestreckten Bau etwas Ätherisches. „Es ist der einzige Bau“, fuhr Ebba fort, „der von Shah Jahans Hofdichter Kalim gepriesen wird; er sieht in der Tatsache, daß das Mausoleum auf einer Plattform steht – einem *kursī*, was ja auch „Thron“ bedeutet –, einen Hinweis darauf, daß hier der wahre Besitzer des kaiserlichen Thrones ruht, und erkennt den herrscherlichen Glanz des Kaisers an, obwohl er als historische Figur eigentlich recht schwach war. Das aber heißt, für die Nachkommen Humayuns war dieses Mausoleum das Symbol ihrer legitimen Macht, das Herzstück Delhis, selbst als sie gar nicht mehr hier residierten ...“

Nicht weit vom Mausoleum, durch einen von tiefhängenden Bäumen überwachsenen Pfad zu erreichen, lag ein kleines Sufi-Heiligtum. Mit einer frommen indischen Freundin besuchte ich es einmal, sah ein anderes Mal auch den damals dort lebenden blinden Hakim, einen Arzt, der – fast hundertjährig – seine Patienten auf die alte islamische Weise behandelte, die Diagnose nur aus dem Puls zu stellen: ein begnadeter Weiser, ein Mystiker, der mit seinen Pillen, in denen Gold, Silber und pflanzliche Stoffe aller Art gemischt waren, eine Anzahl meiner Bekannten von langwierigen Leiden völlig geheilt hat. –

Als Akbar nach dem frühen Tod seines Vaters die Regierung übernahm, verlor Delhi seine wichtige Rolle; Agra, Fathpur Sikri und Lahore waren die Regierungssitze zu seiner Zeit und in den Tagen seines Sohnes Jahangir, und erst unter Shah Jahan wurde Delhi wieder von einem „geistigen“ Mittelpunkt zur eigentlichen Hauptstadt. Shah Jahan, der größte Bauherr unter den Mogulkaisern, erbaute den Shahjahanabad genannten Teil der Stadt, die große Moschee und das Rote Fort, das nun zum Symbol der Mogulmacht wurde.

Aber noch mehr ist sein Name, zumindest im Bewußtsein der westlichen Besucher, mit dem Taj Mahal verbunden, den er seiner geliebten Gemahlin Mumtaz Mahal zu Ehren errichtete. *Taj Mahal* ist eine Umformung von *Mumtāz Maḥal*, wie der Ehrentitel der Kaiserin lautete – „Die Erlesenste des Palastes“; denn in vielen indischen Sprachen werden das weiche z und das j vertauscht; der Gleichklang mit *tāj*, „Krone“, machte die Umformung noch treffender. Das Mausoleum für die 1631 im Kindbett verstorbene Mumtaz Mahal wurde in fünfzehn Jahren am Ufer der Jumna errichtet und ist zum Inbegriff märchenhafter indischer Architektur geworden. Vielleicht aber begreift man die ganze Größe des Bauwerkes erst, wenn man es nicht als im Wasser der Gartenkanäle scheinbar schwebend gespiegeltes Einzeldenkmal sieht, sondern als Krönung eines komplexen Planes von Moschee, Pavillons und Gartenanlagen, oder auch, wenn man die überaus feinen Marmorreliefs von Blüten und Arabeskenwerk an den Wänden näher betrachtet und gewahr wird, wie wundervoll die arabische Inschrift ist, deren makellose arabische Lettern aus schwarzem Marmor in absoluter Vollkommenheit das große Tor umgeben.

Wenn ich Agra besuchte, so nicht nur wegen des Taj Mahal, der in jedem Licht seine Schönheit ausstrahlt, sondern auch, weil ich das Mausoleum von Jahangirs Schwiegervater, Itimad ad-daula, besonders gern habe. Wie ein marmornes Schmuckkästchen mit überreichen Steinintarsien liegt es still in einem Garten auf dem anderen Ufer der Jumna, nicht heimgesucht von den riesigen Schwärmen der Touristen. Kaiserin Nur Jahan liebte offenbar langgestreckte, ziemlich flache Mausoleumsbauten ohne hochragende Kuppeln – das ihres Vaters und das ihres Gatten Jahangir folgen ähnlichen Modellen.

Der älteste Sohn Shah Jahans und Mumtaz Maḥals, Dara Shikoh, versuchte, wie sein Urgroßvater Akbar, Islam und Hinduismus auf mystischer Grundlage zu verbinden und übersetzte sogar die Upanishaden ins Persische; sein jüngerer Bruder Aurangzeb aber, ein ehrgeiziger Politiker und Kämpfer, der stärker zur legalistischen Interpretation des Islams neigte, ließ den „Ketzer" Dara Shikoh 1659 hinrichten und räumte auch seine beiden anderen Brüder aus dem Weg.

Mystischer, in die indische Welt integrierter Islam und aktiver, mekka-orientierter Islam, der die Eigenständigkeit muslimischer Kultur betonte, inklusiver und exklusiver Monotheismus waren durch alle Jahrhunderte im Subkontinent zu finden: In unserem Jahrhundert kann man sie in den Gestalten von Abul Kalam Azad und Muhammad Iqbal erkennen. Der eine wollte die islamischen Fäden nicht aus dem Gewebe indischer Kultur trennen; der andere erträumte ein eigenes Gebiet für die Muslime im Nordwesten des Subkontinents, das sich ja dann auch in Pakistan verwirklichte.

Mumtaz Maḥal ist glücklich zu preisen, daß sie die leidvolle Entwicklung der nächsten Jahrhunderte nicht mitzuerleben brauchte. Ihre älteste Tochter Jahanara, ihre Enkelinnen Zeb un-Nisa und Zinat un-Nisa aber waren, trotz der durch ihre königliche Würde bedingten Abschließung, Künstlerinnen und Mäzeninnen von Künstlern und Gelehrten; und erst langsam sieht man, wie groß die Rolle der Damen des Hofes bei der Planung und Ausführung von Bauvorhaben war: Delhi, Agra, Lahore sind geprägt vom wechselnden Geschmack der Moguldamen. Ohnehin ist die Rolle der Frauen im indischen Islam besonders interessant: Schon 1236 setzte der erste Herrscher von Delhi, Iltutmish, ja seine Tochter Razia als Nachfolgerin ein; die Geschichte kennt den Namen der energischen, tapferen Königin Chand

Bibi von Ahmadnagar, die 1600 von den eigenen Offizieren ermordet wurde, und in Bhopal leiteten seit der Mitte des 19. Jahrhunderts kluge Pathanendamen, die Begums von Bhopal, den Staat bis in das 20. Jahrhundert. Die Rolle der muslimischen Frauen im Freiheitskampf gegen die britische Kolonialherrschaft wird oft unterschätzt; ein charmant und fesselnd geschriebenes Buch wie Begum Ikramullahs Autobiographie 'From Purda to Parliament' (1964) ist eines der besten Zeugnisse für diese Entwicklung . . . so daß Politikerinnen wie Benazir Bhutto und Syeda Abida Hussain in Pakistan und politisch aktive Frauen in Bangla Desh, wie Khalida Zia, durchaus keine Ausnahmen sind – so schwierig auch die Lage vieler Musliminnen im Subkontinent infolge eines falsch interpretierten Verständnisses von Koran und Überlieferung sein mag. Doch hatte nicht die am strengsten islamisch ausgerichtete Gruppe in Pakistan, die Jamaat-i Islami, sogar Fatima Jinnah, die Schwester des ersten Präsidenten Pakistans, als Kandidatin für die Präsidentschaftswahlen 1967 aufgestellt?

Doch zwischen den Tagen der Mogulprinzessinnen und der Aktivität der muslimischen Frauen unserer Zeit liegt eine lange Periode ständigen Niedergangs. Die Geschichte Delhis im 18. Jahrhundert ist von Machtkämpfen und Bürgerkriegen, von Plünderungen und politischen Katastrophen erfüllt. Aus dem durch Aurangzebs Eroberungspolitik überdehnten und daher nicht mehr handlungsfähigen Reich, das für wenige Jahrzehnte auch den Dekkan umfaßte, löste sich im Osten das Reich der Nawwabs, später Könige, von Awadh mit den Zentren Fayzabad und Lucknow; im Süden machte sich der Nizam von Hyderabad selbständig. Delhi wurde von Freund und Feind geplündert, und mit Recht seufzt einer der großen Urdu-Dichter dieser Zeit, der Satiriker Sauda:

> Wie könnte man im Schlaf die Augen schließen,
> Wenn Unglück selber wacht aus Furcht vor Dieben?

Der traditionelle persische Ausdruck vom „wachen Glück", das ist das Glück, das dem Menschen lacht, wird hier genial umgedreht in die Vorstellung des „wachen Unglücks", das – selbst von Furcht überschattet – doch niemals die Augen schließt und sich so, wie ein immer waches Raubtier, auf die Menschen stürzt.

Die Macht der Briten dehnte sich seit 1757 aus, und auch Shah Alam II., der von den Briten 1759 zum Kaiser gekrönt und 1771 aus dem Exil nach Delhi zurückgekehrt war, hatte keine Möglichkeit einzugreifen. Er schrieb Verse unter dem Dichternamen Aftab, „Sonne", doch als ihn der rachsüchtige Rohilla Ghulam Qadir 1788 geblendet hatte, war er nur noch eine „blinde Sonne". Tastend über den Samt seines Thronsessels und auf den Höfling wartend, der ihm seinen

Gedichtband bringen soll – so sahen ihn die Mogulmaler Delhis. Erst 1806 starb er, und während unter seinen beiden Nachfolgern die Briten von Bengalen aus Stück für Stück die Gebiete von Sind (1843) und dem Panjab (1849) eroberten und 1856 auch dem Königreich von Oudh (Awadh) ein Ende bereiteten, herrschte im Roten Fort noch Bahadur Shah mit dem Dichternamen Zafar, „Sieg". Ob man seine Rolle in dem von beschäftigungs- und nutzlos herumwimmelnden Prinzen gefüllten Palast als „Herrschen" bezeichnen kann, ist eine andere Frage. Doch wenn der Gründer des „Hauses von Timur", Babur, einst einen besonderen *khaṭṭ-i Bāburī*, „Baburs Schriftstil", erfunden hatte, so zeichnete der letzte des Hauses immerhin noch elegante kleine Bäume und Gesichter aus sinnvollen arabischen oder persischen Sätzen und Gebetsformeln; und wenn Babur seine Memoiren in kraftvollem Türkisch geschrieben hatte, so war auch sein letzter Erbe ein guter Dichter, der bezaubernde Lieder in Urdu schrieb, die bis heute gern vorgetragen werden. Bahadur Shah wurde schließlich zum Opfer der Mutiny, des Militäraufstandes von 1857: Der Greis, der in Delhi unter dem Druck des Militärs noch einmal versucht hatte, eine gewisse Macht zurückzugewinnen, wurde abgesetzt, seine Söhne vor seinen Augen erschossen, er selbst nach Rangun verbannt, wo er drei Jahre später in Armut und Elend starb. Wie sagt er doch in seinem Abschiedsgedicht?

Nicht bin ich jemandes Augenlicht,
    nicht jemandes Herzensruh.
Ich bin, die andern nie Nutzen bringt,
    die Handvoll Staubes nur.
Ich habe nicht Form noch Farbe mehr,
    entrissen mir der Freund.
Die Frühlingszeit eines Hags bin ich,
    vom Herbst zerstöret, nur.
Ich bin für dich kein Geliebter mehr
    und bin ein Rivale nicht:
Vernichtetes Lebensglück bin ich,
    verödete Landschaft nur.
Ich bin kein herzerquickender Sang,
    dem du voll Freude lauschst,
Nur eines zutiefst Gequälten Laut,
    der Leidenden Seufzer nur.
Wer spricht für mich noch ein Bittgebet?
    Wer bricht ein paar Blumen mir?
Wer zündete eine Kerze für mich?
    Der Ohnmacht Grab bin ich nur!

Die Wohnviertel der Aristokratie in Delhi-Shahjahanabad wurden nach 1857 abgerissen; dann wurde Delhi im Laufe der nächsten Jahrzehnte in eine großzügig angelegte britische Verwaltungskapitale verwandelt, deren weite Straßen zu Regierungsgebäuden führen, die in ihrer roten Sandsteinarchitektur den Mogulbauten nachempfunden sind. 1911, beim Staatsbesuch des britischen Herrschers, war die neue Stadt vollendet.

Meine Beziehungen zu Delhi, das ich erstmals im Herbst 1958 kurz besuchte, lassen sich auf einen einfachen Nenner bringen: Als ich 1966 den Lehrstuhl für Indo-Muslim Culture in Harvard erhielt, mußte ich zunächst Literatur kaufen, denn Harvard besaß nur eine Handvoll Urdu-Bücher. Meine Aufgabe – zumindest offiziell – bestand darin, die berühmten Dichter des Urdu, Mirza Asadullah Ghalib (1797–1869) und den großen Lyriker Mir Taqi Mir (gest. 1810), zu erforschen, und, mehr als das, im Westen bekanntzumachen – so wollte es der Stifter des Lehrstuhls, ein indischer Muslim, genaugenommen ein Pathane, der sein Vermögen durch die nützliche Erfindung des *Minute Rice* (ein vorgekochter Beutelreis) erworben hatte. Deshalb mußte ich natürlich mit Ghalib-Spezialisten in Verbindung treten und die Stadt, in der er den größten Teil seines Lebens verbracht hatte und wo er, nahe Nizamuddin, begraben ist, besser kennenlernen. Mein erster „offizieller" Besuch in Delhi ist mir vor allem dadurch in Erinnerung geblieben, daß ich dabei den damaligen indischen Staatspräsidenten Dr. Zakir Husain traf. Er gehörte zu jenen indischen Muslimen, die nach dem Ersten Weltkrieg nicht, wie die meisten Inder, an britischen Universitäten studierten, sondern, um ihre Aversion gegen die britische Herrschaft auszudrücken, zum Studium nach Deutschland gingen. Zu dieser Gruppe gehörten auch Raziuddin Siddiqi, Heisenberg-Schüler und Gründungsrektor dreier pakistanischer Universitäten, sowie Salimuzzaman Siddiqui, der Chemiker, der die Rauwolfia chemisch analysiert und als wichtiges Medikament bekanntgemacht hat und noch im Winter 1991, ein gutes Stück über neunzig Jahre alt, täglich zum Chemischen Institut der Universität von Karachi kam, um dort zu arbeiten, wenngleich ihm die hochmoderne Technik, die jetzt dank deutscher und japanischer Hilfe in diesem Institut existiert, gewiß etwas fremd war. Aber das Wiedersehen mit ihm, der mir zusammen mit seiner deutschen Frau schon bei meinem ersten Aufenthalt in Karachi 1958 so viel Herzlichkeit entgegengebracht hatte, war bewegend. Salimuzzaman verdankte ich auch die Einführung bei Dr. Zakir Husain, einer der beeindruckendsten Persönlichkeiten, die ich im ganzen Subkontinent kennenlernte. Wir hatten ein langes Gespräch über Ghalib, Iqbal und über Mineralien, die er sehr liebte. Sein Bruder Yusuf Husain Khan, in Frankreich ausgebildet, befaßte sich viel mit indo-islamischer Mystik und vor allem mit Ghalib. Der dritte Bruder aber, Mahmud Husain, hatte für Pakistan optiert und war zeitweise Kultusminister sowie Rektor verschiedener Universitäten in Pakistan – typisches Schicksal einer hochgebildeten muslimischen Familie im Subkontinent!

Während meines Besuchs bei Dr. Zakir Husain sprachen wir davon, wie unmöglich es ist, die Poesie Ghalibs einem nicht vorgebildeten westlichen Leser wirklich nahezubringen. Und der gute Stifter des Lehrstuhls hatte sich doch eingebildet, sein Lieblingsdichter würde die Amerikaner genauso entzücken wie Omar Khayyam (in Fitzgeralds freier Nachdichtung) die Briten des 19. Jahrhunderts! Ins Hotel zurückgekehrt, versuchte ich mich zum ersten Mal an einem kurzen Urdu-Gedicht „unseres" Dichters:

> Ich möchte dorthin gehn, wo niemand mich kennt,
> Kein Mensch meine Sprache spricht, niemand mich nennt.
> Ich wünsche ein Haus ohne Wand, ohne Tor,
> kein Nachbar ihm nah und kein Wächter davor,
> und wenn ich erkranke, kein Mensch, der mich pflegt,
> und wo, wenn ich sterbe, kein Klaglaut sich regt.

Ich schickte dem Präsidenten die kleine Übersetzung, und sein Lob ermutigte mich dazu, mich nun wirklich in die „Ghalibologie" zu stürzen. Drei Jahre nach meinem ersten Besuch, als wir Anfang 1969 den hundertsten Todestag Ghalibs im naßkalten Karachi und im noch naßkälteren Delhi feierten, hatte ich Gelegenheit, die verschiedensten Interpretationen seines Werkes und seines Lebens zu hören, und ein Theaterstück, *Ghālib Bundar Road mẽñ*, zeigte mit kluger Ironie, wie der Dichter, der ein so verfeinertes Urdu und höchst raffiniertes Persisch geschrieben hatte, sich wohl jetzt auf der Bundar Road, Karachis Lebensader, fühlen würde, wo die Sprache so anders, Sitten und Gebräuche so verschieden von der minutiös vorgeschriebenen Etikette der Mogularistokratie waren . . .

Aber wer war dieser Dichter, den Iqbal tief verehrt hatte und der mein Leben veränderte, wenn auch in anderer Weise, als Iqbal es getan hatte, dessen dichterische Botschaft ich schon als junge Studentin mit Begeisterung empfangen hatte? Von Ghalib dagegen kannte ich aus meiner Studentenzeit nur ein paar Verse; denn in Berlin war 1926 sein 'Divan' in einer von Persern begründeten kleinen Druckerei erschienen: ein Büchlein, das mir während des Krieges in die Hand fiel und in den ersten Jahren meiner Harvard-Zeit mein treuer Begleiter blieb. Ghalib selbst, einer türkstämmigen Familie in Agra entsprossen, hatte seine „farbigen" persischen Verse seinem „farblosen" Urdu vorgezogen, und doch beruht auf diesen weniger als hundert, meist kurzen Urdu-Gedichten sein Ruhm im Subkontinent. Immerhin sagt er ja selbst einmal:

> Fragt dich jemand: „Wie kann Urdu lieblicher als Persisch sein?"
> Zeig ihm einen Vers von Ghalib, daß er sieht: „ So ist es, so!"

Je länger ich mich in seine Dichtung in beiden Sprachen einarbeitete, desto klarer wurde mir, daß man ihn nur richtig interpretieren kann, wenn man den gesamten Hintergrund der persischen und indopersischen Literatur kennt, all die rhetorischen Tricks, all die Bedeutungen, die ein einziges Wort haben kann, all die historischen und mythologischen Anspielungen. Da es zu meinen Aufgaben in den ersten Jahren in Harvard gehörte, englische bzw. amerikanische Versionen seiner Poesie kritisch zu prüfen, schüttelte ich oft verzweifelt den Kopf, wenn ich sah, wie Wortsinn und tiefere Bedeutung verwischt und verwandelt wurden. Wenn ein Übersetzer, dessen Muttersprache zwar Urdu war, der sich aber nie mit Poesie oder Islamkunde näher befaßt hatte, eine Rohübersetzung anfertigte und sie dann an amerikanische Dichter schickte, brauten diese etwas daraus, was zwar manchmal gute moderne amerikanische Lyrik sein mochte, aber der überaus verfeinerten Sprachkunst Ghalibs mit ihren Ober- und Untertönen nicht mehr ähnelte als ein Heubündel einem Rosenstrauß.

Aber nicht nur Ghalib brachte mich immer wieder nach Delhi. Freundschaften entwickelten sich, ähnlich wie in Lahore. Ich liebte nicht nur die klassischen Stätten vom Qutub Minar bis zu dem rokokohaften Grabmal Safdar Jangs, sondern auch die breiten, großzügig angelegten Straßen in der siebenten, der neuesten britischen Stadt, das bunte Leben um den Connaught Place, wo man so verführerische Läden sah. Und da mein getreuer Freund Shri Alfred Würfel, der seit 1935 in Indien lebte und jahrzehntelang die Kulturabteilung unserer Botschaft leitete, jeden interessanten Menschen und jedes interessante Geschäft in Delhi (und auch in Rajasthan) kannte, genoß ich die Stunden, in denen wir die verschiedensten Winkel der Stadt durchstreiften. Viele Jahre war sein gastfreies Haus mein wirkliches Zuhause in Delhi, und für viele deutsche und britische Besucher ist „Shri" tatsächlich etwas wie die Seele von Delhi.

Und wer könnte die Abende im Hause des Botschafters von Qatar vergessen, das wie ein – allerdings sehr luxuriöses – Beduinenzelt eingerichtet war, in dem man orientalischer Musik lauschte oder im Garten dahinter die zahmen Gazellen beobachtete! Wie sagt der arabische Vers?

Nicht jeder, der sich bemüht, kann eine Gazelle erjagen,
Doch wer die Gazelle erjagt, der hat sich sicher bemüht.

Ich bemühte mich sicher, bis mir eines der anmutigen Tiere Kartoffelchips aus der Hand fraß . . .
Aber natürlich bestand das Leben – wie in Lahore – durchaus nicht nur aus solchen Vergnügungen. Immer wieder gab es Vorträge in der Ghalib Academy nahe Nizamuddin oder im Indian Institute of Islamic Studies in Tughluqabad, dessen Direktor, S. A. Ali, und seine Familie mir Anregung und Gastfreundschaft boten. Das Institut wurde, wie viele andere Zentren islamischer Kultur in Delhi, gefördert von Hakeem Abdul Hakeem; sein Bruder widmet sich der gleichen Aufgabe in Karachi, wo er sein pharmazeutisches Zentrum leitet und wissenschaftliche Unternehmungen unterstützt (und niemals habe ich, bei aller Bewunderung für seine medizinischen Verdienste, verstanden, wie er es fertig bringt, selbst beim schlimmsten Monsun, bei staubigstem Wüstenwind, nach langen Reisen oder ermüdenden Sitzungen von Kopf bis Fuß in makellosem Weiß zu erscheinen – er dürfte wohl von einem unsichtbaren Schutzgeist vor aller Befleckung bewahrt werden).

Oft war der Max Mueller Bhavan, wie das Kulturinstitut in Indien im Gedenken an den großen deutschen Indologen Max Mueller heißt, mein Gastgeber; natürlich mußte ich in der weit im Norden der Stadt gelegenen Delhi Universität sprechen, und besonders gern besuchte ich die Jamia Millia. Diese Unterrichtsstätte war nach dem Ersten Weltkrieg von für Indiens Freiheit kämpfenden Muslimen zunächst in Aligarh gegründet, dann nach Delhi verlegt worden; man versuchte hier – vom Kindergarten bis zum College – eine liberale Erziehung einzuführen, an der Muslime wie Hindus gleichermaßen teilnahmen. Dr. Zakir Husain hatte hier gewirkt, und noch Jahrzehnte nach den schwierigen Anfangsjahren spürte man den Enthusiasmus, der vor allem die älteren Kollegen beseelte. In langen Unterhaltungen lernte man die kritisch-liebevollen Analysen indo-muslimischer Vergangenheit und Zukunft (einer ungewissen Zukunft freilich!) kennen, wie sie vor allem von dem ebenso gelehrten wie bescheidenen S. Abid Husain vertreten wurden.

Auch gab es Musikabende, in denen der Klang der Rohrflöte uns tief berührte, und es gab Ausflüge zu den großangelegten Farmen, in denen sich wohlhabende Inder und Amerikaner einen Freiraum vom turbulenten Leben der ins Uferlose wachsenden Stadt zu schaffen suchten. Und natürlich durfte bei meinem jüngsten Besuch der neuerbaute Bahai-Tempel nicht fehlen, der sich in einem von armseligen Hütten umgebenen Gelände wie eine riesige weiße Lotosblüte erhebt, die sich gerade öffnen will – wohl das schönste moderne Bauwerk des indischen Raumes. Und es gab Heiligengräber, immer neue, in denen sich die gesamte Geistesgeschichte Delhis wie in einem Brennspiegel zeigt . . .

VII. Heiligengräber in Nordindien

Die Heiligengräber Delhis

Wann immer ich nach Delhi kam, besuchte ich das Heiligtum Nizamuddin Auliyas, das, von winzigen und weder sauberen noch wohlriechenden Gäßchen umgeben, nahe einem modernen Teil der Stadt liegt: Meist schloß sich danach ein Besuch von Humayuns Grab und dem schönen Mausoleum des Khankhanan an, das – obgleich seit dem 18. Jahrhundert seiner Marmorverkleidung beraubt – eines der eindrucksvollsten Mausoleen der Mogulzeit ist, ja, einigen Kunsthistorikern sogar als Inspirationsquelle für den Taj Mahal gilt.

Bei Nizamuddin drängen sich die Besucher durch die Gäßchen, in denen – wie bei den meisten größeren Mausoleen – Blumenketten und Körbe voll Rosen und Jasmin feilgeboten werden und mehr oder minder kostbare Decken zum Verkauf stehen, die man dann über den Sarkophag legt oder legen läßt; besonders „würdige" Besucher wiederum erhalten diese Decken oder wenigstens ein Stück davon als Geschenk „um des Segens willen". Im Hof um das zierliche Mausoleum, das seine jetzige Form unter Shah Jahan erhielt, ruhen die verschiedensten Verehrer des Meisters. Kaum sichtbar ist das ungeschmückte Grab Baranis, der im 14. Jahrhundert in seiner Chronik und seinem Fürstenspiegel die Pflichten eines muslimischen Herrschers definierte: Er müsse den rechten Glauben schützen und verteidigen, und nur ein Mann aus türkischem Geblüt, keinesfalls ein neubekehrter Hindu, dürfe die höchsten Stufen der Herrschaft erklimmen. Barani hat damals deutlich die Haltung eines Teils der indischen Muslime ausgesprochen, die ihre kulturelle Identität besonders betonten, indem sie sich geistig an die religiösen Zentren Mekka und Medina, politisch an die turanische Heimat der herrschenden Elite gebunden fühlten.

Die Dichotomie zwischen den *ashrāf* und den *ajlāf*, der aus dem Westen bzw. Nordwesten im Laufe der Jahrhunderte eingewanderten Führungsschicht und den zum Islam bekehrten Hindus indischer Geburt, ist trotz aller Betonung der Gleichheit aller Menschen vor Gott, der Ablehnung von Kasten- und Rassenschranken durch den Islam immer in Indien spürbar gewesen. Seufzte nicht eine Freundin aus einer *sayyid*-Familie, daß ihre Tante, die so stolz auf ihre Abstammung vom Propheten gewesen war, nun neben einem Mirza begraben sei (der ja immerhin auch der Militäraristokratie angehörte!)?

Prinzessin Jahanara, Shah Jahans Tochter, freilich hatte vor nahezu 300 Jahren weder auf Geburt noch Rang geachtet; sie liegt in einem schlichten, mit feinen Marmorgittern umfriedeten offenen Grab inmitten der anderen Verehrer Nizamuddins. Und jeder Besucher wird die Grabstätte Amir Khusraus besuchen, der wegen seiner süßen persischen Verse als „Papagei Indiens" bezeichnet wird und den sein mystischer Meister Nizamuddin zärtlich „Gottes Türke" nannte: Denn er war der Sohn eines türkischen Offiziers und einer Inderin – doch „Türke" bezeichnete in der damaligen persischen Sprache auch den Geliebten. Amir Khusraus Gedichte wirken freilich nicht wie die Worte eines in Gottesliebe versunkenen Mystikers, wenn er auch hochfliegende Verse auf seinen Meister geschrieben hat, „um dessen Wohnsitz die Engel gleich Tauben fliegen". Seine Lyrik ist charmant und höchst kunstreich; seine Lobgedichte besingen sämtliche Fürsten, die nacheinander auf den Thron von Delhi gekommen waren, ganz gleich, ob sie ihrem Vorgänger auf legitime Weise, durch Intrigen oder gar durch Mord folgten; in seinen persischen Epen behandelt er nicht nur wie Hunderte anderer Poeten dieselben Themen, die Nizami anderthalb Jahrhunderte zuvor in seinem poetischen ‚Quintett', der *Khamsa*, dargestellt hatte, sondern auch zeitgenössische Ereignisse: Damit wurde er zum Schöpfer eines neuen literarischen Genres, in dem, gewissermaßen journalistisch, wichtige Begebenheiten am Hofe von Delhi berichtet wurden. Sein umfangreiches Buch über persische Epistolographie schließlich führt den Leser in die Ausdrucksformen verschiedener sozialer Schichten ein, zeigt aber demjenigen, der das Werk geduldig aufdröselt, auch die erstaunliche Versatilität des Dichters, der in den verschiedensten Wissenschaften und Künsten zu Hause war (so spielt z. B. die Astrologie eine wichtige Rolle, war sie ja ein Teil mittelalterlicher Kultur). Da Amir Khusrau als junger Mann mit dem damaligen Kronprinzen, Sultan Balbans Sohn, das nördliche Indien durchreist hatte, kannte er das Land von Multan bis Bengalen gut genug, um treffende Bemerkungen über Sitten und Gebräuche, ja auch über sprachliche Eigenheiten der einzelnen Provinzen und ihrer Bewohner zu machen. Daß ich in Islamabad bei einer Amir-Khusrau-Konferenz seine nicht gerade schmeichelhafte Beschreibung des Pashto, wie es im späten 13. Jahrhundert von pathanischen Soldaten nahe Multan gesprochen wurde, erwähnte, zog mir den Zorn einiger pathanischer Hörer zu, die sich noch nach sieben Jahrhunderten diskriminiert fühlten.

Amir Khusrau liebte Indien – der „indische Papagei" wurde nicht müde, die Schönheit seiner Heimat immer wieder zu beschreiben oder auf sie anzuspielen. Doch ist seine Schilderung jetzt etwas überholt, wenn er singt:

Wie glücklich, Hindustan, im Glanz der Religion,
wo jeder ehrt und schätzt das göttliche Gesetz . . .
In der Gelehrsamkeit gleicht Delhi Bukhara,
Die Herrscher zeigen klar die Stärke des Islam . . .
Ein wundervolles Land, das Muslims rings erzeugt,
Wo selbst der Fisch im Strom ein guter Sunni ist! . . .

Der Hof von Nizamuddins überkuppeltem Marmormausoleum ist immer von Musik erfüllt. Denn es war eben jener Amir Khusrau, der die Grundlagen der indische und nahöstliche Traditionen verbindenden Hindustani-Musik geschaffen haben soll und dem man auch die Erfindung der Sitar, des volltönenden Saiteninstruments, zuschreibt, das eine so zentrale Rolle in der nordindischen Musik spielt. Und jeder, der einmal ein *qawwali* – jene von einer meist kleinen Gruppe von Sängern und Instrumentalisten ausgeführten religiösen Musik – gehört hat, wird finden, daß Verse Amir Khusraus, oft seltsam verfremdet und mit anderen Themen verknüpft, vorherrschen: denn seine schönsten Lieder sind durch ihre rhythmische Form singbar und einprägsam. Immer wieder erklingt das Loblied auf den Propheten Muhammad, der am Ende als Schenke des berauschenden Himmelsweines erscheint:

Ich weiß es nicht, welch Platz es war,
der nächt'ge Platz, an dem ich war . . .
Muhammad war der Schenke dort,
am nächt'gen Platz, an dem ich war!

Als Nizamuddin Auliya 1325 starb, schrieb sein Freund und Jünger ein kurzes Gedicht in Hindwi, der Volkssprache, die damals schon hin und wieder in mystischen Liedern verwendet wurde:

Auf dem Lager schläft der Liebste,
schwarzes Haar bedeckt sein Antlitz.
Khusrau, geh auch du nach Hause,
denn die Nacht bedeckt die Welt!

Wenig später folgte er seinem greisen Meister nach und wurde nahe seinem Mausoleum beigesetzt. Doch als der schwache, ausschweifende Mogulherrscher Muhammad Shah 1748 starb, begrub man ihn ausgerechnet zwischen den Grabstätten Nizamuddins und Amir Khusraus; die Bewohner der in den folgenden Jahrzehnten immer wieder von Unglück und Plünderung heimgesuchten Stadt meinten, daß die „Moguldämmerung" deswegen so vernichtend über sie hereingebrochen sei, weil man durch diese Entweihung die innige Verbindung zwischen Jünger und Meister, zwischen Liebendem und

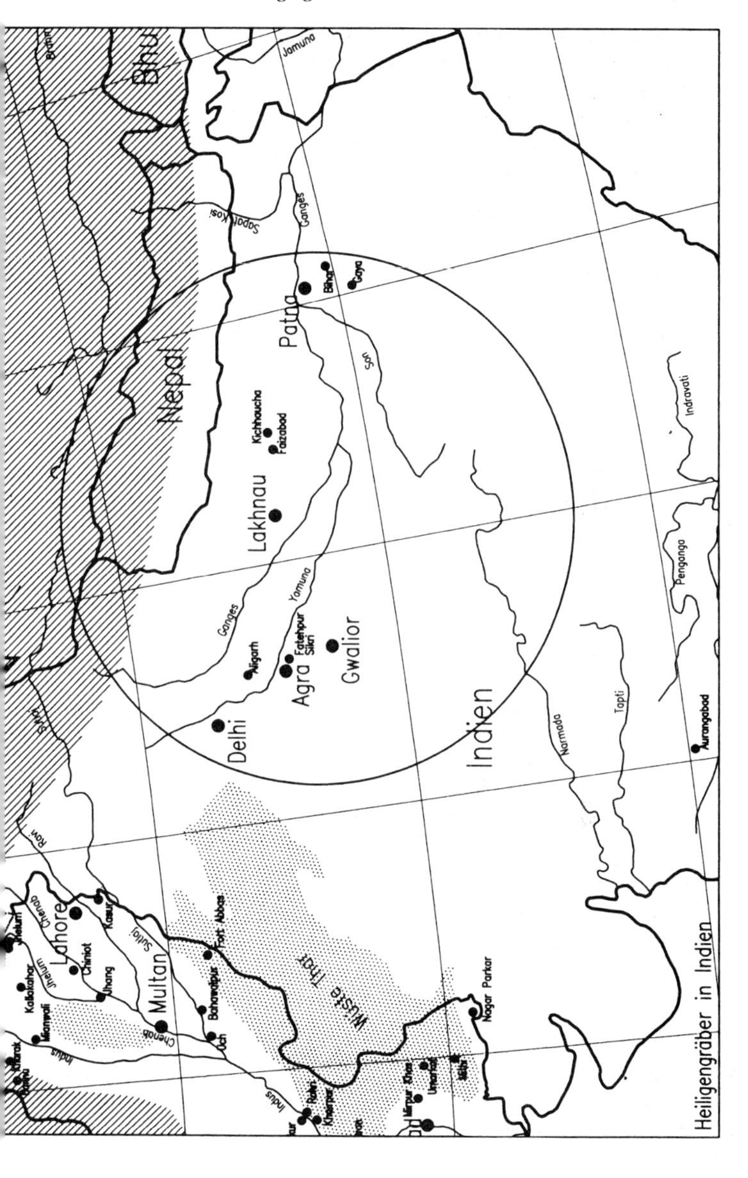

Heiligengräber in Indien

Geliebten unterbrochen hatte, so daß der Strom des Segens nicht mehr fließen konnte.

Wann immer wir das Mausoleum Nizamuddins besuchten, streute irgend jemand Rosenblätter auf den von einer Balustrade umgebenden Sarkophag, umkreiste ihn andachtsvoll. Frauen waren hier, wie auch sonst bei Qadiri- und Chishti-Gräbern, im Inneren nicht zugelassen. Die Sänger im Hofe sangen Lieder der Sehnsucht, in engen Tonschritten, bewegt, als rausche der Wind durch ein Röhricht. Manchmal kam ein Mann mit einem großen Tablett voller Süßigkeiten, die er ins Innere trug und, nachdem er des Segens gewiß war, unter Gebeten an die Umstehenden verteilte. Manchmal setzten wir uns einfach auf die Marmorplatten oder die Schwelle der angrenzenden roten Sandsteinmoschee aus dem frühen 14. Jahrhundert und beobachteten, wie die Männer sich an die Balustrade klammerten oder die Eingangsschwelle küßten, die unsere profane Welt von der des Gottesfreundes trennt. Viele der Männer und Frauen, die den Hof füllten, kamen täglich und hatten oftmals eine geradezu persönliche geistige Freundschaft mit dem Heiligen entwickelt, der sie im Traum und durch Visionen auf ihrem Pfad leitete – ganz so, wie er zu Lebzeiten, einsam und in Armut lebend, seine Zeitgenossen geleitet und, die Gesellschaft der Mächtigen verschmähend, aus Meditation und Gebet seine Kraft geschöpft hatte. Das hatte er von seiner frommen Mutter gelernt, noch ehe er, hochbegabter Student der „äußeren" Wissenschaften, durch die Begegnung mit Fariduddin Ganj-i Shakar in Pakpattan zu einem der ganz großen Seelenführer des mittelalterlichen Indien wurde.

Manchmal besuchten wir den *sajjādanishīn*, den jetzigen Leiter des Konvents, plauderten mit dem hochgewachsenen Mann, der durch seine hohe gelbe Derwischmütze noch imponierender aussah, diskutierten mit ihm Fragen mystischer Literatur oder moderne politische Probleme und wurden dabei mit Früchten und Tee gestärkt. Freilich war er etwas erstaunt, als ich auf dem Rückweg von seinem Haus nicht widerstehen konnte, mir eine ganze Reihe der modernen Devotional-Drucke zu kaufen, die für ein paar Pfennige an der Straße angeboten wurden. Doch wo würde ich wieder so herzzerreißend kitschige Darstellungen von Buraq, dem Wunderreittier des Propheten, finden, oder ein Bild der Kaaba, auf dem im Vordergrund ein kleines Mädchen, zum Himmel blickend, die Hände zum Gebet öffnet? Nein, diese moderne Volkskunst war zu verlockend. Nur ein Gegenstück zu einem in Lahore erstandenen Bild fand ich leider nicht: Auf dem nämlich war König Faisal im Paradiese abgebildet, umgeben von Pfauen, Huris, Bananen- und Blumenkörben, und Raffaelsche Engel sowie eine Himmelsjungfrau, die an Bilder der Madonna von Lourdes erinnerte, lächelten um ihn herum . . .

Einmal ging ich mit einem Frommen – einem Akademiker und Journalisten –, der selbst dem Chishti-Orden angehörte, zum Heiligtum. Ich hatte ihn bei einer Tagung getroffen, in deren Verlauf er mir versprach, mich zu verschiedenen heiligen Stätten zu führen. Seinen Namen habe ich vergessen, aber ich sehe ihn noch vor mir: ein hagerer Mann mit dunklem lockigen Haar und Bart, eine kleine Derwischmütze auf dem Kopf und mit durchdringenden, unendlich tiefen Augen – ein Mann, dem man ansah, wie tief er in die Geheimnisse des mystischen Pfades eingedrungen war. Am Ende unserer Besuchswanderung durch Delhi führte er mich in sein Haus (der Taxifahrer war höchst indigniert, daß er in eine der engen Altstadtstraßen einbiegen mußte). Wir traten durch ein weites Portal, und ich bekam einen Eindruck von dem traditionellen Wohnstil; man geht durch einen dämmrigen Gang in einen Hof, um den eine Anzahl von Räumen gruppiert sind. Irgendwo brannte ein Herdfeuer, an dem eine zerbrechliche Frau etwas besonders Feines für mich bereitete. Der Derwisch ließ mich an einem wackligen Tisch Platz nehmen, hinter dem ein kleines Bücherregal mit alten Zeitungen und mystischen Traktaten zu sehen war. Auf dem Regal stand ein plärrendes Transistorradio; es spielte etwas, das wie Bach klang, und dazu tanzten drei niedliche graubraune Mäuslein – jawohl: auf dem Regal! –, die sich nachher auch sehnsuchtsvoll im Reigen um unsere Teller drehten. Ich aß, dankbar und ergeben, und noch immer schmerzt mich die Vorstellung, wieviel sich die Familie wohl vom Munde abgespart hatte, um mich zu verwöhnen ...

Einige Jahre später sah ich meinen Gastgeber wieder. Er ließ mich durch einen Freund aus einer Sitzung holen, an der ich – ohnehin nicht sehr enthusiastisch – gerade teilnahm. Er selbst lag in dem anderen Raum seines Hauses auf einem armseligen Lager, von Wellensittichen und anderem Getier umschwirrt, hatte ein paar mäuse-angeknabberte persische und Urdu-Bücher bei sich und war noch durchsichtiger, noch jenseitiger geworden. Als ich ihn nach kurzen Minuten verließ, ahnte ich, daß er bald in jene Welt des Lichtes gehen würde, die zu erreichen er sich auf diesem unvollkommenen Stück Erde sein Leben lang bemüht hatte.

Ich dachte in den folgenden Jahren manches Mal an ihn, als ich mich mit einem seiner Delhier Landsleute, Khwaja Mir Dard, beschäftigte. Irgendwann hatte ich Dards Zeilen gelesen:

> Ach Tor du! Wenn wir sterben,
> wird dies bestätigt werden:
> Ein Traum war, was wir sahen,
> was wir gehört, ein Märchen.

Und, getroffen von diesem einfachen Vers, hatte ich beschlossen, sein Werk zu studieren. Dard war der erste, der das Urdu in mystischen Versen verwendete, und sein schmaler Urdu-Diwan wurde durch die Jahre bewundert und geliebt, während seine persischen Verse und vor allem seine umfangreichen Prosawerke in Persisch kaum noch gelesen werden: Weder ist sein 800 großformatige Seiten füllendes *ᶜIlm ul-kitāb* bisher genügend analysiert worden, in dem er unter anderem seinen geistigen Aufstieg durch die Ränge aller Propheten bis zur Vereinigung mit der *ḥaqīqa muḥammadiyya*, dem ersten Erscheinungspunkt des Göttlichen im Ur-Muhammad, beschreibt, noch liest man seine „Vier Sendschreiben", spirituelle Tagebücher von großer sprachlicher Schönheit.

Auch Dards Grab suchten wir. S. A. Ali und seine Frau halfen mir, es zu finden. Endlich lokalisierten wir es außerhalb von Turcoman Gate auf einem kleinen Hügel hinter einer niedrigen Einzäunung. Hier hatte einst das Gebäude gestanden, das eine Tochter Kaiser Aurangzebs dem Vater Dards, einem wohlbekannten Mystiker des Naqshbandi-Ordens, geschenkt hatte – ein Besitz, der von Wasserläufen durchzogen war und in dem es einen Raum für Musikveranstaltungen gab. Dard, 'Schmerz', war hier 1721 geboren worden und – er verließ das Anwesen nie! Der Knabe sah im Hause seines Vaters Muhammad Nasir ᶜAndalib, eines zum Sufismus bekehrten früheren Offiziers, einen der fruchtbarsten Dichter persischer Zunge, Sa ᶜdullah Gulshan, der dort bis zu seinem Tode 1728 lebte. In den literarischen Kreisen um ihn und seine Freunde wurde damals in Nord-Indien das Urdu zur Literatursprache erhoben, nachdem die Dichter des Dekkans es längst benutzten. Doch ᶜAndalib war nicht so sehr Dichter als Mystiker – 1734 wurde er durch eine Vision zum Leiter der *ṭarīqa muḥammadiyya,* des „Muhammadanischen Pfades", eingesetzt, einer mystisch vertieften Form des traditionellen Islam. Das Ziel ᶜAndalibs – wie so vieler Mystiker der Spätzeit – war das völlige „Entwerden im Propheten", von dem er als *sayyid* auch körperlich abstammte. So wurde für Dard die Identifizierung mit dem Propheten auf der letzten Stufe der mystischen Wanderung gleichzeitig zur Identifizierung mit dem eigenen Vater, und sein Werk bietet Psychologen reiches Material aus einer sonst kaum überlieferten Tradition.

Wir saßen auf der halbverfallenen Mauer, innerhalb derer die Mitglieder der Familie ihre letzte Ruhe gefunden haben. Hierher also waren manche Delhier Aristokraten gekommen, um den mystischen Konzerten zu lauschen, die Dard in seinem Hause arrangierte; selbst Kaiser ᶜAlam II. Aftab gehörte zu den Gästen solcher Soirées, die freilich Dards Mystiker-Kollegen ein Dorn im Auge waren; denn der Naqshbandi-Orden lehnte Musik ab, da sie zu sehr an Hindu-Sitten zu erinnern schien. Aber Dard, der in seiner Jugend ein Büchlein über die „Ehrung der Musik“ geschrieben hatte, liebte Musik und war, wie sein Vater, ein ausgezeichneter Kenner der indischen Tradition. Auch seine Verse sind reine Musik, vergänglich wie die Fußspur im Wasser, zart wie der Schatten einer Blume.

Wie mochte das Gelände zu Dards Zeit ausgesehen haben? Sicher gab es Rosen dort, denn seine schönsten Urdu-Verse sind den Rosen gewidmet:

> Meine und deine Begegnung ist die von Rose und Tau –
> Alles Lächeln von dir, und alles Weinen von mir.

Hundertfünfzig Jahre vor Rilke hatte er bereits das Paradox der Rose erkannt:

> Gleich sind an Form und Gestalt
> Freude und Leiden. Die Rose –
> nenn' sie geöffnetes Herz,
> nenn' sie gebrochenes Herz.

Sein Werk, seine Verse und Melodien waren ein göttliches Geschenk für ihn, und seine zahlreichen Bücher erschienen ihm wie seine Kinder. Doch hatte er auch eine wirkliche Familie und ruft in einem seiner Werke, höchst ungewöhnlich für einen Mystiker, ganz offen aus: „Ich liebe mein Weib und meine Kinder zärtlich . . .“ Seine subtilen, schwingenden Gebete, die vor allem in den 'Vier Sendschreiben' enthalten sind, gehören zu den bewegendsten Anrufungen Gottes, die aus der überreichen Gebetsliteratur des Islam bekannt sind.

> O Gott, der Mensch ist nicht aus Feuer, daß Du ihn ins Feuer werfen solltest, und nicht aus Luft, daß Du ihn dem eisigen Höllenwind übergeben solltest. Der Mensch ist aus Staub, in völliger Demut – was kannst Du denn mit einer Handvoll Staub anderes tun als ihr zu vergeben?

Wir nahmen ein wenig Staub von seinem Grab und sprachen ein Gebet für ihn, der nun „das heilige Tal der Absoluten Existenz“ erreicht hat, das sich zu seinen Lebzeiten immer wieder in die Wanderdünen der weltlichen Erscheinungen verwandelt hatte, Wanderdünen, die so vieles unter sich begruben, was die Bewohner von Delhi einst geliebt. Trotz der mehrfachen Plünderungen Delhis durch Perser, Marathas, Sikhs, Afghanen verließ Dard seine Heimatstadt nicht und seufzte nur hin und wieder einmal:

> Delhi, verwüstet ist's vom Schicksal jetzt,
> und Tränen fließen dort anstatt des Stromes . . .

Sein Jugendfreund Mir Taqi Mir dagegen, der als zartfühlender Lyriker in Urdu bekannt wurde, beschreibt die Lage in der Hauptstadt 1761 nach der dritten Schlacht von Panipat konkreter:

> Afghanen und Rohillas begannen nun ihr Werk, Abschlachten und Plünderung, brachen die Türen auf, fesselten, wen sie drinnen fanden, in vielen Fällen verbrannten sie sie lebendigen Leibes und schlugen ihnen die Köpfe ab. Überall gab es Blutvergießen und Greuel, und diese Barbarei dauerte drei Tage und drei Nächte ... Männer, die Stützen des Staates gewesen waren, wurden vernichtet; Männer von edlem Rang verarmten völlig; Familien verloren alle, die sie liebten. Die meisten irrten durch die Straßen, beleidigt und erniedrigt. Frauen und Kinder wurden gefangengenommen, und niemand kontrollierte Plündern und Zerstörung ...

Dabei waren es nicht Feinde, sondern „Freunde und Helfer", die die unglückliche Stadt verwüsteten: Hatten die persischen Heere unter Nadir Shah die Hauptstadt im Frühjahr 1739 derart ausgeplündert, daß die Bewohner Irans drei Jahre lang keine Steuern zu zahlen brauchten (auch der Pfauenthron, 1635 für Shah Jahan gefertigt, wurde den Persern damals zur Beute), so waren es diesmal die Afghanen und pathanischen Rohillas, die – um Hilfe gegen die seit langem aus Zentral-Indien vorrückenden Marathas gerufen – nach ihrem Sieg nun auch die Hauptstadt noch stürmten ...

Der Mann, der in gewisser Weise für diese Katastrophe mitverantwortlich war, gehörte zu den großen Naqshbandi-Führern von Delhi: Shah Waliullah, der von Iqbal als erster Muslim bezeichnet wird, der eine gründliche Erneuerung des Islam ins Auge faßte. Denn wenn Dard in mystischer Versunkenheit seinen Weg ging und seine Landsleute einlud, dem Muhammadanischen Pfad zu folgen, wenn man die Welt durchwanderte, die ja doch nur ein flüchtiges Traumgebilde (in seinen Tagen freilich eher ein Alptraum) war, so versuchte Shah Waliullah, die Ursachen für die Verelendung seiner Glaubensgenossen zu analysieren und durch sein Eingreifen in die politischen Machtkämpfe zumindest ein wenig beseitigen zu helfen.

Von Dards traurigem letzten Ruheplatz kommend, besuchten wir auch seinen Zeitgenossen Shah Waliullah. Wir fanden das schlichte Grab mit einem einfachen schwarzen Grabstein nach einiger Mühe in einem kleinen, aber gepflegten Friedhof.

„Meinen Sie, daß Waliullah wirklich ein so weitblickender Theologe war, wie man jetzt allgemein annimmt?" fragte ich S. A. Ali. Er zögerte kurz, ehe er antwortete, und das schien mir aufschlußreich, da ich in früheren Jahren vor allem in Sind, wo es sogar eine Shah

Waliullah Academy gab, so viel Lob über den Reformtheologen gehört hatte. „Er war sicher ein großer Mann", antwortete mein Begleiter: „Der frühreife junge Mann, der in einer Familie von Theologen und Juristen aufgewachsen war, verbrachte längere Zeit in Mekka – Sie wissen ja, Mekka ist nicht nur das Ziel der Pilgerfahrt, sondern viele Fromme haben sich dort Jahre, ja Jahrzehnte aufgehalten, um mit Gesinnungsfreunden zu diskutieren oder um durch den Segen der Kaaba große Werke zu schaffen – und fast alle Reformbewegungen in den Randgebieten der islamischen Welt waren von solchen Männern inspiriert, die lange in Mekka gelebt hatten. Gerade zu Beginn des 18. Jahrhunderts weilten dort und in Medina große strenggläubige Denker. Es ist sehr gut möglich, sogar wahrscheinlich, daß Shah Waliullah auch Ibn Abdul Wahhab dort kennenlernte, dessen rigorose theologische Richtung ja heute in Saudi-Arabien herrscht."

„Aber wie erklären Sie sich seine Vielseitigkeit?" fragte ich. „Er hat doch einerseits glühende Gedichte zu Ehren des Propheten geschrieben, andererseits in mancher Hinsicht eine Art Entmythologisierung des Korans und der Traditionen eingeleitet!" – „Ich glaube", meinte mein Begleiter, „seine wirklich einmalige Leistung war die Übertragung des Korans ins Persische, das ja seit der Jahrtausendwende die Sprache der Gebildeten war – eine wirklich wunderbare Übertragung – 'wunderbar' im wahren Sinne des Wortes. Und das war so nötig: denn die meisten Gläubigen, die kein Arabisch konnten, waren ja auf die Kommentare angewiesen, die im Laufe der Jahrhunderte eine fast undurchdringliche Kruste von Auslegungen und Spitzfindigkeiten um den im Grunde so einfachen Text des Gotteswortes gelegt hatten. Shah Waliullah wollte den indischen Muslimen einen Weg direkt ins Herz des Korans zeigen, ihn als den wahren Lebensquell von allen Zutaten späterer Interpreten reinigen". – „Und seine Söhne haben dann Ähnliches mit ihren Urdu-Übertragungen des heiligen Buches getan", fügte ich hinzu, fragte aber weiter: „Bei all seiner Klugheit und Einsicht – war er sich denn nicht der Gefahr bewußt, die sich in seinen Tagen wie eine Gewitterwolke über Indien zusammenzog? Wußte er denn nicht oder begriff er nicht, daß die Briten 1757 mit der Schlacht von Plassey in Bengalen ein Glacis gewonnen hatten, von dem aus sie das geschwächte Mogulreich leicht überwinden konnten?" – „Ja", gab mein Gesprächspartner zu, „die schwache Regierung in Delhi hielt eben die Marathas für den eigentlichen Gegner, den man ernst nehmen mußte, obgleich die Briten schon die Hände nach der Provinz Awadh, nach Fayzabad und Lucknow auszustrecken begannen. Und so wandten sich die turanisch-sunnitischen Adligen von Delhi mit dem Segen Waliullahs an den einzigen sunnitischen Fürsten in der Umgebung, der noch Macht hatte – das war Ahmad Shah Abdali

Durrani von Qandahar. Wie hätte man voraussehen können, daß seine Mannen schlimmer als die Feinde hausen würden? Bitten wir Gott also um Vergebung für diese seine Kurzsichtigkeit!" – „Amen!" sagte ich, aber die Gestalt des seltsamen Mannes ließ mich nicht los: ein Mystiker mit Initiationen nicht nur in die Naqshbandiyya, sondern noch in vier andere Sufi-Orden; ein Mann, der – genau wie Dard – die meisten Mystiker seiner Zeit als *karāmātfurūshān*, „Wunderkrämer", bezeichnete, der am liebsten die Wallfahrten zu den Gräbern weit berühmter Heiliger verboten hätte („wenn ich nur eine passende Stelle im Koran für ein solches Verbot fände!") und der sich gleichzeitig seiner dreizehn Visionen rühmte, in denen Gott ihn unter anderem mit dem Mantel der *ḥaqqāniyya*, der Teilhabe an der Qualität der Göttlichen Wahrheit (*ḥaqq*) bekleidete, und der in seinem arabischen Hauptwerk *Ḥujjat Allāh al-bāligha*, scharfsinnig die sozialen und politischen Hintergründe des Verfalls der muslimischen Macht zu analysieren unternahm – wer war er wirklich? Während Dard sich in seinen Meditationen immer neue Namen und Bezeichnungen beilegt, um herauszufinden: „Wer bin ich?", erfuhr Shah Waliullah, daß Gott ihn „als Nachfolger des Propheten im Tadeln" einsetzte, und legt deshalb den Finger auf Mißwirtschaft, schlechte Organisation, mangelnde Ausbildung des Heeres und der Beamten – Themen, die in der gleichzeitigen Urdu-Literatur in den Satiren Mirza Saudas in pointierter Form ausgedrückt wurden.

Wir standen lange in Gedanken verloren vor dem schlichten schwarzen Grabstein und versuchten, den großen Denker in das bunte Gewebe des indischen Islam, der islamischen Mystik einzuordnen. Wir wissen, daß er sich mit einem anderen Delhier Naqshbandi-Derwisch, Mazhar Janjanan, gut verstand, dessen geistige Nachfahren bis heute in Delhi aktiv sind. Daß der „durch engelgleiche Qualitäten ausgezeichnete" Mazhar – ganz im Gegensatz zu Dard – häufig über seine ziemlich abscheuliche Ehefrau klagte, läßt ihn recht menschlich erscheinen. – Shah Waliullahs Nachfahren aber waren in die *ṭarīqa muḥammadiyya* eingebunden, die sich aus einer auf die Sublimierung des Herzens gerichteten mystischen Bewegung zu einem Kampforden gegen die Sikhs entwickelte; denen sie im Panjab vergeblich die Macht zu entreißen suchten. Shah Waliullahs Enkel, Ismail Shahid, verlor sein Leben 1831 im Kampf in der nordwestlichen Grenzprovinz, und die *ṭarīqa* selbst entwickelte sich langsam zu einer antibritischen Organisation ... „Wollen wir noch etwas ganz anderes sehen, Apajee?" fragte mein Begleiter. – „Warum nicht?" – „Dann fahren wir zur Großen Moschee; da liegt in der Nähe ein kleines Grab, das wir immer mal besuchen, weil Abul Kalam Azad den Mann sehr schätzte, der da begraben liegt."

Der leuchtendrote Sari meiner Begleiterin hob sich wie eine feurige Tulpe von der dunklen Mauer des überaus bescheidenen Kioskes ab, der unter einem Baum mit tiefhängenden Ästen fast unsichtbar war. „Dies", sagte S. A. Ali, „dies ist das Grab Sarmad Shahids!" – „Sarmad, der Freund von Prinz Dara Shikoh?" fragte ich ein wenig überrascht. „Ja, genau der!" Sarmad war eine der seltsamsten Gestalten in der Mogulzeit. Ein persischer oder armenischer Jude, hatte er bei dem berühmten Schiraser Philosophen Molla Sadra studiert, sich zum Islam bekehrt und war dann als Kaufmann nach Thatta in Sind gekommen. Dort aber versetzte ihm die Liebe zu einem Hinduknaben einen derartigen Schock, daß er als Derwisch völlig nackt umherlief (was im Religionsgesetz verboten ist) und schließlich an den Mogulhof gelangte, wo der Kronprinz sich mit dem exzentrischen Dichter anfreundete. Ein Grund mehr für die orthodoxe Gruppe am Hofe, sich gegen Dara Shikoh zu wenden!

Sarmad gilt als einer der besten Vierzeilerdichter im Persischen. Seine Verse sind von tiefer Melancholie, aber auch von Ironie durchzogen. Er nimmt das Motiv Hallajs auf, daß Satan der einzig wahre Monotheist sei, weil er sich weigerte, wie Sura 2:31 berichtet, vor dem neugeschaffenen Adam niederzufallen – denn Anbetung stehe ausschließlich dem Schöpfer zu. Und wenn sich Sarmad dem Prinzen gegenüber auch rühmt, daß Gott nur den Makellosen „das Gewand der Nacktheit" verleiht, so weiß er doch, daß sein Leben im Grunde völlig „verkehrt" ist:

> Sich zu verlassen auf der Menschen Wort, oh!
> ist ganz verkehrt:
> Ihr „Ja" verkehrt, ihr „Wohl!" verkehrt, ihr „Heut'" verkehrt,
> ihr „bald" verkehrt.
> Und frag' nicht, wie das Buch von meinem Leben
> wohl ausseh'n mag:
> Die Schrift verkehrt, der Sinn verkehrt, der Stil verkehrt,
> die Form verkehrt!

Hier lag er nun, zwei Jahre nach der Hinrichtung seines königlichen Freundes ebenfalls als Ketzer enthauptet. Es heißt, beim Nahen des Scharfrichters habe er lachend gesagt:

> Ein Reizender, der mein Freund, der schlug den Kopf mir ab.
> Er machte die Sache kurz – viel Kopfweh hätt' ich ja sonst!

Viele Jahre später fragte mich ein jüdischer Enthusiast in den USA, ob Sarmad wohl in einem würdigen Mausoleum beigesetzt sei und ob man nicht ein Sarmad-Festival veranstalten könne. Ich mußte ihn enttäuschen.

Zwischen Ganges und Jumna

Der Bettler saß am Busbahnhof von Aligarh und sang, hin und her schaukelnd, ein weises Urdu-Liedchen:

Atī hay bas, jātī hay bas,
Allāhu bas – bāqī hawas.

Das kann man frei übersetzen als:

Busse kommen, Busse gehen –
Gott alleine bleibt bestehen.

Und das schien ein gutes Motto zu sein für unsere Reise zu den Sufiheiligtümern östlich von Lucknow.

Ehrlich gesagt, hatte ich mir Aligarh etwas anders vorgestellt. Die berühmte Universität, die Sir Sayyid Ahmad Khan – von den Briten als "loyaler Untertan" geadelt – als Anglo-Muslim College 1875 gegründet hatte und die für Jahrzehnte ein Hort des muslimischen Modernismus gewesen war, hätte – so dachte ich – ein großer viktorianischer Gebäudekomplex sein sollen, vielleicht ähnlich dem riesigen türmchengeschmückten Bahnhof von Lucknow. Aber die Gebäude waren in einem ziemlich weiten, parkartigen Gelände verstreut, und es gab auch eine sehr modern wirkende und gutausgestattete Bibliothek. Hier also hatten seit Anfang des 20. Jahrhunderts europäische Gelehrte Arabistik und Islamkunde gelehrt; sie hatten die Studenten, die meist aus der oberen Mittelklasse Nord-Indiens kamen, in die europäischen Methoden philologisch-kritischer Arbeit eingeführt und die Freundschaft ihrer indischen Kollegen genossen, denen eine der Neuzeit angepaßte Entwicklung islamischer Wissenschaft am Herzen lag. Freilich war Aligarh seit Anbeginn von den mehr traditionalistischen Muslimen scharf angegriffen worden; sein Gründer, Sir Sayyid, wurde wegen seiner etwas entmythologisierenden Koranauslegung als *nēcharī*, „Naturalist" beschimpft, ja als Ungläubiger gebrandmarkt, und doch breitete sich die Aligarh-Bewegung von Bengalen bis nach Sind aus. Satiriker wie Akbar Allahabadi verspotteten den Versuch Sir Sayyids und seiner Freunde, sich gut mit den Briten zu stellen, sie zu imitieren, ihnen für jede Gunstbezeugung dankbar zu sein:

Der indischen Eule Geprahle
ist wirklich sehenswert,
wenn sie der Brite zum Falken,
„Jagdfalken h. c." erklärt!

So wurde das theologische College von Deoband nördlich von Delhi in gewisser Weise zum Gegengewicht zu dem anglophilen Aligarh und zog Studenten aus den verschiedensten islamischen Ländern an, die den traditionellen Wegen der Theologie und – da die Gründer dem Chishti-Orden verbunden waren – auch ein wenig der Mystik zuneigten.

Ich verbrachte zwei Wochen in Aligarh im Hause meines Kollegen Bruce Lawrence von der Duke University in North Carolina, der während seines Freisemesters das Haus Professor K. A. Nizamis bewohnte, der als bester Kenner früher islamischer Mystik in Indien gilt. Und wie wir gemeinsam mit einem gelehrten indischen Kollegen einmal Agra, Fathpur Sikri und Gwalior besucht hatten, so beschlossen wir nun, mit ebendiesem und seiner Frau einige Zentren des Sufismus im östlichen UP *(United Provinces)* anzusehen. In Lucknow schloß sich uns noch eine meiner Harvard-Studentinnen an, die gerade Nord-Indien erkundete. So quetschten wir uns, wie immer in Indien, in den kleinen kräftigen Ambassador-Wagen und fuhren, entlang der Jumna, gen Südosten.

Lucknow, einst die glänzende, glitzernde Stadt der eleganten Poesie, der Kurtisanen und der zu romantischen Theaterstücken auswuchernden Feiern zu Ehren der zwölf Schia-Imame, ihrer Geburts- und Todestage – Lucknow, das Delhi lange seinen Platz als kultureller Mittelpunkt des muslimischen Indien streitig gemacht hatte, zeigte nichts mehr von seinem alten Glanz. Wie ein halbvergessenes Märchen aus längst vergangenen Zeiten mutete die Stadt an, in der man zu Beginn des 19. Jahrhunderts das eleganteste Urdu sprach; die von Musik erfüllt gewesen war und deren riesige *Imambārahs* vom religiösen Eifer der schiitischen Fürsten zeugen, unter denen die Stadt zwischen 1770 und 1856 blühte, wenn sich auch die Briten schon früh in die Verwaltung mischten, nüchtern erkennend, daß der Luxus und die Verschwendungssucht der Nawwabs – seit 1821 „Könige" von Awadh (Oudh) – ihnen das Gebiet früher oder später in die Hände fallen lassen würde. In den Palästen Lucknows hatte es einst eine wundervolle Bibliothek gegeben: Als die von den Briten unterstützten Nawwabs 1774 den Rohilla-Fürsten Hafiz Rahmat Khan schlugen, dessen Gebiet sich nördlich von Delhi erstreckte, fiel auch die Bibliothek dieses kunst- und literaturliebenden Pathanenfürsten an Lucknow. Aloys Sprenger, der scharfzüngige österreichische Orientalist, wurde 1850 aufgefordert, diese Schätze zu katalogisieren; er schreibt im Vorwort seines heute noch wertvollen Kataloges:

> Die Bücher werden in etwa vierzig zerfallenden Kisten – Kamels-Lastkisten! – aufbewahrt, die gleichzeitig von höchst

fruchtbaren Rattenfamilien bewohnt werden, und jeder Bewunderer orientalischer Sitten, der Gelegenheit hat, diese Sammlung zu besuchen, tut gut daran, erst einmal mit einem Stock in den Kisten zu stochern, ehe er seine Hand hineinsteckt, es sei denn, er sei sowohl Zoologe als auch Orientalist . . .

Wir seufzten, als wir uns ausmalten, welche Schätze die Ratten zerfressen, die Explosionen bei der Einnahme Lucknows durch die Briten 1856 zerstört haben mochten, als der letzte König von Awadh, der vergnügungsliebende Wajid Ali Shah, mit seinem vielhundertköpfigen Damenflor nach Kalkutta verbannt wurde.

Nur die theologische Hochschule, die gewissermaßen einen Mittelkurs zwischen Aligarhs radikalem Modernismus und Deobands Traditionalismus bildete, die 1894 von dem gelehrten Historiker Shibli Nu^cmani gegründete Nadwat al-ulama erstrahlte noch, und wir besuchten sie kurz, lernten den Syllabus kennen und sahen die aus aller Welt dorthin strebenden Studenten. Ja, die Nadwat war und blieb ein positiver Aspekt jener Stadt, über die einstmals gesagt wurde: „Jedes Haus gleicht einem Hochzeitshaus, jede Straße scheint ein Karneval zu sein."

Die erste Station auf unserer „Pilgerfahrt" war das nahegelegene Dewa Sharif, das zu Anfang dieses Jahrhunderts zu Ehren Waris Ali Shahs (gest. 1903) errichtet worden war. Eine gewaltige grüne Kuppel wölbte sich über dem Mausoleum, und die Menschen im *dargāh* empfingen uns herzlich, gehörte doch unser indischer Kollege Waris Kirmani zu den Anhängern des Heiligen, dessen Namen er trug. Der weite Hof mit seinen schattenspendenden Bäumen war von kleinen Derwischzellen umgeben, in denen wir die Nacht zubrachten. Zwei Derwische, in sonnengelbe Gewänder gehüllt, bildeten die einzigen Farbflecken in dieser Welt. Das Nachtlager auf nackten Steinen in einer winzigen Zelle war gerade recht, um mich in die Stimmung eines wandernden Bettelmönches zu versetzen, und die Stimmen der beiden Derwische, die Stunde um Stunde ihre Lieder sangen, füllte die Atmosphäre mit so viel Wärme und Freude, daß sich auch die Zelle zu verwandeln, das steinerne Lager unter dem wiegenden Klang der Musik zu einer sanften Wolke zu werden schien.

Am Vormittag mußten wir weiter, nach Rudauli Sharif, einem altberühmten Zentrum des Chishti-Sabiri-Ordens. Hier hatte einst der große Abdul Haqq (gest. 1438) gelebt, durch den sich der asketischere Zweig der Chishtiyya in dieser Gegend verbreitete. Abdul Haqq, so weiß die Legende, habe sechs Monate in seinem Grab zugebracht, ehe er sich wieder den Aufgaben in der Welt zuwandte. Die großzügigen Bauten des Komplexes zeigten, wie wichtig Rudauli einst gewesen war; nun aber litt es, wie so viele Pilgerstätten, unter der in ganz Indien vollzogenen Säkularisierung: Denn während in früherer Zeit die reichlich dorthin strömenden Pilger eine gewisse Einnahmequelle darstellten, weil sie Spenden in Geld oder Waren, Lebensmitteln, Stoffen mitbrachten, wenn sie ein Gelübde einlösten, war mittlerweile die Verwaltung vom *Auqaf Department* (Amt für Fromme Stiftungen) der Regierung übernommen worden, das nur „verwaltete", aber kaum an Erhaltung und Verbesserung der Anlage interessiert war. Der Pir, der uns freundlich empfing, klagte über den Verfall, und es war in der Tat ein trostloser Anblick, wie der Putz abfiel, ganze Mauern regelrecht zusammenstürzten. Selbst der Segen des Wortes *ḥaqq* („Wahrheit, Gott"), das überall an den Wänden geschrieben stand, schien keine Wirkung mehr zu haben. *Ḥaqq, ḥaqq, ḥaqq* klang es wider im Gurren der Tauben, im Säuseln der Blätter – aber das Kloster blieb sterbenskrank. Eine einsame rote Blume wuchs aus dem Schutt der ehemaligen Versammlungsräume.

Wir waren im Hause des Pirs untergebracht. Ich hatte das Privileg eines Bettes und eines *kammōd*, was in Urdu einen Nachtstuhl bedeutet; über die übrigen hygienischen Einrichtungen schweigt des Sängers Höflichkeit. Am Morgen spannte sich ein aquamarinblauer Himmel mit kleinen Wolken über den selbst im Verfall noch eindrucksvollen Bauten aus, und wir schieden dankbar, nachdem wir eine Geldsumme als Opferspende hinterlassen hatten, um für die Gastfreundschaft zu danken. Denn nie würde ein Sufi-Konvent seine Räume vermieten – es waren eben solche *Opfergaben*, die ein Heiligtum sehr wohlhabend machen konnten, sobald es durch Gebetserhörungen, Wunderheilungen und ähnliches berühmt geworden war und dann immer neue Hilfesuchende anzog. Daß sich dabei auch oft der *sajjādanishīn* – vor allem, wenn diese Würde erblich wurde – in einen kapitalistischen Großgrundbesitzer verwandeln konnte, ist klar. Aus eben diesem Grunde hat sich Iqbal, wie so viele Modernisten, scharf gegen den „Pirismus" gewandt, der ihm in Ausbeutung der gutgläubigen armen Anhänger eines skrupellosen Meisters, in weiterer Verdummung der Armen (die ohnehin meist Analphabeten waren) und damit in einem Hemmnis für eine Neuinterpretation des Islam, einem Hindernis für Teilnahme am modernen Leben zu bestehen schien. Hier treffen sich seine Gedanken in gewisser Weise mit denen Atatürks, der 1925 die Derwischorden in der Türkei aufhob, da sie seiner Meinung nach mit der Neuzeit nichts mehr zu tun hatten.

Die kleinen goldfarbenen Wolken verdichteten sich bald wieder zu schweren grauen Regenwolken. Der Monsun dauerte in jenem Jahr besonders lange. Die eintönige Landschaft entlang der Jumna war graugrün, gesprenkelt mit ungezählten, traurig-hochmütig dreinschauenden Kühen. Unsere Reisegefährten kauten ununterbrochen Betel. Diese Sitte – oder Unsitte – ist im gesamten Subkontinent verbreitet: die dunkelgrünen Blätter werden mit einer dünnen klebenden Kalkmasse bestrichen, mit feingehackten Nüssen, manchmal auch anderen Ingredienzien gefüllt und vor allem nach dem Essen als Digestiv gekaut; der rote Saft der Blätter färbt die Zähne und läßt sie im Laufe der Jahre ausfallen. Wer einmal an Betel gewöhnt ist, kennt sich in den verschiedenen Blattsorten und Füllungen so gut aus, wie wir Weinsorten unterscheiden und genießen können. Und die kleinen Silbergefäße, in denen man die Blätter, Nüsse usw. aufbewahrt, sind oft wirkliche Kunstwerke.

Die Straße führte über Fayzabad, im späten 18. Jahrhundert Sitz der Nawwabs von Awadh und berühmt für seinen Luxus, zum letzten Ziel auf unserer Pilgerreise, nach Kichhauchha Sharif. Ich wußte nicht allzu viel über diesen Ort; er war in der Zeit der Sharqi-Herrscher von Jaunpur errichtet worden, als so viele geistige Führer und *Sayyids* aus Iran vor den Heeren Timurs flohen, der dann 1398 auch vor Delhi stand und 1402 den osmanischen Sultan Bayezid I. bei Ankara schlug. Einer der Einwanderer, Sayyid Ashraf Jahangir, hatte sich hier in einem von bösen Geistern erfüllten, von Yogis bewohnten Dschungel niedergelassen. Er war ein hochgebildeter Mann, der mit seinem Zeitgenossen Gesudaraz von Gulbarga einen interessanten Briefwechsel über Probleme der theosophischen Mystik führte und sich auch in die politischen Verwicklungen in Bengalen einschaltete. Ich liebte besonders die Geschichte, wie seine Katze, die er durch einen einzigen Blick geheiligt hatte, einen Mann, der sich als frommen Sufi ausgab, als Ketzer überführte – worauf dieser sich natürlich sogleich bekehrte und dem Meister den Treueschwur ablegte.

Bei wärmlichem Nieselregen erreichten wir unser Ziel, das ein absoluter Kontrast zu dem stillen, ernsten Rudauli zu sein schien. Wir sahen moderne Gebäude, in deren einem wir empfangen und von zwei nicht sehr vergeistigt wirkenden Männern mit Tee bewirtet wurden. Gewiß, wir könnten natürlich gern hier übernachten; Mittagessen, Betten, alles sei bereit. – Aber wir wollten zunächst das eigentliche Zentrum der Klosteranlage besuchen. Ein junger Mann mit stechenden Augen, ausgezeichnet durch etliche goldene Schweizer Armbanduhren und ein Netzhemd feinster Qualität, leitete uns durch knöcheltiefen Schlamm (– ja, leider sei der Weg noch nicht asphaltiert!) zum ursprünglichen Klosterbereich. Da Sayyid Ashraf dank seiner Seelenstärke sowohl Geister wie Yogis überwunden und aus seinem Herrschaftsbezirk vertrieben hatte, verbreitete sich der Ruf seiner Heiligkeit und seiner Macht über die Dämonen im Lande, und bald kamen Besessene, die dank seiner Kraft von den teuflischen Mächten, von der Behexung geheilt zu werden hofften. Seit jener Zeit ist Kichhauchha eines jener Zentren, zu denen Geisteskranke gebracht werden. Nicht das einzige, wohlgemerkt; fast im gesamten islamischen Gebiet gibt es solche Stätten, da ja jeder „Freund Gottes" auf besondere Wunder spezialisiert ist – genau wie christliche Heilige Halsweh heilen oder Verlorenes wiederfinden helfen.

Das eigentliche Heiligtum lag auf einer kleinen Insel inmitten eines Teiches, dessen leichenfarben stagnierendes Wasser uns schaudern ließ. Die Männer durften ins Obergeschoß gehen, wir Frauen wurden zu den Frauen im Untergeschoß geführt: da waren sie, mit aufgelöstem Haar, sich hin und herwiegend, sich wälzend, die Köpfe an die Wand schlagend, immer im gleichen Rhythmus, in der Hoffnung, daß der Dämon sie verlassen würde; manche schreiend in Ketten, manche stumpf auf dem Steinboden hockend ... trostlos ... Wir atmeten auf, als wir das Gebäude verließen und uns wieder auf dem schlammigen Weg befanden. Aber der Dämon einer der Frauen muß wohl in meine Kamera gefahren sein, als ich versucht hatte, sie zu photographieren – denn seither funktionierte die treue Retina nicht mehr, und auch in Deutschland konnte man keinen sichtbaren oder reparierbaren Schaden an ihr finden ...

„Hier bleiben wir nicht!" erklärten wir Frauen einstimmig, und nach längeren Diskussionen siegten wir, trotz der Bedenken unseres Freundes Waris, daß drei Stunden Fahrt durch den Dschungel vor uns lägen ... Außerdem gäbe es Thugs; wir würden sicher ermordet werden; und wer wüßte, ob der auf dem Hinweg geplatzte Autoreifen schon repariert sei – und so weiter und so fort. Aber ich fand, besser Thugs (jene Wegelagerer, die in alter Zeit Reisende blitzschnell mit einem Tuch zu erdrosseln pflegten) – besser also Thugs als diese Stadt der Besessenen, wo uns vom fingerknochenartigen Minarett ein Rabe nachkrächzte. Und so fuhren wir mit unseren lehmverklebten Füßen und Hosen in gut drei Stunden unbehelligt nach Fayzabad, das vielleicht noch etwas von seiner alten Schönheit aus den Tagen besitzt, da der britische Maler Tilly Kettle den stolzen Herrscher Nawwab Shujaᶜuddaula 1772 porträtiert hatte. Aber davon sahen wir leider nichts.

Das Hotel, das wir fanden, müßte einige Minus-Sterne bekommen; zum Glück war die Birne in meinem Schlafzimmer so schwach, daß ich erst morgens sah, wie nichtweiß die Laken, wie gräulich-greulich die Wände waren. Am Abend nach der Ankunft aber taten wir etwas, das durchaus nicht heiligmäßig war: Die Studentin hatte wegen ihrer Magenprobleme eine große Menge Iodin-Tabletten bei sich; mir hatte ein guter Freund in Delhi eine Flasche Bourbon-Whisky ins Gepäck gesteckt – und diese beiden Medizinen mischten wir mit dem oh! so trüben Wasser aus der im Schlafzimmer stehenden Karaffe und tranken die Mixtur. Sie schmeckte abscheulich. Aber das fanden offenbar auch die Dämonen, die uns seit Kichhauchhha grau in grau umflatterten. Denn ich schlief wunderbar, und am nächsten Tag waren wir gern bereit, durch weitere Regenwolken zurück nach Lucknow zu fahren. Als wir früh am folgenden Morgen in Aligarh ankamen, fand ich ein Telegramm vor, daß Indira Gandhi mich wenige Tage später zu einem Besuch erwartete.

Bihar

Das Wort Bankipore läßt das Herz jedes Orientalisten höher schlagen – dort, in einem Teil der Stadt Patna in Bihar, liegt die berühmte Khudabakhsh Library, gestiftet von einem indischen Sammler und Gelehrten zu Anfang dieses Jahrhunderts. Hier findet man außerordentlich seltene arabische und persische historische und literarische Handschriften, zum Teil mit kostbaren Miniaturen, einige davon mit Signaturen und Randbemerkungen der Mogulkaiser – und so war auch ich sehr daran interessiert, diese Schätze zumindest einmal zu sehen.

Die Provinz Bihar, in der einstmals Gautama Buddha die Erleuchtung erreichte (Bodhgaya, wo dies geschah, liegt kaum 90 km südlich von Patna), erstreckt sich zwischen Jaunpur und Bengalen und entwickelte kulturell und literarisch kaum eine herausragende Identität. Das zeigte sich auch nach der Teilung des Subkontinents im traurigen Schicksal der Biharis, der muslimischen Flüchtlinge aus dieser Provinz, die weder in Bengalen noch im damaligen West-Pakistan gern aufgenommen wurden und zwischen allen Interessengruppen standen. Den Höhepunkt seiner muslimischen Geschichte hatte Bihar in den Tagen Sher Shah Suris erlebt, als der aktive Gouverneur für kurze Zeit die Position des flüchtenden Mogulkaisers Humayun usurpierte und mit Intelligenz und Energie das ganze nördliche Indien regierte. Sein gewaltiges Kuppelgrab in Sasaram gilt als eines der eindrucksvollsten Monumente des mittleren 16. Jahrhunderts im Subkontinent.

Ich kam von Delhi, und Paul holte mich am Flugplatz ab. Als australischer Jesuit hatte er seit Jahren am St. Xaviers College in Patna gelehrt, sich tiefer und tiefer in die Literatur des Sufismus eingearbeitet und Werke des großen Heiligen von Bihar, Sharafuddin Maneri (gest. 1381) ins Englische übertragen.

„Ich habe heute abend einen Vortrag für Sie in der Khudabakhsh Library organisiert“, sagte er, während wir auf einer Straße fuhren, die er als Fifth Avenue bezeichnete und an deren Seiten Abwasserrinnen entlangführten, nahe denen sich Fleischer, Bäcker, Süßwarenhändler,

Gemüseverkäufer befanden. Ich nickte gottergeben. „Ja, und ich habe Sie in der Frauenklinik untergebracht; das ist der einzige Ort, wo es Ratten nur außerhalb der Räume gibt; die Klinik wird von einer Schweizer Nonne geleitet." Ich nickte noch gottergebener. Schließlich bogen wir in das Krankenhausgebiet ein – und mein Zimmer schien tatsächlich vertrauenerweckend. Daß die Elektrizität immer wieder aussetzte (was typisch für viele Orte im Subkontinent ist, da die ohnehin ungenügenden Leitungen vor allem im Sommer stark überlastet sind wegen der Air-condition!), war für mich nicht so schlimm wie ansonsten für den armen Paul, der versuchte, seine Dissertation auf einer elektrischen Schreibmaschine abzuschließen . . .

Wir gingen an den Ganges, der sich gewaltig und wie tief atmend neben dem Damm dahinbewegte, und nach einer raschen Erfrischung wandten wir uns zur Bibliothek, wo die herrlichen Handschriften in schlichten, kaum gesicherten Schränken lagen. Der Direktor und seine Mitarbeiter waren überaus hilfsbereit, und ich genoß es, die Schätze zu betrachten, ja vorsichtig zu streicheln – Schätze des Mittelalters, die eigentlich eine viel bessere Aufbewahrung, viel besseren Schutz vor Menschenfingern, Mäusezähnen und Termiten verdienten. Im Gegensatz zu einigen anderen indischen Bibliotheken wurde dem Suchenden hier alles Gewünschte zugänglich gemacht – es war leicht, Photos der erbetenen Folios oder Seiten zu bekommen. (Der Leiter einer anderen reichen Bibliothek beschied ein derartiges Anliegen gern mit: „Fe do not like to gife fotografs . . ." Und von wiederum einer anderen Schatzkammer hörte man, sie wolle sich kein Mikrofilmgerät schenken lassen, weil dadurch die Einmaligkeit ihrer Manuskripte nicht mehr gewährleistet sei). Nein, die Bibliothekare in Patna-Bankipore waren liebenswürdig und, wie es schien, glücklich über das Interesse, das man ihren Kostbarkeiten entgegenbrachte, und allzu bald kam die Stunde, da ich in schwüler Herbstluft, umgeben von Millionen wissenschaftsdurstiger Moskitos, meinen (wie meist spontan improvisierten) Vortrag zu halten hatte . . .

Als ich am nächsten Morgen nach einer unerwartet ungestörten Nacht über den Hof zum Frühstück ging, kam mir eine der zierlichen Schwestern entgegen, die ein Brett mit sieben dürren, häßlichen Winzlingen auf dem Arm trug. „Die sind alle diese Nacht zur Welt gekommen!" sagte sie strahlend, und als sie mein durchaus unenthusiastisches Gesicht sah, fügte sie etwas tadelnd hinzu: „Und Gott liebt sie alle . . ."

Noch ein kurzes Gespräch mit der prächtigen Leiterin des Hospitals, zu dem vor allem die muslimischen Frauen der Umgebung kommen, um liebevoll versorgt zu werden – ich bewunderte die Schweizerin, die hier eine Oase der Sauberkeit und Ruhe geschaffen hatte.

Dann holte mich Paul auch schon wieder ab, und mit uns kam Professor S. H. Askari, ein alter, zerbrechlicher Mann mit dicken Brillengläsern, der jeden Stein, jede Handschrift seines Landes zu kennen schien. Wir fuhren heraus aus dem deprimierenden Stadtkern, der von schönen, modernen Stadtvierteln umgeben ist; Patna war ja nicht nur Provinzhauptstadt, sondern auch wirtschaftlicher Mittelpunkt eines Gebietes, in dem seit langem Kohle geschürft, Stahl hergestellt wurde. In dieser Stadt war 1649 einer der seltsamsten Dichter der ausgehenden Mogulzeit geboren worden – der einer türkischen Offiziersfamilie entstammende Mirza Bedil, „das Weinhaus der Beredsamkeit, der in der Tonne sitzende Plato des Griechenlands des tieferen Sinnes", wie ihn ein späterer Bewunderer nannte (denn die persische Überlieferung verwechselt immer Diogenes mit Plato). Kein persisch schreibender Autor bietet dem Leser solche Schwierigkeiten wie Bedil, und als der aus Iran geflüchtete Dichter Ali Hazin um 1735 nach Indien kam, schrieb er über Bedil, daß dessen Werke nur dazu gut seien, Menschen, die persisch als Muttersprache hätten, zum Kopfschütteln oder zum Lachen zu bringen. Dennoch werden Bedils Lyrik und seine großen Werke im Reimprosa überall außerhalb Irans geliebt: Bedil ist bis heute der verehrte Meister der Afghanen und Tajiken, und Iqbal hat ihn als einen seiner großen Inspiratoren gepriesen, da unter dem Schleier der Verzweiflung, der seine Verse zu umwinden scheint, immer wieder eine unbezähmbare Unruhe zu spüren ist. Doch wir wollten nicht über Bedil sprechen – das hatten wir schon auf unserer Pilgerfahrt nach Rudauli getan . . .

Nein, wir wollten Sharafuddin Maneri besuchen, einen Mystiker des Kubrawiyya-Firdausiyya-Ordens, der sich im 14. Jahrhundert nach Wanderungen zu Nizamuddins Grab in Delhi wie nach Bengalen unerhörten asketischen Übungen hingegeben hatte. In Rajgir sahen wir den schmalen Felsspalt, in dem er sich, weit von den Menschen entfernt, der Meditation gewidmet hatte. Wie er in dieser winzigen Höhle überlebte, durch deren Eingang sich kaum ein schlanker Mensch zwängen kann, ist dem Nicht-eingeweihten ein Rätsel. – Die *chilla,* die vierzigtägige Klausur, ist eine zentrale Übung für den Mystiker: durch extreme Einsamkeit, den fast völligen Verzicht auf Nahrung, verbunden mit ständiger Lektüre des Korans sowie der Wiederholung der dem Mystiker je nach seiner „Station" auf dem Pfade vorgeschriebenen religiösen Formeln wird das Herz, der „Spiegel", poliert, blankgeschliffen. Wenn schon die vierzigtägige Klausur den Menschen so läutert – wieviel mehr dann jahrelange Einsamkeit in ununterbrochenem Gedenken an Gott!

Nach Jahren gelang es Sharafuddins Freunden, ihn wieder in die Welt zurückzuholen, und seine Briefe an einen befreundeten „Sucher" ebenso wie seine gesammelten Aussprüche (*Khwān-i pur ni ᶜmat*, „Tisch voller Gnaden") zeigen ihn als großen Seelenführer. Die 'Hundert Briefe' wurden Jahrhundert um Jahrhundert nicht nur von Sufis, sondern auch von Königen und Fürsten studiert, und Manuskripte dieser Briefe gehörten zum kostbaren Besitz der Mogulkaiser. Denn im Gegensatz zu den oft so abstrakten Darlegungen anderer Zeitgenossen haben seine Briefe einen durchaus praktischen Charakter: Sie lösen sich nicht in hochfliegende poetische Andeutungen auf noch verkünden sie theoretische Systeme – es sind Zeugnisse eines Menschen, der aus tiefem Glauben und inniger Gottesliebe ganz schlicht die Früchte seiner Erfahrungen darbietet. Liebe zu Gott und zu den Menschen – das steht im Mittelpunkt seiner Worte, denn, so wußte er, „Gebet, Fasten und supererogative Werke sind gut; aber wichtiger ist es, einen Menschen glücklich zu machen".

Wir fuhren weiter durch das flache grüne Land, sahen das kunstvolle Mausoleum des Shah Daulat in Maner, das aus der zweiten Dekade des 17. Jahrhunderts stammt und mit seinem leicht gebogenen Dach und den Türmchen, die von vielen Mini-Pavillons gekrönt sind, ein besonders schönes Beispiel indischer Grabarchitektur ist. Hin und wieder erhob sich ein alter Bau in den kleinen Ortschaften – eine Stätte, an der die Sufi-Tradition weitergetragen wird. Wir setzten uns zu den Frommen, die hier lebten, schlürften unseren Tee, während Professor Askari uns immer weiter in Geschichte und Traditionen der hier begrabenen Heiligen einführte. Andächtig lauschten wir dem gütigen alten Mann, bevor wir uns wieder auf den Weg machten . . .

Aber diese kleinen Ortschaften! Ich versuchte, möglichst selten zu atmen, weil der Geruch in ihnen – fern vom wahren Duft der Heiligkeit – so überaus penetrant war! Und ich hatte den sehr ketzerischen Gedanken, daß Yogis und Sufis die Kunst des langen Atem-Anhaltens wohl hauptsächlich deswegen geübt hätten, um nicht von diesem Gestank in ihrer Andacht gestört zu werden . . .

Am Nachmittag brachte Paul mich wieder zum Flugplatz, denn in Delhi,

> unter dem Duftstrauch
> an Jamunas Lufthauch,

harrte zwar nicht – wie im 'Gitagovinda' – „der Hainbekränzte", aber die deutschen und österreichischen Freunde. Und während wir die kühle Stille des Gartens genossen, mußte ich von meinen Erlebnissen erzählen. „Sie wissen ja", sagte Ebba, die beste Kennerin der Mogul-Architektur, „das Mausoleum von Shah Daulat in Maner, das Ihnen so gut gefallen hat, ist nach dem Modell von Muhammad Ghauth Gwalioris Mausoleum gebaut – sind Sie dort einmal gewesen?"

Während der riesige freundliche Bernhardinerhund näherkam und sich neben mir niederließ, dachte ich an jene seltsame Fahrt nach Gwalior, die wir etwa ein Jahrzehnt zuvor von Aligarh aus unternommen hatten: Der Zug, den wir in Agra bestiegen, brachte uns – von einem Hindu-Jugend-Fußballklub umgeben – in fünf Stunden ins 120 km entfernte Gwalior, wo wir kurz vor Mitternacht ankamen, in einer Motorriksha durch saubere Straßen fuhren und ein hübsches Hotel fanden. Und am Morgen, bevor wir die Festung besuchten, deren Schönheit nicht ahnen läßt, wie viele politische Gefangene im Laufe der Jahrhunderte in ihren Verliesen geschmachtet haben, waren wir zu dem berühmten Mausoleum gefahren, das eines der eindrucksvollsten Beispiele des Mogulgrabbaus ist: Um den weißen Marmorkatafalk läuft eine von konzentrischen Umgängen umgebene Balustrade. Die Marmor*jalis* der Umgänge sind aus sanftbräunlichem Marmor, nicht so strahlend weiß wie in Fathpur Sikri; aber die Feinheit der Steinmetzarbeit ist atemberaubend – Sterne und geometrische Muster erscheinen aufs raffinierteste verknüpft in immer neuen Konstellationen.

Konstellationen – das schien der richtige Ausdruck zu sein. Denn Muhammad Ghauth war der große Meister der magischen Mystik gewesen, Bruder von Kaiser Humayuns geistigem Führer Shikh Phul und Verfasser eines in Indien als Handbuch der Magie viel verwendeten Werkes, 'Die fünf Juwelen'. In ihm werden die Geheimnisse der Sternkunde, die Mysterien der göttlichen Namen, Verbindungen zwischen dem sinnlich Erfaßbaren und dem Übersinnlichen dargestellt und der Weg zu einem in Harmonie mit dem Unendlichen geführten Leben gewiesen: Alles ist mit allem verbunden. Das wird in einer für Uneingeweihte unverständlichen, für den Wissenden aber geradezu mathematisch klaren Form dargelegt.

„Mir kommt es vor", sagte ich, um auf Ebbas Frage zu antworten, „als habe sich diese Weltschau des Meisters in den Marmorgittern gewissermaßen sichtbar kristallisiert – und vielleicht ist auch die Musik Tansens mit hineingeflossen!" – „Ja, es heißt ja schließlich, nicht Akbar – beim Tode des Muhammad Ghauth gerade erst zwanzigjährig – habe das Mausoleum erbaut, sondern der Sänger Tansen, der ein großer Verehrer des Heiligen war", bestätigte einer der Gäste und fuhr fort: „Als der größte Musiker und Sänger jener Zeit dürfte er auch die Mittel gehabt haben, seinem Seelenführer ein solches Monument zu setzen. Man erkennt hier einmal wieder, wie Musik und Mystik die Brücke zwischen Hinduismus und Islam bilden, denn Tansen war ja, wie viele andere berühmte Musiker, ein Hindu." – „Deswegen auch die Aversion der orthodoxen Muslime gegen Musik", fügte ich hinzu.

„Haben Sie eigentlich einmal die 'Fünf Juwelen' gelesen?" fragte jemand anders. Ich holte tief Luft: „Ehrlich gesagt, nein! Ich habe zwar ein recht gutes Manuskript in der Bibliothek von Aligarh gesehen, aber ich glaube, man muß wirklich initiiert sein, um diese komplizierten Gedankengänge zu verstehen – und da fehlt mir nicht nur der richtige Meister, sondern, fürchte ich, auch die Geduld."

Ich streichelte den großen Hund, der interessiert zuzuhören schien, und ergänzte dann zögernd: „Aber vielleicht kann man die 'Fünf Juwelen' als eine Systematisierung jener Erlebnisse verstehen, von denen die Mystiker immer in ihren Paradoxen gesprochen haben: Menschen werden zu Kerzen, Kerzen zu Bäumen, wie es Rumi in seinem 'Mathnawi' erzählt, oder die Hand wird zum Auge, das Auge kann hören; kurz, die fünf Sinne sind in der Ekstase vertauschbar. So beschreibt es wenigstens Ibn al-Farid in Ägypten dreihundert Jahre vor Muhammad Ghauth, wenn er singt:

> Ich war ganz Zunge, Auge, Ohr und Hände,
> zu schauen, hören, sprechen und zu greifen."

Die Unterhaltung glitt für eine Zeitlang zu anderen Themen über, dann fragte Ebba: „Was waren eigentlich Ihre eindrucksvollsten Erlebnisse? Sie haben so viele Heiligengräber in den verschiedensten Ländern besucht – welches war denn nun am schönsten oder am bewegendsten?"

„Am bewegendsten ..." sagte ich, „vielleicht am bewegendsten (wenn ich von den immer erneuten Besuchen von Konya im Mausoleum Maulana Rumis absehe) war das ziemlich unscheinbare Mausoleum eben des vorhin genannten Ibn al-Farid in der Qarafa von Kairo. Nicht wegen seiner architektonischen Schönheit, sondern weil dort ein Derwisch vor dem kleinen geschlossenen Raum stand, durch dessen Fenster man den Sarkophag des Dichters sehen kann, und während er seine Litaneien melodisch und rhythmisch psalmodierte, miaute da drinnen ein Kätzchen, das dort versehentlich eingesperrt worden war – und das Flehen des Derwischs und das Flehen des Kätzchens klangen wie Responsorien: Beide baten um Freiheit, um Erlösung aus der Enge des Kerkers, aus der Enge dieser geschöpflichen Welt."

Der geduldige Bernhardiner hörte sich auch diese Geschichte mit Gleichmut an.

„Und sonst? Noch eine besondere Erinnerung?" fragte jemand.

„Ja, ich würde sagen, der Besuch in Zabid in Jemen. Der schloß sich gleich an die Tage in Kairo an, und da eine meiner Studentinnen aus Harvard ihre Dissertation über das mittelalterliche Zabid schrieb und sich gerade dort aufhielt, beschlossen wir, von Sanaa aus rasch nach Zabid zu fahren. Ursula, die seit Jahren als Restauratorin der arabischen Handschriften in Sanaa tätig war und versuchte, die zum Teil in elendem Zustand befindlichen Pergamenthandschriften von Koranmanuskripten und -fragmenten der frühen islamischen Zeit wieder in lesbare Koranseiten zu verwandeln – Ursula also packte uns in ihren Jeep, und wer einmal die Fahrt von dem 2800 m hoch gelegenen Sanaa in die Tiefe von 1500 m und dann über einen zweiten Paß von fast gleicher Höhe (2400 m) in das Küstengebiet der Tihama gemacht hat, wird die – übrigens erstklassig ausgebaute – Straße nie vergessen. Besonders schön ist die Rückfahrt nach Einbruch der Dunkelheit, wenn alle Lastwagen mit Lichterketten geschmückt sind und wie Weihnachtsbäume hoch über einem auf einer der nächsten Kurven erscheinen . . . Statt nach Erreichen der Ebene zum Hafen Hodaidah zu fahren, bogen wir links ab und erreichten Zabid."

„Aber was ist denn so Besonderes an Zabid?" fragte jemand.

„Es ist einer jener Orte, die für mich einen besonderen Klang hatten, seit ich ihn als Studentin erstmals erwähnt fand – und zwar zauberte der große Mystiker al-Hallaj mitten in der Wüste für seine hungrigen Gefährten Süßigkeiten aus Zabid herbei," antwortete ich. „Später erfuhr ich dann, daß Zabid eine berühmte Station für Pilger aus Indien war, wenn sie zur Wallfahrt nach Mekka reisten. Viele von ihnen blieben kürzere oder längere Zeit dort, und die Stadt war voller theologischer Schulen und Moscheen; noch der aus Indien gebürtige Meister der arabischen Lexikographie im späten 18. Jahrhundert ist als Sayyid Murtada az-Zabidi bekannt. Einige der eindrucksvollen großen Bauten des Mittelalters sahen wir am nächsten Morgen. Aber als wir abends in der kleinen Stadt angekommen waren, wurden wir dank der Beziehungen meiner Studentin im schönsten Haus der Stadt untergebracht, dem *Bait al-Waqidi*, dessen reich geschmückte Stuckfassade oft gezeichnet und photographiert worden ist; die Wände der Zimmer sind mit vielen bunten Motiven aus Flora und Fauna bemalt. Von unserem Nachtquartier, dem *mafraj* im sechsten Stock, wo man sich sonst am Nachmittag dem *qat*-Kauen hingibt, blickten wir über die Palmen, sahen Moscheekuppeln, die mich seltsam an Gujarat erinnerten – und ich hatte das Gefühl, ich sei in Indien."

Der Bernhardiner legte seinen Kopf interessiert auf mein Knie, und ich berichtete weiter: „Am Abend hatten wir noch einen Besuch in dem weiträumigen Hause eines alten Gelehrten gemacht, mit dem die Studentin Probleme der jemenitischen Geschichte diskutierte, während Ursula und ich die Frauen besuchten. Denn deren Einrichtung der 'pflegeleichten Babies' war wirklich sehenswert: Die jungen Frauen hatten ein großes Baumwolltuch geschickt an zwei Bettpfosten gebunden, so daß es eine Art Wiege bildete, die sie dann mit den Zehen schaukelten, und unter dieser 'Wiege' standen kleine Blechschüsseln. Mütter und Babies schienen sehr zufrieden."

Alles lachte. „Und was hat das mit Heiligengräbern zu tun?" fragte mich jemand, mit Recht natürlich. „Sehr einfach: in diesem Hause erfuhren wir, daß etliche Meilen vor der Stadt, schon ziemlich in der Wüste, das Grab Uways al-Qaranis liegt – und dorthin zu gehen, war ein Muß für mich."

„Wer war denn Uways?"

„Er war ein legendärer jemenitischer Hirte, der zur Zeit des Propheten lebte und sich zum Islam bekehrte, ohne je den Propheten gesehen zu haben, und der Prophet soll gesagt haben: 'Ich spüre den Odem des Erbarmers zu mir aus Jemen kommen.' In späterer Zeit nannten sich diejenigen Sufis, die ohne Einweihung durch einen lebenden Meister auf dem mystischen Pfad wandelten, 'Uwaysis'; ihre Behauptung, durch eine überirdische Macht oder auch durch den Geist eines verstorbenen Meisters initiiert worden zu sein, wurde als legitim angesehen. Also mußte auch ich Uways sehen, der merkwürdigerweise besonders bei den Türkvölkern verehrt wird. Denken Sie an das Lied, das der anatolische Mystiker Yunus Emre um 1300 sang:

> Der geliebte Freund des Freunds des Herrn –
> Uways al-Qarani im Lande Jemen!
> Er lügt niemals, er ißt niemals Verbot'nes,
> Uways al-Qarani im Lande Jemen!
>
> Er stand früh auf und ging auf seinem Pfade,
> Gedenkend Gottes tausend und ein Male,
> 'Allah, Allah!' sprach er, Kamele leitend –
> Uways al-Qarani im Lande Jemen . . .

„Hat sich der Besuch denn wenigstens gelohnt?"

„Doch, in einer Weise bestimmt. Das kleine Mausoleum, weißgetüncht, steht ziemlich allein; ein Mann bewacht es und versucht, möglichst viel Eintrittsgeld von den seltenen Besuchern zu erbetteln. Das Innere des kleinen Kuppelbaus ist mit ein paar Papiergirlanden und ähnlichem Zeug verziert. Im Grunde ist es ein ziemlich reizloser Platz, und doch hat er einen gewissen Zauber. Wir fühlten uns für einen Moment um 1400 Jahre zurückversetzt. Der Sand glitzerte, die Berge im Hintergrund waren im heißen Dunst kaum zu erkennen. Dann sagte der Wächter, daß jedes Jahr eine Schar von Pilgern aus Indien und Pakistan hierher käme, um Uways ihre Verehrung zu bezeugen – die alten Pilgerwege zwischen Indien und dem südarabischen Raum leben also immer noch fort . . ."

„Und der Duft des Erbarmers weht uns von jedem Platz an, wo Fromme ihre Gebete sprechen," fügte jemand nachdenklich hinzu. Und der Bernhardiner blickte uns zustimmend an.

VIII. Wanderungen im Dekkan

. . . nur ein einziger Zweig von des Grames Busch,
den man „Herz" genannt, der blieb unversehrt . . .

„Was singt er da?" fragte ich Zia, völlig gebannt dem Ghasel lauschend, das der Sänger in immer wechselnden Kadenzen an jenem festlichen Abend vortrug. „Es ist ein Gedicht von Siraj Aurangabadi", sagte er, „ich werde jemand bitten, es für Sie aufzuschreiben."

Das Lied schien genau zu unserem Abend zu passen, der so jenseits alles Gewohnten war. Wir saßen auf der Terrasse des Purani Haveli, eines der großen Stadtschlösser des sechsten Nizams von Hyderabad. Schon früher hatten wir es unter Führung unseres Freundes Mujeeb besucht, der einer seit Jahrhunderten mit den Nizams verbundenen Familie, den Paygah, entstammte und zu den Trustees der Besitzungen des ehemaligen Nizams gehörte. Als Cary und Edith Welch dann am Ende unserer gemeinsamen Reise durch den Dekkan mit mir nach Hyderabad kamen, beschloß man, ihnen eine Überraschung zu bereiten, damit sie – in den Vorbereitungen auf die großartige INDIA-Ausstellung im Metropolitan Museum, dessen Islamische Abteilung Cary damals leitete – auch noch ein wenig von der verwunschenen Atmosphäre der Vergangenheit spürten. Mujeeb zauberte wieder einmal: Die vorderen Gemächer des Palastes wurden für uns geöffnet, die Köche bereiteten die typischen köstlichen Hyderabadi-Speisen; die Musiker spielten ohne Unterlaß; der Sänger sang immer neue Weisen, während wir das Feuerwerk beobachteten, das die Hindus an jenem Abend für das Diwali-Fest in der Stadt veranstalteten, und das hin und wieder auch den weiten, dunklen Hof des Palastes erhellte. Und wieder klang es auf:

Hör der Liebesverwirrung Kunde hier –
    keine Fee mehr blieb und kein Wahnsinn blieb,
und kein Du blieb mehr und kein Ich blieb mehr
    Und was blieb? Nur Mangel an Kunde blieb.
Der Entselbstung Fürst, er verlieh mir jetzt
    das Gewand der Nacktheit als Ehrenkleid –
Keine Flickarbeit des Verstandes mehr
    und kein Hüllenzerreißen des Wahnsinns blieb.
Aus dem Unsichtbaren wehte ein Sturm,
    und der Freude Garten ward ganz verbrannt,

Nur ein einziger Zweig von des Grames Busch,
den man „Herz“ genannt – der blieb unversehrt . . .

Ich kenne kaum ein mystisches Gedicht in Persisch und schon gar nicht in Urdu, das mich so bewegt hat. Der Dichter, Siraj, starb 1763 in Delhi, nachdem er in seiner Jugend – so sagt man – wie besessen durch die Felslandschaft des heimatlichen Dekkan gestreift war und dort seine ekstatischen Liebesverse in die Steine geritzt hatte. Der Rhythmus der Verse und der Reim auf *rahī*, dessen *ī* man melodisch ad libitum verlängern konnte, faszinierten mich ebenso wie die Worte selbst – was hätte den Versuch des immer eifrigen Intellekts besser beschreiben können als das Bild der Flickarbeit? Wenn der Derwisch, außer sich geraten im Wirbeltanz, seinen Rock zerreißt, versucht der Intellekt den durch die Liebe entstandenen Schaden zu reparieren – freilich nur, um einmal nach dem anderen die Enttäuschung über den Fehlschlag seines Unterfangens zu erfahren. Hatte nicht schon Rumi gesungen:

Liebe zerreißt das Gewand, Flicken setzt drauf der Verstand?

Aber während in Rumis Versen die nutzlose Tätigkeit des Verstandes dadurch überhöht wird, daß der ewige Geliebte aller Aktivität ein Ende setzt, ist es bei Siraj der „Fürst der Entselbstung“, der ihn von den sinnlosen, nutzlosen Versuchen der Enthüllung wie der Verhüllung befreit: Stille, Entwerden, keine Zweiheit mehr – und doch bleibt noch das schwache, zitternde Herz im Sturm des Schicksals lebendig . . .

Trafen seine Verse, die mich an jenem verzauberten Abend zum ersten Mal bewegt hatten, nicht auch auf die Lage der Stadt, des Landes zu, wo wir jetzt, in die Vergangenheit zurückversetzt, für ein paar Stunden die politischen wie religiösen Spannungen des hellen Tages vergaßen? War nicht über das reiche und mächtige Land des Nizams ein Sturm hinweggeweht, der so viele Gärten der Freude verbrannt, so viele Menschen entwurzelt hatte? In den politischen Umwälzungen, die 1948 – ein Jahr nach der Teilung des Subkontinents – damit begannen, daß die Indische Republik das Reich des Nizams, der für Anschluß an Pakistan optiert hatte, annektierte, da die Bevölkerung mehrheitlich aus Hindus bestand, die seit Jahrhunderten unter muslimischen Fürsten lebten (während Kaschmir, wo eine fast ausschließlich muslimische Bevölkerung unter einem Hindu-Herrscher lebte, ebenfalls in die Indische Union einbezogen wurde), verwandelte sich auch das reiche, glänzende Hyderabad. Je länger je mehr zeigt sich diese Wandlung in zunehmender Vernachlässigung der wunderbaren Bauten des alten Hyderabad – wie etwa der aparten Paygah-Gräber mit ihren artischockengleichen Dachverzierungen –, und Jahr für Jahr wanderten mehr muslimische Intellektuelle nach Amerika aus. Chicago z. B. ist fast ein Klein-Hyderabad, wo die 'Golconda Society' die Erinnerung an die ruhmreiche Vergangenheit der Stadt und des Dekkan insgesamt zu bewahren sucht.

Und doch, selbst wenn der jahrhundertealte Garten der Freude langsam in Trümmer fällt – der „Zweig“ des Herzens, jene verfeinerte muslimische Kultur, für die die Hyderabadis berühmt sind, die Wärme ihrer Freundschaft, ist bis heute erhalten geblieben, ist noch immer grün und frisch ...

Solche Gedanken gingen mir an jenem Abend im Purani Haveli, der den Abschluß meiner zweiten Dekkan-Reise 1980 bildete, durch den Kopf. Ich hatte jahrzehntelang davon geträumt, das südliche Indien kennenzulernen, aber es gab immer neue politische Spannungen zwischen Indien und Pakistan, die eine solche Reise wenn nicht unmöglich, so doch nicht unbedingt ratsam machten. Aber im Herbst 1979, nach der Hinrichtung Z. A. Bhuttos, hatte ich wenig Neigung, wie üblich nach Pakistan zu fliegen, und es ergab sich, daß der Max Mueller Bhavan in Hyderabad mich einlud, ein paar Vorträge zu halten – ein wenig zögernd, wie ich später erfuhr, denn, so dachte man, was sollte eine Islamwissenschaftlerin in dieser Gegend? Nach der Einverleibung des Gebietes des Nizams in die Indische Republik hatten Europa und Amerika offenbar schon vergessen, daß der Dekkan seit dem späten 13. Jahrhundert unter muslimischer Herrschaft gestanden und ein höchst wichtiges Zentrum islamischer Kultur in all ihren Zweigen (Literatur, bildende Kunst, Mystik) dargestellt hatte. Aber bald zeigte sich, daß diese Kultur wenigstens in Dekkan selbst noch als leuchtende Erinnerung weiterlebt, und mit jedem meiner Besuche wuchs mein Vortragsprogramm (1980 waren es schon 13 Auftritte in sechs Tagen), und nicht nur der Max Mueller Bhavan, sondern auch Universitäten, Colleges, Vereine wollten plötzlich etwas über islamische Kalligraphie, über indo-muslimische Dichtung, über Sufismus, über Iqbal, über Rumi wissen ... Vielleicht das schönste Lob kam von einem Hindu, dem Sammler und besten Kenner der Dekkani-Kunst, der nach einem Vortrag meinte, nun hätten sie sich endlich einmal wieder wie in der guten alten Zeit der großen islamischen Kultur gefühlt.

Aber das waren spätere Entwicklungen. Anfang Oktober 1979 traf ich in Bombay ein, einer Stadt, die mich immer unendlich melancholisch macht, und da gerade ein paar Feiertage zusammenfielen und jedermann auf Urlaub war (was man versäumt hatte mir zu sagen), vegetierte ich in meinem entsetzlich lauten Hotelchen für einige Tage dahin. Nur ein Tee mit A. A. A. Fyzee, dem führenden indischen

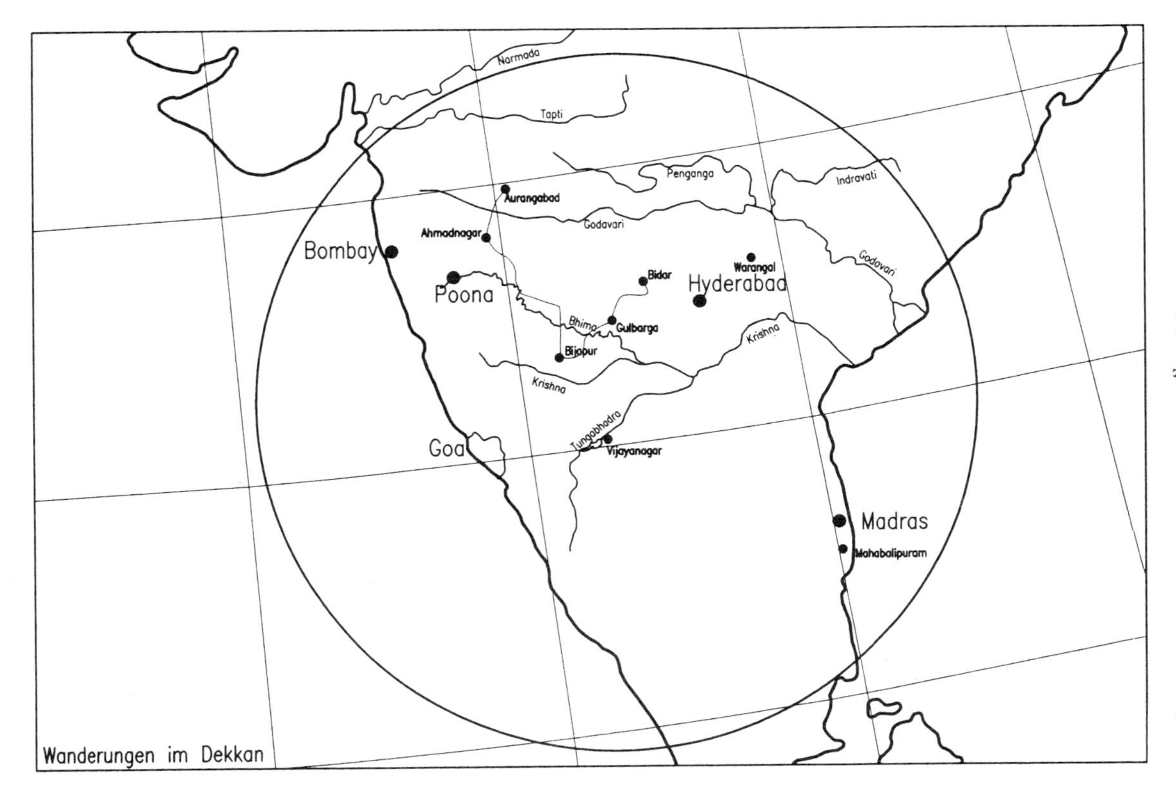
Narmada
Tapti
Penganga
Indravati
Aurangabad
Godavari
Ahmadnagar
Bombay
Warangal
Godavari
Bidar
Hyderabad
Poona
Bhima
Gulbarga
Krishna
Bijapur
Krishna
Tungabhadra
Goa
Vijayanagar
Madras
Mahabalipuram
Wanderungen im Dekkan

Gelehrten auf dem Gebiet der Fatimidengeschichte und Vertreter eines radikalen islamischen Modernismus, brachte mich auf ein paar gute Gedanken.

Fyzee gehörte zu den Bohoras, jener Gruppe der Ismailis, die sich nach dem Tode des fatimidischen Kalifen al-Mustansir in Ägypten – er starb 1094 nach sechzigjähriger Regierungszeit – dafür ausgesprochen hatte, den jüngeren Sohn des Herrschers, Musta^{c}li, als seinen Nachfolger anzuerkennen, nicht aber den Kronprinzen Nizar (dessen Anhänger heute die dem Aga Khan folgenden, in Indien „Khoja" genannten Ismailis sind). Der Hauptsitz der Anhänger Musta^{c}lis wurde Jemen, wo man noch heute ismailitische Bergdörfer findet; ihre Missionare erreichten bald die indische Westküste und propagierten ihre Lehre in Gujarat; dort liegen noch jetzt ihre Zentren. Da sie zum großen Teil Händler waren, bezeichnete man sie als *vohra*, „Kaufmann", und so heißen sie bis heute *Bohoras* – welcher Tourist hätte in Karachi nicht den farbenprächtigen Bohri-Bazar besucht? Wie in allen Gemeinschaften kam es auch bei den Bohoras zu Spaltungen, und als Yusuf ibn Sulayman 1567 aus dem Jemen nach Indien kam, folgte ihm die Mehrheit der Gläubigen, jetzt als *Daudis* bezeichnet; die kleinere, aber äußerst einflußreiche Sulaymani-Gruppe machte sich selbständig und hielt die literarischen und kulturellen Bindungen zu Jemen aufrecht. Professor Fyzee stammte aus der letzteren Gruppe; und diese *Sulaymanis* gehören zumindest seit dem Ende des 19. Jahrhunderts zu einer der fortschrittlichsten muslimischen Minderheiten. Badraddin Tyabjee, der erste muslimische Präsident der indischen Kongreßpartei, war ein Bohora, und durch geschickte Heiratspolitik sind die führenden Familien mit fast allen politisch einflußreichen Geschlechtern des Subkontinents versippt. Vor allem in der Frauenfrage waren die Sulaymanis erstaunlich wagemutig; einige ihrer Damen reisten bereits um 1900 selbständig nach England, darunter Iqbals Seelenfreundin Atiya Begum, die 1907 mit ihm auch Deutschland besuchte; sie gehörte zu den ersten Frauenrechtlerinnen unter den indischen Muslimen.

Die Daudi-Gruppe jedoch steht unter der strengen Herrschaft von His Holiness Sayyidna, dessen weitgespannte Familie in unerschütterlicher Achtung vor dem Wort des Meisters erzogen wird; er leitet vom Saifi Mahal in Bombay aus seine jetzt in aller Welt ansässigen Anhänger. Wenn es irgendwo im Islam eine Art Papsttum und klerikale Rangordnung gibt, dann bei den Daudi Bohoras. Gerade in den letzten Jahren hat Sayyidna mit absoluter Autorität fundamentalistische Grundsätze verordnet: strengere Verschleierung der Frauen, Ablehnung des Zinsnehmens (einschließlich Creditcards und Hypotheken) – Befehle, die den in Amerika ansässigen gläubigen Bohoras außerordentliche Schwierigkeiten bereiten, denn bei Nichtbefolgung der Anordnungen müssen sie mit Exkommunikation rechnen, was bei einer verhältnismäßig kleinen Gemeinschaft den völligen Verlust des sozialen Status bedeutet. Die Sulaymanis aber werden von ihnen als Abirrende, ja fast als Ungläubige angesehen.

Das Gespräch mit A. A. A. Fyzee war, wie immer, anregend und erfrischend. Ich nutzte den letzten Tag in Bombay zu einem Ausflug auf die Insel Elephanta, wo ich lange die unendliche Ruhe und gleichzeitig innere Spannung der gewaltigen Shiva-Statue in der weiten Höhle betrachtete, von der ein tiefer Friede ausströmte – ein Friede, der aus dem Wissen um die Vergänglichkeit aller Erscheinungen, um das Spiel der Maya, hervorgeht.

Mit dem Zug ging es dann nach Poona, wo ich einige Vorträge zu halten hatte; beim Morgenkaffee im Hotel konnte ich die Anhängerinnen des geschäftstüchtigen Gurus Rajnish über ihre Erlebnisse diskutieren hören, in denen sie selbst die einfachsten und natürlichsten Dinge in hochgeschwollenen Sätzen darlegten, denn sie wollten ja ihre neuentdeckte Seele eindrucksvoll vorführen . . .

Als ich – von Poona zurück – im Flugzeug von Bombay nach Madras saß, atmete ich erleichtert auf. Und wie erholsam waren die drei Tage im gastlichen Hause unseres Generalkonsuls im sonnendurchfluteten Madras, das seit 1640 ein Stützpunkt der Briten gewesen war – zahlreiche Grabsteine in der Kathedrale sprechen von den Männern und Frauen, die hier in ihrer Jugendblüte durch Krankheit hinweggerafft wurden.

Entzückt sah ich die kostbaren Handschriften in einer zur 'Madrasa Muhammadiyya' gehörigen, halb privaten Bibliothek; sie wurde von zwei scheinbar aus dem Mittelalter übriggebliebenen, schwachen und unendlich lieben Männern betreut, die die schönsten Handschriften, die in einem Schuppen aufbewahrt wurden, auf einem langen Tisch ausbreiteten, darunter ein herrliches Koranmanuskript, das, zu Anfang des 17. Jahrhunderts in Kaschmir geschrieben, mit reichem Arabeskwerk und Gold- und Silbertönen verziert war. Seltene Abschriften juristischer Werke aus dem arabischen Raum, Überlieferungswerke mit den Vermerken der Hörer und Tradenten, aber auch persische Poesie konnte man dort finden. Die Bibliothek hatte ihr Gegenstück in Hyderabad, wo die 'Saᶜidiyya Library' ähnliche Autographen mittelalterlicher Gelehrter und Mystiker aufbewahrte – Schätze, die einst einer weitverzweigten Gelehrtenfamilie gehörten, die in alter Zeit vor allem als Theologen und Juristen in Südindien gewirkt hatte. Diese Familie gehörte zu den *Nawait;* das waren Araber, die sich an der südindischen Küste mit einheimischen Frauen verheiratet hatten. Jahrhundertelang wirkten sie als Professoren, Richter, religiöse Führer und vermehrten diese Schätze bei Pilgerfahrten und regelmäßigen Reisen in die arabische Welt. Ein anderes liebenswertes Mitglied dieser Familie führte mich zu einer weiteren Schatzkammer, der Universitätsbibliothek. Dort gab es nämlich Handschriften in Türkisch – einem seltsamen, kaum zu entziffernden Chagatay-Türkisch, die von einem Mogulprinzen, Azfari, stammten, der aus dem Roten Fort in Delhi geflohen war und die Sprache seiner Ahnen, das Turki, in Lucknow und schließlich in Madras gelehrt hatte, bis er 1827 starb.

Natürlich durfte ein Ausflug nach Mahabalipuram nicht fehlen, wo man nahe dem blauen Meer das berühmte Relief von der Herabkunft der Ganga bewundern kann – mit unendlicher Kunst hatten die Hindu-Steinmetzen des 9. Jahrhunderts die mannigfaltigen Tiere des Landes aus dem gelblichen Stein gemeißelt, so lebensecht, daß man sie hätte streicheln mögen. Unter dem Rüssel des mächtigen Elefanten, der sich, wie alles Getier, der Herabkunft des lebensspendenden Flusses freut, steht ein Kater auf den Hinterbeinen, die Vorderpfoten zum Himmel gereckt – ein rührender kleiner Büßer inmitten der erstaunt-frohen Kreaturen . . .

Dann – eine Woche nach meiner Ankunft in Indien – ging es endlich ans Ziel meiner Wünsche, nach Hyderabad. Am Flugplatz stand Peter Sewitz, damals Leiter des Max Mueller Bhavan, mit einem hochgewachsenen Herrn, den er mir als Dr. Ziauddin Shakeb vorstellte. Von da an war jeder Augenblick von Staunen und Freude erfüllt – schon die Fahrt zum Sewitzschen Haus, das auf einem der Hügel, nicht zu fern vom Golconda Fort, lag, war ein Erlebnis. Unvergeßlich mein kleines Haus im Garten dieses – wie es mir vorkam – Märchenpalastes, von dem man einen herrlichen Blick über Teile der Stadt hatte. Morgens vor Sonnenaufgang waren von weitem die Gebetsrufe von fünf oder sechs Moscheen zu hören, und die Sonne schien den ganzen Tag zu scheinen.

Gleich beim Abendbrot wurden Pläne gemacht. Bevor meine Vorträge beginnen würden, sollte Dr. Shakeb mit mir durch die historischen Stätten des Dekkan fahren; wir würden, wie es in Indien so praktisch und auch preiswert ist, ein Auto mit Fahrer mieten; die Übernachtungen in den verschiedenen staatlichen Gästebungalows würden kein Problem sein. Und so geschah es. Wenige Tage später, nachdem ich einen ersten Überblick über Hyderabad und Golconda, die alte Festung gewonnen hatte, fuhren wir gen Westen, wo die alten Hauptstädte der muslimischen Fürsten liegen.

Der Dekkan war im 14. Jahrhundert zu einem wichtigen Teil des Reiches von Delhi geworden, und schon ehe Sultan Muhammad Tughluq von Delhi 1327 einen großen Teil der Delhier Intellektuellen und Mystiker nach Deogir/Daulatabad geschickt hatte, bestanden an der indischen Südwestküste muslimische Siedlungen, deren blühendes kulturelles Leben (z. B. Schulen für Jungen *und* Mädchen!) der nordafrikanische Reisende Ibn Battuta mit Erstaunen beschrieb. Ja, die lokale Überlieferung behauptet, zur Zeit des Propheten Muhammad habe ein südindischer Fürst beobachtet, daß sich eines Nachts der Mond gespalten habe; er sandte Boten nach Arabien, wo ihm bestätigt wurde, daß in jener Nacht in der Tat das Wunder der Mondspaltung in Mekka stattgefunden hatte, das die Wahrhaftigkeit des Propheten zeigen sollte. Der indische König bekehrte sich daraufhin sogleich zum Islam.

Mit solchen Legenden haben südindische Muslime, die seit frühester Zeit Handelsbeziehungen mit der arabischen Halbinsel pflegten, ihre Rolle betont, und bis heute gibt es für den Religionshistoriker hochinteressante muslimische Gruppen, wie etwa die Mapillah (Moplah) im südlichsten Indien; einer der besten zeitgenössischen Schriftsteller des Landes, Valkom Basheer Mohammad aus Kerala, hat das Leben der Muslime in seiner Heimatprovinz, den seit Jahrzehnten bemerkbaren langsamen Verfall traditioneller Werte, in seiner Muttersprache Malayalam bewegend beschrieben.

Die muslimischen Gruppen der ersten Jahrhunderte hatten jedoch keine selbständigen Königreiche gegründet, sondern, vorwiegend als Händler und Seefahrer, den Hindufürsten des Landes treu gedient. Doch die exilierten Bürger von Delhi, die sich zunächst nur mit Mühe an die rauhere Luft des Dekkani-Plateaus gewöhnen konnten, versuchten, sich ein eigenes Reich zu schaffen, und kurz bevor der exzentrische Muhammad Tughluq 1351 am Indus fiel „und von seinen Untertanen frei wurde und sie von ihm“, wie ein indischer Historiker schreibt, wurde das erste Königreich im Dekkan gegründet. Wie in vielen Fällen, war es auch hier ein mystischer Führer, Sheikh Junaidi aus Peshawar, der Hasan Gangu seinen Segen gab und ihn 1347 als Bahmanshah einsetzte; der fromme Fürst spendete reichlich Gold und Silber als Almosen im Namen des Delhier Heiligen Nizamuddin Auliya, dessen Segen er als junger Mann empfangen hatte. Der Sitz der Bahmaniden war zunächst Gulbarga, dessen Herrscher Kontakte mit der intellektuellen Elite und den Dichtern der zentralen islamischen Welt zu halten suchten: Die Chroniken berichten davon, daß Schiffe voll von Gelehrten aus dem arabischen Gebiet in die indischen Häfen und dann nach Gulbarga gebracht worden seien. Ja, einer der Könige versuchte sogar, den Dichter Hafiz von Schiras in seine Hauptstadt zu locken. 1422, nach dem Tode des großen Mystikers Gesudaraz, der einige Jahre vor der Jahrhundertwende aus dem von Timur geplünderten Delhi in die Stadt seiner Kindheit zurückgekehrt war, wurde die bahmanidische Hauptstadt in das strategisch günstiger gelegene

Bidar verlegt. Dieses Reich zerfiel aber kurz vor 1500, und fünf selbständige Königreiche formten sich: In Bidar folgte die türkische Dynastie der Baridshahis, in Ahmadnagar die der Nizamshahis, die – von Ahmad Bahri, dem konvertierten Sohn eines Brahmanen aus Vijayanagar gegründet – eine wichtige Rolle in der Dekkan-Politik spielen sollten, während das Reich von Berar, von den Imadshahi verwaltet, nur kurzlebig war. Die beiden wichtigsten Reiche aber waren das der Qutbshahis in Golconda-Hyderabad und das der Adilshahis in Bijapur. Sie widerstanden dem zunehmenden Druck der Moguln bis 1686 bzw. 1687.

Bidar

Entgegen der historischen Abfolge begann unsere Reise nicht in Gulbarga, sondern – aus geographischen Gründen – in dem ca. 800 m hoch gelegenen Bidar, das wir nach etwa siebenstündiger Fahrt durch die leicht bewegte Hochebene erreichten. Wir fanden ein erträgliches Nachtquartier, streiften ein wenig durch die abendliche Stadt und beschlossen, sie am nächsten Morgen genauer zu erforschen. Zia Shakeb war dabei eine nie versiegende Quelle der Information – nicht umsonst war er Archivar im nationalen Archiv von Andhra Pradesh. Er kannte nicht nur jeden Stein der historischen Stätten, er kannte auch alle Anekdoten, Gedichte, Geschichten, die sich um die Städte des Dekkan rankten, ganz zu schweigen von dem Schatz persischer und Urdu-Verse, die unsere Unterhaltung würzten.

Vom Hotel aus war es nicht weit bis zu der riesigen Festung, einer Anlage aus einem seltsamen roten Stein, der, zunächst weich wie Erde, rasch an der Luft hart wird und dann, wie man sah, Hunderte von Jahren überstehen konnte. Das Rot der Festungsmauer hob sich gegen das sanfte Grün der Landschaft ab, und wir bewunderten die dreifachen Wälle, zwischen denen die Burggräben lagen, bewunderten auch die Ruinen des hochragenden Palastes – dort, wo einst der Thron gestanden hatte, lehnte jetzt ein einsames Motorrad. Die große, langgestreckte Moschee mit ihren Spitzbogen-Hallen und dem Teich davor war noch fast vollständig erhalten. Wie alle mittelalterlichen Burgen war auch Bidar eine ganze Stadtanlage, in der Soldaten und Pferde reichlich Raum gehabt hatten. Tigerbilder schmückten eines der Burgtore, und das *naqqārakhāna*, der Sitz der königlichen Musikkapelle über dem Tor, war noch erhalten, ebenso der Rangin Mahal mit seinen feinen Perlmutter-Dekorationen. Nahe dem Eingang stand ein gewaltiger Banyanbaum auf dem Hofgelände, der mit seinen Hunderten von Luftwurzeln fast den ganzen Hof einnahm, und ich mußte an das Gedicht denken, das der Sindhi-Dichter Qadi Qadan um 1500 sang:

> Ein Banyanbaum allein im Feld, den liebe ich gar sehr –
> Der Liebste sitzt im Schatten dort – ein Baum und doch ein Wald!

So empfand er die Einheit Gottes, der sich in unendlich vielen Zeichen der Welt offenbart . . .

Wir aber fühlten uns wie die Bahmanidenkönige, als wir von einem der luftigen Türme aus die Hügellandschaft überblickten. Im Geiste sahen wir die Karawanen auf der sich unter uns entlangziehenden Landstraße, die die Ostküste des südlichen Indien mit der Westküste verband und daher von überragender strategischer Bedeutung war; wir stellten uns vor, wie die Abessinier, die in den Dekkan-Königreichen eine so wichtige Rolle als Landsknechte und als Verwaltungsbeamte gespielt hatten, stolz die gegenüberliegenden Hügel herabgeritten waren. Schließlich war es nicht zuletzt ihre Loyalität gegenüber dem Herrscherhaus gewesen, die die Geschichte Bidars und seiner Nachfolgestaaten weitgehend bestimmte.

Unser Weg führte nun auf der alten Straße gen Osten. Links auf einer Anhöhe lag ein zierliches oktogonales Gebäude, zu dem wir über ein paar dornbewehrte Felder hinaufkletterten. Sofort fiel mir eine exquisite arabische Inschrift ins Auge. „Dies, Doctor Sahiba, ist der erste Meilenstein des schiitischen Islams in Südindien", erklärte Zia: „Denn als der heilige Gesudaraz 1422 in Gulbarga gestorben war und Ahmad Shah aus der verwaisten Hauptstadt hierher zog, suchte er wieder nach einem geistigen Führer und lud Shah Niᶜmatullah Kirmani aus Iran ein, um den sich dort der Niᶜmatullahi-Orden gebildet hatte. Doch der greise Meister konnte sich die Reise nach Indien nicht mehr zumuten und schickte seine Enkel zum König. Sie trafen 1431 hier ein, und hier sind sie auch begraben." Während wir die Inschrift entzifferten, die von der hohen Kunst der Kalligraphie im Dekkan bereits im 15. Jahrhundert zeugte, dachten wir an die Spannungen, die zwischen den Dekkani-Sunniten und ihren Helfern, den Abessiniern, einerseits und den Einwanderern aus Iran und Zentralasien andererseits entstehen sollten: Der Kampf der religiösen Gruppen – Sunni gegen *āfāqi* d. h. „Fremder" (eigentlich jemand, der aus fremden Horizonten kommt) – bestimmte die Geschichte durchs ganze spätere 15. und das gesamte 16. Jahrhundert, gipfelnd in dem großen Aufstand von 1589 von Ahmadnagar, an dem nicht nur Sunniten und Schiiten, sondern auch Anhänger des 1505 verstorbenen Mahdis von Jaunpur beteiligt waren . . . So schreibt Akbars Chronist Badauni von der „abscheulichen Gewohnheit der Dekkanis, Fremde umzubringen" – solche Behauptungen sind natürlich stets übertrieben. Die Sunni-Schia-Spannung dauerte jedoch fort, und bis in die letzte Epoche der großen Reiche bemerkt man immer wieder die wechselnde Rolle der von den Ni^cmatullahis propagierten Zwölfer-Schia, wobei Golconda stärker schiitisch geprägt war als Bijapur.

Wir verließen das anmutige Mausoleum, auf dessen Stufen sich einige Ziegen sehr dekorativ niedergelassen hatten, und fuhren zu den weithin sichtbaren Gebäuden am – wie mir schien – Ende des Weges. „Das sind die Mausoleen der späteren Bahmaniden", erklärte Zia, als wir eine Gruppe einfach wirkender, von jeweils einer Kuppel gekrönter Bauten erreichten. Wir betraten das Mausoleum Ahmad Shah Walis, des „Gottesfreundes", der auch von den Hindus als Heiliger verehrt wird. Selbst in dem dunklen Raum konnte man Reste von Inschriften ahnen. Die farbigen Fliesen, aus denen sie bestanden hatten, waren zum größten Teil abgefallen, aber die übriggebliebenen Fragmente ließen erkennen, welche Meister der arabischen Kalligraphie hier gewirkt hatten. Ach, hätte man diese Pracht nur photographieren können! Erst als wir das Gebäude verlassen hatten, fielen mir der reiche Fliesenschmuck im Portal und die gedrehten schwarzen Säulchen neben dem Tor auf – wenigstens das ließ sich photographieren . . .

Das Nachbarmausoleum war eine Ruine, weil es von einem Blitz gespalten worden war. Das Volk hielt dies für ein Gotteszeichen, denn der hier begrabene Fürst, der 1461 im Alter von 21 Jahren gestorben war, ist noch heute als *Humāyūn-i Ẓālim*, der „Grausame" bekannt – so werden Tyrannen selbst nach ihrem Tode noch bestraft!

Langsam kroch unser Auto wieder zur Burg hinauf und in die Stadt zurück, und der Stadtrundgang begann. Inmitten der an sich wenig reizvollen Stadt stand als zentraler Orientierungspunkt das *Chaubara*, ein zylindrischer Turm von etwa 25 m Höhe; und nicht fern davon lebte ein Sufischeich, den Zia natürlich kannte. Und es gab selbstverständlich auch einige kleine Moscheen, die wir sehen mußten – aber das Schönste kam noch: Die Medrese, die Mahmud Gawan hier errichtet hatte. Angezogen vom Wohlstand des Dekkan, war Mahmud als Händler aus Iran, genauer gesagt, aus Rascht am Kaspischen Meer, gekommen, und wurde dank seiner Tüchtigkeit bald zum leitenden Organisator des Staates, denn die früheren großen und weitblickenden Fürsten waren nach Ahmad Shahs Tod von unfähigen jungen Herrschern abgelöst worden. Als der junge Tyrann Humayun starb, wurde ein Regentschaftskonsilium gebildet, dem auch die Königinmutter angehörte, und für mehr als 20 Jahre war Mahmud Gawan – mit dem Titel *malik at-tujjār*, „König der Kaufleute", der eigentliche Herrscher, dem es auch gelang, mit Hilfe des gewaltigen Sultans Mahmud Begra von Gujarat, dem legendenumwobenen *Prince of*

Cambay der englischen Literatur, einen Angriff des Herrschers von Mandu zurückzuschlagen. 1469 erhielt er das Gebiet von Goa von den Herrschern Vijayanagars und konnte es dem Bahmanidenreich eingliedern. Aber Mahmud Gawan war mehr als ein kluger Regent; sein *Riyāḍ al-inshā* ist ein wichtiges Werk der Epistolographie, das eine nähere Untersuchung verdient; immerhin korrespondierte er mit niemand Geringerem als dem großen Dichter und Mystiker Jami von Herat.

Mahmuds wissenschaftliche Interessen führten ihn dazu, in Bidar die erste Medrese, also die erste theologische Hochschule, zu gründen, die, obgleich zum großen Teil heute in Trümmern liegend (auch sie war vom Blitz getroffen worden), noch immer Spuren ihrer einstigen Schönheit zeigt: Reste eines leuchtenden Fliesendekors mit arabischen Inschriften lassen ahnen, welches Prachtgebäude diese erste Medrese des südlichen Indien einst war. Noch kann man einige der Studentenzellen, die größeren Hörsäle erkennen, und man sieht, wo die berühmte Bibliothek einst stand – eine Bibliothek, die Hunderte von Manuskripten über Theologie, Jurisprudenz und Koranwissenschaften enthalten hatte und später in die Hände der Adilshahis fiel, als sie Bidar 1619 eroberten. Aber auch die Professoren, die im 15. und 16. Jahrhundert in Bidar gelehrt hatten, nahmen viele der Handschriften einfach mit, als die Stadt ihre Rolle als Kulturzentrum einbüßte – die Schätze, die ich kurze Zeit zuvor in Madras bewundert hatte, stammten zum Teil von hier. Es blieb mir natürlich nicht erspart, die engen Stufen des rund 40 m hohen runden Minaretts zu erklimmen – Zia war in dieser Hinsicht unerbittlich!

Doch zurück zu Mahmud ... Zu groß war die Macht des Einwanderers aus Iran geworden – und so nahm auch die Zahl der Neider zu. Sie ruhten nicht, bis sie den Minister bei dem jungen Fürsten verleumdeten, so daß dieser im Rausch das Todesurteil unterzeichnete, das auch sofort vollstreckt wurde. Das Chronogramm, das auf seinen Tod gefunden wurde, lautet *bī gunāh Maḥmūd gāwan shud shahīd* – „Mahmud Gawan ward unschuldig zum Märtyrer". Jahrhundertelang war sein Grab, irgendwo in der Wildnis gelegen, kaum noch bekannt, und erst Nizam Mahbub Ali Shah ließ gegen Ende des 19. Jahrhunderts endlich eine schlichte Grabtafel für ihn aufstellen. Wir besuchten den verlassenen Ort in der Abenddämmerung; unser Begleiter saß wie ein Schatten unter dem ausladenden Baum neben dem schlichten Erdhügel. Ein einsamer Vogel schrie, als klage er über die Vergänglichkeit allen irdischen Ruhms.

Nachdenklich schieden wir von der Grabstätte des einst so Mächtigen – hatte der Prophet nicht gesagt: „Die Menschen schlafen, und wenn sie sterben, erwachen sie"? Vielleicht freute sich Mahmud

Gawans Seele über das Gebet, das die beiden Wanderer an jenem sternenklaren Abend für ihn sprachen – Atishs schlichten Urdu-Vers:

> Gott, gib dem blauen Himmel langes Leben!
> Er ist das Dach für aller Armen Grab!

Am nächsten Morgen galt es noch, die Spuren der Baridshahis zu erkunden, der Dynastie, die nach dem Zerfall des Bahmanidenreiches mit Qasim Barid, einem aus dem Kaukasus stammenden Türken, die Macht in Bidar um 1490 übernommen hatte. Die Baridshahi-Mausoleen waren hoch, schlank und nach allen Seiten offen; sie glichen eher Torbogen oder Eingangshallen als Mausoleen. Das größte der Gräber war das des Ali Barid, der 1576 starb, elf Jahre nachdem er 1565 im Verein mit den anderen Dekkan-Fürsten in der Schlacht von Talikota die Hindu-Herrscher von Vijayanagar geschlagen hatte. Der Fürst hatte gewisse literarische Neigungen, und auf einem blauen Hintergrund konnte man an den Wänden und in den Nischen große Inschriften sehen, auf denen Zitate aus der persischen mystischen Literatur kalligraphiert waren:

> Wenn einst zu unserm Staube die Freunde kommen werden
> und ihn nach einer Nachricht von uns befragen werden –
> Selbst wenn den ganzen Staub auch der Welt sie sieben würden:
> Wißt, daß sie keine Spur mehr von mir dann finden werden!

Eines aber sahen wir nicht in Bidar – nämlich die typischen Bidri-Waren, die nach Bidar genannt sind und deren Schönheit bekannt ist. Das Material aus einer Legierung von 83,5 % Zink, 13,5 % Kupfer und 3 % Blei wird in Modeln aus gebranntem Ton gegossen und anschließend mit Kupfersulfat geschwärzt. In die verhältnismäßig weiche Masse werden dann Silbermotive flach eingehämmert, und das Ganze wird mit einer Salz-Vitriol-Mischung zum Glänzen gebracht. Die klassischen Werke dieser Kunst weisen höchst komplizierte Pflanzenmuster auf, in denen das Silber fast ganz den schwarzen Grund überdeckt, und die großen runden Gefäße, wie sie oft als Basis für Wasserpfeifen dienen, sind heute der Stolz vieler Museen. Solche Einlegearbeit machte es seinerzeit übrigens möglich, das traditionelle Verbot, Gold- und Silbergefäße zu benutzen, geschickt zu umgehen (ähnlich wie das im Mittelalter mit Lüsterkeramik der Fall war). Nein, bei unserem Streifzug durch die Geschichte hatten wir nicht an solche weltlichen Freuden gedacht; erst später sah ich wissentlich die kleinen modernen Schälchen, Aschenbecher, Dosen in Bidri-Arbeit in den Andenkenläden der Großstädte.

Gulbarga

Die Sonne hatte uns verwöhnt, und als wir am Abend Gulbarga erreicht und unser Quartier gefunden hatten, sorgte die Kombination von Sonnenbrand und einem harten Eisenbett mit einem durchlöcherten Moskitonetz für eine Nacht, in der ich genug über Dekkani-Geschichte nachdenken konnte. Der morgendliche Tee erinnerte uns an bahmanidische Tinte, mit der man vielleicht auf dickes unbiegsames Papier geschrieben hatte, das jetzt in Gestalt einiger Brotfladen erschien. Aber was tat's? Gulbarga, in einem flacheren, milderen Gebiet gelegen als Bidar, bot so viele Sehenswürdigkeiten, daß man solche Kleinigkeiten nicht ernst nahm. Natürlich gingen wir zuerst zum Heiligtum des großen Heiligen Hazrat Gesudaraz, „der mit den langen Locken", auch mit dem Beinamen Bandanawaz bekannt, „der die Diener (d. h. Menschen) freundlich behandelt". Während Zia seine Gebete in dem gewaltigen Kuppelbau verrichtete, blieb ich – wie es die Sitte für Frauen vorschreibt – draußen in dem weiten Hof stehen, der von Verwaltungs- und Bibliotheksräumen umgeben ist, und gesellte mich für einen Augenblick zu den buntgekleideten Frauen, die an dem Fenster standen, durch das man den Sarkophag des Heiligen im Innern sehen konnte. Wir kannten die Familie des *Sajjada Sahib,* des jetzigen Leiters des Heiligtums, begrüßten ihn kurz und wurden eingeladen, ihm am Nachmittag unsere Aufwartung zu machen. Doch zuerst wanderten wir durch die Stadt, die noch voller Pilger war, denn vor wenigen Tagen war das *ʿurs,* die Erinnerungsfeier an den Todestag des Heiligen zu Ende gegangen, und man schätzte, daß rund 200000 Menschen gekommen waren, um dieses größte Heiligtum des mystischen Islam im südlichen Indien zu besuchen. Noch war die Stadt mit Souvenir-Büdchen, vor allem aber mit Photographen gefüllt – denn wer wollte nicht ein Photo – möglichst ein *group photo*! – vom Besuch der heiligen Stätte mit nach Hause bringen?

Wir gingen zu der mittelalterlichen, aus dunklen Steinen erbauten Festung, der ersten im Bahmanidenkönigreich, und doch kleiner als die in Bidar; stolpernd über Steine und Dornen, erreichten wir die große Moschee im Burggelände. Sie sah sehr wenig einladend aus – ein schwerfälliges Gebäude, das von einer größeren und 63 kleinen Kuppeln überdacht war und keinen Innenhof hatte, wie man es von den mit ihr gleichzeitigen Moscheen in Delhi (etwa der Khirki-Moschee) kannte. Ich erwartete ein trübes, finsteres Inneres. Aber dann öffnete der rasch herbeigeholte Wächter die Tür – und da lag vor uns ein weiter Raum, durch überaus elegante, ziemlich flache Kielbogen gegliedert und leuchtend hell, denn das Licht fiel durch die von außen kaum sichtbaren Fenster. Es war wie ein Traum – man fühlte sich wie in einem wogenden, aber friedvollen Meer, dessen Wellen einen weiter und weiter in den unerreichbaren Himmel trugen; vielleicht auch auf einem Schiff mit seltsam geformten Riesensegeln ...

Für mich ist die große Moschee von Gulbarga einer der schönsten religiösen Bauten, die ich kenne – und doch ist sie selbst Kunsthistorikern kaum bekannt, und die Freunde in Delhi konnten nicht glauben, was ich ihnen davon berichtete. 1367 – das war 20 Jahre nach Gründung der Bahmanidendynastie – erbaut, war sie jahrhundertelang ein Zentrum der Frömmigkeit, wird aber jetzt kaum noch benutzt. Dennoch hatte ich das Gefühl, daß Gulbarga von einer besonderen *baraka*, „Segensmacht“, umgeben war.

Wie viele Heiligtümer gab es in dieser Stadt! Natürlich benutzten wir die Zeit, dem Junaidi Dargah unseren Besuch abzustatten. Dort hatte der Sufi-Meister gelebt, dessen aktives Eingreifen Hasan Gangu 1347 zum unabhängigen Fürsten gemacht hatte. Unter einem großen Baum, der aus dem Zahnstocher – besser: dem „Zahnreibeholz“ – von Gesudaraz gewachsen sein soll, saß ein junges Mädchen und verkaufte Früchte und Blumen. Der *Sajjadanishin* begrüßte uns herzlich, redete ein bißchen Arabisch mit mir; dann brachte er nach dem obligaten Tee dicke Rollen heraus, auf denen die *silsila*, die geistige Ahnenkette dieses Derwischordens, aufgezeichnet war – bis hin zum Propheten. Wenn man all die Verzweigungen der verschiedenen Linien von geistigen Führern sah, begriff man, daß dies wirklich eine *shajara*, einen „Baum“ ergab. Ein stiller geheimnisvoller Besucher trat zu uns und nahm auf einer der beiden Steinbänke Platz, die im Eingang des Klosters den Gästen dienen; seine Familie hatte vor Jahrhunderten das Land besessen, auf dem dieser Bau errichtet war, und nun war er es zufrieden, jährlich eine Rupie Miete zu erhalten – „um des Segens willen“. Neue Rollen wurden gebracht; die längste, die nicht nur zum Propheten, sondern bis zu Adam reichte, maß 30 Meter. Andere Handschriftenschätze, wie das Tagebuch von Gesudaraz' Sohn, konnten wir nur flüchtig ansehen.

Hoch auf dem Gipfel eines Hügels gab es ein anderes Heiligtum, das weiß übers Land ragte, und drunten am breiten Burggraben stand wieder ein anderes und so weiter: jedes einzelne wurde besucht, in jedem lernte ich Neues, lernte auch, wie man mit den an jeder Klosterpforte hockenden Bettlern umgeht: Zia hatte mich in Hyderabad einen Hundertrupienschein in hundert einzelne Scheinchen wechseln lassen, die wie Dörrobst an einer Schnur aufgezogen waren, und wann immer wir eine Gruppe von Derwischen trafen, pflückte er einige davon und gab sie dem Vorsteher der Armen, der sie gerecht verteilen sollte. Es funktionierte prächtig.

Und dann gab es die Bahmanidengräber aus graubraunem Sandstein, die Mausoleen der ersten Fürsten – nicht so gewaltig wie die in Bidar, ohne Fliesenverkleidung und ohne Inschriften, aber mit schön geschwungenen zwei- oder dreireihigen kielbogigen Tür- und Fensterumrahmungen. Von dort aus überblickte man ein weites Feld, hinter dem von fern die weißen Kuppeln des Heiligtums von Gesudaraz leuchteten, zu dem wir immer wieder zurückkehrten.

Sayyid Muhammad Husaini – das war der wirkliche Name von Gesudaraz –, ein Nachkomme des Propheten, war als kleines Kind mit seinen Eltern gekommen, als Muhammad Tughluq die Delhier Elite ins Exil nach Daulatabad schickte. Er kehrte später wieder nach Delhi zurück, wo er dem damaligen Meister des Chishti-Ordens, Chiragh-i Delhi – der „Leuchte von Delhi" –, zur Seite stand. Wir wissen kaum etwas von jenen langen Jahren, die der Mystiker in Delhi zubrachte; als die politische Lage in der nördlichen Hauptstadt sich durch das Vordringen der Heere Timurs verschlechterte, kehrte Gesudaraz über Gujarat an den Ort seiner Kindheit zurück. Noch existiert die niedrige kleine Klause, in der er sich damals niederließ. Ahmad Shah Wali, dessen Mausoleum wir gerade in Bidar besucht hatten, der Bruder des damaligen Herrschers, liebte den alten weisen Mann, der noch die Thronbesteigung seines Freundes miterlebte, ehe er 1422 starb, mehr als hundert Jahre alt. Bis ins hohe Alter blieb er ein liebestrunkener Dichter:

> Ich bin jetzt neunzig Jahre – du würdest sagen „achtzehn" –
> So flink bin ich im Lieben, als tränk' ich ständig Jugend!

Aber er meint die mystische Liebe und warnt seine Leser:

> Du blickst die Schönen an und siehst den schlanken Wuchs –
> Ich aber sehe nur des Schöpfers herrlich' Werk!

Sein schönstes Gedicht ist um den Tambour der gewaltigen Kuppel seines Mausoleums geschrieben (ich sah es nur in den Photos, die mir der Sajjada Sahib zeigte):

> Die von dem Pokal der Liebe trunken
> und vom Wein des Urvertrags berauscht,
> mühen sich bald im Gebet asketisch,
> dienen Götzen bald und trinken Wein.
> Was sie auf des Daseins Tafel sahen,
> tilgten sie – nur nicht des Freundes Bild;
> jenseits flogen sie des Gottesthrones,
> saßen in der Klause Wo-kein-Ort,
> schämten sich, zu nehmen, zu verweigern,

Einigung und Trennung galt nichts mehr –
sie, das Vorwort für das Buch des Daseins,
wurden Titelblatt der Ewigkeit.
Frei von „Sei! – Es ward" sind sie geworden,
sind ihr eig'nes Kommen sie und Geh'n.

Aber Gesudaraz war nicht nur ein liebestrunkener Dichter, sondern auch ein gesetzestreuer Muslim, für den die Befolgung der Scharia Priorität hatte und der sich in seinem Briefwechsel mit seinen Sufi-Brüdern im Norden, wie Ashraf Jahangir von Kichhauchha, scharf gegen die All-Einheitsmystik Ibn Arabis aussprach, die sich in jener Zeit gerade im Subkontinent auszubreiten begann. Seine Kommentare zu klassischen Werken der „nüchternen" Mystik sind ebenso erhalten wie seine *malfūẓāt*, eine Sammlung von Unterhaltungen und Aussprüchen, die *jawāmi^c al-kilam* „Gesammelte Worte". Das Genre der sogenannten *malfūẓāt*, „Aussprüche", war in der Umgebung Nizamuddin Auliyas aufgekommen, und es wurde bald zu einer wichtigen Beschäftigung der Jünger, jedwedes Wort ihres verehrten Meisters aufzuzeichnen (heute übernehmen Video-Kameras diese Aufgabe). Während die Aussprüche Chiragh-i Delhis ziemlich uninteressant sind, bieten die Texte, die aus Gesudaraz' achtzigstem Lebensjahr stammen, ein buntes Bild von dem täglichen Leben in seiner Umgebung: Er spricht über die Kindererziehung, über theologische und juristische Probleme, diskutiert mit ein paar Hindus, die er zu bekehren hofft, berichtet von Träumen und Visionen – und auch an Anekdoten mangelt es nicht, denn der weise alte Mann hatte offensichtlich viel Humor. So erzählt er am 21. Juli 1400, um die Zuhörer vor blinder Nachahmung zu warnen:

Es waren einmal vier Reisende, und der fünfte von ihnen war ein Hund. An einem Wasserlauf fiel der Hund tot hin, und sie sagten: „Der arme Kerl war uns ein treuer Gefährte. Wir wollen ihn hier begraben und ein Zeichen setzen, damit wir, wenn wir zurückkommen, uns daran erinnern, daß dies der Platz ist, wo unser Hund gestorben ist." Sie häuften etwas Erde auf und gingen davon. Es sah nun aus wie ein richtiges Grab. Nun kam plötzlich eine Karawane dorthin, die hatte gehört, der weitere Weg sei sehr gefährlich. Da sahen sie etwas wie ein Grab, und daneben stand ein Baum. Sie dachten, das müsse wohl das Grab eines großen Meisters sein, der am Wasser unter einem Baum beigesetzt worden war. So gelobten sie ein Zehntel des Vermögens der Reisenden dem dort Begrabenen und versprachen, wenn sie heil und gesund durchkämen, würden sie es diesem großen Meister bringen. Nun hatten die Räuber sich zufällig zerstritten, und der Weg war offen. Die Karawane gelangte heil durch die Gefahrenzone. So kehrten sie denn zu jenem Platz zurück und errichteten einen Kuppelbau, ein Kloster und einen Gedenkplatz. Das wurde unter den Leuten bekannt; und eine blühende Stadt entstand dort, und ein Herrscher kam dorthin.

Nachdem eine ganze Weile vergangen war, kamen die vier Reisenden wieder an jenes Gewässer und sahen dort eine blühende Stadt. Sie sagten: „Hier war doch kein bewohnter Ort? Wo ist diese Stadt denn hergekommen?" Da hörten sie von den Leuten, daß hier ein großer Heiliger begraben sei. Sie gingen, schauten sich um und überlegten: „Das wird doch wohl nicht unser Hund sein? Der Baum, das Wasser, der Gedenkplatz . . .?" Sie wußten ganz genau, daß dieser große Heilige kein Mensch war, sondern ihr Hund!

Ihre Bemerkungen wurden in der Stadt bekannt. Was sollte man denn nun mit ihnen machen? „Gebt uns eine Schaufel – wenn keine Hundeknochen herauskommen, könnt ihr uns totschlagen!" So gruben sie, und ganz richtig kamen die Knochen des Hundes heraus. Da glaubten die Leute ihnen. Sie erzählten ihre Geschichte und kamen frei. – Das ist der Glaube des gewöhnlichen Volkes!

Und selbst wenn dieser bunte Teppich aus Erzählungen, Ermahnungen, Erinnerungen nicht immer leicht zu verstehen ist, da wir oft den Hintergrund einer Bemerkung nicht mehr kennen, sind die *Jawāmi*ᶜ *al-kilam* doch immer wieder eine reizvolle Lektüre.

Am ersten Tag unseres Aufenthaltes hatten wir nach unseren Wanderungen von Heiligengrab zu Heiligengrab in der Stadt zu Mittag gegessen, wobei nicht klar war, ob die Reiskörner oder die Fliegen auf unserem Teller zahlreicher waren. Sajjada Sahib lud uns zum Glück ein, zum Abendessen bei ihm zu bleiben. Er war ein vorzüglicher Gastgeber, und seine Frau, die wie er ein makelloses Englisch sprach, erzählte mir mancherlei von ihren Reisen nach dem Westen und von ihrem Sohn, der in Montreal studierte. Und wenn bereits die Tatsache, daß ein machtvoller mystischer Führer seinen künftigen Nachfolger an eine kanadische Universität schickte, um dort die wissenschaftlichen Methoden der Islamkunde zu studieren, die Offenheit des Sajjada Sahib bewies, so noch mehr seine neuen Pläne und Unternehmungen: Auf den zum Kloster gehörenden weiten Ländereien hatte er die erste technische Ausbildungssstätte für Jungen aus der Umgebung gegründet, um ihnen ein solides technisches Wissen zu vermitteln; und noch revolutionärer: er hatte dort auch (natürlich in angemessener Entfernung) ein Mädchen-Kolleg eröffnet, das erste seiner Art für muslimische Mädchen im gesamten weiten Einzugsbereich der Stadt. Die jungen Lehrerinnen und die damals 87 Studentinnen, die unter einfachsten Verhältnissen arbeiteten, waren unendlich dankbar für diese Möglichkeit, sich weiterzubilden. Praktische Sorge für die ihm anvertraute Gemeinschaft, gegründet in mystischer Versenkung, schienen in Sajjada Sahibs Person ideal vereint.

Meine Liebe zur Sufi-Musik, *qawwāli*, brachte uns eine weitere Einladung ins Kloster ein. Ich hatte flüchtig erwähnt, wie gern ich die *qawwāls* beim *ᶜurs* gehört hätte – plötzlich meinte unser Gastgeber, man könne doch am Morgen ein paar Musiker rufen, die für uns persische Poesie singen sollten; denn die habe er selbst lange nicht gehört. Gesagt, getan. Die kleine Gruppe, fünf oder sechs Männer mit dem tragbaren Harmonium, kleinen Trommeln und ein, zwei Streichinstrumenten, hockten in einer Ecke des großen Empfangsraumes; zwei, drei Angehörige des Konvents hatten sich zu Zia und mir gesellt, und Stunde um Stunde erklangen die Weisen, bis Sajjada Sahib gegen drei Uhr nachmittags meinte, irgendwann brauche man wohl auch etwas zu essen. Aber nach dem Abendessen könnten wir ja weiter Musik genießen. Das Tonband, das sein Sohn für mich von diesem Konzert aufnahm, gehört zu meinen kostbarsten Musikschätzen – Sänge von Rumi und Hafiz, von Amir Khusrau und vielen unbekannten Dichtern wurden ineinandergewoben, denn bei derartigen Gelegenheiten verquickt man gern Verse gleichen Metrums und gleitet auch vom Persischen ins Urdu oder umgekehrt über. Die Ekstase wuchs.

Es ist Sitte, den Sängern nach jedem Lied etwas Geld zu geben, aber wenn eine geehrte Person – und in diesem Fall der Meister selbst – anwesend ist, erhält dieser die Scheine von dem sich demütig neigenden Hörer und reicht sie dann dem Vorsänger, der sich vor ihm niederwirft. Ich beobachtete, wie Sajjada Sahib die gespendete Summe jedesmal verdoppelte – es war wie ein wohlchoreographiertes Ballett . . . und die Sänger waren ebenso unermüdlich im Singen wie wir im Zuhören.

Aber am Morgen mußten wir weiter. Noch einmal besuchten wir die Grabstätten im weiten Hof des Klosters, auch das winzige Grab des Lieblingspapageis eines Familienmitglieds aus alter Zeit, zu dem man Kinder bringt, die Schwierigkeiten beim Sprechen haben oder taubstumm sind. Denn der Papagei gilt im Orient als „zuckerkauend“, das heißt „süßredend“ – und warum sollte die *baraka*, die Segenskraft eines kleinen Vogels, der einem Kind in der Familie des Heiligen gehört hatte, nicht auch einem Kind helfen?

Mit diesem letzten Eindruck schieden wir von Gulbarga, und keiner der späteren Besuche konnte dem Zauber jener ersten Tage gleichkommen.

Bijapur

Der Weg von Gulbarga nach Bijapur führt gen Südosten, durch Zuk-kerrohrfelder und Haine. Zwischen den Bäumen sprangen grau-gelbliche schlanke Languren, Affen mit schwarzen Gesichtern und überaus langen schwarzen Schwänzen, mit wahrhaft affenartiger Geschwindigkeit von Ast zu Ast: Vorbilder für Hanuman, jenen wunderbaren treuen Affen, der im ‚Ramayana' in einem gewaltigen Satz vom Festland nach Sri Lanka springt, um die entführte Sita zu befreien – ein Thema, das die indischen Miniaturmaler oftmals dargestellt haben (wobei der liebenswerte Affe immer mit einem züchtigen Badehöschen bekleidet ist . . .). Zia erzählte, daß 1827 in Bidar eine besondere Stiftung für die Pflege der Languren errichtet worden sei. Wir setzten uns eine Weile in den Schatten, um Custard apples zu essen, die gerade reif waren; das weiche Fleisch der artischockenartig wirkenden süßen Früche schmeckt köstlich, vorausgesetzt, man hat die Geduld, die ungezählten Kerne herauszulösen.

Nach vierstündiger Fahrt gen Südosten erreichten wir Bijapur gegen Mittag. Der junge Yusuf, der später als Adilshah bekannt wurde, war ein Günstling Mahmud Gawans von Bidar gewesen und stammte angeblich aus dem osmanischen Sultanshause; er sei – so die Überlieferung – ein Sohn Sultan Murads II. gewesen, der von Verwandten aus dem Lande geschmuggelt worden war, als sein Bruder, Mehmet der Eroberer, an die Macht kam; über Iran sei er dann nach Süd-Indien gelangt. Auch die Qutbshahis von Golconda stammten aus einer turkmenischen Sippe, und beide Dynastien erlebten ihre Blütezeit gleichzeitig: mit Ibrahim Adilshah von Bijapur zwischen 1580 und 1627, und mit Muhammad-Quli Qutbshah zwischen 1580 und 1612. Beide Fürsten waren begabte Dichter, Mäzene von Musikern und Malern, begeisterte Bauherren; während im Norden die Moguln – Akbar und sein Sohn Jahangir – ihr vielgerühmtes Reich verschönerten, standen ihnen ihre Nachbarn im Dekkan in nichts nach. Und wenn Akbar durch seine Pläne zur Übersetzung von Sanskritwerken ins Persische das Verständnis zwischen Hindus und Muslimen zu stärken suchte, entwickelte sich in den Dekkan-Königtümern eine noch weit hybridere Kultur, in die viele südindische Traditionen eingeschmolzen wurden.

Als wir uns Bijapur näherten, erblickten wir schon aus einiger Entfernung ein riesiges Gebäude mit einer ziemlich flachen Kuppel. „Das ist der Gol Gunbad", sagte Zia, „das Grabmal Muhammad Adilshahs, der 1656 starb. Es soll von türkischen Architekten erbaut worden sein, und morgen werden wir einmal bis zur Kuppel hinaufsteigen." Seltsamerweise wirkte das riesige, fast undekorierte Gebäude, das eine Fläche von nahezu 1700 Quadratmetern bedeckt, nicht sehr eindrucksvoll; aber das Gefühl, hier die drittgrößte Kuppel der Welt mit einem Durchmesser von 43,90 Metern vor sich zu haben, war schon beeindruckend – übrigens hatte der Herrscher geplant, ein gleich großes Grabmal für seine Frau Jahan Begum errichten zu lassen!

Am Stadteingang entdeckte man sogleich zierliche Bauten des 17. Jahrhunderts, und von dem sauberen Gästehaus am Anfang der Hauptstraße erblickte man eine riesige Ruine. Ich konnte es kaum erwarten, unsere Erkundungsfahrt anzutreten. Staunend standen wir – oder besser: ich, denn Zia kannte ja all dies – vor einer Konstruktion, die an die Ruine einer gewaltigen gotischen Kathedrale erinnerte. „Hier wollte Muhammads Sohn Ali Adilshah sein Mausoleum bauen, das seines Vaters Grab noch an Größe übertreffen sollte – aber der Druck der Moguln nahm ständig zu; 1656 belagerte Aurangzeb die Stadt, und das monströse Projekt wurde niemals zu Ende geführt", erklärte Zia. Wir wanderten zwischen den steinernen Bogenbruchstücken dahin; ein erwachsener Mann reichte kaum bis an die Höhe der Fundament-Steine. Ich hatte das unwirkliche Gefühl, daß, falls St. John the Divine in Manhattan jemals zur Ruine werden würde, es wohl so ähnlich aussehen dürfte . . .

Was für eine Stadt war dieses Bijapur, „deren Dächer und Tore Musik erklingen lassen", wie Zuhuri um 1610 schrieb! An jeder Ecke, in jeder Gasse gab es kleinere oder größere Häuser, Brunnen, Torwege im typischen Stil des 17. Jahrhunderts, und an Reichtum an „erstklassigen und bedeutenden Bauten" steht Bijapur in ganz Indien nur Delhi nach, wie der britische Kunsthistoriker Burton-Page mit Recht schreibt. Bald entdeckte man einen anmutigen Pavillon, aus dem plötzlich ein junges Mädchen, gefolgt von Ziegen und Hühnern, trat; wie so viele historische Gebäude dieser Stadt war er längst in eine Wohnstätte umfunktioniert worden. Denn der Bevölkerungszuwachs ließ sich kaum kontrollieren. Überall sah man jene delikaten Kuppeln, die, an der Basis ein wenig eingeschnürt, meist aus Kränzen steinerner Blütenblätter wie große Knospen hervorzuwachsen scheinen; überall kleinere und größere Türmchen, die ebenfalls von blütenknospengleichen Spitzen gekrönt waren. Selbst die hochaufgetürmten Türme aus verzinnten Töpfen auf dem Bazar schienen einem ähnlichen Formprinzip zu folgen. Doch die Namen all der Stätten, an denen wir vorübergingen, verwirrten sich in meinem Gedächtnis – Zia wußte natürlich, wo man die Blutflecken von der Ermordung des Soundso, wo die Spuren einer alten Bibliothek, die Reste eines Brunnens sehen konnte – ich genoß nur den jeweiligen Anblick. Die Zitadelle war zwar nicht so imponierend wie die großen Festungen von Bidar und Gulbarga; doch noch bestand der Graben um die 1565 vollendete Stadtmauer. Langsam entwirrte sich das Labyrinth der kleinen Straßen und Gassen, lösten sich die Staubwolken, aus denen Menschen, Ziegen, Hühner, Fahrräder quollen – und plötzlich lag im sinkenden Nachmittagslicht die Ibrahim Rauza vor uns, das Grabdenkmal, das der kunstreiche Sultan Ibrahim II. eigentlich für seine Gattin errichtet hatte, in dem er nun aber auch selbst liegt. Die schlanken minarettähnlichen Gebilde auf dem Dach der kleinen, dem Grabbau gegenüberliegenden Moschee wirkten wie ein steinerner Tulpengarten, der sich gegen den leuchtenden Himmel abzeichnete. Wir gingen über den gepflegten Rasen durch das Tor, hinter dem Moschee und Grabbau lagen, und konnten uns nur mit Mühe von diesem kleinen Paradiesgarten trennen.

Ein Jahr später, als wir die Ibrahim Rauza mit Cary und Edith nochmals besuchten, kamen wir wieder in der magischen Stunde des sinkenden Tages, und während ich die kunstvollen und überaus eleganten arabischen Gebetsinschriften an der Wand des Mausoleums bewunderte, bemerkte ich plötzlich einen farbigen Schimmer auf der Wand, und für Minuten traten aus dem Graubraun der Steine geometrische Muster, Bäume und Blumen hervor, deren zarte Farben offenbar durch einen bestimmten Einfallswinkel der Sonnenstrahlen sichtbar wurden. Nun glaubten wir den alten Berichten, daß die Rauza einstmals farbig bemalt gewesen sei. Nur wenige Minuten dauerte der Zauber; dann verschwanden die Farben, die Muster, die Blumen, und die Traumwelt war wieder verschlossen.

Ja, eine Traumwelt war es – so scheint es dem Spätgeborenen –, in der Bijapur in den Tagen Ibrahims II. lebte. Seine Ahnen hatten das Gebiet einigermaßen konsolidiert, und als der achtjährige Knabe 1580 auf den Thron gelangte, übernahm zunächst seine Tante, Königin Chand Bibi von Ahmadnagar, die Regentschaft. Eine höchst aktive, intelligente Frau, erzog sie den jungen Prinzen und kehrte dann nach Ahmadnagar, dem nördlichsten der Dekkanstaaten, zurück, wo der Druck der Mogultruppen ständig zunahm. Mit eiserner Energie verteidigte sie mit ihren Mannen die Stadt, trug selbst Erde und Steine zur Befestigung herbei. Doch eine Gruppe ihrer eigenen Offiziere verschwor sich gegen sie und ließ sie ermorden: 1600 fiel die Stadt in die Hände der Moguln. Und nichts in Ahmadnagar, das wir später besuchten, erinnert noch an diese heroische muslimische Königin – nur indische Schriftsteller und Dramatiker haben sich von ihrem Schicksal inspirieren lassen.

Der junge Ibrahim war wahrscheinlich weniger energisch als seine Tante. Er liebte die Musik, komponierte und malte selbst, und zahlreiche Miniaturen zeigen den jungen Mann, hellhäutig und mit sanften Zügen, mit einem Saiteninstrument in der Hand und „mit einem Gesicht wie das Josephs, dem Zufluchtsort der Schönheit, wenn auch mit Namen Ibrahim [Abraham]" – so jedenfalls besingt ihn sein Hofdichter Zuhuri in seinem *Gulzār-i Ibrāhīm*, dem 'Rosengarten Ibrahims': Denn nach koranischer Darstellung wurde Abraham/Ibrahim von Nimrod ins Feuer geschleudert, und das Feuer wurde „kühl und angenehm für ihn" (Sura 21:69); daraus leiteten die Dichter den Gedanken ab, das Feuer habe sich in einen Rosenhag verwandelt.

Die Miniaturen, die in jenen Jahren in Bijapur entstanden, sind ebenfalls von einer Traumwelt inspiriert. Wir können allerdings eigene Bilder des Fürsten nicht identifizieren, auch wenn Zuhuri behauptet, „der vielfarbige Intellekt dient als Muschelschalenhalter für [die Farben] seiner Malerei" und „wenn er eine Nachtigall malt, so höre ihren Laut und lausche darauf!" Wogende Gewänder sieht man auf den Bildern seiner Zeit; Himmel, die aus tausend bunten Seidenstücken zu bestehen scheinen; fantastische Riesenblüten auf schwankenden Stielen, umflattert von Faltern und Bienen. Und nicht zu vergessen, Ibrahims geliebter Elefant: Man sieht den Fürsten, winzig klein auf dem unförmigen Tier, das wie eine gewaltige schwarzgraue Wolke vor farbigen Bäumen, leuchtenden Bergen dahinschreitet.

Die kurzen Gedichte, die Ibrahim im heimischen Dakhni, einer frühen Spielart des Urdu, schrieb, heißen *Nauras,* ein Name, den man je nach Belieben als das persische „frisch wachsend" oder das Urdu „Neun Geschmacksarten", „Neun Sinnesgaben" erklären kann – denn Ibrahim liebte die Zahl Neun, die sowohl der türkischen wie der indischen Überlieferung wichtig ist, und so findet man alle Arten von Neunergruppen in seiner Zeit. Ibrahims Verse sind mehrheitlich kleine Gebete; Anrufungen des Heiligen Gesudaraz stehen neben Versen zu Ehren Sarasvatis, der indischen Göttin für Kunst und Gesang. Nannten seine Hindu-Untertanen ihn nicht *Jagat Guru,* „Lehrer der Welt"?

Der Lyriker Zuhuri, der nach den religiösen Unruhen in Ahmadnagar nach Bijapur kam, preist die musikalische Kunst des Fürsten, der, „wenn er den Puls der Saiten des Instrumentes fühlt, gleich Jesus ist, wenn er die unheilbar Kranken heilt". Er hat auch den Zauber jener Jahre, die einem ständigen Frühlingsfest zu gleichen schienen, in seinem *Sāqīnāma* besungen:

> Luft legt die Luft auf Brust der Rose lind,
> Der Rose Tasche knöpfte auf der Wind!
> Zum Schlaf spielt sich kokett das Knospenkind,
> Die Wiege schaukelt bittend lauer Wind:

Vielleicht will auch der Park zur Schenke ziehn,
Daß Saum und Schoß gefüllt er mit Jasmin?

Der als Firishta bekannte Historiker verließ ebenfalls Ahmadnagar, um sich in Bijapur niederzulassen, wo er sein historisches Werk, *Gulshan-i Ibrāhīm*, „Ibrahims Rosenhag", schrieb, das 1768 erstmals ins Englische übersetzt wurde und für lange Zeit trotz seiner erst später erkannten Ungenauigkeiten die wichtigste Quelle für Europas Kenntnis der indo-muslimischen Geschichte werden sollte. Doch für Zia zählte im Moment nur Zuhuris Vers, mit dem er seine Bewunderung für Ibrahims Bijapur ausdrückt:

Wenn sie das Elixier von Freud' und Frohsinn machen,
werden sie's aus dem Staub von Bijapur nur machen!

Und so saßen wir auf der Umfassung des Rasens und sahen den steinernen Tulpengarten langsam in die Dämmerung verschwinden. Eine leichte Brise rührte uns an, als streife uns Sultan Ibrahims seidener Mantel.

Am nächsten Morgen wurden wir wiederum ganz zart segnend berührt. Sehr früh gingen wir zum Gedenkplatz des *Ganj ul-ᶜIlm*, „Weisheitsschatz", genannten Sufis, der sich um 1350 in Bijapur niedergelassen hatte. Auf dem weitausladenden Baum vor dem kleinen dunklen Bau saßen drei winzige Eulenbabys, die die beiden frühen Besucher mit großen erstaunten Augen anblickten, und der Diener des Heiligtums berührte unser Haar leicht mit einer Pfauenfeder, um uns am Segen des Heiligen teilhaben zu lassen.

Bijapur hatte noch viele solcher Stätten. Schon früh ließen sich hier Mystiker des Chishti- wie des Qadiri-Ordens nieder, wobei die Qadiris die Einsamkeit vorzogen, die Chishtis dagegen lieber in Gruppen lebten, wirkten, meditierten. Sie waren es, denen das Dakhni-Urdu die schlichten Verse verdankt, in denen die Lehren des Islam den einfachen Leuten in der Volkssprache nahegebracht wurden, mit Bildern, die jedem verständlich waren. Würde es die Frau, die täglich das Getreide für die Brotfladen mahlen mußte, nicht verstehen, wenn man den Handgriff des Mühlsteins mit dem Buchstaben *alif* vergleicht, der im Arabischen einem senkrechten geraden Strich ähnelt? Das *alif* aber steht als Symbol für Allah, den *einen* Gott, und wie sie ständig den Handgriff umschließt, um das Getreide mahlen zu können, soll sie sich auch am Namen Gottes festhalten. Und wie sie spinnt und das Garn je länger, je feiner wird, soll sie auch das Gottgedenken, *dhikr,* üben, damit ihr Herz ständig verfeinert wird, so daß Gott es zu einem guten Preis „kaufen" kann (vgl. Sura 9:111), indem er ihr das Paradies öffnet. Andernfalls würde sie am Tage der Hochzeit – also dem Todestag – nackt und entehrt dastehen ... Durch Generationen haben die Bijapurer Sufis diese Tradition entwickelt und an andere weitergegeben, besonders die Familie von Miranjee und vor allem Aminuddin Aᶜla (gest. 1675), dessen Mausoleum auf Shahpur Hillock im Norden der Stadt wir besuchten – ein pavillonartiges kleines Gebäude, dessen Tür mit geheimnisvollen Steinritzungen bedeckt war. Ein ernster dunkler Wächter stand davor, die Hellebarde, Zeichen der Autorität, in der Hand haltend. Am Fuße des Hügels streckte sich ein altes Stadtviertel, in früheren Zeiten des Wohlstandes das Viertel der Goldschmiede und Juweliere, jetzt zum Teil verfallen.

Wir besuchten auch andere, lebende Meister und ließen kaum eine Moschee aus, manche klein und zierlich, manche weit gespannt. Die 1576 erbaute große Moschee erinnert mit ihren Durchblicken durch hochstrebende gotische Bögen an gewisse Klöster in Portugal. Das ist nicht verwunderlich, denn seit 1510 hatten die Portugiesen Goa in ihrem Besitz, das an den Staat Bijapur grenzte; portugiesische wie auch italienische Künstler waren auch in der Hauptstadt der Adilshahis tätig. Die Moschee – nie vollendet – war von stiller, edler Schlichtheit; aber weshalb war der *miḥrāb,* die Gebetsnische, mit einem riesigen Tuch verhängt? So sei es nun einmal angeordnet, wurden wir belehrt, und wir ahnten, daß sich hinter dem Tuch etwas Ungewöhnliches verbergen mußte: Denn unten, rechts und links vom Vorhang, der etwa 6 zu 7 Meter maß, sah man zwei Nischen, in denen sich Stuckvorhänge in barocker Form fanden, mit ein paar naturgetreuen Büchern aus Stuck darin, höchst ungewöhnlich in einer Moschee und eher für eine Kirche passend. Als es bei unserem zweiten Besuch Cary gelang, den Vorhang öffnen zu lassen, konnten wir die Pracht kaum fassen: Die größte mir bekannte Gebetsnische, 1635 von einem Offizier gestiftet, stand vor uns, mit einem derartigen Reichtum von Stuck, vergoldeten Ajourarbeiten, riesigen durchbrochenen Inschriften, daß wir uns nicht satt sehen konnten.

Der Rasen im Innenhof der Moschee war gepflegt und grün, umgeben von weißen und rosa Blumen, ein Platz, der zum Nachdenken einlud, und hier versuchten wir, uns von der Überraschung zu erholen.

Andere Überraschungen standen uns noch bevor. Wir gingen zum Athar Mahal, einem hochragenden Bau nicht fern von der Moschee, weil es dort Teppiche und Textilien aus dem 17. Jahrhundert, Wandmalereien mit portugiesischem Einfluß geben sollte. Daß das ehrwürdige Gebäude seinen Namen trug, weil es *āthār,* „Reliquien", vom Propheten enthielt, war uns zwar klar, aber nicht auch, daß deshalb gleich der Wächter Edith und mich wegscheuchte. Nein, keine Frau dürfe in die Nähe des hochheiligen Haares des Propheten kommen!

Zia wandte all seine Beredsamkeit an, um ihm klarzumachen, daß ich eigentlich gar keine Frau, sondern ein Professor sei, aber auch das half nichts – der Wächter schnitt ihm kategorisch das Wort ab: „Noch nicht einmal Indira Gandhi durfte hinein!" Und damit war der Fall erledigt.

Die zwei kurzen Aufenthalte in Bijapur verfließen in der Erinnerung zu einem einmalig schönen, leuchtend frohen Erlebnis. Wir stiegen den riesigen Gol Gunbad Stockwerk um Stockwerk hinauf, um dann in den leeren Grabraum Muhammad Adilshahs zu blicken, in dessen Ecken Staub aus den heiligen Stätten von Najaf und Kerbela lag, um dem Verstorbenen, der – anders als sein Vater – Schiit war, den Segen der Grabstätten Alis und Husains zu bringen. Dann wieder besuchten wir das nahebei liegende Museum, in dem es wundervolle Inschriften aus der hohen Zeit der Adilshahis gibt, Teppiche mit den für den Dekkan typischen weitschwingenden Rankenmustern, schöngeschriebene Korane, darunter einer von der Hand des Mogulkaisers Aurangzeb, der die Stadt 1686 seinem Reich einverleibte. Als ich 1985 die eine herrliche Inschrift im elegantesten *nasta^cliq*-Stil auf einer Steinplatte bei der INDIA-Ausstellung im Metropolitan Museum wiedersah, tauchte ich in der Erinnerung noch einmal in diese leuchtende Stadt, die mit dem Ende der Adilshahis auch ihren Glanz, ihre kulturelle Rolle verloren hatte. 1724 wurde Bijapur nach fast vierzig Jahren Mogul-Oberherrschaft vom ersten Nizam von Hyderabad übernommen, der, ursprünglich nur Statthalter der Moguln, sich nun hier auf seinem Lehen selbständig machte. 1760 ging sie an die Maratha über und wurde 1848 der British East India Company unterstellt. Während Hyderabad sich immer stärker zum politischen und kulturellen Zentrum des Dekkan entwickelte, sanken die alten Hauptstädte in den Dämmer der Vergessenheit.

Khuldabad

Bei der ersten Reise führte uns der Weg wieder nach Golconda-Hyderabad zurück; bei der zweiten Reise jedoch begaben wir uns noch ein Stück weiter in die Vergangenheit des Dekkan hinein – gleichzeitig aber auch in die Zeit, da die alte Ordnung zerbrochen, durch die Einverleibung von Bijapur und Golconda ins Mogulreich eine ganz neue Verteilung der Schwerpunkte geschaffen wurde.

Mit Cary und Edith flog ich damals von Bombay nach Aurangabad, doch wir besuchten nicht etwa die berühmten Tempelhöhlen von Ajanta und Ellora; nein, begleitet von dem unübertrefflichen Zia fuhren wir zunächst nach Daulatabad-Khuldabad. Deogir war 1294 von den Muslimen erobert worden und wurde dann, als die muslimische Elite von Delhi 1327 hierher verbannt wurde, in *Daulatābād,* „Wohnort des Glücks" umbenannt. Doch die Festung von Daulatabad, aus dunklem Stein, hochragend und mit finsteren, beklemmenden Gängen, steilen Stiegen und winzigen Zellen, sollte besser „Wohnort des Unglücks" heißen, und man meint noch das Stöhnen der Prinzen und Fürsten zu hören, die hier einstmals eingekerkert waren. Ich blieb auf der Terrasse im zweiten Stockwerk der Festung sitzen, da mir der weitere Aufstieg zu anstrengend und gefährlich war, und während ich auf die weite Landschaft blickte, die sich in stufenförmigen Hügelketten vor mir ausbreitete, erzählte mir Zia die Geschichte vom letzten Fürsten der Qutbshahi-Dynastie: Der junge Abuʾ l-Hasan Tana Shah war von Raju Qattal in Hyderabad erzogen worden, einem einflußreichen Heiligen, dessen großes, hoch überkuppeltes Mausoleum noch in Hyderabad zu besichtigen ist. Schließlich heiratete Tana Shah die Tochter des Qutbshahi-Fürsten, nach dessen Tode er – recht widerwillig – den Thron bestieg; schon nach wenigen Jahren standen die Heere Aurangzebs vor der Stadt, und als die Offiziere kamen, um ihn gefangenzunehmen, lud er sie zunächst ein, mit ihm zu frühstücken, denn weltliche Macht galt ihm, dem Derwisch, nichts. Anschließend führten sie ihn nach Daulatabad, wo er seine letzten Lebensjahre verbrachte und klaglos sein Geschick ertrug.

In einiger Entfernung stand das hohe schlanke Minarett mit seinen drei Balkonen, das – 1450 angelegt – ein Zeichen muslimischer Präsenz im Süden Indiens sein sollte und noch immer ist; vielleicht war es von Anfang an weniger als Minarett denn als Siegesturm konzipiert, ähnlich dem gewaltigen Minarett in Ghor in Zentral-Afghanistan oder auch dem Qutub Minar in Delhi.

Nahe der bedrückenden Festung aber lag Khuldabad, der „Ort der Ewigkeit", eine kleine Ansammlung von Derwisch-*dargāhs,* hinter denen sich ein weiter parkähnlicher Friedhof erstreckte. Wir machten dem Dargah von Burhanuddin Gharib unsere Aufwartung; er war ein ekstatischer Mystiker des Chishti-Ordens gewesen, und seine Seele war hier 1337 in den ewigen Rosengarten geflogen. Mehr noch als alle seine Mitbrüder hatte er sich der Musik und dem Wirbeltanz hingegeben, und wir dachten, es sei doch passend, hier ein *qawwālī* zu hören. Ja, sagte der liebenswürdige Verwalter des Dargah, nach dem Mittagas leicht zu arrangieren. Burhanuddins Ruhm war so roß, daß gegen Ende des 14. Jahrhunderts einer seiner Verehrer eine Stadt am Tapti-Fluß am nördlichen Rand des Dekkan nach ihm nannte – „Burhanpur"; sie sollte später den Moguln als Basis für ihre ständigen Angriffe gegen die südlichen Königreiche dienen. Es muß eine kulturell außerordentlich lebhafte Stadt gewesen sein. Kurz vor der Mitte des 16. Jahrhunderts waren eine Anzahl von Weberfamilien aus Thatta in Sind wegen der im Industal herrschenden politischen Wirren nach Burhanpur ausgewandert; sie brachten nicht nur ihr handwerkliches Geschick mit und machten die Stadt dadurch zu einem Mittelpunkt der Textilindustrie, sondern hatten auch eine Anzahl mystischer Führer bei sich, bei deren Veranstaltungen die ersten uns bekannten mystischen Verse in Sindhi gesungen wurden. Und noch mehr: Burhanpur wurde berühmt durch die Anwesenheit von Akbars und später Jahangirs Oberbefehlshaber, des Khankhanan Abdur Rahim, dessen Bibliothek für Jahre hier stand – eine Bibliothek, in der er mehr als hundert Schreiber, Vergolder, Illuminatoren beschäftigte, um die Werke der persischen Literatur in würdiger Form zu bewahren. Und vier Jahre nachdem er, eine Zeitlang in Ungnade gefallen und dann wieder rehabilitiert, in Delhi gestorben war, starb 1631 in Burhanpur die so sehr geliebte Gattin Shah Jahans, Mumtaz Mahal, bei der Geburt ihres vierzehnten Kindes ... Nach dem Fall der Dekkani-Reiche und erst recht nach dem Niedergang des Mogulreiches verlor auch Burhanpur seine strategische und religiöse Bedeutung, wenn auch jetzt noch eine besondere Sekte der Ismailis, die Satpantis, dort zu finden ist.

Unsere Gedanken, die für einen Moment weit über Zeit und Raum geschweift waren, kehrten bald wieder in die Gegenwart zurück. Vor uns lag ein anderes Dargāh, dem Freunde Burhanuddins geweiht: dem nüchterneren Zainuddin, der von vielen Frommen verehrt worden war. In einem kleinen Winkel des Heiligtums, der von einem schlichten Marmorgitter umgeben war, lag das Grab Kaiser Aurangzebs, der in den letzten dreißig Jahren seines Lebens mit der Eroberung des Dekkans beschäftigt war und nun hier seine letzte Ruhestätte gefunden hat: Er wollte kein eigenes Mausoleum wie seine Ahnen – Humayun, Akbar, Jahangir und Shah Jahan –, sondern ein einfaches Grab; auch der Gründer der Dynastie, Babur, liegt ja in einem offenen schmucklosen Grab in Kabul. Der Ring hatte sich geschlossen. Bewegt sprachen wir ein Gebet für diesen Herrscher, der immer wieder für seine grausame Politik gegenüber Andersgläubigen, aber auch gegenüber Häretikern innerhalb des sunnitischen Islam getadelt wird; der seine Brüder hinrichten ließ und der, die Kräfte seines Imperiums überschätzend, das Reich bis an die Grenzen des Möglichen ausdehnte und damit dessen Untergang einleitete. Als er 1707, nach fast fünfzigjähriger Regierungszeit, als nahezu Neunzigjähriger starb, setzte der anderthalb Jahrhunderte dauernde Niedergang auch sogleich ein, bis die Britische Krone nach dem Soldatenaufstand, der sogenannten *Mutiny* von 1857, die Macht in Indien übernahm. Miniaturen zeigen den jungen Aurangzeb, wie er einen wilden Elefanten überwindet; sie zeigen ihn als Jäger und Krieger, und sie zeigen ihn als gebeugten Greis, der seinen Rosenkranz in der Hand hält, rot wie seiner Brüder Blut. Rief er wohl den göttlichen Namen „O All-Vergebender, O All-Verzeihender!" an?

Auf der Treppe, die zu einer kleinen Moschee führte, saß ein lustig anzusehendes Bürschchen, herausgeputzt wie ein Bräutigam. Mit rosa Plastikstiefelchen und einem kleinen, mit Silberfäden durchzogenen Turban ließ er sich gern photographieren. „Das ist ein *basmala kā dulhan*", erklärte Zia, „ein Bräutigam der Formel *bismiʾ Llāh*. Er ist also heute vier Jahre, vier Monate und vier Tage alt und wird von jetzt an in die Kenntnis des Korans eingeführt – denn heute hat er von einer Holztafel die Worte *bismillāhi r-raḥmāniʾr-raḥīm* ablecken müssen, die mit Honig oder anderen wohlschmeckenden Flüssigkeiten darauf geschrieben waren, damit es ihm leichtfällt, unser heiliges Buch auswendig zu lernen!" Und er setzte hinzu: „Heute wird das nicht mehr so häufig getan, aber selbst Kaiser Akbar ließ seinen kleinen Sohn Salim, den späteren Jahangir, an der *basmala*-Zeremonie teilnehmen . . . um des Segens willen . . .!"

Wir wandten uns dem weitgestreckten hügeligen Friedhof dahinter zu. Ein freundlich lächelnder Derwisch hockte unter dem großen Baum, dessen Laub sich herbstlich golden gefärbt hatte. In diesem Park konnte man die ganze Kulturgeschichte des Dekkans finden (ähnlich wie auf dem enormen Gräberfeld von Makli Hill die Geschichte Sinds oder wie in der Qarafa in Kairo die religiöse Geschichte des mittleren Ostens zu entdecken ist): Hasan Sijzi ruht hier, der erstmals die Gespräche seines Meisters Nizamuddin Auliya aufgezeichnet hatte und, mit anderen Freunden aus Delhi hierher ins Exil geschickt, in der kühlen rauhen Luft des Hochlandes schon nach einem Jahr starb. Daneben lagen Politiker und Fürsten, Dichter, Theologen und viele, viele andere, deren Namen kaum noch bekannt sind. Hier ruhte auch Azad Bilgrami (gest. 1786), dessen schönes Haus in Aurangabad wir am nächsten Tag besuchen sollten: Polyhistor und Dichter, hatte er nicht nur die Geschichte des indischen Islam und diejenige der persischen Dichtung geschrieben, sondern auch einen Versuch gemacht, einen gemeinsamen Nenner für islamische und indische Kultur zu finden: War nicht Indien die eigentliche Heimat des Prophetentums, da doch Adam nach seinem Fall zunächst in Sarandip, also in Sri Lanka, lebte? Ja, Azad Bilgrami versuchte in seinem arabischen Werk *Subḥat al-marjān*, „Der Rosenkranz aus Korallen", sogar, klassische arabische und klassische Sanskrit-Rhetorik miteinander zu vergleichen. Und der vielseitige Literat – „möge Gott die Gazellen des Wunsches schmeichelnd dazu bringen, ihm zu nahen, und die Zweige des Schutzes über ihn neigen!" (wie ein Zeitgenosse im 18. Jahrhundert betete) – schrieb auch wohltönende arabische Lobgedichte auf den Propheten. Sie brachten ihm den Namen Hassan al-Hind ein (eine Anspielung auf Hassan ibn Thabit, den Lobdichter des Propheten zu dessen Lebzeiten), während sich unter seinen persischen Versen unvergeßliche Zeilen finden, in denen die Metaphern und Bilder des „indischen Stils" mit besonderer Anmut verwendet sind. Aber Zia rezitierte statt eines Verses von Azad die Klage Amir Khusraus:

> Ich ging zum Friedhof hin, um bitterlich zu weinen
> Um jene Freunde, die jetzt vom Vergehn umfangen.
> Ich fragt': „Wohin sind sie gegangen?"
> Und der Friedhof
> Gab Echo's Antwort mir: „Wohin sind sie gegangen?"

Namenlose Gräber, prunkvolle Mausoleen aus dunklem Basalt, winzige Grabbauten – sie alle lagen auf dem hügeligen Gelände, vergoldet von den fallenden Blättern, und die Bäume standen leuchtend gegen den noch leuchtenderen türkisblauen Himmel. Auf dem höchsten Hügel, dem Kuh-i shamikh, gab es eine winzige Moschee, unter der sich ein *chillakhāna* befand, eine enge Höhle, in der man sich zur vierzigtägigen Meditation zurückziehen konnte. Von der Moschee aus sah man die Landschaft sich in kleinen Stufen ausdehnen. Weit im Hintergrund schimmerten die Berge.

Nach einem kleinen Imbiß gingen wir zu Burhanuddin Gharibs Dargāh zurück, und schon kamen die Sänger und Musiker, um uns im Garten mit den alten religiösen Sängen zu erfreuen. Als wir uns dankbar verabschieden wollten, erhielten die Männer einen Turban zum Geschenk, wir Frauen ein Kopftuch aus dem leichten orangegelben Stoff, wie er typisch für die Chishtis ist. Und natürlich durfte dann das *group photo* nicht fehlen.

Wir kehrten nach Aurangabad zurück und durchwanderten die Stadt, die noch einige schöne Bauten aufweist. Da war Panchakki, der Wassermühlenbereich, von großen Banyanbäumen umgeben, und wir entdeckten, wie man unterirdisch, nahe dem Wasser, herrlich kühle Räume bauen kann, in denen sich die sommerliche Hitze gut ertragen läßt – ohnehin sind die um 1600 angelegten Bewässerungsanlagen der Stadt bewundernswert. In der Altstadt besuchten wir am Abend eine Weberei, wo noch die kostbaren Aurangabadi-Stoffe hergestellt werden; Jaquardgewebe, die heute meist aus Baumwolle sind, aber in älterer Zeit oft auch aus Seide bestanden. Ein gebeugter hagerer Mann saß an einem klapprigen Webstuhl mit Doppelketten und webte im Lichte einer winzigen Funzel, während ein kleiner Junge mit seinen flinken feinen Fingerchen hinter dem Webstuhl die richtigen Fäden heraushob. Mann und Kind waren ein Bild des Jammers, und wir schämten uns, als wir die Preise für solche Gewebe erfuhren – Preise, für die man in unserer Welt nicht das kleinste Taschentuch hätte erstehen können. Das traditionelle indische Handwerk hat in dieser Form wohl kaum Überlebenschancen, und selbst die von der Regierung unterstützten Maßnahmen zur Erhaltung der jahrhundertealten Handwerkskunst (wie etwa im Folklore Museum in Delhi) kommen nur wenigen Meistern zugute.

Nahe dem Zentrum der Altstadt fanden wir ein altes Sufi-Dargāh. Ein offenbar geistesgestörter Mann schlug ununterbrochen Purzelbäume und Saltos; sein Kopf, seine Glieder fielen in regelmäßigem Rhythmus auf den harten Steinboden. War es ein Heilprozeß, war es reiner Wahnsinn – wir wußten es nicht. Die Kinder, die sich um uns drängten, fanden uns jedenfalls ungewöhnlicher als den zuckenden, springenden, fallenden Mann . . .

Am Ende des nächsten Morgens erwiesen wir der Rabia Daurani unsere Ehrerbietung: Sie war Aurangzebs Gattin gewesen, für die er ein Grabmal schuf, das den Taj Mahal nachbildete. Aber nichts könnte den Verfall des Mogulreiches besser dokumentieren als der Vergleich des Taj Mahal mit dem Mausoleum von Mumtaz Mahals Schwiegertochter, dessen zusammengedrückte Kuppel, engbrüstige Anlage und Stuckdekorationen wie eine traurige Parodie auf den großräumigen Marmorkomplex des Taj Mahal wirken. Und doch liegen kaum dreißig Jahre zwischen der Vollendung der beiden Mausoleen . . .

Aber nun führte der Weg uns endgültig wieder nach Golconda-Hyderabad.

Golconda – Hyderabad

Einmal unternahm ich von Hyderabad aus einen Ausflug nach dem nördlicher gelegenen Warangal, einer Stadt, aus deren Tempelruinen man die geradezu magische Geschicklichkeit der Hindu-Steinmetzen erkennen kann – Säulen, die aus dem schwarzen Basalt so gearbeitet sind, als sei das harte Gestein weiches Wachs, Durchbrüche, die an Spitzengardinen erinnern, und immer wieder die groteskesten Fabeltiere, die, zum Teil von ihren ursprünglichen Standplätzen gefallen, uns nun direkt anblickten, angrinsten, zu verlachen schienen. Der graue Himmel ließ die Szenerie noch unglaublicher, noch unheimlicher erscheinen.

Die Kunst der Hindu-Architekten wurde noch deutlicher in den gewaltigen Tempel- und Schloßanlagen von Vijayanagar, das, am südlichen Ende der ehemaligen Dekkankönigreiche gelegen, geradezu ein Wunderwerk der Architektur ist: Tempel, deren einzelne Säulen melodisch nach den Tönen indischer Musik aufeinander abgestimmt sind, wenn man an sie klopft; weiträumige Paläste, entzückende Pavillons im Stil der Bahmaniden. Hier schien in manchen Bauten eine scheinbar lückenlose Verschmelzung der besten Elemente indischer und islamischer Architektur gelungen zu sein. Immer neue Ausblicke taten sich auf, die uns so entzückten, daß ich auch die Nacht in einem winzigen Raum des Gästehauses überstand, dessen Badezimmer wohl seit dem 15. Jahrhundert nicht von Spinnweben gereinigt worden war. Aber der Anblick der gewaltigen Ruinenstadt, deren Steine im sinkenden Sonnenlicht des Abends immer wärmer, immer leuchtender wurden, war ein unvergeßliches und tröstendes Erlebnis. Am Morgen besuchten wir noch den hochragenden Tempel von Hampi, in dessen Hof ein kleiner Elefant zeremoniell herumgeführt wurde, während ungezählte Äffchen von allen Vorsprüngen des Baus neugierig auf uns blickten. Die Rückfahrt aber dauerte durch plötzlich einsetzenden Regen und unerwartet starken Lastwagenverkehr 16 Stunden für ca. 350 km (selbstverständlich ohne daß es für ein weibliches Wesen möglich gewesen wäre, sich einmal „die Nase zu pudern").

Jede dieser Fahrten begann und endete in Hyderabad-Golconda. Aus den Trümmern des Bahmanidenreiches erstehend, war Golconda zunächst nur eines der fünf neuen Reiche gewesen. Dessen Statthalter Qutbulmulk, aus dem Clan der Qaraqoyunlu, der Turkmenen vom Schwarzen Hammel, machte sich 1512 selbständig und regierte bis 1543, als er – bereits über 90 Jahre alt – von seinem ungeduldig werdenden Sohn aus dem Leben befördert wurde. Das mächtige Reich wurde, wie bereits bemerkt, 1687 von Aurangzeb erobert, aber während die anderen früheren Hauptstädte langsam zu unbedeutenden Provinzstädten verdämmerten, wählten Aurangzebs Statthalter Golconda-Hyderabad zum Verwaltungssitz, und der als 'Nizam' bezeichnete Asaf Jah machte sich 1724 fast völlig von den machtlosen Mogulherrschern in Delhi unabhängig. Bald umfaßte das Gebiet des Nizams, dem die Briten später den Titel *His Exalted Highness* verliehen, fast die gesamten früheren Dekkan-Reiche. Die Nizams taktierten geschickt und stellten sich bei den politischen Spannungen in der zweiten Hälfte des 18. Jahrhunderts auf die Seite der Briten, die ihren Besitz im südlichen Indien (Madras und anrainende Gebiete) gegen die Franzosen verteidigten, die seit 1671 in Pondichéry saßen. (Der erste Nizam freilich hatte noch eine ganze französische Söldnertruppe gehabt.) Die Rivalität zwischen Briten und Franzosen zeigte sich noch einmal deutlich, als nach 1770 Tipu Sultan von Masulipatam, der sein Reich auszudehnen und zu befestigen strebte, sich gegen die Briten stellte. (Der künstliche Tiger vom Palast des Sultans, der jetzt im Britischen Museum zu sehen ist, zermalmt mit abscheulichen mechanischen Geräuschen die Figur eines britischen Soldaten!) Der fromme Muslim Tipu Sultan ging so weit, sich nach der französischen Revolution als „Citizen Tipu“ zu bezeichnen, und als er seine später berühmt gewordenen Träume notierte, sah er auch den Nizam von Hyderabad unter den drei „Ungläubigen“, die zu bekämpfen er bereit war – die beiden anderen waren die Briten und die Marathas, die seit der Mitte des 17. Jahrhunderts immer größere Teile der indischen Gebiete unter ihre Kontrolle gebracht hatten. Als Delhi und der größte Teil Indiens nach der Mutiny von 1857 der Britischen Krone unterstellt wurden, blieb das Gebiet des pro-britischen Nizams selbständig und wurde zu einem Zufluchtsort für viele nordindische Intellektuelle, die in dem friedlichen, wohlhabenden Reich die Urdu-Literatur pflegten und die höhere Bildung förderten.

Geographisch gesehen scheint es fast unausweichlich, daß Golconda (in Telugu „Schäferhügel“) eine so wichtige Position einnahm, lag es doch genau in der Mitte des von Ost nach West führenden südindischen Handelsweges. Seit altersher war das felsige Hochplateau, das die Siedlung umgab, berühmt für die Kunst, die kostbarsten und festesten Stahlklingen zu schmieden; schon die vor-islamische arabische Dichtung besingt das *saif hindī,* das „indische Schwert“, dessen Klinge durch einen komplizierten Prozeß besonders gehärtet wurde. Das Felsgestein des Landes barg auch Diamanten, und bevor die Kunst des Diamantenschliffes bekannt wurde, waren die Golconda-Diamanten mit ihrem einfachen Facettenschliff weit berühmt; der sagenumwobene *Koh-i noor,* der „Berg des Lichts“, soll um 1300 im Gebiet von Golconda gefunden worden sein. Interessanterweise kommt der Diamant jedoch als dichterisches Bild in der orientalischen Dichtung viel seltener als Rubin und Smaragd vor. Nur als Diamantstaub reiben sich die persischen und indo-muslimischen Poeten ihn hin und wieder auf ihr Herz oder ihre Leber, deren aufgerissene Wunden dadurch noch schmerzhafter werden . . . und der Wüstensand, durch den der besessene Liebende auf seiner vergeblichen Suche nach dem geliebten Wesen eilt, scheint ihnen aus Diamantsplittern zu bestehen . . . Den Händlern Golcondas lagen solche etwas outrierten Gedanken sicher sehr fern.

Das Gebiet von Golconda wurde 1363 vom Herrscher von Warangal an die Bahmaniden abgetreten, und seit jener Zeit wurde die gewaltige Burg erbaut, die sich etwa 130 m über dem Flußtal erhebt. Sie ragt dunkel in den Himmel, und man muß schon viel Phantasie haben, um sich vorzustellen, daß sie, Berichten europäischer Reisender aus dem 17. Jahrhundert zufolge, ganz mit leuchtenden Fliesen bedeckt gewesen sein soll, deren Glanz die Augen blendete – ähnlich den Fliesen, deren Reste wir in Bidar gesehen hatten. Mauern mit ungezählten Nischen lassen den Besucher davon träumen, was für Feste hier des Nachts wohl gefeiert wurden, bei denen kleine Lampen in den Vertiefungen flackerten. Figuren aus der indischen Mythologie sind an den Eingangstoren zu sehen. Und während des steilen Aufstiegs tröstet hin und wieder ein Zweig, eine Blüte den ermüdeten Wanderer – der freilich mit einem großartigen Panorama vom Gipfel des Burgberges belohnt wird.

Drüben, am rechten Ufer des Flusses Musi, wurde die Großstadt Hyderabad in etwa 8 km Entfernung von der Festungsstadt Golconda erbaut. Jetzt freilich ist alles miteinander verwachsen, und selbst in der Burg haben sich wohnungssuchende arme Menschen eingenistet, ähnlich wie in den Gräbern der Qarafa, der Totenstadt von Kairo.

Muhammad-Quli Qutb Shah hatte Hyderabad 1591 gegründet, das ist das Jahr, in dem das zweite Jahrtausend des islamischen Kalenders begann. Sein Minister, Mir Mu'min, wollte die neue Stadt zu einem zweiten Isfahan machen, denn in Iran schmückte gerade Shah Abbas der Große diese seine Hauptstadt mit den bis heute bewundernswerten Bauten, die um den Maidan-i Shah gelagert sind. Der Wettbewerb war verständlich, denn Golconda, mehrheitlich schiitisch, hatte enge Verbindungen zum schiitischen Iran – auch das war ein Grund, warum die Mogulherrscher es mit Argwohn betrachteten.

Die neue Hauptstadt wurde im Namen des ersten schiitischen Imams, Ali Haidars, „des Löwen Gottes", erbaut; sie ist ein Muster intelligenter Stadtplanung, und selbst heute, wo viele der alten Bauten nicht mehr existieren, ahnt man die frühere Schönheit. In der Mitte der Stadt steht das gewaltige Char Minar, das „Vier-Minarett"-Gebäude, von dem aus die Straßen in die vier Himmelsrichtungen führen. Dort befanden sich in alter Zeit Paläste und Wohnhäuser, Bazarviertel und alles, was zu einer gepflegten Stadt gehört. Wir kletterten mehr als einmal auf das 56 Meter hohe Char Minar hinauf, das eine Fläche von 30 mal 30 Meter bedeckt. Seine gewaltigen Stützpfeiler sind mit feiner Stuckdekoration – meist Blütenranken – überzogen, die seltsam mit dem klobigen Bauwerk kontrastiert. Das fiel mir ohnehin immer bei der indo-muslimischen Architektur auf: Die Oberfläche wird mit feinstem Ornamentwerk – aus geometrischen, pflanzlichen oder kalligraphischen Formen – wie mit einem Spitzengewebe überzogen, und wenn in den *jalīs,* den Fenstergittern der Mogulbauten, der weiße oder graue Marmor, der warmgetönte rötliche Sandstein geradezu in Klöppelspitze verwandelt werden, so haben auch die farbige Einlegearbeit in Marmor oder die bunten Fliesen, das *pietra-dura*-Werk an Fassaden und in Innenräumen, ähnliche Wirkung und verfeinern, veredeln, verwandeln die oft enormen Strukturen.

Ich freute mich jedesmal an den Stuckranken und freute mich auch, wenn wir die erste Plattform des Gebäudes erreicht hatten, wo es einige Schulen gab, während auf der zweiten Plattform eine kleine Moschee stand, deren fünf Öffnungen, zum Betraum führende Bögen, an die *Panjtan* erinnern sollten: Das sind der Prophet Muhammad und seine Familie – seine Tochter Fatima, deren Gatte (Muhammads Vetter) Ali und Hasan und Husain, die Söhne des Paares.

Man konnte nach dem Besuch im Char Minar die breite Straße weitergehen und sogleich die Mekka-Moschee betreten, auf deren großem Vorplatz, der mehr als hundert Meter im Quadrat mißt, man so schön sitzen und das unaufhörliche Gewimmel von Menschen, Autos, Kühen, Rikschas, Fahrrädern und was sich sonst nur bewegen kann, beobachten konnte. Der vorletzte Qutbshahi-Fürst hatte den Bau der Moschee begonnen, doch erst Aurangzeb vollendete ihn nach seinem Einzug in Hyderabad. Von fern hörte man das feine Hämmern der Gold- und Silberschmiede, die das Edelmetall zu hauchdünnen Blättchen schlugen (ähnlich wie das Rauschgold, das man zur Vergoldung von Weihnachtsnüssen verwendet), und nie konnte ich den Päckchen widerstehen, in denen die Silberblättchen, sorgsam zwischen Stücke alter Zeitungen oder Akten gelegt, verkauft werden. Man verwendet sie, um Speisen, vor allem Süßspeisen, zu verzieren; sie können in Europa als Bereicherung einer einfachen Nachspeise Gäste teils entzücken, teils schockieren: „Waaas? Sie essen Silber?" kommt dann der verwunderte Aufschrei. „Aber natürlich – Silber ist doch ein wichtiger Bestandteil in den Arzneien der *ṭibb yūnānī* oder der ayurvedischen indischen Heilkunde . . ." Und der Gast fügt sich.

„Ich möchte mir mal die Perlen ansehen!" sagte ich, und fand immer wieder Bekannte, die mich bei meinen ach so seltenen „frivolen" Beschäftigungen wie dem Schaufensterbummel begleiteten. Ja, die Perlenhändler rund ums Char Minar! Da gab es viele winzige Geschäfte, auch manche große Läden, die mit Perlen aller Größe und Art gefüllt waren, wobei oft nebenbei auch noch Fläschchen der überaus schweren indischen Parfüms verkauft wurden. Reparaturen, die in Europa fast unerschwinglich gewesen wären, wurden hier im Handumdrehen für ein paar Rupien durchgeführt. Eine zerrissene Kette reparieren? Kein Problem! Der Handwerker saß irgendwo unter einem Schirm am Straßenrand, ungestört von Autos, Ziegen und Menschen, sah sich die winzigen türkischen Perlen an, schien ein paar Zaubergesten zu machen, und siehe, meine Kette fädelte sich sogleich auf dem hauchdünnen Faden ein, den er um seine große Zehe geschlungen hatte . . . Einmal nahm uns ein Händler in sein schönes altes Haus mit, um uns einen Tee zu kredenzen, während wir seine Schätze bewunderten, und ein andermal in einer Nebengasse, die alles andere als einladend roch, erklommen wir steile Stiegen, um im Obergeschoß zahlreiche elegante Damen zu finden, die mit großer Sachkenntnis und noch größerer Beredsamkeit Schmuck für eine Hochzeit einkauften. Ich fühlte mich wie in Aladdins Schatzhöhle ... und hätte ich hinausgehen können, ohne wenigstens ein meinen Finanzen angemessenes Stück zu erwerben?

In anderen Seitenstraßen hingen Tausende von bunten Glas-Armreifen. Kleine Buchhandlungen boten arabische Religionstraktate, persische Poesie, Urdu-Veröffentlichungen, religiös und profan, an, und wenn man Glück hatte, konnte man – zumindest mit Hilfe eines gewieften Buchhändlers – kostbare alte Drucke erwerben: vor allem die unschätzbaren Lithographien von persischen und Urdu-Werken, die der Verlag Nawal Kishor in Lucknow mehr als ein Jahrhundert lang verlegt hatte.

Denn Hyderabad war ja jahrhundertelang auch eine Stadt der Literatur gewesen. Muhammad-Quli Qutbshah mit dem Dichternamen Ma^{c}ānī z. B. war ein vorzüglicher Dichter im heimischen Dakhni-Urdu:

Im Königreich des Rausches bin ich der Welterbauer,
die Schönen anzublicken – dabei bin Muslim ich!

Ma^{c}ānī hat Gedichte auf seine Konkubinen geschrieben, hat Feste der Muslime wie der Hindus in farbigen Bildern beschrieben, das ganze Leben, sei es am Hofe, sei es im Volke, in kunstvoller, aber nicht gekünstelter Sprache besungen. Deutlich tritt dabei seine schiitische Gesinnung hervor: Bibi Fatima, die Tochter des Propheten und Mutter der Imame Hasan und Husain, wird in seinen Versen gepriesen – sie, die „seit der Urewigkeit auserwählt“ war. So ist es nicht erstaunlich, daß sich unter ihm und seinen Nachfolgern die Dakhni-Literatur zu hoher Blüte entwickelte; romantische Epen und mystische Lyrik (diese allerdings verhältnismäßig selten) wurden in Golconda verfaßt, wie die ganze Region dort bezeichnet wird. Mit *Sab ras*, „Alle Sinnesempfindungen“ bzw. „Stimmungen, Geschmäcker“, schrieb Molla Wajhi das erste große Werk in Reimprosa in Dakhni. Auf einem persischen Vorbild des 15. Jahrhunderts beruhend, erzählt es die Abenteuer von „Herz“, „Intellekt“, „Schönheit“, von „Gestalt“, „Locke“ und vielen anderen allegorischen Gestalten, die zwischen dem im Osten residierenden König „Liebe“ und dem im Westen regierenden König „Intellekt“ stattfinden. Auch Ghawwasi darf man nicht vergessen, der das alte Märchen von Saif ul-Muluk und Badi^{c} ul-Jamal in Dakhni-Verse goß, ehe er das Königreich verließ, dessen synkretistische Politik ihm, dem strengen Muslim, nicht behagte. Die beiden eigentlichen Hauptstädte des Dekkan, Golconda und Bijapur, wetteiferten auf literarischem Gebiet ebenso wie in der Malerei; wichtige Werke über Musik wurden ebenfalls in beiden Königreichen geschrieben. Der Hof von Golconda folgte dabei der alten Dekkani-Tradition, arabische Dichter einzuladen, und so entstanden hier in der zweiten Hälfte des 17. Jahrhunderts beachtliche arabische panegyrische Gedichte, wurden Chroniken und Literaturgeschichten verfaßt. Hierbei spielte auch die aus Hadramaut nach Indien eingewanderte Aidarus-Familie eine wichtige Rolle; ihre gelehrten Mitglieder hatten seit etwa 1600 in Gujarat als theologische Lehrer gewirkt. Nicht zu vergessen die Dichter, die sich der Kunst der *marthiya* widmeten, der Klagelieder für den Prophetenenkel Husain und seine Familie, die im Jahre 680 am 10. Muharram in Kerbela getötet worden waren: Schon Muhammad-Quli selbst hatte sich in diesem Genre versucht, und spätere Dichter besangen die traurigen Ereignisse auf verschiedenste Art – die ansprechendsten *marthiyas* sind vielleicht nicht die langen Gedichte, die jedes Detail der Unglückstage ausmalen und den Durst der Kämpfenden, die Waffen, ja den Haarschmuck der Frauen mit minutiöser Wortmalerei schildern; rührender und unmittelbarer bewegend sind die Gedichte, die den Schmerz der Mutter um ihr von einem verirrten Pfeil getötetes Söhnchen Ali Asghar ausdrücken:

Oh, dein blutiges Leichentuch, Asghar!
Oh, dein vertrocknetes Mündchen, Asghar!
Blutrot dein rosiger Körper, Asghar!
Wehe um deine Kindheit, Asghar!

Ach, wessen Wiege soll ich nun schaukeln?
Wem soll ich singen ein Wiegenliedchen?
Wen soll ich nun in die Arme nehmen?
Wehe um deine Kindheit, Asghar!

Das alte Ashurakhana, Zentrum der schiitischen Feiern zu Ehren Husains, stand nahe dem berühmten Qutbshahi Hospital, dem Dar ul-Shifa.

„Oh, Doctor Sahiba, Muharram ist wundervoll! Sie sollten hier sein!“ strahlte mein junger Freund Talib, der mich an diese historischen Stätten begleitet hatte. Da ich einmal in Multan Muharram-Vorbereitungen miterlebt und auch die berühmte Trauerprozession am 10. Muharram vom Fenster eines Hauses in Lahores Altstadt beobachtet hatte, konnte ich mir unter „Muharram“ nicht gerade etwas Erfreuliches vorstellen – zu schwer fällt es dem Zuschauer, die Selbstflagellation mit scharfen kleinen Messern, das fließende Blut, die ekstatischen Schreie der Teilnehmer recht zu schätzen, deren viele versuchen, die hennagefärbten Füße des unter einem brokatenen Schirm geführten Schimmels zu berühren – dem Pferd, das für das erhoffte

Erscheinen des verborgenen Imams immer bereitgehalten wird. All dies scheint unheimlich, selbst wenn man den Ernst bewundert, mit dem die Teilnehmer die Leiden Imam Husains in ihren Riten an sich selbst zu erfahren suchen und dadurch, in Wiederentdeckung eines zwar historischen, aber mythisch überhöhten Ereignisses, ihre Katharsis erleben, sich für einen Moment in das Drama von Tod und Erlösung einordnen.

„Wieso ist Muharram so wundervoll, Talib?" fragte ich. „Ach, Sie wissen doch, die Prozessionen sind so farbenprächtig; da gibt es kleine Jungen, die 'Husains Narren' sind und herumhüpfen, weil ihre Eltern ein Gelübde getan haben und das nun einlösen, und dann gibt es das Feuerwandeln . . ." – „Was, Feuerwandeln?" fragte ich entsetzt. „Aber ja", strahlte Talib mich an: „Wir laufen mit nackten Füßen über die glühenden Kohlen, und nichts passiert. Noch keiner hat sich verbrannt. Es ist ganz herrlich! Sie sollten es auch mal versuchen!" Nein, auch das liebreizendste Lächeln eines jungen Hyderabadis hätte mich nicht dazu bringen können! „Und in alter Zeit, da war es noch schöner: Es war ein richtiger Karneval mit Bärentänzen, mit vermummten Gestalten, mit viel Räucherwerk und Lärm . . ." Ich erinnerte mich jetzt, auf Miniaturen des 18. Jahrhunderts in der Tat solche Szenen gesehen zu haben, die wirklich eher an den Karneval denn an eine Trauerfeier erinnerten. „Und Sie müssen Maulali sehen!" fügte Talib hinzu.

Maulali – das ist Maula Ali, „Herr Ali" – liegt etwas außerhalb der Stadt: Ein riesiger glattgescheuerter Felsen, wie sie in früherer Zeit ganz typisch für das Gebiet um Hyderabad gewesen waren, ehe man erkannte, welch gutes Baumaterial sie darstellten – ein Felsen, glattgewaschen von Jahrmillionen von Regen und Wind, ragte vor uns auf; eine breite Treppe führte zum Heiligtum, und nicht nur unsere kleine Gruppe stieg andächtig hinauf; eine langohrige schwarze Ziege schien uns den Weg weisen zu wollen. „Es sind 505 Stufen", sagte einer der Mitwanderer, und wir waren dankbar, am Ende in dem kleinen Heiligtum mit einer Tasse Kaffee bewillkommnet zu werden. Der Blick über Hyderabad und Umgebung durch das hohe schmale Tor war atemberaubend schön, wenngleich man auch von hier das Anwachsen der industriellen Gebiete beobachten mußte, die die Stadt immer stärker umklammerten. Jenseits des großen künstlichen Sees, des Husaini Sagar, sah man Sikundarabad, eine etwas modernere Siedlung. Wir durften in das Innere des kleinen Heiligtums treten, wo ein naturalistisches Bild von Hazrat Ali hing, von der Art, wie sie besonders in Iran während der letzten Jahrzehnte populär geworden sind (und den westlichen Besucher sehr an Christusköpfe oder Heiligenporträts des Barock und noch mehr der Nazarener erinnern). „Und hier", der Wächter hob den schweren Vorhang, „hier . . . nur Sie dürfen es sehen . . . der gesegnete Fußabdruck Hazrat Alis!“ Er deutete auf einen Stein, der etwa 50 mal 50 cm maß und den ein breiter Fußabdruck (oder was man mit viel Glauben dafür ansehen konnte) ausfüllte. Dann berührte er die kostbare Reliquie und strich sich mit den Händen über den Körper, damit der ganze Leib des Segens teilhaftig werden sollte. Und beim Abstieg summten einige der Pilger einen der vielen religiösen Sänge, die Maula Ali gewidmet sind, Melodien, die in allen *qawwālīs* wiederholt werden und die Zuhörer langsam in Trance geraten lassen . . .

Der Orientalist, der Hyderabad besucht, sollte sich eigentlich nicht, sooft es die Zeit zwischen dem dicht gespickten Programm erlaubt, ins farbenprächtige Brodeln der Bazare stürzen, sondern seine Zeit im Salar Jung Museum und dessen großer Bibliothek verbringen. Salar Jung, eine der führenden Gestalten der Hyderabader Geschichte, hatte 1869 die Regentschaft für den damals dreijährigen Nizam Mahbub Ali übernommen und zahlreiche Bauten und Schlösser errichten lassen. Das Museum, das seinen Namen trägt, besitzt ungewöhnliche Handschriftenschätze. Nicht nur die Prunkhandschrift des Divans von Sultan Muhammad-Quli Qutbshah ist dort zu finden, sondern auch zahllose persische und arabische Manuskripte zur Geschichte des Sufismus, der Literatur, der Koraninterpretation. Doch selbst wenn man einen oder zwei, drei Vorträge dort hält – eine Handschrift zu photographieren oder zu mikrofilmen ist eine schwierige Sache; nur wenn man den gesamten Tag in der Bibliothek verbringt, hat man die Möglichkeit, sich etwas abzuschreiben. Und doch war ich glücklich, wenigstens einige der mir namentlich bekannten Schätze zu berühren, sorgsam aufzuschlagen, um einen ersten Eindruck von ihnen zu bekommen.

An anderen Plätzen jedoch wurde meine Sehnsucht nach Handschriften, nach Kalligraphien überreich erfüllt: Warmherzige Freunde öffneten die geheimen Fächer in den Wänden ihrer so schlicht wirkenden Häuser, um mich ihre kalligraphischen Schätze sehen zu lassen und mich anschließend weiterzuführen in andere Häuser: Hier erhielt ich in einer eleganten Villa Werke eines modernen Kalligraphen als Geschenk, dort wurde die Besichtigung einer halböffentlichen Bibliothek arrangiert – alle waren sie dankbar für das Interesse, das ich ihren jetzt langsam in Vergessenheit geratenden Traditionen entgegenbrachte.

Doch die reichsten Schätze – wenngleich nicht nur kalligraphischer Natur – fand ich im Hause Jagdish Mittals, eines Hindus, der als Sammler und Kunsthändler internationalen Ruf genießt. Wie oft saß ich in seinem Empfangsraum, und wenn Kamala, seine Frau, uns starken Tee gebracht hatte, zeigte er mir neue Kunstwerke, deren Inschriften er, des Arabischen und Persischen unkundig, nicht entziffern konnte. Ich weiß nicht, wie viele Ringe mit Gravierungen, wie viele Bronzegefäße mit Inschriften, wie viele Miniaturen in jenen Tagen durch meine Hand gegangen sind. Ich genoß diese „Arbeit" außerordentlich, lernte ich doch jedesmal neue Kunstwerke kennen, durfte die Kostbarkeiten streicheln und den feinen Linien und Gravierungen nachgehen. Manchmal entdeckten wir völlig Neues, Unerwartetes: z. B. eine Miniatur vom Rajputhofe von Kulu aus dem 19. Jahrhundert, deren Ikonographie ihrem hinduistischen Besitzer völlig fremd war. Ich jauchzte auf – denn wir hatten ein Bild der Mondspaltung vor uns, jenes Wunders, das angeblich den südindischen König zum Islam bekehrt hatte: Hier standen der Prophet und seine Getreuen, dort die finster blickenden Mekkaner, und der Mond war schön zur Rechten und Linken vom Berg Abu Qubais in zwei halbmondförmigen Stücken zu sehen. Später, als wir im Metropolitan Museum die große INDIA-Ausstellung zeigten, waren auch einige der schönsten Objekte aus Jagdishs Sammlung dabei, und wenn ich je ein Stück Kalligraphie „stehlenswert" gefunden habe, so war es ein Blatt aus dem Divan des Ali Adilshah von Bijapur, zwischen dessen acht Zeilen (in normaler Größe in indischem *nasta*[c]*liq*-Duktus geschrieben) die feinsten Landschaften, minutiöse Gestalten, Pferde, Wagen, Berge auf einem Zwischenraum von nur einem Zentimeter dargestellt waren: Was für ein Kontrast zu dem überdimensionalen Grabbau, den der gleiche Fürst für sich errichten wollte! Aber wenn ich auch dieses Wunderwerk der Zeichenkunst immer nur hingerissen anblicken konnte, so erhielt ich doch ein Geschenk von fast vergleichbarer Feinheit: Nach zwei Vorträgen in der Iqbal Academy in Hyderabad bekam ich zwei Reiskörner, auf deren einem die 112. Sure des Korans in winziger Schrift geschrieben ist, während auf dem anderen mein Name samt Adresse in Lateinbuchstaben steht.

In der Altstadt von Hyderabad gab es, als ich zum erstenmal dorthin kam, alte, breitausladende Bäume, und viele der Häuser – große Villen wie kleine (zumindest klein wirkende) – waren von Gärten umgeben. Später verwandelten sich viele der schönen alten Häuser, die viel mehr Raum hatten, als man vermutete, in abscheuliche Zementbauten, und langsam löste sich der historische Kern der Stadt mehr oder minder auf: denn 1956 war Hyderabad, einst Hauptstadt eines vielsprachigen muslimischen Reiches, zu einem Teil der Telugu-sprachigen Region Andhra Pradesh geworden, und die vor allem aus den Randgebieten einströmenden Andhra-Hindus hatten keine innere Beziehung zu der verfeinerten muslimischen Kultur. So wurden Jahr um Jahr mehr der gewaltigen, für Hyderabad so charakteristischen Felsblöcke gesprengt und als Baumaterial verwendet; die einst so farbenprächtig strahlenden, duftenden Gärten nahe der Burg, entlang dem Husain Sagar, dem alten See, verschwanden, und wo einst ein ehrwürdiges Haus stand, erhob sich bald ein Kino, möglichst hellgrün oder bonbonrosa angestrichen, und größere Bauten wurden in öffentliche Gebäude wie Hochzeitshäuser und ähnliches umgewandelt. Wie wenig paßten die früheren Bewohner in diese Umgebung! Vielleicht den herzzerreißendsten Anblick bot jener weiträumige Palast, der einstmals wunderschön gewesen sein mußte, wie man noch aus den Stuckresten an den Decken, der abblätternden Farbe der Wände ahnte. Jetzt stand der größte Teil leer, grau in grau, und in einem mir riesig erscheinenden Saal lag auf einer einfachen Bettstatt der greise Fürst. Ein Stuhl und ein Fernseher waren die einzigen Einrichtungsgegenstände. Wie sagte schon der Dichter Bedil?

> Hoffnungslosigkeit ist der Webstuhl dieses Lebens –
> Seufzerfäden weben das Gewand des Morgens.

Immer wieder wurde man an die verwischte Fußspur, die ständig weitergleitenden Sanddünen erinnert, von denen die Dichter des 18. Jahrhunderts gesungen hatten – in einer Zeit, als dieser Palast gerade erbaut wurde. Verrinnender Sand in der Sanduhr, verwelkende Rosen, war das nicht eine treffende Metapher für das heutige Leben der muslimischen Aristokratie im Dekkan? Selbst deren weite internationale Verbindungen hatten ihren Wert verloren – der Neffe unseres Freundes Mujeeb, einstmals Sultan von Hadramaut, lebte jetzt im Exil in Dschidda . . . Azad Bilgrami sagt ja ganz richtig:

> Zur Armut wird am Ende alle Herrschaft –
> der Knospe Krone wird zur Bettlerschale.

Zum Glück gab es auch andere, lebendigere Plätze in der Altstadt, zu denen Zia mich führte: Das Heiligtum von Yusufain gehörte dazu und das Gewimmel der Menschen darum herum. Zwei heiligmäßige Männer namens Yusuf sollen in der Zeit der Eroberung Hyderabads durch die Mogulheere eine Schlüsselrolle gespielt haben, und wir kamen gerade am Gedenkfest der beiden an. Der Innenraum war voller schön gekleideter Kinder, die kleinen Mädchen in bunten Seidenkleidchen und mit einem glitzernden Schal über dem Haar, die Jungen in ihren besten Anzügen – so feierten und beteten sie dort und brachten große bunte Papiergebilde mit, die zu Ehren der Heiligen für eine Weile im Schrein aufgehängt werden sollten. Die stolzen Mütter in ihren leuchtenden Saris besuchten den sich an das Mausoleum anschließenden Friedhof, wo Fromme sich gern beisetzen ließen, um des Segens der Stätte teilhaftig zu werden. Zia führte mich zu einem schlichten Grab, über das eine Ziege lief und das spärliche Gras abknabberte. „Hier liegt Dagh begraben", sagte er und rezitierte beim Anblick der hin und her laufenden Ziege den Vers dieses Dichters:

> Setzt auf den Weg der Liebe du den Fuß,
> Wie kenntest Abstieg du und Aufstieg noch?

Ich lachte – eigentlich hätte man Mirza Dagh ja einen vornehmeren Besuch als diese Ziege gewünscht! Schließlich war er mit dem Mogulhaus verwandt gewesen und hatte sich nach dem Fall der Dynastie aus Delhi in das sichere Gebiet des Nizams zurückgezogen, wo seine Urdu-Dichtung sehr bewundert wurde; zahlreiche junge Poeten, darunter auch Iqbal, hatten ihn um Rat gefragt, wenn sie Probleme mit Poetik und Rhetorik hatten. Und wenn Daghs Verse auch oft seine etwas leichtfertige Lebensweise – die Sitten eines verwöhnten Aristokraten – widerspiegeln, verdankt ihm die Urdu-Dichtung doch das bewegendste Gedicht auf die Zerstörung Delhis im Jahre 1858, jener Stadt, die für Jahrhunderte das wahre Zentrum der indo-muslimischen Welt gewesen war:

> Es ist diese Stadt, die für Menschen und Geister das Herz war,
> Es ist diese Stadt, die aller Mächtigen Herz war.
> Es ist diese Stadt, die Indiens wirkliches Herz war,
> Es ist diese Stadt, die der ganzen Menschheit ein Herz war,
> Sie war nicht erbaut in Formen von Ziegeln und Stein;
> Sie war wohl erbaut, ein Paradies-Gleichnis zu sein . . .

Wir nahmen Abschied von Yusufain, bewegt vom Geschick Mirza Daghs, der in gewisser Weise für eine ganze Generation indo-muslimischer Intellektueller in Hyderabad steht. Denn es gelang dem Nizam im Laufe der auf die Mutiny folgenden Jahrzehnte, eine Anzahl von modernistischen Denkern anzuziehen, die die Ideen Sir Sayyid Ahmad Khans mitbrachten und weiterzuentwickeln suchten. Zu ihnen gehört Chiragh Ali, der, obwohl im Hauptberuf Finanzminister, sich mit dem *ḥadith*, den Aussprüchen des Propheten, befaßte und eine beißende Kritik der Überlieferungen schrieb, wenige Jahre bevor Ignaz Goldziher in Europa die *ḥadith*-Kritik begründete. Zum Entsetzen der traditionsgebundenen Muslime schrieb Chiragh Ali:

> Die gewaltige Flut von Traditionen wurde bald zu einem chaotischen Meer. Wahrheit und Irrtum, Tatsache und Fabel vermischten sich ununterscheidbar [. . .] Der Name Muhammads wurde mißbraucht, um alle Arten von Lügen und Absurditäten zu stützen, oder die Leidenschaften, Kapricen oder die Willkür von Despoten zu befriedigen, wobei die Standardisierung eines Textes völlig außer acht gelassen wurde . . .

Auch Nawwab Muhsin al-Mulk gehörte zu dieser reformfreudigen Gruppe; sein Hauptziel allerdings war die Verbesserung der Erziehung: Wie sollte man moderne Erziehung und Religion, vor allem die sich rapide entwickelnden Naturwissenschaften, in das muslimische Weltbild einbinden? Muhsin al-Mulk stand in Verbindung mit den ägyptischen Reformern um Muhammad Abduh; er starb zwei Jahre nach diesem im Jahre 1907. Männer wie er gaben dem Islam im Reich des Nizams die Möglichkeit zu einer modernen Haltung, die sich später auch in der Zeitschrift ‚Islamic Culture' niedergeschlagen hat, die von 1927 an in Hyderabad erschien.

Zia und ich wandten uns vom Yusufain-Heiligtum zu einer nahegelegenen Straße und traten durch ein hohes Tor, an einigen Leiterwagen und anderen Gerätschaften vorbei, in einen weiten Hof, an dessen Ende ein strahlend weißes kleines Mausoleum zu sehen war. „Das ist Shah Khamush", sagte Zia, und der Heilige, der hier begraben lag, machte seinem Namen „Schweigend, still" alle Ehre – kein Laut von der belebten Straße, von der nicht zu fernen Eisenbahn (die 1874 von den Briten angelegt worden war), kein Ton der Welt schien in den kleinen Raum zu dringen, wo er seine letzte Ruhestätte gefunden hatte.

„Kommen Sie, wir wollen auch Qutub Mian einen Besuch machen!" sagte Zia und führte mich über den Hof zu einem bescheidenen Häuschen mit einer hölzernen Veranda. Dort stand der jetzige Vorsteher des Heiligtums, ein älterer Herr mit rundem, gütigem Gesicht im zimtfarbenen Derwischgewand der Chishtis, und lächelte uns liebevoll mit seinem einzigen Zahn an. Wir erwiesen ihm die gebührenden Ehrfurchtsbezeigungen, und dann begann das übliche Frage- und Antwortspiel über das gegenseitige Ergehen. Ja, Gott sei Dank, alles sei gut, man sei gesund, Gott sei Dank . . . und ich genoß die Atmosphäre, die mir von den zahlreichen Begegnungen mit türkischen Derwischen so vertraut war. Eine Tasse Tee kam, und langsam wandte sich das Gespräch zu ernsteren Themen, zu Gottesliebe und Gesetz. Denn Maulana Sayyid Qutbaddin al-Husayni, zärtlich Qutub Mian genannt, war auch der Rektor des Nizamiyya College, einer 1875 gegründeten religiösen Hochschule, in der die Studenten in einem achtjährigen Kurs in allen theologischen Fächern, also Koraninterpretation, prophetische Überlieferung, Jurisprudenz u. a., ausgebildet wurden; das College hatte eine ausgezeichnete Bibliothek und Raum für 350 Studenten, die dort wohnen und arbeiten konnten. Wir besuchten es einmal und konnten uns von den guten Arabisch-Kenntnissen der jungen Männer überzeugen – aber wo sollten sie jetzt im säkularisierten Indien nach Abschluß ihrer mühsamen Studien einen Arbeitsplatz finden? Sie und ihre Lehrer hielten es mit dem alten Grundsatz des Chishti-Ordens, daß die Sorge um das tägliche Brot, um irdisches Überleben unwichtig sei: Gottvertrauen würde sie schon dorthin bringen, wo Gott es ihnen beschieden habe . . .

An einem anderen Tag, als wir den gütigen Mann erneut besuchten, sprach er zu uns über den Begriff *iḥsān*, ein Wort, das „Wohltun, Gutes tun" bedeutet und als dritte der vom Muslim erwarteten Haltungen gepriesen wird: *islām* ist die Hingabe an Gott, *īmān*, „Glaube", die seelische Haltung, die den zunächst verbal angenommenen *islām* wirklich zur alles durchdringenden Herzenskraft werden läßt; und „*iḥsān* bedeutet, daß du alles so schön wie möglich tust", erklärte Qutub Mian: „Denk daran, daß Gott dich in jedem Augenblick sieht, und bemühe dich, was immer du tust, es liebevoll zu tun, nicht als harte Pflicht, die man baldmöglichst hinter sich bringen will, sondern als etwas, womit du Gott erfreust – als ob du ihm ein schönes, liebevoll dargebrachtes Geschenk brächtest, selbst wenn es nur die Erfüllung einer simplen Aufgabe ist . . ." So lehrte er uns in langen wohltönenden Sätzen. Sein Urdu war klassisch schön, und er selbst strahlte so viel Schönheit aus, daß wir den kleinen Holzbalkon beglückt verließen, als die Sonne sich neigte und es Zeit für ihn wurde, das Abendgebet zu verrichten. Einmal traf ich ihn auch bei Bekannten, wo er und ein zweiter Sufimeister beim Lauschen auf religiöse Musik geradezu in Ekstase gerieten – die beiden Greise erinnerten mich an persische Miniaturen, auf denen man Derwische im verzückten Reigen, mit seligem Lächeln, erblickt, während die langen Ärmel ihrer Kutten rhythmisch im Takte zu wehen scheinen . . .

Viele Türen öffneten sich in der Altstadt Hyderabads wie in den neuen vornehmen Vierteln, dort, wo die Wohlhabenden ihre Luxusvillen in den Banjara Hills erbaut hatten, wo man mitten in einem Waldstück zwischen Felsen ein großzügiges Haus finden konnte, oder im Süden der Stadt, wo eingefriedete Grundstücke Gärten und moderne Villen verbargen. Mujeeb, der so vieles tat, um mir jeden Aufenthalt zu verschönern, führte uns auch zu dem von seinem Großvater erbauten Palast *Falaknumā,* „der den Himmel zeigt", der hoch auf einem Hügel das Land überblickte – ein Palast, dessen dorische Säulen und Louis-XIV.-Empfangsraum dem Besucher einen Eindruck von den bunt gemischten Kulturidealen Hyderabads kurz nach der Jahrhundertwende gab. Der riesige Bau war von schönen Gärten im französischen Stil umgeben. Man hatte einen großartigen Blick über das Land – oder eigentlich: *sollte* ihn haben, denn der Dunst der Industriestadt Hyderabad legte sich an dem graufeuchten Oktobertag wie ein ungesunder Schleier über die Landschaft. Aber selbst an dem verhangenen Herbsttag ahnte man etwas von der herben Schönheit des zentralen Dekkan, von den rollenden Hügeln, den in Jahrmillionen rundgeschliffenen riesigen Felsen, ... und wir dachten daran, wie einstmals die Großen des Reiches hier getafelt hatten, wie die ausländischen Honoratioren empfangen worden waren; und die auf den Kiesweg jetzt fallenden Regentropfen waren vielleicht ein Echo der Schritte der Damen ...

In einem anderen Haus durfte der Gast eine Rezitation der *'Burda'* erleben – das ist das große Gedicht zu Ehren des Propheten, das im späten 13. Jahrhundert in Ägypten von Busiri verfaßt wurde und in der gesamten islamischen Welt als schutzbringender Talisman verehrt wird. Auch in Süd-Indien sind zahlreiche Variationen und Ausschmückungen des langen Gedichtes bekannt. Im Hause meiner Bekannten war die Rezitation völlig anders als beispielsweise in Kairo: Eine Musik, die mit immer neuen Gebeten, Koranversen und Bruchstücken anderer religiöser Gedichte erfüllt war, ließ den Originaltext kaum erkennen; aber die eindrucksvolle Aufführung öffnete einen neuen Einblick in das Frömmigkeitsleben der Dekkani-Muslime.

Und wieder in einem anderen weitläufigen Hause wurden die Gäste nach einem reichen Mittagessen mit der himmlischsten aller Süßspeisen verwöhnt, die sinnreicherweise *gil-i bihisht,* „Lehm des Paradieses", heißt und die man vielleicht als eine Art Super-Zabaione (natürlich ohne Alkohol) mit viel Sahne, Kardamom, Safran und anderen lieblichen Gewürzen beschreiben kann. „Oh!" meinte eine der indischen Damen, „stellt euch vor, wenn das Paradies wirklich mit solchem Lehm bedeckt ist – da werden wir uns aber gegenseitig die Füße ablecken!"

Ja, die Hyderabader Speisen ... „Könnten Sie mir nicht einmal ein paar Rezepte geben?" fragte ich Zia Shakebs Frau. „Aber gern!" antwortete sie und schrieb magische Formeln auf, die so lauten:

Shikampur (Gefüllte Hackfleischtaschen)

a) ½ kg Lamm ohne Fett und Knochen (möglichst vom Bein) waschen; b) 50 g Linsen in Wasser kurz einweichen; c) 2 mittelgroße Zwiebeln, gehackt; d) etwas Sonnenblumenöl; e) je ein halber Eßlöffel frischer Ingwer und Knoblauch, zerdrückt; f) 2 pulverisierte Kardamom; g) 2 ganze Kardamom; h) 2 mittelgroße Stangen Zimt, gepulvert; i) ein halber Teelöffel Caraway; j) 3 grüne Chillis. Einige Blätter frischer Koriander und frische Minze, 5 geschälte Mandeln, mit einem Teelöffel Mohn zusammen geröstet, bis sie goldbraun sind. Salz nach Geschmack.

Die Zutaten a)–j) in einer Tasse Wasser aufkochen und dann 10 Minuten auf ganz schwachem Feuer weiterziehen lassen; Salz zugeben, so lange köcheln lassen, bis das gesamte Wasser aufgesogen ist. Den Topf vom Feuer nehmen und etwa 20 Minuten abkühlen lassen. Dann Koriander und Minze hinzufügen und alles durchmahlen. Falls es zu trocken ist, etwas Yoghurt (höchstens einen Eßlöffel) hinzufügen, aber nie Wasser. Mandeln und Mohn hinzufügen, gut mischen.

Füllung:

1 mittelgroße Zwiebel, sehr fein gehackt; 2 grüne Chillis, einige frische Minze- und Korianderblätter, 75 g frischer Yoghurt, aus dem alles Wasser abgetropft ist. Daraus einen Teig machen.

Zum Braten: 2 geschlagene Eiweiß, 200 g Sonnenblumenöl. Aus der Masse etwa 12 gleichmäßig große Bälle formen, jeden Ball dünn ausrollen, Füllung in die Mitte legen und zusammenfalten, dabei nicht fest auf die Mitte drücken. In das geschlagene Eiweiß tauchen und in Öl schwimmend ausbacken.

Oder wie wäre es mit einem köstlichen Auberginengericht?

10 sehr kleine Auberginen, viermal eingeschnitten; 2 TL gemahlener Koriander; je 2 TL Sesamkörner und gemahlener Kümmel; 2 TL getrocknete Kokosnuß; 1 TL Senf- und Zwiebelkörner; 1 TL Ingwer; ½ TL Turmeric; etwa 280 g Öl; 1 TL zerdrückter frischer Knoblauch; 1 TL zerdrückter frischer Ingwer; 1½ TL Chillipulver; reichlich ½ l Wasser; 1 TL Sesam; 1 TL Tamarindenpaste; 3 mittelgroße Zwiebeln; 10–15 geröstete Erdnüsse, 5 geröstete Mandeln.

Etwa 140 g Öl, 1 TL gemischte Zwiebel- und Senfkörner; 1 TL Kümmel; 4 getrocknete rote Chillis, 10 Koriander-Blätter und 2–3 grüne Chillis.

Koriander, Kümmel, Kokosnuß, Sesam, Senf und Zwiebelkörner zusammen rösten und im Mixer durchmahlen. Öl in weiter Pfanne erhitzen und Zwiebeln goldbraun braten. Auf kleiner Flamme Ingwer, Knoblauch, Turmeric, Chillipulver und Salz hinzufügen. Vom Feuer nehmen und abkühlen lassen. Im Mixer zu einer Paste verkneten, aus dem Mixer nehmen, die gerösteten Gewürze hinzufügen, in die Auberginen füllen. Beiseite stellen.

In einer anderen Pfanne das Öl erhitzen, die gemischten Zwiebel- und Senfkörner und 4 getrocknete Chillis braten, Feuer niedrigstellen. Die gefüllten Auberginen in die heiße Ölmischung legen und vorsichtig umrühren, Tamarindenpaste hinzugeben. Wasser hinzufügen und bei mittlerer Hitze 15–20 Minuten ziehen lassen, dann frischen Koriander und grüne Chillis hinzufügen. Am besten kalt servieren.

Noch habe ich die Rezepte nicht ausprobiert, denn manche Gewürze sind hier kaum zu finden – und noch weniger habe ich die erforderliche Geduld, jene Eigenschaft, die, wie das arabische Sprichwort sagt, „der Schlüssel zur Freude" ist, Freude des Gaumens ebenso wie Freude über das Entzücken der Gäste.

Für den Orientalisten, der nicht so sehr an politischer Geschichte (oder an Perlen oder an Kochrezepten!) interessiert ist, steht der Name Hyderabad für die Osmania Universität, die 1918 gegründet wurde und deren Übersetzungsbüro – Englisch ins Urdu – jahrzehntelang die indischen Muslime mit wissenschaftlichen Werken in klarem, funktionellem Urdu versorgte. Die Unterrichtssprache war Urdu; jetzt ist es Englisch, das, wie Hindi und das einheimische Telugu (eine dravidische Sprache) in den Schulen gelehrt wird (wobei die Aversion der Dekkani-Bevölkerung gegen Hindi bemerkenswert ist). Die Osmania Universität hat zahlreiche Veröffentlichungen zur Literaturgeschichte gefördert, schöne Ausgaben klassischer Dichtung in Dakhni unterstützt und wichtige arabische Texte gedruckt; archäologische Studien standen auf ihrem Programm ebenso wie die Erforschung der mittelalterlichen Geschichte und Architektur des Dekkan.

Natürlich mußte ich in der Osmania Universität sprechen, die ziemlich weit vor der Stadt liegt; das war ein fester Punkt bei all meinen Besuchen. Ich genoß die immer erneuten Herausforderungen, die solche Vorträge mit sich brachten, sei es nun im Zentrum der christlichen Präsenz im Dekkan, dem Henry Martin Institute, sei es in einem Mädchen-College, einer Highschool, bei einem Dichtertreffen, und immer wieder im Max Mueller Bhavan, mit dessen Direktoren und Mitarbeitern mich bald eine herzliche Freundschaft verband – wobei Basheer, der Fahrer, nicht vergessen werden darf. Er war ein *sayyid,* ein Nachkomme des Propheten, der seine vielen Kinder nicht nur in Englisch, Hindi und Telugu unterrichten ließ, sondern auch darauf sah, daß sie Arabisch lernten und den Pflichten eines Muslims getreu nachkamen. Lange Jahre habe ich das Kupfergefäß aufbewahrt, das der treue Basheer mir von einem Ausflug nach Gulbarga mitgebracht hatte – um des Segens willen.

Was war das Schönste an Hyderabad-Golconda? Aus dem bunten Gewebe von Eindrücken heben sich vielleicht am klarsten die Besuche an den Qutbshahi-Gräbern hervor, die nordwestlich unterhalb der Festung liegen und die sterblichen Überreste von sieben Königen überwölben. Iqbal hatte 1909 bei seinem Besuch in Hyderabad ein langes Urdu-Gedicht über den *Gūristān-i shāhī,* den „königlichen Friedhof", geschrieben, das ich einmal in der Iqbal Academy interpretierte. Dabei passierte etwas, wie mir scheint, sehr Typisches: Während ich die traditionell islamischen Motive, die Übernahme zentraler

Themen der persischen und Urdu-Dichtung in diesem Gedicht hervorhob, das bei aller Melancholie doch einen Hauch Hoffnung spüren und Iqbals spätere positive Haltung zur Welt ahnen läßt, betonten die indischen Kollegen sehr viel stärker den Einfluß von Thomas Grays ‚Elegy on a Country Churchyard'. So trafen sich Ost und West, von entgegengesetzten Ausgangspunkten kommend, und es zeigte sich, daß den jungen Muslimen die britische literarische Sprache näher und vertrauter war als die der eigenen islamischen Tradition ...

Zu Iqbals Zeit waren die Mausoleen der sieben Könige ungepflegt gewesen; sie hatten, kaum zu erreichen, in einem dschungelartigen Gebiet gestanden – so, wie man sie manchmal auf alten Stichen sieht. Jetzt war das Umfeld gerodet, und eine Art Park umgab die herrlichen Kuppelbauten, die alle, wenn auch in verschiedener Größe, im gleichen Muster erbaut waren: auf einer quadratischen Basis aus dunkel verputztem grauem Granit, auf der sich das kubische Gebäude erhob, in dessen hochgewölbter Halle ein Sarkophag stand. Die Kuppeln hatten die Form, die wir immer wieder in den alten Städten fanden: eine leicht eingeschnürte gewaltige Stein-Knospe, die aus Blütenblättern zu wachsen schien. Blühende Büsche säumten die Wege, die zum wohlerhaltenen Leichenwaschhaus führten, und in einiger Entfernung erhob sich das Fort, in dem all die hier Begrabenen den größten Teil ihres Lebens verbracht hatten. Wir saßen gern auf den warmen Steinen, um die ruhmreiche Geschichte Golcondas und Hyderabads an uns vorüberziehen zu lassen, rezitierten Verse, träumten von Karawanen, die diamantbeladen durch den klaren Herbstmorgen zogen ...

Und als ich Hyderabad das erstemal verließ, feierten die Freunde meinen Abschied mit einem großen Fest im Mausoleum Muhammad-Quli Qutbshahs – mit allen Ingredienzen, die jener Herrscher in seinen lebensvollen Gedichten beschrieben hat: Da gab es *kabāb* und *sharāb,* Rostbraten und Wein, die sich in der persischen Poesie immer so schön reimen, und auch das dritte Reimwort, *rabāb*, fehlte nicht. Wenn es auch nicht die klassische *rabāb* war, die bis heute vor allem in Afghanistan ein beliebtes Saiteninstrument ist, so gab es doch die Sitar und ein paar andere Instrumente. Ein Sänger trug Ghaselen vor – wie passend waren die Verse des Hafiz:

Letzte Nacht ging ich zum Weinhaus,
stand am Tore, schlafbefleckt,
Feucht der Kuttensaum, die Matte
fürs Gebet: ganz weinbefleckt.
Mit Bedauern sprach der junge
Schenke, holdes Magierkind:

„Wach doch auf, du Wandrer! Wache,
der du noch vom Schlaf befleckt!“ . . .
Die den Weg der Liebe kennen,
sind in diesem tiefen Meer
Ganz versunken und ertrunken,
doch vom Wasser nicht befleckt.

Draußen entlud sich das erste Gewitter des Herbstes, und während Blitze die schweren Regentropfen in Golconda-Diamanten zu verwandeln schienen, lebten wir für einen Abend fern von politischen Spannungen, fern von dieser Welt . . . gelöst und glücklich. Und ich bin sicher, daß der König in seinem Grab unsere Feier mit Lächeln begleitete. Vielleicht rezitierte er im Jenseits auch ein Gedicht? Denn zahlreich sind die Gedichte des Königs auf die Regenzeit!

Als ich am nächsten Tag nach Delhi abflog, kam einer meiner jungen Freunde, um mir ein Band um den Oberarm zu knüpfen, in dem eine Münze eingebunden war. „Das ist *imām żāmin kā rūpia* (die Rupie des schützenden Imams)“, sagte er und küßte mir die Hand: „Es ist erwiesen, daß sie den Reisenden schützt!“

Und das tat sie auch.

Anhang

Zeittafel

Daten zur indo-muslimischen Geschichte, die in Beziehung zu Personen und Ereignissen in diesem Buch stehen.

711–12	Eroberung Sinds durch Muhammad ibn al-Qasim.
1000–1026	Eroberungen Mahmuds von Ghazna im Subkontinent.
1026	Lahore Hauptstadt der indischen Provinz der Ghaznaviden.
ca. 1072	Tod des mystischen Schriftstellers Hujwiri (Data Ganj Bakhsh) in Lahore.
nach 1072	Tod des Ismaili-Dichters und Philosophen Nasir-i Khusrau in Badakhshan.
1131	Tod des persischen Dichters Mas^cud ibn Sa^cd-i Salman in Lahore.
1181	Eindringen der Ghoriden nach Nordwest-Indien.
1197	Eroberung Ajmers (Rajasthan) durch die Muslime.
1202	Erste muslimische Herrscher in Bengalen.
1206	Delhi von Iltutmish, dem ersten „Sklavenkönig", zur Hauptstadt gewählt.
1221	Dschingis-Khan am Indus.
1234	Tod des Sheikhs Shihabuddin as-Suhrawardi in Bagdad.
1235	Tod des Chishti-Heiligen Bakhtiyar Kaki in Mehrauli (Delhi).
1236	Tod des Chishti-Heiligen Mu^cinuddin Chishti in Ajmer.
1236–40	Königin Razia Sultana von Delhi.
1265	Tod des Chishti-Mystikers Fariduddin Ganj-i Shakar in Pakpattan.
1267	Tod des Suhrawardi-Heiligen Baha^ɔuddin Zakariya in Multan.
ca. 1267	Tod von Lal Shahbaz Qalandar in Sehwan.
1273	Tod Maulana Jalaluddin Rumis in Konya (Anatolien).
1289	Tod des mystischen Dichters Fakhruddin Iraqi in Damaskus.
1291	Tod des Chishti-Mystikers ^cAli Sabir in Pakpattan.
1294	Erste Eroberungszüge Alā^ɔuddīn Khaljis im Dekkan.
um 1320	Beginn der Islamisierung Kaschmirs.
1320–51	Sultan Muhammad Tughluq von Delhi.
1325	Tod des Chishti-Mystikers Nizamuddin Auliya von Delhi.
	Tod seines Jüngers, des Dichters Amir Khusrau.
1327	Muhammad Tughluq schickt zahlreiche Mitglieder der Delhier Oberschicht nach Deogir/Daulatabad im nördlichen Dekkan.
1328	Tod des Chishti-Schriftstellers Hasan Sijzi in Daulatabad.
1335	Tod des Suhrawardi-Meisters Ruknuddin in Multan.
1337	Tod des Chishti-Mystikers Burhanuddin Gharib in Daulatabad.
1347	Gründung des Bahmanidenreiches in Gulbarga, Dekkan.
1367	Erbauung der Großen Moschee von Gulbarga.
1381	Tod des Heiligen Sharafuddin Maneri in Bihar.
1384	Tod des Suhrawardi-Meisters Makhdum Jahaniyan in Ucch.

1385	Tod des Mystikers Sayyid Ali Hamadani in Swat.
1398	Timurs Heer in Delhi.
1414–51	Sayyid-Dynastie in Delhi.
1420–70	Herrschaft Zainal-Abidin Badshahs in Kaschmir.
1422	Tod des Chishti-Heiligen Gesudaraz in Gulbarga.
	Verlegung der Bahmaniden-Hauptstadt von Gulbarga nach Bidar durch Sultan Ahmad Shah Wali.
	Erste Mystiker des Qadiri-Ordens in Bijapur.
1425(?)	Tod von Sayyid Ashraf Jahangir von Kichhauchha.
1431	Erstes Auftreten des persischen Ni^cmatullahi-Ordens in Bidar.
1438	Tod des Chishti-Sabiri-Meisters Abdul Haqq von Rudauli.
1451–1526	Lodi-Dynastie in Delhi.
1481	Ermordung des persischen Regenten Mahmud Gawan in Bidar.
1482	Erste Qadiri-Sufis in Ucch.
1489	Yusuf Adil Shah gründet die Adilshahi-Dynastie in Bijapur;
um 1490	die Baridshahis von Bidar;
	die Nizamshahis von Ahmadnagar.
1498	Erste portugiesische Niederlassungen an Indiens Westküste.
1512	Qutbshahis von Golconda machen sich selbständig.
1520	Arghun-Dynastie in Sind.
1526	Der Timuride Babur schlägt die Lodis in Panipat und gründet das Reich der Großmoguln.
1530	Tod Baburs; sein Sohn Humayun wird sein Nachfolger.
1539	Sher Shah Suri von Jaunpur überwindet Humayun.
1542	Humayuns Sohn Akbar in Omarkot, Sind, geboren.
1545	Tod Sher Shah Suris.
1551	Tod des Sindhi-Mystiker-Dichters Qadi Qadan von Sehwan.
1555	Humayuns Rückkehr aus Iran nach Delhi.
1556	Tod Humayuns; Akbar besteigt den Mogulthron.
1562	Tod des Mystikers Muhammad Ghauth Gwaliori.
1569	Geburt von Akbars Sohn Jahangir.
1571	Tod des Sheikhs Selim Chishti, Gründung von Fathpur Sikri.
1579	Akbar veröffentlicht den *maḥżar,* sein sogenanntes „Unfehlbarkeitsdekret".
1580	Jesuitenmission in Agra und Fathpur Sikri.
1580–1612	Muhammad-Quli Qutbshah von Golconda.
1580–1626	Ibrahim II. Adilshah von Bijapur.
1585	Akbar zieht nach Lahore, Kämpfe mit der Raushaniyya-Sekte.
1589	Kaschmir fällt an die Moguln.
1591	Tod des persischen Dichters Urfi in Lahore.
	Eroberung von Sind durch Akbars Heerführer, den Kunstmäzen Khankhanan Abdur Rahim.
	Gründung der Stadt Hyderabad/Dekkan..
1593	Tod des ersten bekannten mystischen Panjabi-Dichters, Madho Lal Husain, in Lahore.
1600	Tod von Königin Chand Bibi von Ahmadnagar, Dekkan.
1605	Tod Kaiser Akbars; sein Sohn Jahangir besteigt den Thron.

1606	Hinrichtung des Sikh-Guru Arjun durch Jahangir.
1615	Tod des Dichters Zuhuri in Bijapur.
1624	Tod des Naqshbandi-Reformers Ahmad Sirhindi.
1627	Tod Kaiser Jahangirs.
1628	Jahangirs Sohn Shah Jahan gekrönt.
1631	Tod von Shah Jahans Gattin Mumtaz Mahal in Burhanpur.
1632–48	Erbauung des Taj Mahal in Agra.
1645	Tod von Jahangirs Witwe, der Kaiserin Nur Jahan.
1651	Tod des persischen Dichters Kalim.
1658	Prinz Alamgir Aurangzeb überwindet den Kronprinzen Dara Shikoh und entmachtet seinen Vater Shah Jahan.
1659	Prinz Dara Shikoh wegen Ketzerei hingerichtet.
1661	Der persische Dichter Sarmad in Delhi hingerichtet.
1666	Tod Shah Jahans.
1680	Tod des Maratha-Führers Shivaji, dessen Anhänger zunehmenden Einfluß in Indien erlangen.
1686	Bijapur von Aurangzebs Truppen erobert.
1687	Golconda von Aurangzebs Truppen erobert.
1692	Tod des Qadiri-Sufi-Dichters Sultan Bahu im Distrikt Jhang, Panjab.
1707	Tod Kaiser Aurangzebs im Dekkan.
1718	Der Sindhi-Sufi Shah Inayat von Jhok hingerichtet.
1719	Nach zahlreichen Thronwechseln Muhammad Shah Rangela Mogulherrscher in Delhi.
1721	Tod des indo-persischen Dichters Mirza Bedil.
1723	Der schiitische Nawab Saadat Khan in Awadh weitgehend unabhängig.
1724	Nizamulmulk Asaf Jah im Dekkan weitgehend unabhängig.
1739	Nadir Shah von Iran plündert Delhi.
1748	Tod von Muhammad Shah Rangela.
1750	Tod des Naqshbandi-Lehrers Makhdum Muhammad Hashim von Thatta.
1752	Tod des mystischen Sindhi-Dichters Shah Abdul Latif von Bhit.
1754	Tod des mystischen Panjabi-Dichters Bullhe Shah in Qasur.
1757	Schlacht von Plassey, Bengalen, in der die Briten erste wichtige Stützpunkte in Indien gewinnen.
1761	Schlacht bei Panipat; die Afghanen (Ahmad Shah Durrani) schlagen die Marathas und verwüsten Delhi.
1762	Tod des Reformers Shah Waliullah von Delhi.
1774	Der Rohilla-Pathanenfürst Hafiz Rahmat Khan von den Nawwabs von Awadh mit britischer Hilfe geschlagen.
1785	Tod des Naqshbandi-Mystikers Khwaja Mir Dard in Delhi.
1786	Tod des Polyhistors und Dichters Azad Bilgrami in Aurangabad.
1787	Der Rohilla Ghulam Qadir blendet den seit 1759 eine Schattenregierung führenden, 1771 nach Delhi zurückgekehrten Mogulherrscher Shah Alam II. Aftab.
1797–1869	Mirza Asadullah Ghalib, wichtigster Urdu-Dichter des 19. Jahrhunderts.

1798	Ranjit Singh wird Herrscher über das Panjab.
1799	Tipu Sultan von Seringapatam fällt gegen die Briten.
1806	Tod Shah Alams II.
1831	Die Glaubenskämpfer, *mujāhidīn,* der *Ṭarīqa muḥammadiyya,* des „Muhammadanischen Pfades", kämpfen gegen die Sikh im Panjab; Tod ihrer Führer im Pathanengebiet.
1839	Der Aga Khan kommt aus Iran nach Indien.
1843	Die Briten besetzen Sind.
1849	Die Briten okkupieren das Panjab, Kaschmir wird an den Hindu-Dogra-Herrscher verkauft.
1856	Lucknow fällt an die Briten.
1857	Die sogenannte Mutiny, Soldatenrebellion, gegen die Briten.
1858	Die Britische Krone übernimmt die Herrschaft über große Teile Indiens mit Ausnahme der Fürstenstaaten.
1861	Tod des letzten Mogulherrschers Bahadur Shah Zafar im Exil in Rangun.
1875	Gründung des Anglo-Muslim College von Aligarh durch Sir Sayyid Ahmad Khan.
1877–1938	Muhammad Iqbal, Dichter, Philosoph und geistiger Vater Pakistans.
1880	Gründung der theologischen Hochschule von Deoband.
1885	Gründung des Indian National Congress (spätere Kongreßpartei).
1894	Gründung der Hochschule Nadwat al-ᶜulama in Lucknow.
1898	Tod des Reformers Sir Sayyid Ahmad Khan.
1903	Tod des Chishti-Meisters Waris Shah von Dewa Sharif.
1905	Teilung Bengalens durch Lord Curzon (widerrufen 1911).
	Tod des Urdu-Dichters Mirza Dagh in Hyderabad.
	Tod Muhsin Kakorawis, Sänger von Prophetenlobliedern.
1912	Tod des Reformschriftstellers Deputy Nazir Ahmad.
1914	Tod des Reformdichters Altaf Husain Hali.
	Tod des Historikers Shibli Nuᶜmani.
1918	Gründung der Osmania Universität in Hyderabad (Dekkan).
1920	Gründung der Jamia Millia in Aligarh (später in Delhi).
1921	Tod des Satirikers Akbar Allahabadi.
1920–22	Die Kalifatsbewegung.
1930	Iqbals „Pakistan-Rede" auf dem Kongreß der All India Muslim League in Allahabad.
1935	Sind von Bombay getrennt.
1940	(23. März) Annahme der Pakistan-Resolution in Lahore.
1947	Teilung des Subkontinents.
1948	Hyderabad/Dekkan (Staat des Nizams) von Indien einverleibt.
	M. A. Jinnah, der Quaid-i Azam, Architekt Pakistans, stirbt.
1950	Ermordung seines Nachfolgers Liaquat Ali Khan.
1958	Ayub Khans Militärregime in Pakistan.
1967	Yahya Khan.
1969	Dr. Zakir Husain, Indiens Präsident, stirbt.
1970–71	Ost-Pakistan nach schweren Kämpfen als Bangla Desh selbständig.

1971	Z. A. Bhutto Ministerpräsident Pakistans.
1977	Entmachtung Bhuttos, Militärregime General Zia ul-Haqs.
1979	Hinrichtung Bhuttos.
1984	Indira Gandhi ermordet.
	Tod des Urdu-Dichters Faiz Ahmad Faiz.
1988	Tod Zia ul-Haqs bei mysteriösem Flugzeugabsturz.
1989	Benazir Bhutto Regierungschefin.
1991	Nawaz Sharif Regierungschef in Pakistan.
1993	Benazir Bhutto erneut Regierungschefin.

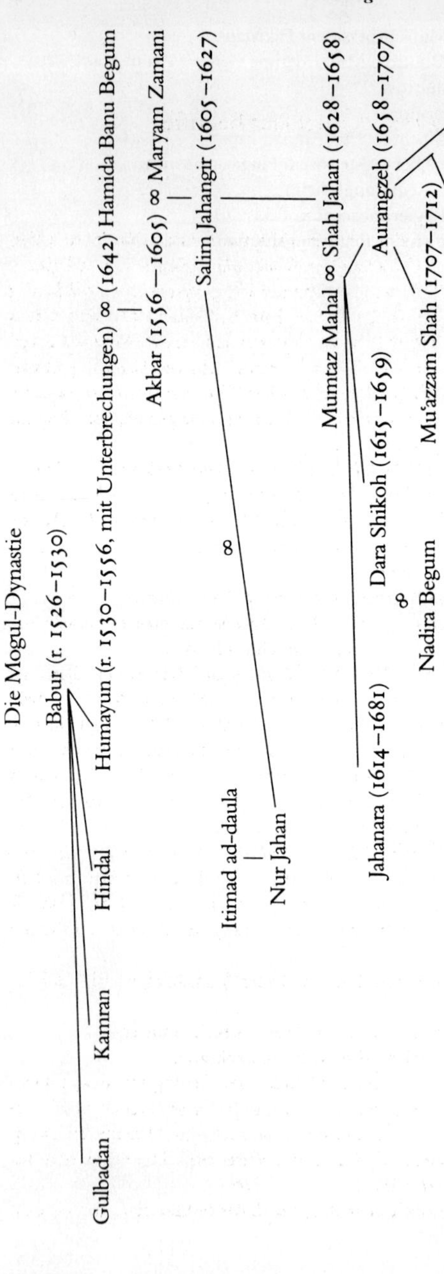

Nur Namen der im Text vorkommenden Personen sind aufgeführt.

Erklärung fremdsprachiger Begriffe

a) Zu Namen und Titeln

Zahlreiche islamische Namen sind aus einem Hauptwort und *uddīn* (bzw. *addīn*) zusammengesetzt, das heißt „der Religion“: *Shamsuddīn*, „Sonne der Religion“, *Farīduddīn*, „Der Einzige der Religion“, u. ä. In der Umgangssprache wird häufig das *-uddīn* ausgelassen; so kommt es zu *Shams, Farīd* u. ä. Statt *uddīn* findet man auch Zusammensetzungen mit *Allāh*, „Gott“, oder einem seiner „Neunundneunzig Schönsten Namen“, wie *Ḥamdullāh*, „Lob Gottes“, *Zia ul-Ḥaqq*, (*ḥaq* ist nur die verkürzte Schreibung) „Lichtstrahl der göttlichen Wahrheit“, *Asad ar-Raḥmān*, „Löwe des Erbarmers“. Den Möglichkeiten für Neuschöpfungen ist, vor allem im indo-pakistanischen Raum, keine Grenze gesetzt.

Namen mit *uddīn* waren im frühen Mittelalter Titel, und eine Reihe von Titulaturen mit Begriffen wie *mulk*, „Königreich“, oder *daula*, „Staat“, sind noch lange als Titel verwendet und nicht zu Eigennamen geworden, wie *Quṭbulmulk*, „Achse, Pol des Königreiches“, *Sirājuddaula*, „Lampe der Herrschaft“.

Akhund: Geistlicher, Lehrer (meist schiitisch).

apa: ältere Schwester: liebevolle Anrede für eine etwas ältere Dame.

Begum: eigt. „Fürstin“ (zu *Beg*, „Herr“); jetzt Anrede für eine höhergestellte Dame; wie *apa* dem Eigennamen nachgestellt: *Farīda Begum*.

Khan: „Fürst, Führer“; bei Pathanen, Balochen und Panjabi Zeichen des Clans, zu dem der Betreffende gehört: *Fērōz Khān Noon, Khushḥāl Khān Khatlak*. Viele moderne Familien haben den alten Stammes- oder Clan-Namen abgeworfen, daher die scheinbar unendliche Anzahl von solchen, die sich nur noch *Khan* nennen. – Der *Aga Khan* ist das Haupt der Ismailis; er erhielt diesen Titel vom persischen Schah, bevor er 1839 aus politischen Gründen aus Iran (wo seine Familie seit dem frühen 12. Jahrhundert lebte) nach Bombay kam, wo er als Haupt aller Khojas, der stärksten Gruppe der Ismailis oder Siebener-Schiiten, anerkannt wurde. Der bekannteste Träger des Titels ist der dritte Aga Khan, Sultan Muhammad III. (gest. 1958), der die Ismailis zu einer modernen Gemeinschaft umformte. Sein Enkel, Karim Aga Khan, ist der jetzige geistliche und weltliche Führer der Ismailis.

Khānkhānān (korrekt *Khān-i khānān*, „Herr der Herren“): im Mogulreich Titel des Oberbefehlshabers.

Makhdūm: „der, dem gedient wird“, Ehrentitel für geistliche Führer.

mirzā: Mitglied der früheren persisch-türkischen Aristokratie.

mollā: aus *maulā*, „Herr“, wie auch „Klient“; heute der theologisch ausgebildete Muslim, der in der Regel als engstirnig und rückständig geschildert wird, obgleich das Wort *maulā* in anderem Zusammenhang auch eine Ehrenbezeichnung ist: *Maulā ᶜAlī, Maulali*, „Herr Ali“, d. h. der Vetter und Schwiegersohn des Propheten und erster Imam der Schia.

Pīr: eigentlich „der Alte“ (wie auch *shaikh*), speziell: der Führer eines Sufiordens, geistlicher Leiter; auch Ehrentitel bei den Nachkommen eines führenden Meisters. Der Begriff *Pirismus* wird negativ verwendet und bedeutet die außerordentliche Macht, die der *Pīr* über seine meist ungebildeten Anhänger ausübt, die er in absolutem Gehorsam hält und manipulieren kann.

ṣāḥib (arabisch): „Herr", weiblich *ṣāḥiba;* ehrende Anrede, dem Namen oder Titel nachgestellt: *Khān Ṣāḥib, Pīr Ṣāḥib, Doctor Ṣāḥiba.*

sajjāda: „Gebetsteppich", der Sitz des geistlichen Führers. Der *Pīr,* der einem Heiligtum vorsteht, heißt *sajjāda ṣāḥib,* „Herr des Teppichs", oder *sajjādanishīn,* „der auf dem Teppich sitzt". Man hört auch den indischen Ausdruck *gaddī nishīn.*

sayyid: „Herr", Bezeichnung für die Nachkommen des Propheten durch seine Tochter Fāṭima und seinen Vetter ᶜAli. Die *sayyids* sind im Subkontinent zahlreichen Tabus unterworfen; ein *sayyid*-Mädchen darf keinen Nicht-*sayyid* heiraten (eine Sitte, die sich langsam ändert).

sheikh, shaikh: ursprünglich „alter weiser Mann", dann Titel wie das persische *Pīr;* in Indo-Pakistan auch für Familien verwendet, deren Vorfahren vom Hinduismus zum Islam konvertierten: Ein Munir Ahmad Sheikh ist jemand, dessen Urgroßvater oder ein noch entfernterer Ahne den Islam annahm.

b) Allgemeines

āfāqī: „zu den Horizonten, d. h. der fernen Welt, gehörig"; die im 15. und 16. Jahrhundert nach Südindien eingewanderten Perser und Türken.

alif: der erste Buchstabe des arabischen Alphabetes, der einem senkrechten Strich ähnelt und den Zahlwert 1 hat; auch Symbol für *Allāh,* Gott, den Einen.

ashrāf: die Familien der aus Iran und Turan im Subkontinent eingewanderten Muslime, denen die *ajlāf,* die unteren, meist aus konvertierten Hindus bestehenden Schichten gegenüberstehen.

baraka: Segenskraft, die ein Mensch oder ein Objekt besitzt und anderen mitteilen kann.

basmala: die Formel *Bismillāhiʾr-raḥmāniʾr-raḥīm,* „Im Namen Gottes des Allbarmherzigen des Allerbarmers", mit der jede Handlung begonnen werden soll.

bhājan: religiöse Lieder der Hindus, vor allem in den mystisch getönten *bhakti*-Kulten.

bhakti: mittelalterliche mystische Bewegung im Hinduismus, die die Gottesliebe verherrlicht, wobei die suchende Seele in der Regel als weiblich erscheint; diese Liebesmystik hat ihren schönsten Ausdruck in den indischen Volkssprachen gefunden und wurde von Mitgliedern aller Kasten getragen, im Gegensatz zu der hohen Philosophie.

Bihari: auf Indien beschränkter Stil der arabischen Schrift.

burqaᶜ: Überwurf, der den ganzen Körper der Frau zeltartig verhüllt und nur vergitterte Öffnungen für die Augen hat; die *burqaᶜ* kann schwarz oder farbig sein.

Circuit House: Rasthaus für auf Inspektionsreise befindliche höhere Beamte; jetzt sind häufig Paläste früherer Fürsten zu *Circuit Houses* umgebildet.

Commissioner: mit juristischen und administrativen Vollmachten ausgestatteter Vertreter der Regierung in einer Provinz.

chilla: die vierzigtägige Klausur, die der Sufi bei äußerst geringer Nahrungszufuhr in strengster Abgeschiedenheit durchführt; Meditation, Koranlektüre und Gebet sind seine einzige Beschäftigung.

chilla maᶜkūsa, die gleiche Klausur, bei der man sich jedoch an den Füßen an einem Baum oder einem Brunnenrand aufhängt; typisch für indische Sufis.

chillakhāna, der winzige Raum, in der man die *chilla* übt; oft eine enge Höhle unter einem Baum, ein Felsspalt oder ähnliches.

D.C.: Deputy Commissioner, Vertreter des Commissioners, Verwaltungsbeamter eines Distriktes.

dargāh: eine Art Kloster, Zentrum eines Sufi-Ordens, wo der *Pīr* residiert. Die Übersetzung „Kloster" ist irreleitend, da im Sufismus kein Zölibat herrscht.

dhikr: „Gedenken", vieltausendfache Wiederholung einer religiösen Formel oder eines Gottesnamens, wodurch, wie man glaubt, „der Spiegel des Herzens poliert" wird; wichtigster Teil der Erziehung im Sufismus. Die Weisheit des Meisters zeigt sich in der richtigen Wahl der vom Schüler zu wiederholenden Formel.

dīvān-i khāss: Audienzraum oder -gebäude für die dem Fürsten nahestehenden Offiziere und Beamten; der *dīvān-i ᶜāmm* war der allgemeine Audienzraum.

faqīr, fem. *faqīra:* „arm"; Bezeichnung des Sufis, der, wie der Prophet, sagen kann, „meine Armut ist mein Stolz", d. h., der nichts mehr braucht als Gott, den Ewig-Reichen.

ginān: religiöse Gesänge der Khoja-Ismaili-Gemeinschaft, teils hymnisch, teils didaktisch, verfaßt seit dem 15. Jahrhundert in den verschiedenen Dialekten der pakistanischen Regionalsprachen, sowie in Gujarati, in das jetzt alte, den Hörern und Lesern kaum mehr verständliche Gedichte „übersetzt" werden.

ḥadīth: Ausspruch des Propheten, der durch eine lange Kette von Überlieferern bis auf Muhammad zurückgeführt wird – in der Art: „Ich hörte von A., der sagte: B. sagte, daß C. gesagt hatte, daß D. sagte . . ., der sagte: Aᵓisha (die Gattin des Propheten) sprach: 'Wenn der Prophet zu Bett ging, rezitierte er diese und diese Gebete . . .'." Die Authentizität vieler *ḥadīthe* ist umstritten; die *ahl al-ḥadīth* halten an allen *ḥadīthen* als Richtlinie für ihr Leben fest.

ḥakīm (hakeem): „Weiser", Arzt, der nach der islamischen traditionellen homöopathischen Medizin *(ṭibb yūnānī)* praktiziert und Diagnose durch Pulsfühlen stellt.

ḥaqīqa muḥammadiyya: der „archetypische Muhammad", die „Essenz des Propheten", die als erstes von Gott geschaffen wurde und gewissermaßen die Nahtstelle zwischen dem unerkennbaren göttlichen Wesen und dem Geschaffenen bildet; die Vereinigung mit ihr ist die höchste Stufe, zu der ein Mystiker auf seinem Pfade gelangen kann.

ḥaqq: „göttliche Wahrheit", einer der 99 Gottesnamen. Der Mystiker Ḥallāj, der behauptet hatte: *anāᵓl-ḥaqq,* „ich bin die göttliche Wahrheit", wurde 922 in Bagdad hingerichtet und ist bis heute für die meisten Sufis der Vertreter der – von gewissen Orden sowie von der Orthodoxie abgelehnten – All-Einheitsmystik; er gilt als der Liebende, der auch den Tod nicht fürchtet.

ḥaqqāniyya, die dem Mystiker ganz selten zuteil werdende „Bekleidung" mit der göttlichen Wahrheit.

Hazrat: etwa „Seine Exzellenz", Bezeichnung für eminente Persönlichkeiten und, wie im Falle Delhis, auch für Orte.

Hill Station: Erholungsorte der Briten im Karakorum oder Himalaya, wo die

Beamten und Offiziere mit ihren Familien den im Tiefland unerträglich heißen Sommern entfliehen konnten.

himmat: hohes Streben, geistige Energie.

Imam: im allgemeinen Sprachgebrauch der Vorbeter beim Ritualgebet; in der Schia: der Führer der Gemeinde, der ein Nachkomme des Propheten, nämlich seiner Tochter und seines Schwiegersohns, sein muß. ᶜAlī ibn Abī Ṭālib gilt als erster Imam, ihm folgen seine beiden Söhne Ḥasan (gest. 669) und Ḥusain (gefallen 680). Dann folgt Ḥusains einziger überlebender Sohn Zain al-ᶜābidīn (gest. 704), dann nach zaiditischer Zählung sein Sohn Zaid (gest. 740), nach allgemeiner Zählung aber Muḥammad al-Bāqir (gest. 750), Jaᶜfar as-Ṣādiq (gest. 765), Muḥammad al-Kāẓim (gest. 799), ᶜAlī ar-Riḍā (gest. 817), Muḥammad al-Taqī (gest. 835), ᶜAlī an-Naqī (gest. 868), Ḥasan al-ᶜAskarī (gest. 874) und Muḥammad al-Mahdī, verschwunden 874 im zarten Kindesalter. Dies ist die Linie der seit 1501 in Iran herrschenden Zwölferschia. Für die Siebener-Schiiten führt die Linie über Ismāᶜīl, den Sohn Jaᶜfar aṣ-Ṣādiqs (gest. 765) weiter.

Imāmbārah: Gebäude, in denen die Gerätschaften (Flaggen, *taᶜziyes* usw.) für die Muharram-Festlichkeiten aufbewahrt werden.

Ismailis, Siebenerschiiten: folgen Ismāᶜīl, dem Bruder Mūsā al-Kāẓims. Sie haben in ihren verschiedenen Zweigen zahlreiche esoterische Traditionen aufgenommen und wurden als *Bāṭiniten,* „Leute des inneren Sinnes", oft von der sunnitischen Orthodoxie als staatsgefährliche Elemente verfolgt. Die Dynastie der Fatimiden, die von Muhammads Tochter Fāṭima abzustammen behauptete, herrschte in Ägypten von 969 bis 1171. Der Dichter-Philosoph Nāṣir-i Khusrau beschrieb die Größe und Herrlichkeit des damaligen Kairo in seinem Reisebuch; die Stadt trägt den Namen *al-qāhira al-muᶜizziyya,* „Die bezwingende Stadt des [fatimidischen Kalifen] al-Muᶜizz". Nach dem Tode des Kalifen al-Mustanṣir (er starb 1094 nach sechzigjähriger Regierungszeit) spalteten sich die Ismailis; diejenigen, die seinem älteren Sohn Nizār folgten, lebten hauptsächlich in Iran weiter und missionierten in Sind und Gujarat; ihr Führer ist der Aga Khan; sie wurden im 15. Jahrhundert als *Khoja* bekannt. Die Anhänger des jüngeren Sohns, al-Mustaᶜlī, kamen über ein wichtiges Zentrum in Jemen nach Indien, wo sie ebenfalls Mission trieben; sie werden *Bohoras* genannt.

jalāli-Derwische: Derwische, die in ihrem Auftreten und ihren Riten die Macht *(jalāl)* Gottes zeigen; sie befolgen das Religionsgesetz nicht.

jalī: fensterähnliches Marmor- oder Sandsteingitter, in oft höchst komplizierten geometrischen Mustern aus einer einzigen Steinplatte gearbeitet, typische Dekoration in Mogulpalästen und wichtigen Bauwerken.

Kūfī: älteste Form der arabischen Schrift, steil und eckig, bis ins 12. Jahrhundert vorwiegend für Koranabschriften verwendet; auf Inschriften im Laufe der Zeit bis zum 13. Jahrhundert zu höchst kompliziert verflochtenen geometrischen Mustern entwickelt. Heute gern als Auszeichnungsschrift gebraucht.

kurta: Bluse, zum shalwar getragen.

landay: zweizeilige Pashto-Versform, bestehend aus neun plus dreizehn Silben. Die *landay* werden sehr oft von Frauen gedichtet.

langar: die Küche eines Derwisch-*dargāh,* die für alle Besucher offensteht.

mafraj: in jemenitischen Häusern ein Raum (meist im Obergeschoß), wo sich die Männer zwischen 15.00 und 18.00 Uhr zum Qāt-Kauen versammeln.

Mahabharata: das umfangreichste Epos des Hinduismus, in dem Krishna, eine Inkarnation des Gottes Vishnu, der Fürsten Arjuna eine Ethik der Tat lehrt; dies ist der Höhepunkt eines Sanskrit-Epos, das den Kampf zweier Sippen in immer neuen Details schildert und eine Fundgrube für zahllose Geschichten und Legenden ist. Peter Brooks nahm es als Grundlage für einen wichtigen Film.

majlis: Versammlung zum Gedenken an Imam Husains Märtyrertod; spezifisch schiitisch.

maḥżar: Kaiser Akbars Dekret von 1579, in dem er sich als der höchste Interpret des Religionsgesetzes darstellt.

malang: Wanderderwisch, der keiner speziellen Bruderschaft angehört, aber sich an bestimmte Machtzentren wie Sehwan oder Nurpur hält. Die *malang* sind meist schwarzgekleidet, tragen langes Haar und oft eiserne Ringe um Hals, Taille, Arme; sie genießen gemeinhin viel Haschisch.

malfūẓāt: Aussprüche eines Sufi-Meisters, die von seinen Jüngern aufgezeichnet worden sind; seit 1317 in indischen Sufikreisen populär.

marthiya: Totenklagen auf die Märtyrer von Kerbela, vor allem im Urdu eine wichtige Literaturgattung.

miḥrāb: Gebetsnische, um die beim Ritualgebet zu beachtende Richtung nach Mekka anzuzeigen.

Muḥarram: erster Monat des islamischen Mondjahres. Da am 10. Muḥarram des Jahres 81 der *hijra* (= 10. Oktober 680) der Prophetenenkel Husain von den Regierungstruppen des Kalifen Yazīd bei Kerbela getötet wurde, ist es der Trauermonat für die Schiiten.

Naqshbandiyya: Sufi-Orden, der auf den Zentralasiaten Bahāʾuddīn Naqshband (gest. 1390) zurückgeht und schweigende Meditation übt, sich aber auch seiner politischen Verantwortung in der Welt bewußt ist. Die Naqshbandis lehnen Musik, mystischen Reigen und ähnliche von anderen Orden geübte Praktiken ab. Man kann ihre Haltung gewissermaßen als „mystisch getönten Fundamentalismus" bezeichnen.

nastaᶜlīq: die „hängende" Schriftform, eine in Iran und großenteils auch Indo-Pakistan gebräuchliche Variante der arabischen Schrift, die einen starken Unterschied der Haar- und Grundstriche und eine stärkere Bewegung von rechts oben nach links unten aufweist als die normale arabische Schrift *(naskh).*

Nawait: eine Gruppe südindischer Muslime, deren Ahnen sich im frühen Mittelalter an der Westküste Indiens mit eingeborenen Frauen verheiratet hatten; sie spielten und spielen noch eine wichtige Rolle im südindischen Kulturleben.

Orthopraxis: die Durchführung der normativen praktischen Aspekte des Islam. Da die einzige „theologische" Bedingung für die Annahme des Islam das öffentliche Aussprechen des Glaubensbekenntnisses: „Es gibt keine Gottheit außer Gott, Muhammad ist der Gesandte Gottes" ist, sind theologische Fragen für den Muslim nicht allzu wichtig; entscheidend ist, daß man das Gebet verrichtet, die Armensteuer zahlt, im Monat Ramadan fastet und, wenn möglich, einmal im Leben die Pilgerfahrt nach Mekka vollzieht. Da es also für den Muslim keine so absolute Verpflichtung auf ein Credo gibt, wie etwa für den Christen auf das Nizänum, sehen Islamkundler die „Orthopraxis" des Islam als wichtiger an denn die Orthodoxie.

Panjtan: „die fünf Personen", das sind Muhammad, seine Tochter Fāṭima, sein Vetter und Schwiegersohn ᶜAlī und seine beiden Enkel Ḥasan und Ḥusain, die gewissermaßen eine Einheit bilden und besonders in der Schia verehrt werden. Ihre Namen dienen oft als Amulette.

Pīrī-murīdī: die ganz enge Verbindung zwischen einem geistlichen Führer und seinem Jünger, *murīd.*

qawwālī: religiöse Musik, von einer kleinen Gruppe von Sängern und Instrumentalisten ausgeführt, meist an Heiligengräbern oder bei religiösen Festlichkeiten; die Lieder und litaneiartigen Gesänge sind meist in Persisch und Urdu, manchmal auch mit Arabisch durchzogen; *qawwālīs* sind vor allem in der Tradition des Chishti-Ordens häufig.

Rabīᶜ al-awwal: dritter Mondmonat des islamischen Jahres. Am 12. Tag ist eigentlich der Todestag des Propheten, doch wurde seit dem Mittelalter auch der Geburtstag Muhammads an diesem Tage feierlich begangen; die erste ausführliche Beschreibung eines solchen *maulūd,* „Geburtsfestes", stammt aus dem Jahre 1207.

Ramayana: Sanskrit-Epos über die Abenteuer Ramas und Sitas; der edle Affe Hanuman befreit die in Sri Lanka gefangene Sita.

sayyid: Nachkomme des Propheten, in Indien die höchste „Kaste" der Muslime.

Schiiten: Vertreter des Legitimitätsprinzips: Während die Mehrheit der Muslime Sunniten sind, „Leute der prophetischen Sitte, *sunna,* und der Gemeinschaft", bilden die Schiiten die *shīᶜat ᶜAlī,* „Partei Alis". Für sie sind nur ᶜAlī und seine Nachkommen, die Imame, rechtmäßige Führer der Gemeinde; sie lehnen die drei ersten Nachfolger des Propheten (Kalifen) als Usurpatoren ab. Die Fünfer-Schiiten, Zaiditen, herrschten bis vor kurzem in Jemen; die Siebener-Schiiten (Ismailis, Karmaten u. a.) erscheinen in verschiedenen Gruppierungen, z. T. „übertreiben" sie die Stellung ᶜAlīs *(ghulāt)* und werden daher selbst von anderen Schiiten kritisch betrachtet. Die Zwölfer-Schiiten bilden seit 1501 die Staatsreligion Irans.

sharīf: „edel"; alles, was mit dem Propheten zusammenhängt, ist *sharīf*; auch Stätten mit Heiligengräbern sind *sharīf.*

shalwar qamīṣ: weite, am Fußgelenk verengte Hose und langes blusenartiges Hemd, dessen Schnitt je nach Mode wechselt; Kleidungsstück für Männer und Frauen.

sīḥarfi: „Dreißig-Buchstaben-Gedicht", in dem jeder Vers mit einem Buchstaben des arabischen Alphabets beginnt. Die Verse können beliebig lang sein. Meist für didaktische Zwecke verwendet.

Suhrawardiyya: Sufi-Bruderschaft, die auf den 1168 verstorbenen Abu Najib as-Suhrawardi und seinen Neffen Abu Hafs Omar as-Suhrawardi (gest. 1234 in Bagdad) zurückgeht; Abu Hafs Omar spielte eine wichtige politische Rolle unter dem Kalifen an-Nasir (gest. 1220). Der Orden wurde durch Baha'uddin Zakariya und andere Fromme im frühen 13. Jahrhundert im Subkontinent eingeführt.

taᶜziye: in Iran eine Art Passionsspiel zu Ehren des Märtyrertums von Imam Husain; in Indo-Pakistan die sehr hohen, kunstvoll verzierten Gestelle, die bei den Muharram-Prozessionen durch die Stadt geführt werden.

ṭibb yunani: die alte griechisch-arabische homöopathische Heilkunst

Tribal Areas: Gebiete im Nordwesten Pakistans, wo sich die Pathanenstämme einer gewissen Selbstverwaltung erfreuen.

ᶜulamā: Plural von *ᶜālim,* „Gelehrter“, generell: die Gesetzesgelehrten.

Upper Sind: der nördliche Teil der Provinz mit dem Zentrum Larkana.

ᶜurs: „Hochzeit“, das Gedenkfest für einen Heiligen, dessen Seele sich bei seinem Tode gewissermaßen mit Gott, dem „Absoluten Geliebten“, vermählt hat. Bei den *ᶜurs*-Festen großer Heiliger (Muᶜīnuddīn Chishti in Ajmer, Meher Ali Shah in Golra Sharif, Shah ᶜAbdul Laṭīf in Sind) kommen Hunderttausende von Anhängern des gefeierten Heiligen zusammen; man hofft auf Segen, doch gibt es bei manchem *ᶜurs* auch gewisse sehr weltliche Vergnügen.

waḍērō: Großgrundbesitzer, speziell in Sind.

zakāt: „Armensteuer“, die nach Sura 9:60 einen genau vorgeschriebenen Satz des Einkommens bzw. Vermögens beträgt und an im Koran festgesetzte bestimmte Empfänger verteilt werden soll.

Bibliographie

Die Literatur über den indo-pakistanischen Subkontinent ist fast unübersehbar, und anstatt den Versuch einer so weit wie möglich vollständigen Bibliographie zu machen, habe ich es für richtiger gehalten, einige für den Inhalt der einzelnen Kapitel besonders wichtige Bücher, gelegentlich auch Artikel auszuwählen. Da fast jedes der genannten Werke eine ausführliche Bibliographie enthält, kann der Leser seine besonderen Interessengebiete dann weiterverfolgen.

Allgemeine Einführungen und Überblicke

Abid Husain, S.: The Destiny of the Indian Muslims. London 1965.
Ahmad, Aziz: Studies in Islamic Culture in the Subcontinent. London 1964.
Ders.: An Intellectual History of Islam in India. Edinburgh 1969.
Ders. und G. E. von Grunebaum: Muslim Selfstatement in India and Pakistan (1857–1968). Wiesbaden 1970.
Ahmad, Imtiaz (Hrsg.): Caste and social stratification among Muslims in India. Delhi 1973, 2. Aufl. 1978.
Ders. (Hrsg.): Family, Kinship and Marriage among Indian Muslims. Delhi 1976.
Ahmad, Zubaid: The contribution of Indo-Pakistan to Arabic Literature. Lahore 1946, 2. Aufl. 1968.
Allana, Ghulam Ali: Presenting Pakistani Poetry. Karachi 1961.
Arnold, Thomas W.: The Preaching of Islam. A History of the Propagation of the Muslim Faith. London 1896, 2. Aufl. 1913, mehrere Reprints.
Bausani, Alessandro: Storia delle letterature del Pakistan. Mailand 1958.
Dallapiccola, Anna Libera, und Stephanie Zingel-Avé Lallemant (Hrsg.): Islam and Indian Regions. 2 Bde. Stuttgart 1993.
Eglar, Zekiye: A Punjabi Village in Pakistan. New York 1960.
Frembgen, Jürgen: Alltagsverhalten in Pakistan. Berlin 1987.
Friedmann, Yohanan: *Qiṣṣat Shakarwātī Farmāḍ*. In: Israel Oriental Studies 5 (1975), 233–258.
Gilmartin, David: Empire and Islam. Punjab and the making of Pakistan. Berkeley 1989.
Gramlich, Richard: Die schiitischen Derwischorden. 3 Bde. Wiesbaden 1965, 1976, 1981.
Groethuis, J.: Automobile Kunst in Pakistan. Suderburg 1990.
Hollister, John N.: The Shia of India. London 1953.
Ikramullah, Shayeste: From Purda to Parliament. London 1964.
Jafar Sharif: Islam in India or the Qanun-i Islam. Übers. von G. A. Herklots. Hrsg. von William Croke. Oxford 1921, Repr. 1972.
Malik, Usman, und Annemarie Schimmel (Hrsg.): Pakistan. Das Land und seine Menschen. Geschichte, Kultur, Staat und Wirtschaft. Tübingen 1976.

Mittmann, Karin, und Zafar Ihsan: Culture Shock Pakistan. Singapore 1991.
Mujahid, Sharif al-: Quaid-Azam Jinnah. Studies in Interpretation. Karachi, 2. Aufl. 1981.
Mujeeb, M.: The Indian Muslims. Montreal–London 1969.
Ders.: Islamic Influence on Indian Society. Meerut 1972.
Quraeshi, Samina: Legacy of the Indus. New York 1974.
Qureshi, Ishtiaq Husain: The Muslim Community of the Indo-Pakistan Subcontinent, 710–1947. s'Gravenhage 1963.
Rothen-Dubs, Ursula: Allahs indischer Garten. Ein Lesebuch der Urdu-Literatur. Frauenfeld (Schweiz) 1989.
Schimmel, Annemarie: Islam in the Indian Subcontinent. Leiden 1980.
Dies.: Der Islam im indischen Subkontinent. Darmstadt 1983.
Dies.: Islam in India and Pakistan (Iconography of Religions). Leiden 1982.
Dies.: Islamic Literatures in India; Sindhi Literature; Classical Urdu Literature from the beginnings to Iqbal. In: Jan Gonda (Hrsg.): History of Indian Literatures. Wiesbaden 1973, 1974, 1975.
Dies.: German Contributions to the Study of Pakistani Linguistics. Hamburg 1981.
Dies.: Liebe zu dem Einen. Texte aus der indo-islamischen Mystik. Einsiedeln 1988.
Dies.: Islamic Names. Edinburgh 1989. (Deutsch: Von Ali bis Zahra. München 1993).
Dies.: Mystische Dimensionen des Islam. München 1985, 2. Aufl. 1989.
Dies.: Nimm eine Rose und nenne sie Lieder. Poesie der islamischen Völker. München 1987.
Dies.: Pain and Grace. A Study of two Indo-Muslim Mystical Poets of the eighteenth century. (Khwaja Mir Dard, Shah ᶜAbdul Latif.) Leiden 1976.
Dies.: Pakistan – ein Schloß mit tausend Toren. Zürich 1965.
Smith, Wilfred Cantwell: Modern Islam in India. Lahore 1947.
Stephens, Ian: Pakistan. London 1963.
Trimingham, J. Spencer: The Sufi Orders in Islam. Oxford 1971.
Troll, Christian W.: Sir Sayyid Ahmad Khan. A re-interpretation of Muslim theology. New Delhi 1977.
Ders. (Hrsg.): Islam in India. 2 Bde. Delhi 1985.
Zingel-Avé Lallemant, Stephanie, und Wolfgang-Peter Zingel (Hrsg.): Neuere deutsche Beiträge zur Geschichte und Kultur Pakistans. Bonn 1993.

I. Reisen in Sind und den Wüstenlandschaften

Jansen, Michael: Die Indus-Zivilisation. Wiederentdeckung einer großen Hochkultur. Köln 1986.
Lambrick, H. T.: Sind. A general introduction. Hyderabad/Sind 1964.
Ders.: The Terrorist. London 1974.
Schimmel, Annemarie: Hochzeitslieder der Frauen im Industal. In: Zeitschrift für Volkskunde 61, 2 (1965).
Dies.: Märchen aus Pakistan. Aus dem Sindhi übersetzt. Köln 1979.
Dies.: Pearls from the Indus. Studies in Sindhi Culture. Karachi 1986.

Scholz, Fred: Belutschistan (Pakistan), eine sozialgeographische Studie des Wandels in einem Nomadenland seit Beginn der Kolonialzeit. Göttingen 1974.

Ders.: Die Hindus in der pakistanischen Provinz Belutschistan. In: Geographische Rundschau 27 (1983), 460–469.

Shackle, Christopher: Fifty poems of Khwaja Farid. (Siraiki and English.) Multan 1983.

Trumpp, Ernest: The Adi Granth, edited and translated. London 1877.

II. Islamabad und Umgebung

Ahmad, Sufi S. Maqbul, und Raja, Bano: Historical Geography of Kashmir. New Delhi 1984.

Ahmed, Akbar S.: Pakhtoon economy and society. Traditional structures and economic development in a tribal society. London 1980.

Ders.: Millennium and charisma among Pathans. A critical essay in social anthropology. London 1976.

Caroe, Olaf: The Pathans. London 1962.

Cole, W. Owen: Sikhism in its Indian context 1469–1709. London 1984.

Conrad, Dieter, und Wolfgang-Peter Zingel (Hrsg.): Zweite Heidelberger Südasiengespräche. Stuttgart 1992.

Einzmann, H.: Ziarat und Pir-e-muridi: Golra Sharif, Nurpur Shahan und Pir Baba, drei muslimische Wallfahrtsstätten in Nord-Pakistan. Stuttgart 1988. (Der Titel sollte korrekt lauten *'Piri-muridi'.)*

Enevoldsen, Jes: Selections from Rahman Baba. Herning (Dänemark) 1977.

Howell, E., und Olaf Caroe: The Poems of Khushhal Khan Khatak. Peshawar 1983.

Malik, S. Jamal: Islamisierung in Pakistan 1977–1984: Untersuchungen zur Auflösung autochthoner Strukturen. Stuttgart 1989.

McLeod, Hugh: The Sikhs. History, religion and society. New York 1988.

Rizvi, Syed Shabbar Raza: Constitution of the Islamic Republic of Pakistan, with a commentary. Lahore 1992.

Schimmel, Annemarie: Sind vor 1947. Die Erinnerungen Pir Ali Mohammed Rashdis. In: Indo-Asia 21, Januar 1979.

Sufi, G. M. D.: Islamic culture in Kashmir. New Delhi 1979.

Teufel, Karl H.: Eine Lebensbeschreibung des Scheich ᶜAlī-i Hamadānī. Leiden 1962.

Tikku, G. D.: Persian Poetry in Kashmir (1339–1846). Berkeley 1970.

III. In den Bergen des Nordens

Afridi, Banat Gul: Baltistan in history. Peshawar 1988.

Barth, Fredrik: The last Wali of Swat. An autobiography as told to Fredrik Barth. Oslo 1985.

Berger, Hermann: Bericht über sprachliche und volkskundliche Forschungen im Hunzatal. In: Anthropos 55 (1960), 657–664.

Ders.: Das Yasin Burushaski (Werchkwar). Wiesbaden 1974.

Biddulph, J.: Tribes of the Hindoo Koosh. Calcutta 1880, Repr. Graz 1971.

Bilawar Khan: Northern Areas. A select bibliography. Islamabad 1977.

Buddruss, Georg: Neuiranische Wortstudien: Zur Wakhi-Sprache in Hunza. In: Münchener Studien zur Sprachwissenschaft 32 (1974), 9–40.

Ders.: Wakhi-Sprichwörter aus Hunza. In: Studia grammatica iranica. Festschrift für Helmut Humbach. München 1986, 27–44.

Dani, A. H.: Karakorum Highway unfolds the romance of the Past. Islamabad 1981.

Ders.: The sacred Rock of Hunza. In: Journal of Central Asia 8, 2 (1985), 5–124.

Felmy, S.: Märchen und Sagen aus Hunza. Köln 1986.

Frembgen, Jürgen: Tourismus in Hunza: Beziehungen zwischen Gästen und Gastgebern. In: Sociologus 12 (1983), 174–185.

Holzwarth, W.: Die Ismailiten in Nordpakistan: Zur Entwicklung einer religiösen Minderheit im Kontext neuer Außenbeziehungen. Berlin 1986.

Jettmar, Karl: Die Religionen des Hindukusch. Stuttgart 1975.

Ders. (Hrsg.): Cultures of the Hindukush; selected papers from the Hindukush Cultural Conference held at Moesgård 1970. Wiesbaden 1974.

Ders. und Volker Thewaldt: Zwischen Gandhara und der Seidenstraße: Felsbilder am Karakorum Highway. Mainz 1985.

Kreutzmann, Hermann: Hunza – ländliche Entwicklung im Karakorum. Berlin 1989.

Lorimer, E. O.: Langage Hunting in the Karakorum. London 1939.

Mills, Margaret A.: The Aesthetics of Exchange: Embroidery, Designs and Women's work in the Karakorum. In: A. Giese und J. C. Bürgel (Hrsg.): Gott ist schön und Er liebt die Schönheit. Festschrift für Annemarie Schimmel. Bern 1994.

Müller-Stellrecht, Irmtraut: Hunza und China 1761–1891. Wiesbaden 1978.

Dies.: Materialien zur Ethnographie Dardistans (Pakistan). Aus den nachgelassenen Aufzeichnungen von D. L. R. Lorimer. Teil I: Hunza. Graz 1979. Teil 2/3: Gilgit, Chitral und Yasin. Graz 1980.

Papanek, Hanna: Leadership and Social Change in the Khoja Ismaili Community. Cambridge, Mass. 1962.

Sagaster, Ursula: Die Baltis: Ein Bergvolk im Norden Pakistans. Mit Beiträgen von K. Jettmar, R. Söhnen, K. Sagaster und J. Frembgen. Frankfurt 1989.

Serrato, Umberto, u. a.: ISMEO Activities: Survey of wooden mosques and related wood carvings in the Swat Valley. In: East and West 31 (1981).

Stephens, Ian: Horned Moon. London 1953.

Troll, Carl: Der Nanga Parbat als Ziel deutscher Forschung. In: Zeitschrift der Gesellschaft für Erdkunde zu Berlin, 1938, 1–16.

IV. Heiligengräber in Pakistan

Ansari, Sarah F. D.: Sufi saints and state power: the Pirs of Sind, 1843–1947. Cambridge 1992.

Arnold, Sir Thomas: Saints, Muhammadan, in India. In: Encyclopedia of Religion and Ethics, Bd. XI (1908), Spalte 68–73.

Asani, Ali S.: The "Bhuj Niranyan", a critical edition of a mystical poem in medieval Hindustani with its Khojki and Gujarati recensions. Boston 1992.

Burton, Richard: Sindh and the Races that inhabit the Valley of the Indus. London 1851, Repr. 1973.

Chelkowski, Peter J. (Hrsg.): *Ta^c^ziye* – Ritual and Drama in Iran. New York 1979.

Daftary, Farhad: The Ismailis. Cambridge–New York 1990.

Eaton, Richard: Court of man, court of God. Local perceptions of the shrine of Baba Farid, Pakpattan, Punjab. In: R.C. Martin (Hrsg.): Islam in local contexts. Leiden 1982.

Frembgen, Jürgen: Derwische: Gelebter Sufismus. Köln 1993.

Fück, Johann: Die sufische Dichtung in der Landessprache des Panjab. In: Orientalistische Literaturzeitung 43 (1940), 1–11.

Ivanov, V.: Shums Tabrez of Multan. In: Dr. S. M. Abdullah (Hrsg.): Professor Muhammad Shafi Presentation Volume. Lahore 1953.

Khan, Ahmad Nabi: Ucch, history and architecture. Islamabad 1980.

Lajwanti, Rama Krishna: Panjabi Sufi Poets, AD 1400–1900. London–Calcutta 1938, Repr. Delhi 1977.

Mayne, Peter: Saints of Sind. London 1956.

Michaud, Roland et Sabrina: Derviches du Hind et du Sind. Paris 1991.

Mohan Singh: An introduction to Panjabi literature. Amritsar o. J. (ca. 1960).

Nizami, Khaliq Ahmad: The Life and Times of Shaikh Farid ud-Din Ganj-i Shakar. Aligarh 1953.

Ders.: Some Aspects of Religion and Politics in India during the 13th Century. Delhi, 2. Aufl. 1974.

Qureshi, Regula B.: Sufi Music of India and Pakistan: Sound, Context and Meaning in *qawwālī*. Cambridge 1986.

Schimmel, Annemarie: Shah ^c^Inayat of Jhok, a Sindhi mystic of the early eighteenth century. In: Liber Amicorum in honour of C. J. Bleeker. Leiden 1963.

Dies.: Unendliche Suche. Geschichten des Schah Abdul Latif von Sind. München 1983.

Shackle, Christopher: The Multani *marsiya*. In: Der Islam 55 (1978).

Sorley, Herbert T.: Shah Abdul Latif of Bhit. Oxford 1940, Repr. 1966.

Sultan Bahoo: *Abyāt*. Hrsg. und übers. von Maqbool Elahi. Lahore 1967.

Waris Shah: The Adventures of Hir and Ranjha. Übers. von C. F. Usborne. Hrsg. von Mumtaz Hasan. Karachi 1966, London 1973.

V. Lahore und VI. Städte der Mogulen

Abdul Ghani: A history of Persian language and literature at the Mughal Court. 3 Bde. Allahabad 1929, Repr. 1972.

Abu'l Fazl: The *Ayin-i Akbari*, transl. from the original Persian by H. Blochmann and H. S. Jarrett. Second edition with further notes by D. C. Phillott and Jadunath Sarkar. 3. Bd. Calcutta 1927–49, Repr. 1977–78.

Ders.: *Akbar-namah*, History of the reign of Akbar . . . Übers. von H. Beveridge. 3 Bde. Calcutta 1897–1921, Repr. 1977.

Ali, Ahmad: Twilight in Delhi. Bombay, 2. Aufl. 1966.

Ali, B. Shaikh: Zakir Husain, life and times. New Delhi 1991.

Ansari, Muhammad Azhar: Social Life of the Mughal emperors 1526–1707. New Delhi, 2. Aufl. 1983.

Atiya Begum: Iqbal. Bombay 1947.
Babur, Zahiruddin: *Bāburnāma*. Übers. von A. S. Beveridge. London 1921, Repr. 1978. (Neue englische Übersetzung in Vorbereitung.)
Badauni, ᶜAbdulqadir ibn Muluk Shah: *Muntakhab at-tawārīkh*. Hrsg. von W. Nassau Lees, Maulvi Kabiruddin und Maulvi Ahmad Ali. 3 Bde. übers. von G. Ranking (Bd. I), W. H. Lowe (Bd. II), T. W. Haig (Bd. III). Calcutta 1853–69 und 1884–1925, Repr. 1973.
Beach, Milo: The Grand Mogul. Imperial painting in India 1600–1660. Williamstown, Mass. 1978.
Ders.: The Imperial Image. Paintings from the Mughal Court. Washington 1981.
Begley, Wayne E., und Z. A. Desai: Taj Mahal. The Illumined Tomb. Cambridge, Mass. 1989.
Brand, Michael, und Glen Lowry: Akbar's India. Art from the Mughal City of Victory. New York 1985.
Dies. (Hrsg.): Fathpur Sikri. Selected Papers from the International Symposium on Fathpur Sikri . . . at Harvard 1985. Bombay: Marg 1987.
Egger, Gerhart: Der Hamza-Roman. Wien 1969, Repr. 1974.
Ettinghausen, Richard: Paintings of the Sultans and Emperors of India. New Delhi o. J. (ca. 1960).
Ders.: The Emperor's Choice. In: De artibus opuscula XV. Festschrift für Erwin Panofsky. New York 1961.
Faiz Ahmad Faiz: Gedichte. – Übersetzungen in: Kiernan, Victor: Poems by Faiz. London 1971. Lazard, Naomi: The true subject. Princeton 1988.
Gascoigne, Bamber: The Great Moghuls. London 1971.
Gulbadan Begum: *Humayunnama*. Hrsg. und übers. von A. S. Beveridge. London 1902, Repr. Delhi 1972.
Habib, Irfan: An Atlas of the Mughal Empire. Delhi 1982.
Hadi Hasan: The unique Divan of Humayun. In: Islamic Culture 25 (1951).
Hasrat, Bikram Jit: Dara Shikoh. Life and Works. Calcutta 1952.
Hujwīrī, ᶜAli ibn ᶜOthman al-Jullābī: *Kashf al-maḥjūb*, the oldest Persian treatise on Sufism. Übers. von R. A. Nicholson. London 1911, zahlreiche Reprints.
Ibn Battuta: The Travels in Asia and Africa, 1325–1354. Übers. von H. A. R. Gibb. 2 Bde. London 1929.
Iqbal, Mohammad: Six Lectures on the Reconstruction of Religious Thought in Islam. Lahore 1930 (u. a.).
Jahangir: *Tuzuk-i Jahangiri*. Übers. von H. A. Rogers und H. Beveridge. London 1909–1914, Repr. Delhi 1978.
Koch, Ebba: Mughal Architecture. An Outline of Its History and Development, 1526–1858. München 1991.
Dies.: Jahangir and the angels. Recently discovered wall paintings and European influence in the Fort of Lahore. In: J. Deppert (Hrsg.): India and the West. New Delhi 1983.
Dies.: The Delhi of the Mughals prior to Shahjahanabad as reflected in the patterns of imperial visits. In: Art and Culture. Felicitation Volume in honour of Prof. S. Nurul Hasan. Hrsg. von A. J. Qaisar und S. P. Verman. Jaipur 1993.
Lal, Kishori S.: The Mughal harem. New Delhi 1988.

Mahfuzul Haq: The Khan Khanan and his painters, illuminators and calligraphers. In: Islamic Culture 5 (1931).

Manucci, Niccolao: Memoirs of the Mogul Court. London o. J.

Monserrate, Anthony: The commentary of Father Monserrate SJ. Übers. von J. S. Hoyland. London 1922.

Petrociulli, Attilio: Fathpur Sikri, Città del sole e delle acque. Rom 1988.

Quraeshi, Samina: Lahore – the city within. Singapore 1991.

Rizvi, S. A. A.: Religion and intellectual history of the Muslims in Akbar's reign. New Delhi 1975.

Ders. und V. J. Flynn: Fathpur Sikri. Bombay 1975.

Roe, Sir Thomas: The Embassy to the Court of the Great Moghul 1615–1619. Hrsg. von William Forster. London 1899, Repr. 1926.

Russell, Ralph, und Khurshidul Islam: Three Mughal Poets. Cambridge, Mass. 1968.

Dies.: Ghalib, Life and Letters. London 1969.

Schimmel, Annemarie: Babur Padishah as a poet, with an account of the poetical talent in his family. In: Islamic Culture 34 (1960).

Dies.: A Dance of Sparks. Studies in Ghalib's imagery. Delhi 1978.

Dies.: Woge der Rose, Woge des Weins. Übersetzungen aus Ghalibs Urdu und persischem Divan. Zürich 1971.

Dies.: Gabriel's Wing. A study into the religious ideas of Sir Muhammad Iqbal. Leiden 1963, Repr. Lahore 1989.

Dies.: Muhammad Iqbal, prophetischer Poet und Philosoph. München 1989.

Dies.: Botschaft des Ostens. Übersetzungen aus dem Werk Iqbals. Tübingen 1977.

Dies.: A Dervish in the guise of a prince: Khān-i Khānān ᶜAbdur Raḥīm as a patron. In: Barbara Stoler Miller (Hrsg.): The Powers of Art: Patronage in Indian culture. New Delhi 1992.

Dies. und S. C. Welch: A Pocket Book for Akbar: Anvari's Divan. New York 1983.

Spear, Sir Percival: Twilight of the Mughuls. Cambridge 1951, 2. Aufl. Delhi 1969.

Sprenger, Aloys: A Catalogue of the Arabic, Persian and Hindustany manuscripts of the King of Oude. Calcutta 1854, Repr. 1978.

Welch, Stuart Cary: INDIA! A catalogue of the exhibition at the Metropolitan Museum New York. New York 1985.

Ders.: A flower from every meadow. New York 1973.

Ders.: The Art of Mughal India. New York: Asia Society 1963.

Ders.: Imperial Mughal Painting. New York 1978.

Ders. u. a.: The Emperors' Album. New York 1989.

Wellecz, Emmy: Akbar's religious thought as reflected in Mughal painting. London 1952.

VII. Heiligengräber in Nordindien

Baljon, J. M. S.: Religion and Thought of Shah Walī Allāh Dihlawi, 1703–1762. Leiden 1986.

Currie, P. M.: The Shrine and Cult of Muin al-Din Chishti of Ajmer. Delhi 1989.

Harcourt, E. S., und F. Hussain (Übers.): Abdul Halim Sharar: Lucknow, the Last phase of an Oriental culture. London 1975.

Hashmi, B. A.: Sarmad. His Life and Quatrains. In: Islamic Culture 7 (1933) und 8 (1934).

Husaini, A. S.: Uways al-Qarani and the *uwaysi* Sufis. In: The Muslim World 57 (1967), 103–113.

Jackson, Paul (Übers.): Sharafuddin Maneri: The Hundred Letters. New York 1980.

Lawrence, Bruce L.: Notes from a distant flute. Major Features of Sufi Literature in Pre-Mughal India, 1205–1526. Teheran 1977.

Ders. (Übers.): Nizamuddin Awliya: Fawa᾽id al-fu᾽ad (Morals for the Heart). New York 1990.

Lelyveld, David: Aligarh's first generation. Muslim Solidarity in British India. Princeton 1978.

Metcalf, Barbara D.: Islamic Revival in British India. Deoband 1860–1900. Princeton 1982.

Nath, R.: The tomb of Shaikh Muhammad Ghauth at Gwalior. In: Studies in Islam XI, 1 (1978).

Troll, Christian W. (Hrsg.): Muslim Shrines in India, their character, history and significance. Delhi 1989.

Waheed Mirza, Mohammad: Amir Khusrau. Allahabad 1949, 2. Aufl. Lahore 1975.

VIII. Wanderungen im Dekkan

Bilgrami, Syed Ali Asgar: Landmarks of the Deccan. A comprehensive guide to the archaeological remains of the city and suburbs of Hyderabad. Hyderabad 1927, Repr. 1984.

Cousens, Henry: Bijapur and its architectural remains, with an historical outline of the Adil Shahi Dynasty. Bombay 1916, Repr. 1976.

Eaton, Richard: Sufis of Bijapur, 1300–1700. Social Roles of Sufis in Medieval India. Princeton 1978.

Engineer, Ali Asghar: The Bohoras. Ghaziabad 1980.

Ernst, Carl: Eternal Garden. Mysticism, History, and Politics at a South Asian Sufi Center. Albany, N. Y. 1992.

Firishta, Muhammad Qasim *(Gulshan-i Ibrāhīm):* History of the rise of the Mahomedan power in India, till the year 1612 . . . Übers. von J. Briggs. 4 Bde. London 1821, versch. Reprints.

Fyzee, A. A. A.: A modern approach to Islam. Bombay 1961.

Husain, Mahmud: The dreams of Tipu Sultan. Karachi o. J. (ca. 1951).

Hussaini, Syed Shah Khusro: Muhammad al-Husayni Gisudaraz: On Sufism. Delhi 1982.

Ders.: Die Bedeutung des *ᶜurs*-Festes im Sufitum und eine Beschreibung des *ᶜurs* des Gisudaraz. In: Asien 17 (1985), 43–54.

Javed, Arifa Kulsoom: Muslim society in transition. New Delhi 1990.

Khalidi, Omar: Dakkan (Deccan) under the sultans, 1294–1724. A bibliography of monographic and periodical literature. Wichita, Kansas 1987.

Ders.: Hyderabad State under the Nizams, 1724–1948. Bibliography of monographic and periodical literature. Wichita, Kansas 1985.

Kokan, Mohammed Yousuf: Arabic and Persian in Carnatic (1710–1960). Madras 1974.

Lynton, Harriet R.: My dear Nawab Saheb (Biography of Sir Salar Jung 1829–1883). New Delhi 1991.

Merklinger, Elizabeth S.: Indian Islamic architecture: the Deccan, 1347–1686. Warminster 1981.

Michell, George (Hrsg.): Islamic Heritage of the Deccan. Bombay: Marg 1986.

Mu^cid Khan, M. A.: The Arabic poets of Golconda. Bombay 1963.

Nayeem, M. A.: The Splendour of Hyderabad: the last phase of an Oriental culture, 1591–1948. Bombay 1987.

Nazir Ahmad: *Kitāb-i nauras*. In: Islamic Culture 28 (1954), 333–371.

Sherwani, Haroon Khan: The Bahmanis of the Deccan. Hyderabad 1953, 2. Aufl. New Delhi 1985.

Ders.: Mahmud Gawan. Allahabad 1942.

Ders.: History of the Qutbshahi Dynasty. New Delhi 1974.

Ders.: Muhammad-Quli Qutbshah, Founder of Hyderabad. London 1967.

Ders. und P. M. Joshi (Hrsg.): History of medieval Deccan, 1295–1724, 2 Bde. Hyderabad 1973–74.

Syed Ali Akbar Husain: The Scented Garden in Deccani Muslim Literature. Ph. D. dissertation, University of Edinburgh 1994.

Yazdani, Ghulam: Bidar. Its History and Monuments. London 1947.

Yazdani, Zubaida, und M. Chrystal: The Seventh Nizam: the fallen empire. London 1985.

Zebrowski, Mark: Deccani Painting. London 1983.

Verwendete Texte in orientalischen Sprachen

A = Arabisch, P = Persisch, Ps = Pashto, S = Sindhi, U = Urdu, T = Türkisch.

Werke in den Sprachen des islamischen Orients geben meist das Publikationsjahr in *hijrī*-Daten an (h); da das islamische reine Mondjahr von 354 Tagen kürzer ist als das christliche Jahr, verschieben sich die Jahreszahlen. In Iran wird seit 1924 das *hijrī shamsī*-Jahr verwendet (sh), das aus 621 plus 1300 besteht: 1340 = 1961.

^cAbdul Ḥaqq, Maulvi: Urdū kī nashw u numā meñ ṣūfiyā-yi kirām kā kām. Karachi 1955. – (U). „Die Rolle der edlen Sufis in der Entwicklung des Urdu."

^cAbdullāh, Dr. Syed: Naqd-i Mīr. Lahore 1958. – (U). (Studien über den Dichter Mīr Taqī Mīr).

Ders.: Walī sē Iqbāl tak. Lahore 1958. – (U). „Von Wali bis Iqbal", literarkritische Betrachtungen.

Amīr Khusrau: Dīwān-i kāmil. Hrsg. von Maḥmūd Darwīsh. Teheran 1343 sh/1965. – (P).

^cAndalīb, Nāṣir Muḥammad: Nāla-i ^cAndalīb. 2 Bde. Bhopal 1309 h/1890–91. – (P). „Die Klage der Nachtigall", allegorischer Roman.

Anwarī, Auḥaduddīn: Dīwān. Hrsg. von Mudarris Riżawī. 2 Bde. Teheran 1337 sh/1958; 1340 sh/1961. – (P).

Aṣlaḥ, Muḥammad: Tadhkira-i shu^carā^ɔ-yi Kashmīr. Hrsg. von Sayyid Hussamuddin Rashdi. 5 Bde. Karachi 1967–68. – (P).

ᶜAufi, Muḥammad: Lubāb al-albāb. Hrsg. von E. G. Browne und Muhammad Qazwini. 2 Bde. London–Leiden 1903, 1906. – (P). Anthologie früher Poesie.
Āzād Bilgrāmī: Khizāna-i ᶜāmira. Lucknow ca. 1890. – (P). Anthologie persischer Dichtung.
Ders.: Subḥat al-marjān fi āthār al-Hindūstān. Aligarh 1976. – (A). Arabische Einflüsse in Indien.
Balādhurī, Aḥmad ibn Yaḥyā al-: Kitāb futūḥ al-buldān. Hrsg. von Ṣalāḥuddīn al-Munajjid. Cairo o. J. (ca. 1961). – (A).
Baranī, Żiāᵓuddīn: Tārīkh-i Fērōzshāhī. Hrsg. von Sayyid Ahmad Khan. Calcutta 1860–62. Neu hrsg. von Sheikh Abdur Rashid. Aligarh 1952. – (P).
Bayram Khan: Dīvān-i Bayram Khānkhānān. Hrsg. von Sayyid Hussamuddin Rashdi und Dr. Muhammad Sabir. Karachi 1971. – (P, T).
Bēdil, Mirzā: Kulliyāt. 4 Bde. Kabul 1962–65. – (P).
Bullhē Shāh: Dīwān. Hrsg. von Faqīr M. Faqīr. Lahore 1960. – (Panjabi).
Burhānpūrī, Rashīd: Burhānpūr kē Sindhī Auliyā. Karachi 1957. – (U). „Die Sindhi-Heiligen von Burhanpur."
Dārā Shikōh: Majmaᶜ al-baḥrain. Calcutta 1929, 2. Aufl. 1982. – (P).
Ders.: Sakīnat al-auliyāᵓ. Hrsg. von S. Jalālī Naᵓini. Teheran 1344 sh/1965. – (P). Biographie des Heiligen Mian Mir von Lahore.
Dard, Khwāja Mīr: Chahār Risāla. Bhopal 1310 h/1892–3. – (P). Vier Traktate.
Ders.: Dīwān-i fārsī. Delhi 1309 h/1890–91. – (P).
Ders.: ᶜIlm ul-kitāb. Bhopal 1310 h/1892–93. – (P). Mystische Theologie.
Ders.: Urdu Dīwān. Hrsg. von Khalīl ur-Raḥman Daᵓūdī. Lahore 1961. – (U).
Dᵓ Raḥmān Bābā Dīwān. Kabul 1977. – (Ps).
Faiz Ahmad Faiz: Naqsh-i faryādī. Lahore 1943. – (U).
Ders.: Nuskhahā-i wafā. Lahore 1985. – (U). Gesammelte Gedichte.
Fānī Kashmīrī, Muḥsin: Dīwān. Hrsg. von G. D. Tikku. Teheran 1965. – (P).
Farāz, Aḥmad: Bē awāz gilē kūchoñ mē. London 1982. – (U). „In stummen Gassen".
Gēsūdarāz, Sayyid Muhammad Husaini: *Dīwān Anīs ul-ᶜushshāq*. Hyderabad Deccan 1361 h/1942. – (P).
Ders.: *Jawāmiᶜ al-kilam*. Hrsg. von Ḥāfiz Muḥammad Ḥāmid Ṣiddīqī. Cawnpur 1356 h/1937. – (P). Gesammelte Aussprüche und Anekdoten.
Ghālib, Mirzā Asadullāh: Kulliyāt-i fārsī. 17 Bde. Lahore 1969. – (P).
Ders.: Urdu Dīwān. Hrsg. von Ḥāmid Aḥmad Khan. Lahore 1969. – (U).
Hoshyārpūrī, Ḥafeez: Mathnawiyāt-i Hīr Rānjhā. Karachi 1957. – (P). Persische und andere Epen über das Thema von Hir und Ranjha.
Ibrāhīm II. ᶜAdilshāh: Kitāb-i nauras. Hrsg. von Nazir Ahmad. New Delhi 1956. – (U). Gedichte in Dakhni Urdu.
Ikrām, S. M.: Armaghān-i Pāk. Karachi 1953. – (P). Anthologie persischer Gedichte aus Indo-Pakistan, 1100–1950.
Iqbāl, Muhammad: Asrār-i khūdī. Lahore 1915. – (P). Geheimnisse des Selbst.
Ders.: Rumūz-i bēkhudī. Lahore 1917. – (P). Mysterien der Selbstlosigkeit.
Ders.: Payām-i Mashriq. Lahore 1923. – (P). Botschaft des Ostens (Iqbals Antwort auf Goethes West-Östlichen Diwan).
Ders.: Bāng-i darā. Lahore 1924. – (U). Ruf der Karawanenglocke (frühe Urdu-Gedichte).

Ders.: Zabūr-i ᶜajam. Lahore 1927. – (P). Persischer Psalter.
Ders.: Jāvīdnāma. Lahore 1932. – (P). Buch der Ewigkeit (visionäres Epos).
Ders.: Pas che bāyad kard. Lahore 1936. – (P). Was soll man nun tun?
Ders.: Bāl-i Jibrīl. Lahore 1936. – (U). Gabriels Schwinge.
Ders.: Żarb-i Kalīm. Lahore 1937. – (U). Der Schlag Mosis.
Ders.: Armaghān-i Ḥijāz. Lahore 1938. – (P, U). Gabe des Ḥijāz (nachgelassene Gedichte).
ᶜIrāqī, Fakhruddīn: Kulliyāt. Hrsg. von Saᶜīd-i Nafīsī. Teheran 1338 sh/1959. – (P).
Jāmī, ᶜAbdur Raḥmān: Dīwān-i kāmil. Hrsg. von Hāshim Riżā. Teheran 1341 sh/1962. – (P).
Kalīm, Abū Ṭālib: Dīwān. Hrsg. von Partaw Baiḍāʾī. Teheran 1336 sh/1957. – (P).
Khāqāni Shirwānī, Afḍaluddīn: Dīwān. Hrsg. von Żiāʾuddīn Sajjādī. Teheran 1338 sh/1959. – (P).
Khushḥāl Khān Khattak: Muntakhabāt (Pashto) maᶜa Urdū tarjama. Peshawar 1966. – (Mit Urdu-Übersetzungen.)
Masᶜūd ibn Saᶜd-i Salmān: Dīwān. Hrsg. von Rashīd Yāshmī. Teheran 1339 sh/1960. – (P).
Maẓhar Jānjānān. Maktūbāt. Hrsg. von ᶜAbdur Razzāq Quraishī. Bombay 1966. – (P).
Mīr Taqī Mīr: Kulliyāt. Hrsg. von Dr. Ebedat Brelwi. Lahore 1958. – (U).
Muḥammad-Qulī Quṭbshāh: Kulliyāt. Hrsg. von Muḥīuddīn Qādirī. Hyderabad 1940. – (U).
Muḥsin Kākōrawī: Kulliyāt-i naᶜt. Hrsg. von Muḥammad Nūrul Ḥasan. Lucknow 1982. – (U). Gesammelte Prophetenloblieder.
Nāṣir-i Khusrau: Dīwān-i ashᶜār. Hrsg. von Mujtabā Minōvī. Teheran o. J. (ca. 1928). – (P).
Naẓīr Aḥmad, Deputy: Mirʾāt al-ᶜarūs. Lucknow 1869. – (U). ‚Der Spiegel der Braut', Mädchenbildungsroman.
Naẓīrī, Muḥammad Ḥusain: Dīwān. Hrsg. von Mażāhir Muṣaffā. Teheran 1340 sh/1961. – (P).
Nihāwandī, ᶜAbdulbāqī: Maʾāthir-i raḥīmī. Hrsg. von M. Hidayat Ḥusain. 3 Bde. Calcutta 1910–31. – (P). Leben und Leistung des Khānkhānān Abdur Raḥīm.
Qāḍī Qādan jō kalām. Hrsg. von Hiran Thakur. Delhi 1978. – (S).
Qāniᶜ, MīrᶜAlīshīr: Maklīnāma. Hrsg. von Sayyid Hussamuddin Rashdi. Hyderabad (Sind) 1967. – (P, S).
Ders.: Maqālāt ash-shuᶜarā. Hrsg. von Sayyid Hussamuddin Rashdi. Karachi 1956. – (P). Übersicht der zu Sind gehörigen Dichter persischer Zunge.
Quddūsi, Iᶜjāzul Ḥaqq: Shaikh ᶜAbdul Quddūs Gangōhī aur un kī taᶜlīmāt. Karachi 1961. – (U). Leben und Lehre des Sufis ᶜAbdul Quddūs Qangōhī.
Rāshdi, Pir Ali Mohammad: *Uhē dīnh uhē shīnh.* Bd. 1. Karachi 1970. – (S). 'Jene Tage, jene Löwen'. Erinnerungen eines Sindhi-Politikers.
Sachal Sarmast: Risālō Sindhī. Hrsg. von ᶜOthmān ᶜAlī Anṣārī. Karachi 1957. – (S).
Ders.: Siraikī Kalām. Hrsg. von Maulvi Ḥakeem Muḥammad Ṣādiq Rānīpūrī. Karachi 1959. – (Gedichte in Siraiki).

Saudā, Mirzā Rafīᶜuddīn: Kalām-i Saudā. Hrsg. von Khurshīdul Islām. Aligarh 1965. – (U).
Shah ᶜAbdul Laṭīf Bhitāʾī: Shāh jō risālō. Hrsg. von Kalyān Adwānī. Bombay 1957. – (S). Mystische Gesänge.
Sirāj Aurangabādī: Kulliyāt. Hrsg. von ᶜAbdul Qādir Sarwānī. Delhi 1982. – (U).
Ṭālib-i Amulī: Dīwān. Hrsg. von Ṭāhir Shihāb. Teheran 1346 sh/1967. – (P).
ᶜUrfī Shīrāzī, Muḥammad: Kulliyāt. Hrsg. von Ghulām Ḥusain Jawāhirī. Teheran 1336 sh/1957.– (P).
Walīullāh, Shāh: At-tafhīmāt al-ilāhiyya. Hrsg. von Ghulām Muṣṭafā Qāsimī. 2 Bde. Hyderabad/Sind 1967. – (A).
Ders.: Saṭaᶜāt. Hrsg. von Ghulām Muṣṭafā Qāsimī. Hyderabad/Sind 1964. – (A).
Ders.: Lamaḥāt. Hrsg. von Ghulām Muṣṭafā Qāsimī. Hyderabad/Sind 1966. – (A). (Die drei letztgenannten Werke enthalten mystische Spekulationen.)
Ẓuhūrī, Nuruddīn Muḥammad: Dīwān. Cawnpore 1874. – (P).

Register der im Text vorkommenden Namen